Gottfried von Einem

Ich hab' unendlich viel erlebt

Lotte Ingrisch
in Liebe
zugeeignet

GOTTFRIED VON EINEM

ICH HAB' UNENDLICH VIEL ERLEBT

AUFGEZEICHNET
VON
MANFRED A. SCHMID

IBERA & MOLDEN VERLAG

Der Verlag dankt der Gesellschaft der Musikfreunde in Wien, insbesondere ihren Präsidenten Univ. Prof. Dr. Horst Haschek für die wertvolle Hilfe bei der Herausgabe dieses Werkes und Dr. Otto Biba, Direktor des Archivs der „Musikfreunde", für die Überlassung des Bildmaterials aus ihren Beständen.

Die Deutsche Bibliothek - CIP-Einheitsaufnahme
Einem, Gottfried von:
Ich hab' unendlich viel erlebt / Gottfried von Einem. - Wien :
Ibera-und-Molden-Verlag., 1995
ISBN 3-900436-20-7

Photo am Schutzumschlag: Franz Hubmann, Wien
Lektorat: Genia Gazda
Satz & Filmherstellung: Ibera Verlag
Druck: Novographik, Wien
ISBN- 3-900436-20-7

Inhalt

Unendlich viel

Meine Lebensgeschichte sei so reich an Geschehnissen mannigfachster Art, meinte der kluge und feinsinnige Musikschriftsteller Friedrich Saathen in seiner „Einem-Chronik", daß drei ganze Menschenleben damit auszufüllen wären".
Das war freundlich gemeint, nicht ganz unzutreffend, aber doch maßlos übertrieben. Dennoch ist es wohl so, daß ein Mann von fast acht Lebensjahrzehnten einiges erlebt hat, vor allem, wenn er so wie ich phasenweise ein äußerst unstetes Leben geführt hat, das ihn an viele fremde Orte und in unzählige Begegnungen mit verschiedensten Menschen führen sollte. Und dazu gehören auch die abwechslungsreichen und oft genug dramatischen Zeitläufe, die das Ihre zu diesem bewegten Auf und Ab beigetragen haben.

Ein bißchen davon möchte ich rückblickend berichten und dabei eine Art Biographie meines Lebens erzählen. Vollständigkeit und Ausführlichkeit wird dabei nicht angestrebt. Es liegen Tausende von Briefen und Dokumenten zu und aus meinem Leben in meinem Archiv in 17 Stahlschränken im Wiener Musikverein, und ich habe verständlicherweise nie die Absicht gehabt, mich durch all dies hindurchzuquälen. Und so will ich mich lieber auf meine Erinnerung verlassen.

Den Anstoß zu diesem Buch gab schon vor einigen Jahren mein langjähriger Freund Erhard Busek, der mich immer wieder dazu gedrängt hatte, meine „Memoiren" zu verfassen. Eine zeitlang gab es sogar schon konkrete Pläne - mein Sohn Caspar Einem sollte die Redaktion übernehmen. Daß sich seine berufliche Karriere in den letzten Monaten so dramatisch entwickelt hat, war freilich nicht vorherzusehen gewesen. Als ich in den Wochen vor Weihnachten und Jahreswechsel 1994/95 in einem Wiener Krankenhaus darniederlag, reifte in mir schließlich der Entschluß, mich nun doch an das Projekt einer Art Lebensbeschreibung heranzuwagen - bevor es möglicherweise buchstäblich zu spät war. Und so ergab es sich, daß mein Freund Manfred A. Schmid, der langjährige Verleger der Bücher meiner Frau Lotte Ingrisch, mich am Krankenbett regelmäßig mit einem Tonbandgerät aufsuchte und in vielen Stunden über Wochen hindurch mich über mein Leben befragte - an manchen Tagen nicht wissend, wie er mir später, als ich wieder hergestellt war, erzählt hatte, ob es nicht wirklich das letzte Mal gewesen war. Nach rund sechs Wochen wurde ich einigermaßen gesund wieder aus dem Krankenhaus entlassen, und die Endredaktion konnte bereits in unserem Refugium im niederösterreichischen Oberdürnbach, an der Grenze zwischen dem Wein- und Waldviertel, am Manhartsberg gelegen, stattfinden. Die geographische Lage dieses bezaubernden Anwesens an der Grenze ist bezeichnend für meine gegenwärtige persönliche Situation. Ich stehe ebenfalls an einer Grenze zwischen zwei Bereichen ...

Es gibt Jünglinge von 20 Jahren und weniger, die ihre Autobiographien verfassen. Ich finde das gräßlich, ein paar Dezennien sollte man schon hinter sich gebracht haben, bevor man sich mit dem Stoff seines eigenen Lebens befaßt. Das Älterwerden ist ja gerade deswegen so reizvoll für mich, weil es ein Von-sich-Absehen ist. Ich

habe heute mehr Abstand zu meinen früheren Anschauungen, zu meinem Leben. Ich würde nie wagen zu behaupten, daß ich ein geordnetes Leben geführt hätte. Vielmehr habe ich allzuoft ein sehr chaotisches Leben gelebt. Das Erstaunliche aber ist, daß man dennoch übrig bleibt als jemand, der sehr verletzbar ist, einst sehr verletzend war, und der trotzdem überlebt hat.
Ich führe das nicht zuletzt auf die Duldsamkeit der anderen zurück. Ich hatte immer wieder sagenhaftes Glück. Ich war oft genug geradezu unerträglich, besonders auch meinen engsten Freunden und Gefährtinnen gegenüber. Heute überschaue ich es, nicht von einer hohen Warte herab und auch nicht abgeklärt, aber doch unabgelenkt - und von einer großen Neugier angetrieben.
Das große Rätsel meines Lebens werde ich mit dieser Niederschrift dennoch nicht lösen. Diese letzte Klarheit wird es wohl erst geben, wenn ich jene Schwelle an der Grenze übertreten habe. Das ist ein Ereignis, auf das ich wirklich überaus neugierig bin, obwohl ich schon einiges davon zu wissen vermeine. Das Ende fängt ja mit dem Moment unserer Geburt bereits an. Diese Wegstrekke von der Geburt bis zum Tod halbwegs mit Phantasie zu erleben und mit Farbe zu bedecken, das ist eigentlich unsere Aufgabe. Davon, wie ich mich dieser Aufgabe gestellt habe, handelt nicht zuletzt dieses Buch. Ob es mir gelungen ist, vermag ich nicht zu sagen. Der geneigte Leser möge es mit Nachsicht beurteilen.

„Eine furchtbar harte Zeit: Jungsein“

Eine Jugend in Deutschland

Anfänge

Als ich diese Tagebucheintragung machte - „Eine furchtbar harte Zeit, Jungsein“, war ich zweiundzwanzig Jahre alt und lebte bereits als angehender Componist - ich schreibe dieses Wort immer mit „C“ -und Korrepetitor an der Staatsoper in Berlin. Was kann einen jungen Mann aus großbürgerlichem Haus, mit allen erdenklichen nützlichen gesellschaftlichen Querverbindungen, dazu bewegen, die ersten Jahre seines Lebens so negativ zu beurteilen?
„Ich bin in keiner Weise einer der Frühreifen. Langsam und mit allen Wachstumsschmerzen reich gesegnet, werde ich.“ Diese Selbstbeobachtung eines Dreiundzwanzigjährigen ist erstaunlich akkurat. Bei dieser Langsamkeit meiner Entwicklung war es notwendig, den langen Atem zu behalten. „Gedulde dich und werde“, rief ich mir selbst in meinem Tagebuch ermunternd zu, und es war klar, daß ich an mir werde hart arbeiten müssen, denn „jetzt beginnt für mich dies: zu klopfen und zu hämmern Tag und Nacht an dem Block, daß absplittern alle die großen Späne, daß herausgeschält werde das Bild, das wirkliche Sein“. Es gab für mich jedoch letztlich keine Zweifel, daß sich all diese Anstrengungen

auch lohnen würden, weil ich - trotz aller immer wieder auftauchenden Selbstzweifel („Minderwertigkeitskomplexe immer, immer, mit Recht") und äußeren Widrigkeiten („Alles, die neue Zeit ist gegen mich") - meine Bestimmung als Künstler erreichen würde: „Ich muß ein großer Mann werden, weil Gott mir so schöne Dinge einflüstert!", schrieb ich am 7. Januar 1936 in mein Tagebuch.
Jugendliche Selbstfindungsprozesse!

Bern und Malente – die Stätten meiner Kindheit

Ich wurde am 24. Januar 1918 in Bern geboren, wo mein Vater, William von Einem, seit Frühjahr 1914 als Militärattaché an der österreichischen Botschaft stationiert war. Mein Vater bekleidete damals den Rang eines Oberst und war bei meiner Geburt rund 45 Jahre alt. Er stammte aus Graz, wo auch sein Vater, der aus Goslar gebürtig war, gelebt und als k.u.k. Oberst in der altösterreichischen Armee gedient hatte. Meine Mutter, Gerta Louise, fast zwanzig Jahre jünger, stammte aus einer Offiziersfamilie aus Kassel, aus dem Hause der Barone Rieß von Scheurnschloß. Sie war eine begabte Pianistin, und durch ihre Klavierlehrerin, Martha Remert, indirekt Schülerin von Franz Liszt.
William von Einem hatte seinen diplomatischen Posten wenige Monate vor Ausbruch des Ersten Weltkrieges angetreten. Die Schweiz, als neutrales Land, war von den Kriegswirren nicht betroffen, umso mehr aber war Bern ein Zentrum internationaler Geheimdiplomatie, und ein beliebter Schauplatz von Geheimdiensten und Spionagetätigkeiten. Auch mein Vater war vermutlich in allerlei heiklen Missionen eingesetzt. Es gibt Hinweise, daß er an der Ermöglichung der legendären Eisenbahnfahrt Lenins nach Rußland beteiligt war. Für Österreich wichti-

ger aber war wohl seine Mitwirkung an der sogenannten „Sixtus-Affäre“. Im Einvernehmen mit dem Grafen Schulenburg und dem damaligen Außenminister Graf Czernin und dem Prinzen Sixtus von Bourbon-Parma, einem Bruder der Kaiserin Zita, hatte er einen Plan für einen Separatfrieden mit der Entente ausgearbeitet. Beteiligt an dieser diplomatischen Geheimmission, der allerdings kein Erfolg beschieden war, war auch ein ungarischer Graf, Laszlo Hunyady, der meinem Vater als Emissär des Außenamtes zugeteilt war. Zwanzig Jahre später bekam ich Gewißheit darüber, daß dieser ungarische Graf mein eigentlicher Vater war. Aber davon später.

Aus irgendwelchen Gründen wurde William von Einem im Frühjahr 1918, in den letzten Kriegsmonaten, noch an die italienische Front abkommandiert. Als mit dem Kriegsende auch das Schicksal der österreichischen Monarchie besiegelt war, quittierte General William von Einem seinen Dienst und zog nach Wien, wo er geschäftsführender Verwaltungsrat einer Textilhandelsfirma wurde.

Die Familie - also meine Mutter, mein älterer Bruder Ernst August und mein inzwischen hinzugekommener jüngerer Bruder Karl Hermann und ich - blieb noch bis zum Jahr 1921 in Bern ansässig. Die Existenz im teuren Gastland Schweiz wurde aber immer prekärer. Obwohl die Einems einen Besitz in der Ramsau in Salzburg besaßen, entschloß sich meine Mutter für eine Übersiedlung nach Schleswig-Holstein, wo sie eine große Villa in Malente-Gremsmühlen zu günstigen Bedingungen erwerben konnte. Über die Stationen Bad Kissingen, wo Mutter zur Kur weilte, Grundlsee und Traunsee kamen wir 1922 schließlich am neuen Familienwohnsitz Malente an.

Dieses Anwesen wurde bald zu einem gesellschaftlichen Mittelpunkt der Gegend - zumindest immer wenn die Mutter da war, was aber immer weniger häufig vorkam.

So lebten wir Kinder die meiste Zeit über ohne Eltern auf diesem Anwesen, großbürgerlich und gut behütet zwar, mit Dienstboten, Köchin, Erzieherin, Hauslehrer usw., aber in zunehmender emotioneller Kälte. Die einzige Person, die sich um etwas Zuneigung bemühte, war unsere langjährige Haushälterin Emma Fähnrich. Wie vernachlässigt wir von unseren Eltern fortan wurden, geht daraus hervor, daß zu Beginn der Dreißiger Jahre der Generaloberst Hans von Seeckt, ein enger Freund des Hauses, unser Vormund wurde. Er war offenbar zur Ansicht gelangt, daß sich unsere Eltern zuwenig um uns heranwachsende Kinder kümmerten. Ich muß jedoch bekennen, daß er ebenfalls kaum in Erscheinung trat und in unser Leben kaum eingegriffen hat.
Ich war in meiner Kindheit von delikater gesundheitlicher Verfassung, oft war ich krank und litt unter Hals- und Ohrenschmerzen, Angina und Bronchitis. Sicherlich waren die Ursachen dafür nicht nur konstitutionell bedingt, sondern auch psychosomatisch. Materiell fehlte uns Kindern allerdings nichts. Das viele Spielzeug, das wir geschenkt bekamen, sollte wohl die fehlende Anwesenheit der Eltern kompensieren und den Mangel an Liebe aufwiegen. Mir aber bedeuteten diese Dinge wenig. Lieber spielte ich mit Drähten und mit Lederriemen. Das Gefühl beim Betasten von Leder und sein Geruch faszinieren mich noch heute. Gerne trage ich eine lange Hose aus Rauhleder, und mit Vorliebe verwende ich einen ledernen Polster. Auch Tiere waren meine Spielgefährten, unser Hund, ein Pferd, aber auch Vögel und anderes Getier. Einmal brachte ich eine tote Amsel, die ich unterwegs aufgelesen hatte, mit mir nach Hause und steckte sie unter mein Kopfkissen. Ich war fest der Meinung, daß ich das Tier durch meine liebevolle Zuwendung wieder zum Leben erwecken könnte. Einmal wurden mein Bruder Michel und ich mit Hauslehrer Alfred Amstutz, genannt „Wulle“, und Gouvernante nach Thü-

ringen verfrachtet. Unterwegs sah ich einen Wolfshund, ein bildschönes Tier. Er hatte ein Stacheldrahthalsband, was mich sehr störte, und ich gab nicht eher Ruhe, bis das Auto anhielt und ich den Hund freikaufen durfte. Wir hatten ihn dann ins Auto gepackt und mit nach Malente genommen. Als dieses Tier jämmerlich einging, war ich zu Tode betrübt.
Malente ist mir immer als ein großer Besitz in Erinnerung, mit sehr schönen Bäumen, weiten Wiesen, Enten, Gänsen, Kühen, Schweinen. Und Malente bedeutete für uns Kinder, daß wir dort nahezu unbeschränkten Auslauf hatten, den wir auch weidlich ausnützten.
Tieren bin ich auch heute noch sehr zugetan, seit Jahrzehnten leben meine Frau und ich mit bis zu sieben Katzen in unseren Wohnungen und Häusern in Wien und im Waldviertel. Katzen gab es auch in Malente, und ich erinnere mich noch an eine grauenhafte Szene, deren Augenzeuge ich wurde und die mich zutiefst beeindruckt hatte. Ich mußte zusehen, wie eine Katze fünf Tauben ermordete, und zwar nicht als Beute zur Nahrungsaufnahme, sondern aus purer Tötungslust. Diese Erlebnis hat sich tief in mir eingeprägt, aber ich muß auch gestehen, daß ich ebenso schreckliche Dinge als Junge mit Tieren angestellt habe. So wurde einmal ein Eichhörnchen von mir regelrecht hingerichtet. Das arme, gequälte Tier sehe ich noch jetzt vor mir, und als ich gemeinsam mit meiner Frau Lotte Ingrisch vor nicht allzu langer Zeit das „Requiem für Tiere" fertiggestellt habe, ist etwas von diesen Erinnerungen als „Trauerarbeit" wohl in dieses Werk eingeflossen. Dazu eine Tagebuchnotiz vom 14. November 1938: „Ist das 'Satanische' nicht ein eingeborener Teil der 'Jugend', der sich mit dem Alter, dem Reifen, langsam verliert?"
Großes Interesse hatte ich von früher Kindheit an immer auch an Bäumen, Pflanzen, Kräutern und Blumen. Mit meinem kleinen Bruder „Michel", mit dem ich mehr

Kontakt hatte als mit dem etwas älteren Bruder Ernst August, errichteten wir mit Begeisterung Wohnungen in Baumkronen, die wir „Nester" nannten und in denen wir uns stundenlang aufhielten. Eines Tages hatten wir uns gar eine ganze Nacht lang darin versteckt. Als man in der Herrschaftsvilla unsere Abwesenheit bemerkt hatte, machten sich die Dienstboten auf die nächtliche Suche nach den Ausreißern. Sie fanden uns aber nicht, und als wir im Morgengrauen heimkehrten, verrieten wir kein Sterbenswörtchen von unserem geheimen Aufenthaltsort. Diese Erfahrung einer Nacht im Freien - es war glücklicherweise mitten im Sommer - hat sehr zum Erlebnis der Welt beigetragen.

Obwohl ich mit zwei Brüdern im Haushalt lebte, spielte ich am liebsten alleine und war nicht gerade sehr gesellig. Ernst August war mein großer Bruder, der Blondschopf Karl Hermann wurde „Michel" genannt, wohl weil er so treuherzig deutsch aussah. Ich wurde „Goldi" gerufen, trotz meiner dunklen Haarpracht.

Auf frühen Fotografien fällt mein stechender, durchdringender Blick auf. Ich glaube, ich war ein schreckliches Kind, zornig und oft böse. Mein Vater William von Einem verfaßte eigens für mich eine Familienchronik, in der er liebevoll meine frühen Erlebnisse dokumentiert und viele „denkwürdige" Aussprüche aus meinen ersten Kindheitsjahren aufgezeichnet hatte. Es scheint, daß er mich seinen leiblichen Kindern vorzog. Warum, ist mir bis heute nicht ganz klar. Als einige Jahre nach meiner Geburt die Ehe meiner Eltern in eine Krise geriet und fast zum Scheitern verurteilt war, wäre William von Einem zur Scheidung bereit gewesen. Er bestand aber darauf, daß ausgerechnet ich bei ihm bleiben müßte. Seine beiden leiblichen Söhne, meine Brüder, hätte er der Mutter überlassen. Die Ehe wurde letztendlich nicht geschieden, aber die Beziehung der Eltern zueinander wurde immer loser, und sie sahen einander nur noch selten. Mein Vater war die meiste Zeit beruflich in Wien und wohnte dort am Kärntnerring. Wenn meine Mutter in Wien weilte, zog sie ins Hotel Sacher. Beide waren sie ruhelos und oft - meistens getrennt - auf Reisen. Das Kommando der herrschaftlichen Hofhaltung in Malente lag in der Hand unserer Großmutter, der „Exzellenz" Hedwig Rieß von Scheurnschloß. Unser im englischen Stil 1905 erbautes Haus war ein Landsitz mit rund 20 Zimmern, mit Bibliothek, Veranda, Terrasse, Nebengebäuden, Stallungen und einem weitläufigen Park. Das Landstädtchen Malente-Gremsmühlen liegt in der Nähe der Holstein'schen Kreisstadt Eutin, dem Geburtsort des Componisten Carl-Maria von Webern, zu dessen Musik ich allerdings wenig Beziehung habe.

Kein Mensch kann glauben, wie ich Mama liebe ...

Meiner Mutter, die ich sehr selten sah, höchstens sechs Wochen im Jahr, war ich innigst zugetan. Sie war andauernd für Monate verreist und machte offenbar blendende Geschäfte. Ich weiß nicht, womit und wodurch sie zu Geld kam, und sie hat es mir auch nicht gesagt. Sehr bald entwickelte ich eine blühende Fantasie. Meine Leidenschaft für das Lesen und das Sammeln von Büchern habe ich sehr früh entdeckt. Durch diese Einsamkeit kam ich auch zur Musik und zum Componieren. Ich fing aus schierer Verzweiflung an, Noten zu Papier zu bringen. Alleinsein und Depression machten mich zum Componisten. Wenn Mama aber einmal kam, war ich fast in Tränen zerflossen.
Meine Beziehung zu meiner Mutter war von einer stürmischen und großteils unerwiderten Liebe gekennzeichnet. Das Schlimme ist, daß ich sie auf eine vollkommen unvernünftige Weise geliebt hatte, ihr fast hörig war.

Erst später erfuhr ich so manches über sie durch meinen älteren Bruder, von dem ich nichts geahnt hätte. Z.B. gab es da eine Operation in Bern, ungefähr um 1935, die wohl eine Abtreibung war, und ich hatte mich damals gebärdet wie ein sterbender Liebhaber. Aber auch sie hatte mich entsprechend behandelt. Es war ein furchtbares Verhältnis, eine schreckliche, ständige Belastung, und dabei verströmte sie einen so unglaublichen Charme, hatte eine sehr schöne Stimme und sah blendend aus. Es gab keinen Portier und keinen Minister, den sie mit ihrer einnehmenden Persönlichkeit nicht um den Finger gewickelt hätte. Wenn es aber einmal nicht auf Anhieb klappen sollte, dann war Feindschaft angesagt.

Meine zwei Väter

Mein Vater, der General a.D. von Einem, kam immer seltener nach Malente und blieb schließlich ganz weg. Ich wünsche niemandem diese Art von Jugend, denn diese Abgeschiedenheit von praktisch nicht vorhandenen Eltern ist geradezu tödlich. Mein jüngerer Bruder ist mit 20 Jahren im Krieg gefallen, aber auch für mich war der Gedanke an den Tod und an Selbstmord von früh auf ein ständiger Begleiter. Mit 12 Jahren erkrankte ich an Tuberkulose. Zur Genesung wurde ich nach St. Moritz in ein Sanatorium verfrachtet, wohnte aber im Hotel „Silvretta". Ich erinnere mich noch genau, daß ich mich damals umbringen wollte. Ich hatte oft Nasenbluten und versteckte mich in einem Schrank, aus dem dann das Blut hervortropfte. Das war ein Hilfeschrei, ein Signal; ich wollte ein bißchen gestreichelt, geliebt werden. Deshalb sind meine Stücke ja auch so geworden, „Der Prozeß" die „Alte Dame". Das sind doch alles Verlassene; das war eine Art der Selbstdarstellung.
William von Einem war ein reizender kluger Mann, sehr

besorgt und bescheiden in seinem Auftreten, überhaupt nicht herrisch. Er hatte mich, wie bereits erwähnt, gegenüber meinen beiden Geschwistern meistens bevorzugt. Ich bin mir aber nicht sicher, ob es aus echter Zuneigung geschah, oder mit dem Motiv, meiner Mutter damit „eines auszuwischen". Auch daß er im Falle einer Scheidung ausgerechnet auf mich, statt auf seine eigenen Kinder, bestanden hätte, könnte damit zusammenhängen. Und damit erkläre ich mir heute auch das merkwürdige Verhältnis, das zwischen ihm und mir bestanden hat. Es war gewiß zwiespältig. Er hatte mich wohl gern, bis zu dem Moment, da er erfahren mußte, daß ich von einem anderen bin!

Meinen eigentlichen Vater, dem Grafen Laszlo Hunyady, traf ich zweimal. Ich wurde ihm einmal von meiner Mutter im Sacher vorgeführt. Ein anderes Mal gingen wir, wenn ich mich recht erinnere, gemeinsam im Prater spazieren. Ich hatte damals aber selbstverständlich keine Ahnung, daß ich meinem wirklichen Vater gegenüberstand. Es gibt aber ein Bild, auf dem wir beide zu sehen sind, und da ist schon eine gewisse Ähnlichkeit der Gesichtszüge feststellbar.

Während eines Verhörs durch die Gestapo, im Alter von etwa 20 Jahren, erfuhr ich von einem Dr. Schambacher erstmalig von der Identität meines leiblichen Vaters. Ich war wie aus allen Wolken gefallen, die Nachricht über meine Herkunft traf mich wie ein Schock. Ich erfuhr im selben Atemzug aus dem Munde dieses Gestapo-Mitarbeiters auch, daß mein Vater, der Graf Hunyady, inzwischen verstorben war. Und er fragte: „Wissen Sie, daß Sie reich sind? Wissen Sie, daß Ihr Vater Ihnen 100.000 Goldfranken hinterlassen hat?", was damals ein ganz schönes Vermögen war. Und er setzte hinzu: „Wissen Sie, daß im übrigen Ihre Frau Mutter über Leichen geht?" Ich hatte von nichts dergleichen eine Ahnung, aber ich mußte ihm schließlich Recht geben, vor allem bezüglich dessen, was er über meine Mutter gesagt hatte, denn meine Mutter hatte das Vermögen an sich gebracht. Weg war es, und ich hatte nie einen Groschen davon gesehen. Dieser merkwürdige Mann, Dr. Schambacher, dem ich also den ersten Hinweis auf meine väterliche Herkunft verdankte, hängte sich nach dem Krieg, weil er ein ziemlich hohes Tier bei der Gestapo gewesen war, übrigens auf.

Von meiner Mutter konnte ich über meinen Vater nie etwas in Erfahrung bringen. Wenn ich sie darauf ansprach, hatte sie es immer abgestritten, wie sie überhaupt zeitlebens es mit der Wahrheit nicht so genau nahm. Ich kann nicht sagen, daß ich durch diese Neuigkeit über meinen Erzeuger verletzt war. Zunächst natürlich war ich überrascht und verwirrt, dann aber machte sich ein tiefes Gefühl der Traurigkeit in meinem Innersten breit. Ich hätte den Grafen Hunyady, meinen eigentlichen Vater, gerne näher kennengelernt, aber das war dann ja nicht mehr möglich, da er so früh gestorben war. Von der Gräfin Elsa Thurn habe ich einiges über ihn erfahren. Ich war offenbar der einzige, der von der Existenz Hunyadys nichts wußte. Ganz Wien war offenbar informiert. Von der Gräfin Thurn weiß ich auch, daß vom Grafen Hunyady wohl auch das Musikalische in meinem Wesen herkommt. Er hat zwar nicht professionell componiert, aber herrlich am Klavier improvisiert. Er soll sehr gebildet gewesen sein, war ein leidenschaftlicher Jäger und stand sehr unter der Dominanz seiner Frau, mit der er fünf Töchter hatte. Ich war quasi der einzige Sohn.

Leider gibt es über die Beziehung meiner Mutter zu Laszlo Hunyady keine Dokumente, und das Dumme daran ist, daß ich selbst daran schuld bin. Als meine Mutter von der Gestapo gemeinsam mit mir verhaftet wurde und eineinhalb Jahre in Berlin im Gefängnis saß, während ich nach wenigen Tagen wieder in Freiheit gesetzt wurde, hatte ich ihre gesamte Korrespondenz vorsichtshalber verbrennen lassen, um etwaige Indizien gegen sie, die den Ermittlern in die Hände hätten fallen können, zu vernichten. Darin wäre wohl einiges Aufschlußreiches zu lesen gewesen. Bedauerlicherweise existieren auch die Gestapo-Akten nicht mehr, aus denen Dr. Schambacher seine Informationen, die er mir weitergab, bezogen hatte. Als ich später danach forschte, mußte ich in Erfahrung bringen, daß sie ebenfalls verbrannt waren. Ich nehme es meiner Mutter heute noch übel, daß sie mir über meinen leiblichen Vater nichts gesagt hat, denn - mit Kafka gesprochen - ist der Vater ja der natürliche Widerpart des Sohnes, und ich hatte keinen. Ich habe mir immer Gegner gesucht, die völlig inadäquat waren, das mache ich heute noch. Ich bin wegen des permanenten Vaterverlustes diesbezüglich nicht orientiert. Darauf führe ich heute auch zu einem Gutteil die Stoffwahl meiner Opern zurück. Wahrscheinlich hätte ich liebenswürdigere Themen wählen können, wenn ich rechtzeitig gewußt hätte, wer mein Vater war. Vielleicht hätte ich aber auch gar keine Opern geschaffen? - Ich habe mir das Künstlersein wirklich nicht ausgesucht, manchmal denke ich, ich hätte gerne ein friedlicheres Leben gehabt.

Der Tod eines Jägers – Graf Laszlo Hunyady

Meine Mutter hatte mich bezüglich meines Vaters bis zu ihrem Tod belogen. Sie hatte es einfach nicht zugegeben. Hätte ich es nicht durch Dr. Schambacher von der Gestapo erfahren, wüßte ich es bis heute nicht, wer der Mann eigentlich war, dem ich 1920/21 im Hotel Sacher in Mädchenkleidung - ich weiß nicht, warum meine Mutter auf diese abstruse Idee kam - vorgeführt worden war. Meine Mutter war eine merkwürdige und überaus

faszinierende Frau. Sie hatte mich sicher auch auf ihre Weise geliebt, wenn auch auf eine für mich nicht akzeptable Art. Sie sah mich als ihren Besitz. Es gab kaum etwas, was diese Frau jemals für mich ohne Hintergedanken gekauft hätte, und sie erwartete immer einen Kniefall von mir. Ich wußte, sie wollte mich damit einkaufen. Das war eine Art Seelenbestechung. Trotzdem ist es nur gerecht, auch auf ihre Vorzüge hinzuweisen. Sie hat auch viel Gutes getan. So haben im Krieg, dank ihrer fabelhaften Beziehungen, etwa 70 Leuten überlebt, darunter auch der mittlere Sohn der Gräfin Thurn, Philipp, der jetzige Besitzer der Burg Rastenberg. Ihr älterer Sohn Max war damals in Südamerika, und ihr jüngster, Ambros, war Kamerad meines jüngeren Bruders Karl Hermann in Potsdam. Als Ambros fiel, war seine Mutter dementsprechend geschockt und machte sich schreckliche Sorgen um Philipp. Durch die Intervention meiner Mutter wurde dieser von der Front abberufen und unabkömmlich gestellt. Meine Mutter aber war auch diesbezüglich sehr verschwiegen und hat von ihren guten Taten nicht viel Aufhebens gemacht.
Das Problem meiner Mutter war, daß sie sich in mein Leben, in meine Persönlichkeit, in meine innersten Interessen nie richtig eingelebt hatte und trotzdem immer dominierend eingreifen wollte. Meine Eltern besaßen zwar dieses große Haus auf dem Land, mit allem ausgestattet, fast wie die Besetzung einer Oper, aber sie waren, wie gesagt, im Jahr höchstens sechs Wochen dort. Sonst fuhren sie in der Welt herum: Mittagessen in Stockholm, Abendessen in Paris, Frühstück in Venedig. Woher sie das Geld dafür genommen hatten, weiß ich nicht. Der General war nach seinem Abschied von der Armee in Geschäftsdingen nicht sehr geschickt. Meine Mutter aber war dominierend wegen ihres Charmes, und ich heulte wie ein Schloßhund an ihrem Bett, wenn sie einmal krank und daheim war. Und es ist ironisch,

aber wahr: Unsere Verhaftung und spätere Trennung erwies sich letztendlich als ein großer Glücksfall für mich. Erst dadurch wurde ich endlich und endgültig von ihr abgenabelt, allein hätte ich es vielleicht nie geschafft. Sie saß eineinhalb Jahre bei der Gestapo. Das war meine Rettung. Denn noch als Achtzehnjähriger bekannte ich in einem Brief, „kein Mensch kann glauben, wie ich Mama liebe."

Das Ende meines Vaters, des Rittmeisters Laszlo Hunyady, ist spektakulär wie ein Operndrama von Meyerbeer. Auch davon erfuhr ich von meiner Mutter zeitlebens kein Sterbenswörtchen, sondern Freunde hatten Nachforschungen in Jagdzeitschriften und Tageszeitungen angestellt und mir die wahren Umstände vom Tod meines Vaters erzählt.

Wie alljährlich verbrachte meine Mutter auch im Jahr 1926 einige Monate mit dem Grafen Hunyady auf einer Großwildjagd in Afrika. Schon im November des Vorjahres war man aufgebrochen und reiste durch Ägypten, wo in Kairo und Luxor Station gemacht wurde. In Karthum brach man endlich an Bord eines Nildampfers zur Jagd auf. Auch ein Klavier wurde mitgeführt, denn der Graf wollte sein geliebtes Improvisieren während der monatelangen Reise nicht entbehren. Immer wieder legte man an, um für einige Tage zur Jagd an Land zu gehen.

Da sehen sie einmal vom Boot aus einen Löwen im Ufergras versteckt. Der Graf, ganz Galan, will seiner Freundin, die er bewundernd gerne „Königin" nennt, den Vortritt lassen. Da sie aber verzichtet, geht er selbst an Land. Zwei eingeborene Jäger begleiten ihn. Plötzlich wird vom Boot aus erkennbar, daß etwas Schreckliches und Unvorhergesehenes geschehen sein muß. Einige Eingeborene springen aufgeregt gestikulierend hin und her. Gerta Louise eilt, mit der Büchse bewaffnet, ans Ufer. Da findet sie ihren geliebten Gefährten schwer ver-

letzt im Gras liegen. Die Gliedmaßen der linken Körperhälfte sind zerfleischt; der zunächst nur weidwund geschossene Löwe hat den ihm nachsetzenden Grafen auf der Flucht in einer jähen Kehrtwendung überraschend angefallen. Der schwerverletzte Jäger, dem offenbar auch die Geschlechtsorgane abgebissen worden sind, wird notdürftig verbunden und an Bord des Schiffes gebracht. Der Weg nach Karthum dauert mehrere Tage. Ein Arzt, den sie unterwegs auftreiben, führt eine Bluttransfusion durch. Da Gerta Louise zufällig dieselbe Blutgruppe hat wie der Graf, steht dem nichts im Wege. Als der Arzt jedoch zur möglichen Rettung auch eine sofortige Amputation des linken Beines für nötig hält, winkt Hunyady ab. Ein Leben als Krüppel kann er sich nicht vorstellen. In der Nacht stirbt er. Seine letzten Worte an seine „Königin", die an seiner Seite weilt: „Dank für alles Schöne, Majestät. Und wein' nicht." So starb mein Vater.
Wir Kinder erfuhren nach der Rückkehr unserer Mutter nicht eine Silbe. Auch im Haus wurde der Jagdunfall offenbar kaum diskutiert. Jedenfalls hatte ich kein diesbezügliches Wort aufgeschnappt. Wenn ich mich recht entsinne, war jedoch die Stimmung der Mutter mehr als betrübt. Jahre später haben Lotte Ingrisch, meine zweite Frau, und ich, in einer vergessenen Lade in einem Schrank auf dem Speicher des Hauses in der Ramsau eine blutige, zerfetzte lange Hose entdeckt. Ob sie meinem Vater, dem Grafen Hunyady, gehörte?

Schul- und Gymnasialzeit in Plön und Ratzeburg

Meine Schulzeit habe ich nicht in allerbester Erinnerung. Sicherlich war ich für die Lehrer kein einfaches Kind, andererseits haben auch nur wenige Lehrpersonen und Erzieher mich verständnisvoll behandelt. Obwohl ich relativ spät zu sprechen begonnen habe, hat mir die Sprache von früher Kindheit an sehr viel bedeutet. Ich las sehr viel, und die Bibliothek im Elternhaus war gut bestückt. Alles, was ich in meine Hände bekam, wurde mit Begeisterung verschlungen, Lyrik ebenso wie Prosa.

Besonders hatte es mir die Magie der Sprache angetan, der Zauber der Namen. Ich hatte mir sehr früh angewöhnt, Dinge und Personen, die mir besonders wichtig waren, oder vor denen ich mich fürchtete, mit eigenen Phantasiebezeichnungen zu benennen und damit zu bannen. So nannte ich meine Mutter mit Vorliebe „Mulche". Eine ganz frühe Kindheitserinnerung, der Kirchturm in Bern, meiner Geburtsstadt, ist für mich auch heute noch als „Muribimbaum" in Erinnerung. Auch meine Lieblingsspielzeuge wurden mit eigenen Phantasiebezeichnungen belegt, so unter anderem auch die beiden Lederriemen, mit denen ich am liebsten spielte, sie hießen „Pa" und „Fa".
Früh habe ich in der Bibliothek meiner Eltern Heine entdeckt, Goethe und vor allem Hölderlin. Sehr stark verspürte ich das Verlangen, mit den Größen der Geisteswelt in einen engen imaginären Kontakt zu treten. Als Gymnasiast schrieb ich Briefe an verschiedenste Dichter, weil ich auf eine Antwort und auf ein Autogramm von ihnen hoffte. Die Kommunikation mit diesen Persönlichkeiten ersetzte wohl auch den fehlenden Dialog mit meinen Eltern und mit manchen uneinsichtigen Erziehern. Ein besonderes Beispiel möchte ich gerne eigens anführen. Im Frühjahr des Jahres 1936, achtzehn Jahre alt, schrieb ich an den Dichter Börries Freiherr von Münchhausen, den ich natürlich bis dahin nur von der Lektüre her kannte. Es muß ein sehr gestelzter und überhöflicher Briefstil gewesen sein, wie aus seiner freundlichen und ausführlichen Antwort an mich hervorging:

Lieber Gottfried,
ich bitte um die Erlaubnis, Dich auf diesem Zettelchen einmal für 5 Minuten Du nennen zu dürfen, damit ich Dir sozusagen unter vier Augen, wie ein guter alter Onkel, eine Rat geben kann.
Das Wort „alleruntertänigst" gilt nur für den Umgang mit Kaisern und Königen. Das Wort „untertänigst" darfst Du nicht einem simplen alten Landedelmann gegenüber anwenden, denn es steht nur Fürsten zu. Wenn Du wirklich einem fremden alten Herren ein solches Hochachtungswort zuwenden willst, so ist es richtig, ergebenst oder ganz ergebenst zu schreiben. Aber was mich anlangt, so glaube ich, daß Du am besten mit „höflichst" oder, da Du ja noch ein Kind bist, mit „herzlichst" auskommst.
Deine feierliche Anrede „Eurer Hochwohlgeboren" ist freilich für den Umgang mit soldatischen Untergebenen mit Ihren Vorgesetzten üblich, und wohl auch vorgeschrieben, aber an mich und meinesgleichen ist es doch zu feierlich, und es ist richtiger, wenn Du hochgeehrter Herr von Münchhausen schreibst. Manche Leute legen ja auf ihren Titel schrecklich viel Wert, und solchen gegenüber kannst Du dann auch hochgeehrter Herr Major, Herr Domherr, Herr Kammerherr oder so ähnlich schreiben, aber wo es sich um den Verkehr zwischen Edelleuten handelt, setzt sich eigentlich immer mehr, wenigstens unter Gleichaltrigen, der Name durch. Wenn Du mir also einmal wieder die Freude eines Briefes machen willst, so schreibst Du lieber Herr von Münchhausen und sparst Dir diese schreckliche Feierlichkeit.
Du hat eine so merkwürdig ausgeschriebene und gebildete Handschrift, sodaß ich wohl wissen möchte, wie alt Du bist, was Du treibst und tust, was Du einmal werden willst und was Deine Lieblingsbeschäftigungen sind.

Laß Dir herzlich die Hand drücken von Deinem alten unbekannten Dichterfreund.

An die Volksschule habe ich relativ angenehme Erinnerungen. Es gab keine größeren Probleme mit dem Lehrstoff und mit den Lehrpersonen. Es waren auch nette Mädchen dabei, mit denen ich später noch Kontakt hielt. Ich war auch beliebt bei meinen Mitschülern, weil sie uns oft in unserem großen Haus und im Park besuchen durften und mit uns spielen konnten. Ich erwarb mir bald den Ruf eines guten Geschichtenerzählers.
Das Schulgebäude in Malente war ein alter, sehr stilvoller Backsteinbau inmitten wunderbarer Lindenbäume. Ende der Zwanzigerjahre wurde es leider abgerissen und durch einen neuen Bau ersetzt. Sehr genossen hatte ich immer den ziemlich langen Schulweg, der uns quer durch das ganze Dorf führte. Nach der Grundschule machten wir die Aufnahmsprüfung für das Gymnasium, und im Jahr 1928, mit zehn Jahren, besuchte ich die ehemalige „Gelehrtenschule" in Plön. Da wurden wir jeden Tag mit dem Chauffeur im gutseigenen Wagen hin und her gefahren, ungefähr 20 km eine Strecke. Zuerst ging es relativ gut, doch dann erkrankte ich an Tuberkulose und war rund neun Monate von der Schule weg. Ich kam in Sanatorien im Engadin und war in Monte Carlo auf Kur. Nachdem ich meine Krankheit auskuriert hatte und an die Schule zurückgekehrt war, konnte ich nicht mehr richtig Fuß fassen. Natürlich war mein Gesundheitszustand noch angegriffen, und das wurde von meinen Mitschülern weidlich ausgenützt. Drei dieser Gesellen sind mir heute noch in gräßlicher Erinnerung, sie nahmen meine psychische Anfälligkeit zum Anlaß und erpreßten mich regelrecht, unter anderem hatten sie mir meine schöne Markensammlung, die mir sehr viel bedeutete, herausgelockt. Auch mit den Lerngegenständen kam ich nicht so recht voran, mit Hängen und Würgen

absolvierte ich das erste und zweite Jahr, und im dritten blieb ich dann auf der Strecke. Ich hätte die Klasse eigentlich wiederholen müssen, aber meine Mutter intervenierte energisch und nutzte ihre guten Beziehungen zu den maßgeblichen übergeordneten Stellen. Sie wandte sich direkt an den Unterrichtsminister und setzte durch, daß ich aufsteigen konnte. Man kann sich vorstellen, daß das an der Schule zu einigem Aufruhr geführt hatte. Ich mußte auch Privatstunden nehmen in Griechisch, Latein und Mathematik.
1932 wurde das Gymnasium von den an die Macht gekommenen Nationalsozialisten in „Ernst-Röhm-Schule" umbenannt. Da hatte ich allerdings längst keine rechte Lust mehr, hier mitzumachen. Alle Mitschüler trugen die neue Uniform. Nur ich als Ausländer, ich war ja weiterhin Österreicher, war dafür nicht privilegiert. Dadurch wurde ich zu einem weiteren Außenseiter. Meine Einstellung zum neuen Regime war, dadurch bedingt, logischerweise eher zwiespältig. Schließlich war ein Weiterverbleib an dieser mir zunehmend verhaßten Schule für mich ein Ding der Unmöglichkeit. Ich drohte, in den See zu springen, und hätte meine Drohung wahrscheinlich auch wahr gemacht. Da griff meine Mutter ein und machte es möglich, daß ich an die „Gelehrtenschule" nach Ratzeburg gehen konnte. Das war für mich ein Gottesgeschenk.
Eine der prägenden Begegnungen meines Lebens hat an dieser Schule stattgefunden. Ich verdanke es dem Direktor der Schule von Ratzeburg, Karl Christian Jensen, daß ich zu mir selbst finden konnte. Dort endlich konnte ich frei atmen. Und zwar kam der Anstoß dazu in einer Vertretungsstunde, die Herr Jensen hielt, weil unser Deutschlehrer, Herr Schatz, krank war.
Er analysierte Goethes „Iphigenie", da fiel es mir wie Schuppen von den Augen, und ich verstand auf einmal, was das ist, was ich möchte, was ich muß. Dieser große Lehrer und Humanist schätzte mich, ja er mochte mich

und er hatte für mich interveniert, wo es nur ging. Ich hätte das Abitur ohne seine fürsorgliche Hilfe nie geschafft. Und meine Leidenschaft für Griechisch, für Literatur, für die humanistischen Gedanken, wurde durch ihn in geregelte und systematische Bahnen geleitet. Aus Dankbarkeit habe ich ihm meine zweite Oper „Der Prozeß", gewidmet. Durch Direktor Jensen, aber auch durch seinen Lehrerkollegen Herrn Richard Müller, habe ich erfahren, was es heißt zu lehren und zu lernen. Unsere Beziehung war von Freundlichkeit und Disziplin gekennzeichnet. Dafür bin ich diesen Menschen noch heute dankbar. Denn ohne Disziplin geht es auch in der Musik nicht.

Politische Wirren und Wirrungen

Die Zeit meiner Jahre am Gymnasium ab 1928 war geprägt von politischen Umwälzungen und gesellschaftlichen Unruhen. Es war der Beginn des Faschismus, aber im verträumten Dorf Malente-Gremsmühlen hatten wir von diesen großen Veränderungen wenig mitbekommen und waren vom Aufstieg der Nazis zunächst kaum berührt. Malente war damals, wie wahrscheinlich viele deutsche Kleinstädte, polarisiert. Es gab einen Teil, der als „rot" galt, der andere war „braun". Natürlich war das Haus meiner Eltern ein gesellschaftlicher Mittelpunkt der Gegend, und oft kamen Gäste aus den Städten der näheren und weiteren Umgebung auf Besuch. Darunter auch Paula und Olga, die Schwestern Hermann Görings. Meine Mutter war mit ihnen zur Schule gegangen, und sie hielten auch weiterhin engen Kontakt. Zunächst war durchaus noch nicht sicher, wohin das Land damals treiben könnte, ob die Kommunisten oder die Nationalsozialisten die Macht übernehmen würden. Ohne es bewußt zu erkennen, wurden auch wir Kinder in diese latenten Verschiebungen einbezogen. Wir sympathisierten z.B. mit unserem nationalsozialistisch-gesinnten Chauffeur, Erich Wolf,den wir bewunderten, weil er die Technik beherrschte und als Mechaniker mit dem Wagen gut zurecht kam. Zu Hause spielten wir oft mit den damals noch verbotenen Symbolen der Nazis. In den Aufzeichnungen meines Vaters William von Einem heißt es dazu: „Ihr zwei Kleinen versteht natürlich nicht viel von der Sache, aber die nationalsozialistische Uniform, das Braunhemd mit den Hakenkreuzabzeichen, gefällt euch. Es ist von der Regierung verboten, es zu tragen, aber aus der Schule zurückgekehrt, zieht ihr es sofort an und streicht damit durch den Garten und Hof."

Das war natürlich ein unschuldiges Hantieren mit Insignien, über deren Bedeutung wir uns nicht im klaren waren. Es hatte mit der Faszination der Uniform zu tun, die Buben gemeinhin besonders beeindruckt.

Ich empfand schon als Jugendlicher immer sehr viel Sympathie für das Leben der Armen. Auf meinen Schulwegen kam ich auch durch Wohnsiedlungen der proletarischen Bevölkerungsschichten. Ich ging mit den Armen von der Schule nach Hause, und aus den Gesprächen auf dem langen Schulweg erfuhr ich etwas von den Problemen der armen Leute, von deren existentiellen Sorgen und Nöten, von Hunger und von Wohnproblemen. All das war eine fremde Welt, die mich zutiefst beschäftigte. Und ich verlangte sehr früh nach Literatur über arme Leute, nach Gedichten zum Beispiel. Später hat sich dieses Interesse vertieft. Als ich dann nach Kiel fuhr, um dort Klavier zu lernen, erhielt ich Literatur von Heinrich Lersch. Der dortige Bibliothekar der Klavierschule hatte mich mit diesen einschlägigen Büchern versorgt und mich auch auf Gerhart Hauptmann aufmerksam gemacht. Zu meinen frühesten Liedcompositionen gehören auch Vertonungen von Gedichten diverser Arbeiterdichter, die damals bereits von den Nazis verboten

waren. Es gab diese Literatur dann nur noch „unter dem Tisch" zu kaufen. Zu Hause gab es diese Art von Literatur selbstverständlich nicht. Schon eher Hermann Hesse, Friedrich Nietzsche und Thomas Mann.
Das, was ich so nach und nach von den Nazis erfuhr, gefiel mir gar nicht. Eines Tages beschlossen mein Bruder auch ich, uns der „Gegenseite" anzuschließen. Wir marschierten zu Herrn Nabrotsch in den „roten Teil" des Ortes, der weit von uns weg lag. Er war Postarbeiter und Chef der kommunistischen Partei in Malente. Ihn ersuchten wir, uns beide in die Partei aufzunehmen. Nun wollten wir ihm das ausgerechnet dadurch schmackhaft machen, daß wir die teuersten Zigaretten - Muratti mit Rosenmundstück - gekauft hatten und ihm diese nun offerierten! Er sah uns ganz böse an und weigerte sich, uns aufzunehmen. Das hatte Folgen: Genosse Nabrotsch ging zu Herrn Dr. Filter, damals Bürgermeister von Malente, und meldete, daß wir bei ihm gewesen wären und in seine Partei eintreten wollten Filter war ein „Schwarzer" - und wir bekamen eins hinten drauf. „Was habt ihr denn bei den Kommunisten verloren?" lautete der Vorwurf.
Da ich ja bei Herrn Waldemar Schmid Stunden nahm, kamen wir oft nach Kiel, das war die Zeit der großen Aufmärsche. Kiel war die Stadt der verschiedenen Werften, und Kiel war sozialdemokratisch. Diese Stadt war für mich der Inbegriff der Verworfenheit - da hätte ich gern gelebt, aber ich durfte nicht. Dort erlebte ich auch die ersten politischen Aufmärsche. Unser Hauslehrer, der Schweizer war, gab immer seine rot-weiße Flagge aufs Auto, das war nicht nur kindisch, sondern auch gefährlich. Wir lebten in einer total unaufgeklärten, völlig chaotischen und panischen Zeit, das hing mir noch lange nach: ein gewisses Gefühl für eine Unsicherheit des Erdbodens. Den Reichstagsbrand, die erste Wahl von Hindenburg, den Kriegsausbruch und dergleichen werde ich nie vergessen.

Um aber wirklich die Augen geöffnet zu bekommen bedurfte es eines „Hammers". Ich war in einem riesigen Haus aufgewachsen, es wurde ungeheuer viel Geld ausgegeben, es wurde auf Schulden gelebt - wir hatten sechs Angestellte, zwei Autos usw. Aber es stand alles quasi auf Sand, und ich war, nicht bewußt, immer voll Angst. Mir fehlte die Bezugsperson. Die eigentliche politische Klärung kam dann erst durch die Verhaftung durch die Gestapo und dann, kurz darauf, durch das Studium bei Blacher. Boris Blacher war ein Polarisator ohnegleichen. Das war keine Fixierung meinerseits auf den stärkeren Charakter oder klareren Kopf, sondern es hatten sich viele Dinge, die ich gelesen und erlebt hatte, zu etwas zusammengebraut, das quasi durch eine Essenz gelöst werden mußte. Und diese Essenz war Blacher.

Musik als Überlebensmittel

Die Gymnasialzeit absolvierte ich eher widerwillig. Ich war oft depressiv und schwänzte oft den Unterricht. Sogar die Musik begann mich immer weniger zu interessieren, sobald sie als Unterrichtsfach behandelt wurde. Zu Hause jedoch war mir die Beschäftigung mit der Musik von früher Kindheit an zum wichtigsten Lebensinhalt geworden.
Ich merkte, daß die Welt der Klänge für mich unendlich wichtig, ja lebens-entscheidend war. Eigentlich war es für mich schon seit den frühesten Kindertagen an klar, daß ich die Componisten-Laufbahn einschlagen würde. Schon im Alter von fünf Jahren artikulierte ich den Wunsch, Componist zu werden, mit aller Deutlichkeit. Meine Mutter spielte sehr gut und gerne Klavier. Sie war aber, wie gesagt, nur sehr selten im Haus. Ich fing bald an, es ihr am Klavier gleichzutun, und begann autodidaktisch herumzuklimpern.

Sehr früh begann ich auch Noten zu Papier zu bringen, ohne jede Ausbildung, ohne über ihre Bedeutung Bescheid zu wissen. Es waren klobige Notenköpfe, die ich mit Begeisterung und immer wieder vor mich hin malte. Meine Eltern unterstützten meine musikalischen Ambitionen vom Anfang an. Sie hatten mich nie behindert und ließen mich früh auch musikalisch unterrichten. Den ersten, elementarsten musikalischen Unterricht am Klavier erhielt ich durch den Volksschullehrer Kahl. Die wichtigste Lehrerin in meiner Frühzeit aber war Fräulein Käthe Schlotfeldt. Das war eine junge Klavierlehrerin, bei der ich sehr gute Fortschritte machte. Natürlich war ich als heranwachsender Junge von dieser Person, sie war gerade erst neunzehn Jahre alt und Absolventin des Konservatoriums, auch als Frau begeistert. Aber nach einem Jahr schon war diese pianistische Ausbildung durch Frau Schlotfeldt zu Ende. Sie ging nach Berlin, um sich dort selbst weiterzubilden, und heiratete bald darauf den späteren Landesbischof Kieckbusch. Mit beiden hielt ich ein Leben lang freundschaftlichen Kontakt. Kieckbusch, der beträchtlich älter war als seine Frau, ist inzwischen verstorben. Frau Käthe lebt heute als hochbetagte liebenswürdige Dame zurückgezogen in ihrer Heimat. Als ihr Schüler war ich damals sechs Jahre alt, und sie hatte mir Bach und Händel, später auch Brahms, nähergebracht. Ihre Nachfolgerin war eine Frau Klamar, eine sehr reizende Dame, aber didaktisch leider nicht sehr versiert.
Dann aber kam Waldemar Schmid, der Direktor des Kieler Konservatoriums, der mich eigentlich in Composition, Musiktheorie, Kontrapunkt usw. unterweisen sollte, der aber seine Stunden damit begann, mir zu erklären, daß ich ein Genie wäre und eigentlich nichts lernen müßte! Das fand ich zwar hübsch, aber es genügte nicht ganz. Und so war ich in den ersten Jahren meines musikalischen Lebens eher auf mich allein gestellt. Ich hatte

keine geeignete Orientierung bekommen. Es war mir klar, daß ich nicht Dirigent werden wollte, auch nicht Pianist und auch nicht in irgendeinem anderen ausübenden musikalischen Fach ausgebildet werden wollte. Ich wollte nur componieren! Klangliche Vorstellungen und auch formale Ideen hatte ich in jeder Menge. Doch das alles hilft nichts, wenn man nicht weiß, wie man es richtig niederschreibt...

Dieser frühe Unterricht bei Fräulein Kieckbusch, bei Frau Klamar und Herrn Direktor Schmid war Privatunterricht, meistens bei uns zu Hause, oft wurde ich aber auch vom Chauffeur in die Wohnung der jeweiligen Lehrer zum Unterricht gebracht. Ich hatte insgesamt fünf Jahre lang diese Art von unsystematischem Musik- bzw. Klavierunterricht erhalten, in der Frage der Theorie aber war ich völlig unbeleckt und dilettantisch.

Der Unterricht bei Schmid in Kiel ist ein besonders düsteres Kapitel. Er war Kapellmeister und verstand viel von seinem Geschäft. Er konnte exzellent instrumentieren, er verbrachte auch einige Zeit als Theaterkapellmeister in Nürnberg. Er kannte die Musik von Richard Strauss und war selbst als Componist von Orchesterliedern in Erscheinung getreten. Er wurde immer von unserem Chauffeur in Kiel abgeholt und nach Malente gefahren. Dort unterrichtete er mich, blieb über Nacht, am nächsten Tag wurde er wieder nach Kiel chauffiert. Das Schlimme aber, ich sagte es schon, war die Art seines Unterrichtes. Er sah sich meine Compositionen an und fand meist alles genial und hinreißend. Damit war ich auf die Dauer nicht zufrieden, ich wollte gerne mehr wissen. Ich hatte gerade angefangen Volkslieder zwei- und dreistimmig zu setzen, naturgemäß eher dilettantisch. Er war aber nicht zu bewegen, einen regelrechten Unterricht durchzuführen. Ich weiß nicht, ob er nicht konnte oder nicht wollte. Er hatte offenbar einiges durchgemacht. Ich nahm es ihm sehr krumm, daß er, als es zum Abitur kam und ich eine musikhistorische Arbeit schreiben sollte, sich verleugnen ließ und wegblieb. Das Auto fuhr immer hin, er aber ließ ausrichten, er wäre krank. Beim dritten Mal fuhr ich selbst mit, eilte zur Wohnung und läutete Sturm, keine Antwort. Er ließ mich sitzen, warum, weiß ich nicht. Vielleicht erkannte er selbst, daß die Art seines Unterrichts eine Peinlichkeit war, oder aber war er mit der Bezahlung unzufrieden. Es folgten zwei kurze Intermezzi mit dem Musikdirektor Otto Spreckelsen in Plön und Friedrich Welter in Berlin. So blieb ich weiterhin auf mich alleine gestellt und bildete mich vor allem durch das beständige Hören von Musik weiter.

Ich improvisierte weiterhin fleißig am Klavier und schrieb Musik. Im Grunde genommen war ich aber völlig ahnungslos. Zum Beispiel veränderte ich Harfenpartien aus Partituren von Liszt und Wagner. Ich hatte keinen Schimmer von der Eigenart dieses Instruments. Was wußte ich schon von einer Harfe! Ich hatte in meinem Leben noch nie eine gehört. Aber ich fand diese harmonischen Fortschreitungen in der Brechung sehr interessant. Ich hatte die kompliziertesten Sachen immer nur gehört und war von ihnen auch beeindruckt, aber ich wußte nie, welche theoretischen Muster und welche compositionstechnischen Fertigkeiten dahinterstanden. Wie komme ich von E-Dur auf C? Ich wußte es einfach nicht und wachte nächtens manchmal schweißnaß auf vor Entsetzen und in Erinnerung an das, was ich am Tage zu Papier gebracht hatte.

Die Schallplattensammlung im Hause meiner Eltern hatte mir viele frühe musikalische Erlebnisse verschafft. Darunter befanden sich frühe Aufnahmen von Strawinskys „Petruschka“ und die „Polowetzer Tänze“ von Alexander Borodin. Unglaublich beeindruckt hatte mich auch eine Platte mit Händels „Messias“. Ich liebte diese Aufnahme ganz besonders. Völlig hingerissen war ich auch von Richard Wagners „Feuerzauber". Das war meine erste Begegnung mit der Musik dieses großen musikdramatischen Genies, das mich in meinem weiteren Leben noch öfter entscheidend prägen sollte.

Feuerzauber

Zum Stichwort „Feuerzauber" erinnere ich mich auch an ein sehr frühes Kindheitserlebnis mit dem Element Feuer. Eines Abends sah ich vom Fenster meines Zimmers aus im Garten einen Tannenbaum, der lichterloh in Flammen stand. Dieses Bild habe ich noch heute deutlich vor meinen Augen, denn seit diesem Erlebnis übt offenes Feuer eine suggestive Wirkung auf mich aus. Ich habe ein ausgeprägtes Faible für Stahlwerke und Vulkane, auch das mag mit jenem „Feuerzauber" im Zusammenhang stehen. Eine brennende Stadt etwa, so schrecklich das ist, ist für mich gleichzeitig das Schönste, was man erleben kann. Und ich hatte im Krieg ja einige Städte brennen sehen. Ich war ja in der Nähe der Stadt Kiel aufgewachsen und konnte aus der Entfernung von einem Fischerdorf aus, wo ich ein sehr nettes Zimmer bezogen hatte, das Bombardement der Stadt durch die Engländer miterleben. Es war imponierend, als Kiel brannte, und ich sah die Flugzeuge der Engländer auf ihrem Rückflug über die Steilküste. Zuerst warfen sie Brandbomben ab, und dann, damit das Feuer schön streute, kamen Sprengbomben nach. Ein riesiges Feuer entfachte sich und der Himmel wurde immer röter. Man müßte Städte eigentlich nur zum Verbrennen bauen, und ich hätte gerne so manches Haus angezündet!
Ich war auch Zeuge des Brandes von Dresden, auch vieler Brände in Berlin. In Berlin gab es einmal 20.000 Tote. Ich hatte zehn Meter von mir entfernt Leute brennen gesehen, und wußte, man kann überhaupt nichts machen.

In unserem Haus gegenüber in Berlin war die Brandbombe durch das Treppenhaus durchgegangen und schlug in einen Viktualienmarkt ein. Auf dem Dach war ein Posten für Brandbomben aufgestellt. Da fing das Haus von unten zu brennen an, als der Posten es bemerkt hatte, fing er zu brüllen an, aber es war kein Mensch da, der ihn hätte retten können.
Seltsamerweise kommt in meinem Werk, auch in den Opern, keine richtige Feuerszene vor, obwohl ich vom Feuer innerlich so tief ergriffen bin. Auch mein Interesse an Vulkanen rührt daher. Ich habe später einmal in den Krater des Ätna gesehen, der eigentlich als erloschen gilt, aber was der trotzdem noch alles an imposanter Glut ausspuckt, ist ungeheuer. Kein Wunder, daß ich bei einer Amerikareise, die ich auf Einladung des Departement of State absolvierte, mein Besuchsprogramm an meine feurigen Gelüste anpaßte. Ich hätte Eisenhower kennenlernen können oder Nixon. Was aber wollte ich? - Ich wollte nach Chicago und in einem Stahlwerk den Hochofenanstich miterleben, und das wurde eigens für mich arrangiert. Wer das nicht erlebt hat, weiß nicht, was Feuer ist. Es gibt da einen Lehmkanal, in den dieses glühende Eisen hineinschießt mit unglaublichem Getöse, und ich konnte nicht umhin, mich ganz in der Nähe aufzuhalten und sogar in eine Kaverne hineinzukrabbeln. Hätte ich einen falschen Schritt gemacht, wäre ich verloren gewesen.

Frühe musikalische Erlebnisse

Ein sehr frühes musikalisches Erlebnis, das ich im Konzertsaal erfuhr, war eine Aufführung von Bachs „Matthäus-Passion" in Hamburg. Ich war da etwa acht Jahre alt und nachher überzeugt davon, daß auch ich so etwas schreiben könnte. Ich quälte meinen Hauslehrer und meinen Bruder so lange, bis auch sie mir zustimmten und bis mein Hauslehrer resigniert sagte: „Ja, schreib es einfach ..."

Von der Musik der „Matthäus-Passion" war ich wie betrunken. Meine erste Oper war „Madame Butterfly". Ich mußte dazu nach Berlin fahren, was immerhin eine Entfernung von 365 km von Malente bedeutete. Da unsere Mutter es jedoch für richtig hielt, zum Zahnarzt nach Berlin zu fahren, war dies kein größeres Problem. Ich heulte wie ein Schloßhund und konnte es gar nicht fassen. Ich wußte damals natürlich nicht, was für ein Meisterwerk diese Oper ist, aber ich merkte es instinktiv.

Das war also meine erste Begegnung mit der Opernbühne, und diese sollte mich mein Leben lang begleiten. Es war wie eine Initialzündung, ein Stigma. Ich war hoffnungslos infiziert.

Von großer Wichtigkeit war für mich auch das Musikhören im Radio, zunächst noch mit Kopfhörern. Unvergessen ist für mich Beethovens „Neunte". Es war ein Neujahrstag, und Clemens Krauss dirigierte. Ich war begeistert und quengelte so lange, bis meine Mutter mir die große Partitur des Werkes schenkte, und zwar zu meinem neunten Geburtstag. Auch hier war ich unbescheiden wie immer, sah mir das komplizierte Werk an und sagte mir: „Das kannst du auch!" Und ich fing tatsächlich an, eine Symphonie zu schreiben, obwohl ich über die Notenschrift, die Zusammensetzung des Orchesters und die Instrumentation so gut wie nichts wußte. Ich hatte auch keine Ahnung, was etwa „Clarinetti in b" bedeutete, ich konnte ja auch nicht transponieren. Ganz egal, ich hatte es mir in den Kopf gesetzt, eine Symphonie zu schreiben! Ein Blatt davon hat sich erhalten, es liegt jetzt in meinem Archiv im Musikverein. Jahrzehnte später verstand ich, daß dahinter vielleicht doch Methode stand. Ich schrieb damals „Gerade" und „Ungerade" in C-Dur, etwas anderes konnte ich ja nicht. „Gerade" war die Tonica, „Ungerade" die Dominante und dann schrieb ich Viertel- und Halbenoten, das Ganze abwechselnd. Und genau diese Technik kommt bei Josef Matthias Hauer vor, er schrieb eine ganze Oper so. Ich aber lief dem Hörerlebnis wie immer nach. Hören war und ist für mich immer mit Gefühlen, mit Emotionen verbunden. Oft „schwänzte" ich den Unterricht, um mich voll dem Componieren hinzugeben. Eine Tagebucheintragung gibt beredtes Zeugnis davon: „Vm (= Vormittag) nicht in der Schule. Wieder den ganzen Tag über Arbeiten am Orchesterstück."

Die Jahre in Ratzeburg brachten die entscheidende Wendung hin zur Systematik. Es gab dort ein Internat, aber ich war ein sogenannter Externer und mußte jeden Tag nach Ratzeburg fahren, zweimal 64 km. In diesem aufgeschlossenen Klima, das dort trotz der Hitlerzeit sich zu behaupten verstand, ist mein kleines Talent gewissermaßen aufgestiegen. Nicht zu vergessen neben Herrn Direktor Jensen ist auch der Musiklehrer Röszler, ein reizender Mann, der damals schon ein alter Herr war. Ich kam ja erst mitten im Schuljahr in die neue Schule, denn ich war ja von Plön mit Entsetzen ausgerissen. Dieser Musiklehrer hatte mir in Musik einmal eine Vier gegeben. Das wollte ich nicht auf mir sitzen lassen, und ich brachte ihm am nächsten Tag eine Partitur von mir mit. Er war ganz erstaunt, was ich da gemacht hatte, und gab mir von da an immer eine Eins. Nichtsdestoweniger ist dieser entscheidende Anfang meiner Componistenlaufbahn, ist diese Knospung meiner Begabung in der Ratzeburger Zeit ein für mich, auch heute noch, rätselhafter Vorgang. Hier wurde der Grundstein gelegt für eine lebenslange und konsequente Beschäftigung mit Musik. Die Gründe dafür liegen weitgehend im Dunkeln. Eines aber weiß ich mit Sicherheit: Am Anfang war die Verzweiflung, die desperate Einsamkeit, die Verlassenheit von allen jenen, von denen ich glaubte, Wärme und Liebe erfahren zu dürfen.

Die Musik ist stärker
Vom kurzfristigen Wunsch, Diplomat zu werden

Als ich etwa 16 Jahre alt war, kam es durch das Anhören eines Werkes von Richard Strauss zu einer kurzfristigen Verunsicherung bezüglich meiner Berufung zum Componisten. Dokumentiert wird diese Irritation und Verunsicherung durch einen Brief an meinen Vater: „Ich habe jetzt 'Tod und Verklärung' gehört und studiert und bemerkt, daß ich nicht wie Herr Strauss werden kann, daher möchte ich Diplomat werden. Bitte melde mich an der Diplomatenschule des Theresianums in Wien an". Wie man weiß, ist es glücklicherweise nicht dazu gekommen. Wäre ich aber Diplomat geworden, dann bin ich sicher, man hätte mich aufgehängt. Mit Hitler hatte ich vom Anfang an nicht viel im Sinn und Diplomatie lag meinem aufbrausenden, direkten Naturell gewiß nicht.
Was aber war es, an diesem rätselhaften Werk „Tod und Verklärung", das mich dazu gebracht hatte, an meiner musikalischen Berufung zu zweifeln? Es war die Emotion. Ich liebte an diesem merkwürdig altmodischen Meisterwerk in der Tradition nach Liszt die Klänge und die Farbe des Orchesters. Ich war fasziniert davon, und gleichzeitig fehlte mir damals jedes handwerkliche Rüstzeug dafür, etwas Ähnliches zu schaffen. Dieser Wandel in der Auffassung einer Lebensbestimmung, Diplomat oder Componist zu werden, ist schon eine groteske Angelegenheit.
Seltsamerweise waren meine ersten Empfindungen beim Anhören von musikalischen Meisterwerken, etwa von Beethovens „Neunter": „Das kann ich auch!" Bei Strauss dann wußte ich schon mehr von den Geheimnissen des Compositionshandwerkes, und diesen Einblick verdankte ich der schon erwähnten Aufführung der „Madame Butterfly" im Jahre 1932. Damals war ich 14 Jahre alt. Ich war so fasziniert von diesem Erlebnis, daß

ich unverzüglich nach Salzburg zu den Festspielen kommen wollte, wo Richard Strauss den „Fidelio“ dirigierte. Mein Vater hatte schon vier Zimmer für uns im Hotel Europa bestellt, doch aus irgendeinem Grund sind wir aus Salzburg abgereist und in die Ramsau gefahren, wo wir ja ein Jagdhaus hatten. Ich habe aber so lange gemault und agitiert, bis meine Eltern nachgaben und ich doch der Vorstellung beiwohnen konnte. Dieser Vorstellung des „Fidelio“ mit der unvergeßlichen Lotte Lehmann und dem legendären Maier hat sich mir unauslöschlich eingeprägt. Auch die Erinnerung an Strauss ist in mir wach. Er war damals schon ein älterer Herr und er saß beim Dirigieren. Während der Ouvertüre aber stand er einmal auf, und die Spannung war tatsächlich bis in die Haarspitzen hinein spürbar. Diese Aufführung hat mir ein weiteres lebenslanges Stigma zugefügt, nämlich das der ungeteilten Aufmerksamkeit: Höre zu, höre genau zu, und höre genau hinein!
Zu den prägenden Anfängen gehört für mich auch das Miterleben des ersten Liederabends. Immerhin habe ich ja später in meinem Leben über 100 Lieder geschrieben. Es war ebenfalls ein Konzert im Rahmen der Salzburger Festspiele, im Mozarteum.
Bruno Walter begleitete Lotte Lehmann, und ich war wieder einmal begeistert. Es war herrlich schön und rational nicht erklärbar. Schubert, Mahler und Cornelius standen auf dem Programm. Ich habe keines dieser Lieder je vergessen.

Erste Werke

Compositorisch habe ich viel mit vorhandenen Werken der Literatur herumexperimentiert. Zu meinen ersten Compositionen gehörte die Verselbständigung und Weiterführung der Baßstimme einer Klavierübung. Später componierte ich auch Arientexte nach. Es ist richtig, wenn Kritiker darauf hingewiesen haben, daß dies ein Dialog mit den Meistern war, denen ich mich auf wahnwitzige Weise ebenbürtig fühlen wollte. Es lag aber noch mehr dahinter, nämlich das früh ausgeprägte geschichtliche Bewußtsein, das Gefühl, in einem über Jahrzehnte und Jahrhunderte dauernden musikalischen Zusammenhang zu stehen. Mein Dialog mit den Meistern war und ist Ausdruck eines Traditionsbewußtseins, des Wissens, Teil eines Ganzen zu sein in einem kreativen Prozeß, der vor mir begonnen hat, der durch mich hindurchgeht und der auch nach mir fortgeführt werden wird. Und schließlich ist diese Anrufung von Künstlergestalten der Vergangenheit auch ein Ersatz für den Mangel an Bezugspersonen in Familie und Schule. Indem ich mich als Kollege und Partner der componierenden Musiker verstand, überwand ich meine Einsamkeit. Wahrscheinlich ist auch deshalb mein Musikbegriff kein revolutionärer, kein radikaler Bruch, sondern ein evolutionärer.

Heute bekenne ich mich zu allen meinen frühen Stücken; diese Albernheit mancher großer Kollegen, zu irgendwelchen Stücken nicht mehr zu stehen, ist feige und verlogen. Ich aber bin mit meinen frühen Stücken quasi per Sie. Einen Großteil davon habe ich schon vor Jahren vernichtet. Es war anläßlich einer Sitzung des Kuratoriums der Alban Berg Stiftung, daß ich den Entschluß faßte, meine frühen Werke zu verbrennen. Es ging damals um die Frage der Zulässigkeit der-Bearbeitung des dritten Aktes der Alban Berg-Oper „Lulu" durch Friedrich Cerha. Trotz triftiger künstlerischer Einwände und gegen meinen heftigen Widerstand wurde auf Betreiben der Herren Boulez, Schlee und Liebermann die Einwilligung zu diesem ungeheuerlichen Eingriff erteilt. Meine Reaktion darauf bestand darin, in meine damalige Wohnung in der Marokkanergasse im 3. Bezirk in Wien

zu gehen und etwa 30 Partituren aus der Zeit,bevor ich bei Blacher studiert hatte, zu verbrennen. Ich möchte mich dadurch vor allem durch unbefugte Veröffentlichungen und Eingriffen wehren. Vor allem nach meinem Tode. Ich habe diesbezüglich schlechte Erfahrungen mit der geübten Praxis in der Rechtsprechung gemacht und ich möchte mir nicht von ahnungslosen Leuten vorschreiben lassen, was von mir übrigbleibt. Das bestimme immer noch ich. Das große Beispiel von Johannes Brahms ist mir dabei verbindlich vor Augen gestanden, denn er sagte: „Von mir wird niemand etwas erfahren, außer das, was ich wünsche." Und so sind meine frühen Partituren und die dazugehörigen Skizzen fast zur Gänze nicht mehr vorhanden.
Darunter befanden sich Orchesterstücke, von denen ich aber zwei übrig gelassen habe, weil sie in einem anderen Zusammenhang stehen. Ich lernte als junger Mensch durch meine Eltern den großen Dirigenten Bruno Walter kennen, und diese beiden Stücke, die sehr schöne Titel trugen - das eine „Helden in Ketten" und das andere „Einem Toten" - sehr tief-tragische „Meisterwerke" eines pubertären Menschen, hatte ich Bruno Walter gewidmet. Dieser war so unvorsichtig oder gnädig, meine Widmung auch anzunehmen und mir sogar zu versprechen, sie mit den Berliner Philharmonikern zu probieren. Gott sei Dank hat er das nie gemacht, aber diese beiden Stücke aus dem Jahre 1934, damals war ich 16 Jahr alt, habe ich aus diesen Gründen übrig gelassen.
Ich hatte nicht vor, Spuren in meiner Entwicklung als Componist zu verwischen, denn natürlich gibt es Stufen in dieser Entwicklung, und ich war auch nicht vom Wunsch beseelt, plötzlich als Fertiger dazustehen. Unter den Frühwerken, die ich verbrannte, befanden sich neben den Orchesterstücken auch noch Orchesterlieder, Orchesterstudien, Klavierstücke und ein Streichquartett, alles Produkte meines Schaffens aus der Zeit von mei-

nem sechsten Lebensjahr bis zum Beginn des alles verändernden Compositionsstudiums bei Boris Blacher.
Dennoch gibt es im Archiv des Musikvereins, dem ich schon seit Jahren alle Unterlagen überlassen habe, noch einige verstreute Blätter, insbesondere ein frühkindliches Notenblatt mit dicken, pummeligen Baßnoten darauf. Als ich diese damals meinem Lehrer gezeigt hatte, wurde ich tief beleidigt und getroffen, als er mir sagte, „nein, dazu bist Du noch zu jung, die Baßnoten wirst Du erst später kennenlernen". Dieses Dokument habe ich, wenn man will, aus Trotz gegen diese schulmeisterliche Bevormundung der Nachwelt überliefert.
Eine weitere Ausnahme, und auch die mit gutem Grund, ist ein gebundenens Faszikel von Klavierliedern. Diese habe ich ebenfalls aufgehoben, denn da sind ganz merkwürdige Sachen dabei, und ich bin mir nicht sicher, ob ich diese Lieder nicht doch irgendwann einmal herausgeben werde. Das sind Sachen, anhand derer man nicht nur eine gewisse Entwicklung nachzeichnen könnte, sondern eigentlich sind das Compositionen, die ich fast heute gemacht haben könnte. Und das ist merkwürdig, denn die korrekte Behandlung der Dissonanzen lernte ich erst später, durch die Studien bei Boris Blacher, kennen. Aber natürlich hatte ich Dissonanzen auch schon vorher verwendet, wie jeder, der sich intensiv mit Klängen beschäftigt. Man kann sich ja nicht nur in Dreiklängen, die konvergieren, ergehen! Und seltsamerweise sind bei manchen dieser frühen Lieder die Fortschreitungen, auch die Art der Melodieführung und die Formbildung so frappierend ähnlich dem, was ich Jahrzehnte später gemacht habe, daß ich mir später dachte, das kannst du ruhig mal lassen, das gehört eigentlich zu deiner Geschichte dazu!
Durch meine Mutter wurde ich von früh an den bedeutenden Künstlern der damaligen Zeit vorgestellt, schon 1933 lernte ich als 15-jähriger bei den Salzburger Fest-

spielen Bernhard Paumgartner und Baron Puthon sowie Bruno Walter kennen. Beide bekamen ebenso Proben meiner frühen Compositionsversuche zu begutachten, wie der greise Wilhelm Kienzl und Josef Marx. An freundlichen Ermunterungen fehlte es nicht.
Als ich 1936 das Abitur bestand und dabei im Wahlfach Musik zum Thema „Die Eigenheiten der romantischen Instrumentalmusik und ihre Anwendung in der Symphonie" eine Arbeit verfaßte, war ich in gesellschaftlichen Kreisen schon als angehender Componist bekannt. Um auch in Österreich die Hochschulreife zu erhalten, mußte ich in Wien ein paar Prüfungen nachholen, was mir keine Mühen bereitete. Zu dieser Zeit waren die Idole meiner ersten Musikbegeisterung in Deutschland - Mahler und Bruno Walter z.B., - wegen ihrer jüdischen Abstammung längst als „entartet" verboten. Ich hörte ihre Musik aber weiterhin heimlich auf ausländischen Radiostationen, wie eine Tagebucheintragung aus der Zeit dokumentiert: „Um 9.00 Uhr von Prag Gustav Mahlers „Neunte Symphonie". Grandioser Einblick in bis an den Wahnsinn grenzende Welten! Leider sehr schlechter Empfang. Genialste Symphonie der Neuzeit." Mahler sollte trotz der offiziellen Verbannung und des „rassischen Makels", dem ich keine Bedeutung beimaß, mein großer Leitstern bleiben. Immer wieder fuhr ich von Malente aus in die großen Städte, um Opernaufführungen und Konzerte mitzuerleben.

Wagner, Bayreuth und die Folgen

Richard Wagner war von Anfang an ein Faszinosum für mich. Es begann damit, daß ich 1934 mit Olga Rigele von Berlin nach Bayreuth zu den Festspielen fuhr, zur ersten Aufführung der „Meistersinger" in meinem Leben. Es war zugleich das erste Auftreten von Max Lorenz als

Stolzing. Der dritte Akt beeindruckte mich nicht so sehr wie der erste. Dann kam „Parsifal“, und es traf mich bis tief in meine Knochen. Wagner war für mich trotzdem keine Kultfigur, wie Mahler eine wurde. Ich wußte aus seinem Leben, daß er einen ekelhaften Charakter hatte. Er war gräßlich, aber genial. Seine Musik übt auf die Zuhörer beinahe physische Gewalt aus. Er ist ein Componist, der das, was er mitteilen will, sehr explizit und direkt macht und einem daher kaum eine Wahl läßt. Wagner verlangt, daß man ihn zum einzigen Liebhaber macht. Das wollte ich nicht, obwohl ich sein Werk sehr genau kennenlernen durfte. Ich wurde ja schließlich auch als Assistent an die Bayreuther Festspiele berufen und konnte ab 1938 durch Tietjen, der verschiedene Vorstellungen dirigierte, lernen, wie reich Wagner an Geist, aber auch an Tücke war. Er duldet neben sich keinen anderen Gott, aber das ließ ich mir nicht gefallen, und so bin ich Wagner nie mit Haut und Haaren verfallen. Ich weiß, welch grandiose Musik er geschrieben hat, welch wunderbaren Musikdramen, sei es der „Holländer“, sei es der „Tristan“. Ein Mehr an Kraft des Einfalls und der Konstruktion läßt sich kaum vorstellen. Er ist der Componist mit einem ungeheuren wachen Sinn für die Technik des Leitmotivs, und gerade durch die Kombination dieser Leitmotive ist die Wahnsinnsszene im „Tristan“ so ungeheuer schön, - und gleichzeitig so zum Fürchten. Ich aber will mich beim Musiktheater nicht fürchten müssen. Wagner vereinnahmt meistens total. Mich aber nicht.
Zu Wagners abstoßendsten Charaktereigenschaften gehörte sein Antisemitismus. Ich habe Cosimas Tagebücher gelesen. Um nicht irre zu werden, habe ich dann die Partitur der „Meistersinger“ zur Hand genommen und mich gefragt, wie ist es möglich, daß jemand so genial ist und gleichzeitig ein so gemeiner, niedriger Charakter? Wie ist es möglich, daß ein Mensch ein so hohes

Maß an Humor und Einsicht in die menschliche Tiefe hat, was beides in dem Stück steckt, der aber auch solche mörderischen Ansichten von sich geben kann? Ich wußte mir damals und weiß auch heute noch keine Antwort darauf. Seit meiner Beschäftigung mit Wagner aber differenziere ich zwischen Größe und Genie.
Größe steckt auch in der Bescheidung und in der Bescheidenheit. „Groß“ kann für mich auch eine kleine Form sein, z.B. ein Gedicht. Ein Genie schließt sehr oft Maßlosigkeit mit ein. Wagner war solch ein Genie, was seine Stoffe betrifft, und die innere Folgerichtigkeit, die Nachvollziehbarkeit der Handlungen und natürlich den Willen zu riesenhaften komplexen Formen. Größe hingegen wird für mich durch Hölderlin personifiziert. Bei ihm ist die Bescheidung anzutreffen, und wahrscheinlich ist er daran zugrundegegangen. Natürlich war Hölderlin von einer ungeheuren Wortgewalt und ausgezeichnet mit einer grandiosen Vorstellung des Klanges der Vokale. Doch davon abgesehen war Hölderlin ein sehr bescheidener Mann, wie man in seinem „Hyperion“ und in den Briefen an „Diotima“ nachlesen kann. Das ist groß, aber nicht aufgeplustert. Bei Wagner scheint mir immer alles überdimensioniert groß, in seinem Schaffen ebenso wie in seinem Privatleben. Nun könnte man einwenden, daß eben nicht alle Menschen von Natur aus edel sind, warum sollte man also das von den Genies abverlangen? Ich meine aber, zu einer Größe gehört das Streben nach einer gewissen Konkordanz zwischen dem tatsächlichen Leben und dem, was man sich einbildet, sein zu wollen. Es geht auch um eine gewisse Übereinstimmung zwischen Leben und Werk, obwohl ich weiß, daß dies schwer zu erreichen ist. Rousseau, dem wir den fantastischen Erziehungsroman „Emile ou de l'éducation“ verdanken, hat seine eigenen Kinder bekanntlich in Findelhäuser gesteckt, und Marx hat seine Haushälterin schmählich ausgenützt und erpreßt. Demgegen-

über steht Ludwig Wittgenstein, der Leben und Schaffen fast zu einer imponierenden Deckungsgleichheit gebracht hat.
Nach einer Premiere von „Tristan“, 1939, ging ich zu Heinz Tietjen, dem Generalintendanten des Preussischen Staatstheaters, der mich sehr mochte und mich, trotz meiner Naivität und Unfertigkeit als Korrepetitor an die Berliner Staatsoper geholt hatte. Ich erzählte ihm von plötzlich aufgetretenen schrecklichen Ohrenschmerzen, die ich kaum aushalten konnte. Er ließ einen Arzt holen. Der kam wirklich im allerletzten Moment, denn ich hatte eine Mittelohrentzündung. Eine Stunde später wäre das Ohr völlig zu gewesen, und man hätte mich operieren müssen. Möglicherweise wäre ich auch ertaubt. Seitdem hatte ich mich vor dem „Tristan“ immer gefürchtet, und es gab kein Mittel dagegen. Das war sicherlich auch eine psychosomatische Angelegenheit.
Ich hatte damals Bühnendienst, war Korrepetitor und konnte durch diese Tätigkeit in Bayreuth, aber auch an der Staatsoper in Berlin, die frühen Wagner-Opern kennenlernen, „Rienzi“ und den „Fliegenden Holländer“. „Rienzi“ ist eine Ballade, ich fand nie einen Stoff, der mich gereizt hätte, dazu eine musikalische Ballade zu schreiben. Auch der „Holländer“ ist schon ein Meisterwerk ersten Ranges und es sind ja die Opern, die das große Genie Richard Wagners am deutlichsten manifestieren. Daß dieser Schreckensmensch Wagner diesen Geniestreich im „Holländer“ zuwege brachte, daß es ihm gelang, die Überfahrt und den Sturm auf hoher See musikalisch heraufzubeschwören, ist etwas, das ich immer bewundert habe. Ich habe aber nie versucht, ihm in irgendeiner Sache nachzufolgen oder ihn nachzuahmen. Er hinterließ bleibenden Eindruck auf mich, aber er blieb mir innerlich immer irgendwie fremd.
Ich möchte noch einmal zurückblenden auf mein erstes Wagner-Erlebnis in Bayreuth, lange vor meiner Assisten-

Die Eltern, General William von Einem und seine Frau Gerta Louise, geb. Rieß von Scheurnschloß

Mit dem jüngeren Bruder Karl Hermann, genannt „Michel“
Bild links oben: Mit Vater und den beiden Brüdern
im Garten des Hauses in Malente
Bild links unten: Haus der Familie von Einem in Malente-Gremsmühlen (Schleswig-Holstein), Gartenseite

Der leibliche Vater Graf Laszlo Hunyady (ca. 1914)

Ausflug im Kinderwagen und am Arm des Vaters, 1921

Bild oben: Als Abiturient mit dem Vater auf dem Heldenplatz in Wien

Bild links: Familienstammsitz in der Ramsau am Dachstein

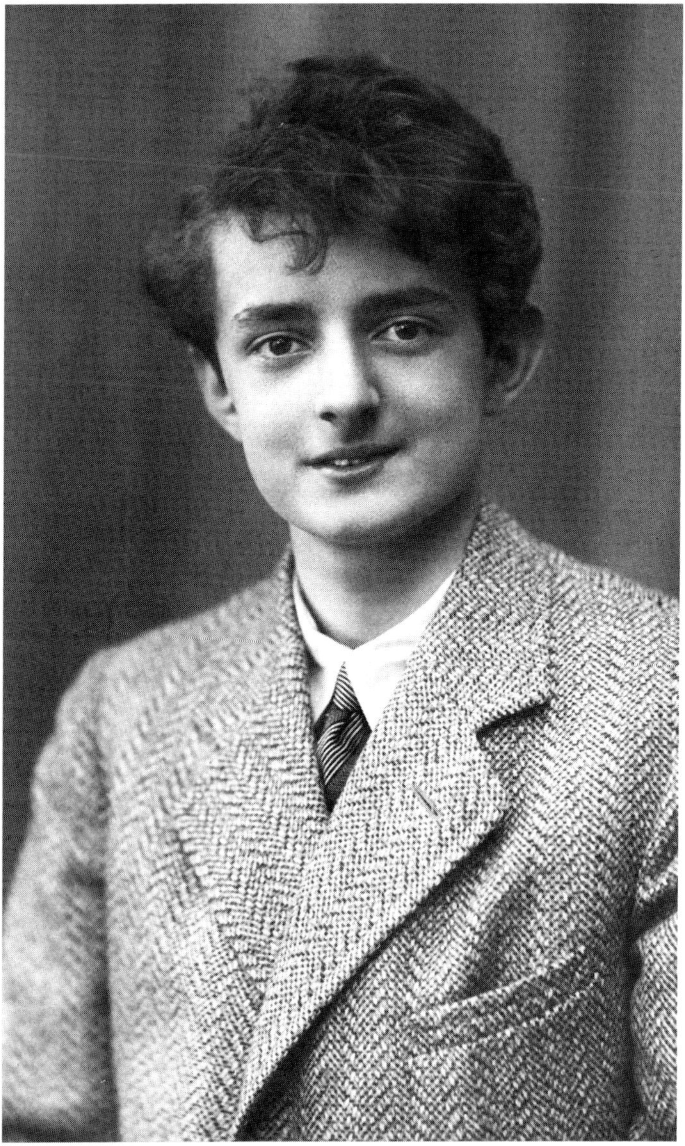

Als Gymnasiast

Bild oben: Mit Schulfreunden am Sonderburger Strand

Bild links oben: Mit Jugendfreund Walter Bollmann in Orlamunde

Bild links: Karl Christian, Direktor der Lauenburgischen Gelehrtenschule in Ratzeburg

Bild links unten: Klassenfoto der Ratzeburger Gelehrtenschule bei einem Ausflug nach Sylt, 1935

Am Markusplatz in Venedig, anläßlich einer Reise mit Friedelind Wagner, 1938

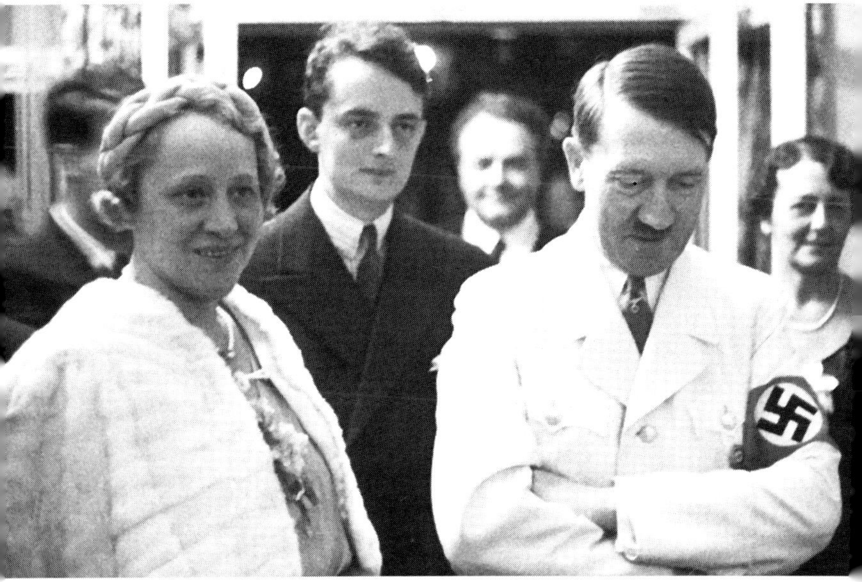

Bei einer „Führergala" in Bayreuth, links vorne die Frau des Kammersängers Joseph von Manowarda, 1938

Friedelind Wagner, die „Maus"

Mit Wolfgang Wagner, Bayreuth, 1951

Die drei Freunde und Kollegen aus den Berliner Jahren Rudolf Wagner-Régeny (oben) und Werner Egk (rechts unten) und Carl Orff (links unten)

Bild links oben v.l.n.r.: Mit den Sängerinnen Wendlandt und Lubin, dem Konzertmeister des Festspielorchesters, Edgar Wollgandt und Herbert von Karajan vor dem Bühneneingang des Bayreuther Festspielhauses, 1938

Mit Ehefrau Lianne,
geb. von Bismarck

Der erste gemeinsame Salzburger Wohnsitz im „Turm“ von St. Jakob am Thurn

Mit Lianne auf dem Weg zu einer Bayreuther Premiere, 1951

Mit Mutter Gerta Louise in der Ramsau

Väterlicher Klavierunterricht für Sohn Caspar in Wien, 1955

tenzeit. Ich ging damals noch zur Schule, als ich das erste Mal nach Salzburg kam, das war 1933. Ich fuhr mit meiner Patentante Olga Rigele nach Bayreuth. Da sie mit Frau Wagner eng befreundet war, konnte ich mich dort frei bewegen, mir alles ansehen und machen, was ich wollte. Den ersten Akt der „Meistersinger" verfolgte ich beispielsweise direkt auf der Bühne, im „Parsifal" saß ich ausgerechnet neben dem Apparat, aus dem die Glocken erschallen sollten. Ich war darauf nicht vorbereitet und dann natürlich zu Tode erschrocken. Den dritten Akt der „Meistersinger" wiederum verfolgte ich vom Orchester aus. Kein Alkohol, kein Gift kann so berauschend sein wie dieser gräßlich-schöne Wagner, und noch dazu an der Stätte seines einstigen Wirkens.

Aus diesem Jahr -1934 - datierte meine Freundschaft mit Max Lorenz, der unter Elmendorff in den Meistersingern auftrat. Die Begegnung mit Max Lorenz sollte sehr wesentlich für mich werden. Nicht nur, weil er Jahrzehnte später bei der Uraufführung meiner Oper „Der Prozeß" den Josef K. sang, sondern auch, weil er derjenige war, der mir riet, Praxis zu machen, das Opernhandwerk an der Staatsoper in Berlin von der Pike auf zu lernen, Volontär zu werden. Das war in meinem Fall ein goldrichtiger Rat. So war es mir möglich, den Opernbetrieb durch und durch kennenzulernen. Ich hatte dann vom Bühnen- bis zum Orchesterdienst alles gemacht, wie es sich eben gehört.

Ich hatte seit 1934 persönlichen Kontakt zu Familie Wagner. Meine Mutter war mit Winifred Wagner freundschaftlich verbunden. Diese war eine große Dame, leider aber eine überzeugte Anhängerin Hitlers. Adolf Hitler, der auch Vormund der Kinder war, ging in der Villa „Wahnfried" in Bayreuth ein und aus und war als „Onkel Wolf" beinahe so etwas wie ein Familienmitglied. Ich habe sehr früh auch die Enkel Richard Wagners kennengelernt, Wieland, Wolfgang und vor allem Friedelind Wagner.

Fast noch wichtiger als das Hören der Musik Richard Wagners wurde für mich die Befassung mit seinen handschriftlichen Partituren. Ich war glücklicherweise mit einer Frau Strobel auf gutem Fuße, die damals Archivarin in Bayreuth war, und sie hatte mir alles gezeigt. Ich konnte mir alle Originale ansehen, sämtliche Manuskripte der Opern bis hin zu den herrlichen Nietzsche-Briefen und Richard Wagners Liebesbriefe an Cosima. Das Betrachten dieser Manuskripte, verbunden mit den klugen Ausführungen der Frau Strobel, war für mich auch eine Art von Compositionsunterricht.

Friedelind Wagner, die „Maus"

Mit dem jetzigen Chef der Familie Wagner, Wolfgang, kam ich ab 1939 noch näher in Kontakt. Er kam damals als Regieassistent an die Staatsoper nach Berlin, also zur selben Zeit, als auch ich dort tätig war. Er führte dann bald auch Regie, und zwar in einem Stück seines Vaters Siegfried Wagner, der „Andreas-Nacht". Wir waren dann sehr viel zusammen und gut befreundet.
Mit seiner Schwester, Friedelind Wagner, der „Maus", war ich über eine längere Zeit gewissermaßen sogar verlobt, das war jedenfalls der Wunsch unserer beiden Mütter. Friedelind Wagner war das „schwarze Schaf" ihrer Familie. Sie hatte ein sehr unabhängiges Wesen und wollte sich nicht zur Gänze den Vorstellungen des Wagner-Clans unterwerfen. Zu meinem Vorgesetzten, dem großen Opernchef Tietjen, der neben der Staatsoper Berlin auch in Bayreuth über Jahre hindurch tätig war, hatte sie ein sehr zwiespältiges Verhältnis. Sie schwärzte ihn an, wo sie nur konnte. Der Grund dazu war wohl Eifersucht auf ihre Mutter Winifred, die mit Tietjen mehr als befreundet war. Schließlich bewohnten beide Zimmer, in denen einst Richard und Cosima Wagner gelebt

hatten. Auf dem Nachttisch von Tietjen lag unter einem Glas ein Autograph von Goethe, etwas ganz Sinniges – „Ich liebe Dich“ – oder so etwas Ähnliches. Und einmal überraschten wir beide Tietjen und Winifred beim Frühstück, als sie gerade sehr innig waren. Die „Maus“ konnte außerdem nicht vergessen, daß man sie mit dem viel älteren Sänger Max Lorenz, dessen Frau Lotte Apelsack Jüdin war, verheiraten wollte. Dieser Plan wurde von Tietjen vorangetrieben, damit sie aus dem Haus käme.
Doch Friedelind wollte von Lorenz überhaupt nichts wissen, und das war einer der Gründe, warum sie von Bayreuth wegging. Friedelind hat in ihrem Buch über Tietjen Schreckliches geschrieben. Vieles davon war wohl nichts anderes als Verleumdung übelster Art, schließlich war sie doch eine echte Wagner, und das Geschlecht Wagner verleumdet gern und gut.
Ich unternahm mit Friedelind viele Reisen, nach Paris, nach Mailand, wo wir im Hotel „Cavour“ nächtigten, und ins berühmte „Danieli“ nach Venedig. Meine Mutter schickte damals alle Augenblicke ein Kammermädchen, mit dem Auftrag zu uns hinauf, durch das Schlüsselloch zu spähen, ob sich etwas täte ... Immer hatten wir getrennte Zimmer, doch die Tür dazwischen war offen. Es gab hunderte Briefe von Friedelind an mich aus dieser Zeit und auch Fotos und andere Dinge von mir. Dies alles hatte ich noch Jahre später in einem Lederkoffer in der Ramsau aufbewahrt. Leider mußte ich erfahren, daß meine Schwiegermutter von Bismarck eines Tages meinen Sohn Caspar beauftragt hatte, alles zu verbrennen. Sie wollte offensichtlich Geschichtskorrekturen machen.
Durch Friedelind lernte ich auch Toscanini kennen und ich konnte auch die Proben für die ersten Luzerner Festspiele 1938 miterleben. Das war faszinierend. Ich saß zusammen mit Bruno Walter, seiner Frau und der „Maus“ bei den Proben. Italienische Musik, Brahms und

Wagners Meistersinger standen auf dem Programm. Es ging praktisch darum, die Festspiele von Luzern zu erfinden. Der Konzertmeister Adolf Busch hatte eigens und nur für Toscanini das ganze Orchester zusammengestellt. Es war sozusagen eine Generalprobe für ein Alternativfestival zum naziverseuchten Salzburg. Anschließend fuhren die „Maus“ und ich nach Mailand, wo wir an der Scala eine Opernaufführung miterlebten. Anschließend gings standesgemäß ins „Danieli“, wie es sich für Jungverlobte eben gehörte. Das war unsere Ehevorschau, aber Gott sei Dank wurde ich davor bewahrt.

„Unser“ Bayreuth

Als Friedelind Wagner schließlich über England nach Amerika emigrierte - der Einfluß Toscaninis, der sehr gegen das Hitlerregime war, hatte sich durchgesetzt - reiste ich in die Schweiz, wo ich all unsere Konten auflöste und alles Geld, die Brillanten und beträchtliche Mengen von Gold, alles Besitztümer meiner Mutter, der „Maus“ mitgab. Der Sinn war natürlich, daß das Vermögen erhalten bleiben sollte, und ich hatte sie mit unserem ganzen Vermögen 1940 über die Grenze gebracht. Das war dann das Ende meiner Beziehung zu ihr.
Als ich sie nach dem Krieg in New York wieder traf und sie darauf ansprach, was aus unseren „Schätzen“ geworden sei, mußte sie eingestehen, daß sie alles durchgebracht hatte. Es war kein Groschen mehr davon vorhanden. Meine Mutter und auch ich hätten wahrscheinlich nichts dagegen unternommen, wir waren ja nicht die einzigen, die durch die Kriegswirren um ihr Vermögen gebracht worden waren. Daß wir dann doch aktiv in dieser Angelegenheit wurden, hatte mit einer sehr schäbigen Aktion Friedelind Wagners zu tun. Wohl um sich in dieser leidigen Affäre zu entlasten und uns in ein

schlechtes Licht zu stellen, hatte sie behauptet, unser Reichtum stammte aus dubiosen Quellen, und das Gold wäre gar das von ausgebrochenen Judenzähnen gewesen. Das konnten wir natürlich nicht auf uns sitzen lassen, noch dazu wo meine Mutter nach dem Krieg aufgrund ihrer guten Verbindungen zur Industrie Bayreuth wieder auf die Beine geholfen hatte. Es kam zu einem Prozeß und meine Mutter wurde - als Entschädigung - zur Miteigentümerin eines grundbücherlich eingetragenen Viertels des Bayreuther Besitzes erklärt.
Wieland Wagner wollte schließlich unsere Anteile wieder haben und bot meiner Mutter dafür die Originalpartitur des „Siegfried-Idylls“ an. Auf mein Anraten hin lehnte meine Mutter dieses Gegengeschäft ab, denn sie stimmte mit mir überein, daß so ein Meisterwerk und Unikat nicht in Privatbesitz gehören sollte. Als meine Mutter starb, erbten mein Bruder und ich ihren Bayreuther Anteil, und mein Bruder trat den seinen an mich ab. Wolfgang Wagner kam eines Tages und erzählte mir, meine Mutter hätte bei ihm noch 91.000 DM Schulden. Beweise hatte er für seine Behauptung keine, aber ich hatte es langsam satt. Ich wollte mit der schrecklichen Wagner-Familie nicht mehr länger zu tun haben und schlug meinerseits Wolfgang Wagner ein Tauschgeschäft vor. Ich schenkte ihm meinen Teil und wollte dafür ein Skizzenblatt aus dem Manuskript der „Meistersinger“ erhalten. Das wäre sicher ein gutes Geschäft für die Wagner-Familie gewesen. Auch ich hätte mich mit dem gewünschten Einzelblatt durchaus zufrieden gezeigt. Allerdings bekam ich für mein, wie ich meine, doch großzügiges Geschenk - der Wert unseres Anteils wurde auf 3,5 Millionen DM geschätzt - die versprochene Gegenleistung nie. Der Rechtsanwalt Wagners, der den Vertrag aufgesetzt hatte, nahm das mir versprochene Blatt nicht in den Text auf, und so konnte ich auf seine Herausgabe nicht bestehen.

Ich bedaure es jedoch nicht, denn mit dieser Familie wollte und will ich nichts zu tun haben. Ich wüßte wirklich viele schreckliche Interna dieser Familie zu berichten, und ich bin auch heute noch froh, daß ich Friedelind, die „Maus“, doch nicht geheiratet hatte, obwohl das von beiden Müttern stark betrieben worden war. Außer in New York traf ich Friedelind dann noch zweimal. Einmal in Bayreuth, um 1951, gemeinsam mit meiner Mutter. Ich weiß nicht, was Mama sich damals gedacht haben mag …
In gewisser Hinsicht verdankt Bayreuth mir nicht nur den Erhalt der „Siegfried-Idylls“, sondern auch die Rückführung des „Tristan“-Manuskripts. Ich war einmal bei meinen Freunden Bareisss in Zürich eingeladen. Eines Abends war auch ein deutscher Emigrant zum Abendessen anwesend. Wie immer wurde dem Whisky fleißig zugesprochen, und schließlich erfuhr ich von diesem Gast, daß die Partitur zum „Tristan“ in Barcelona lag und er von den Wagners den Auftrag hatte, dieses Manuskript zu verkaufen. Es war ein Betrag von mindestens 400.000 DM ausgemacht. Aufgrund eines Hinweises von mir wurde dann der Verkauf verhindert, und die Rücküberstellung des Manuskriptes perfekt. Als ich nämlich den mit diesen Dingen befaßten Münchner Beamten davon informierte, machte ich ihn auf das Beamten-Haftungsgesetz aufmerksam, dem er unterstellt war, daher war er unter Zugzwang und mußte die nötigen Schritte einleiten, um das Manuskript im Besitz Bayreuths zu erhalten!
Meine letzte Begegnung mit Wieland Wagner möchte ich gerne an den Schluß meiner Bayreuther Erinnerungen stellen. Ich traf ihn in Wien, als er in Begleitung von Anja Silja aus dem Hotel Sacher trat. Er begrüßte mich von weitem und sagte: „Ich bin am Ende.“ Ich antwortete: „Ich weiß. Weil Sie Angst haben vor dem menschlichen Gesicht, und weil Sie deshalb Angst haben vor der

Personenregie. Das ist ja auch der Grund, warum Sie sich in Ihre wunderbare Rhythmenregie flüchten, in die Aufteilung und Gliederung der Szenen und Auftritte." Er nickte. Ich wußte, daß er auch ein begabter Maler war, aber eigentümlicherweise hatte er auch als Maler sich nie an menschliche Porträts herangewagt. Dann sagte er etwas völlig Überraschendes: „Ich möchte in Frankfurt Ihren 'Prozeß' machen, das wäre ein Erfolg und eine Erfahrung für mich, denn das sind doch alles Personen ohne Gesicht." Ich ermunterte ihn und meinte: „Versuchen Sie es doch!" Es kam nicht mehr dazu. Ein paar Monate später war Wieland Wagner tot.

„Ich fühle mich wachsen“

Meine Berliner Lehr- und Wanderjahre

Im Jahre 1937, nach bestandenem Gymnasialabschluß, ging ich nach Wien, um meinen Militärdienst zu absolvieren. Glücklicherweise wurde ich bereits nach 14 Tagen als dienstuntauglich wieder entlassen. Meiner Musikerlaufbahn stand also zunächst nichts mehr im Wege. Bevor ich nach Berlin zog, machte ich jedoch noch Sprachurlaub in England. Ich war ungefähr vier Monate dort, fuhr sehr viel im Land herum und besuchte einen Englischkurs in Westgate-On-Sea. Das College lag direkt am Wasser, in einer herrlichen Gegend. 1937, zwei Jahre vor Kriegsausbruch, war ja politisch gesehen eine ziemlich schlimme Zeit, aber die Wochen in England unter fröhlichen Jugendlichen habe ich sehr genossen.
Auch 1938 besuchte ich ein zweites Mal die Britischen Inseln, doch mit dem Kriegsausbruch war es dann Schluß. Erst nach dem Krieg kam ich wieder dort hin, vor allem weil ich dann über Jahre hindurch auch an einen englischen Verlag gebunden war.
Ich ging nach dem Ende meiner Schulzeit, 1937/38, nach Berlin, wo ich zunächst bei Hindemith studieren wollte. Durch Vermittlung Olga Rigeles und von Max Lorenz wurde ich Assistent Heinz Tietjens an der Berliner Staatsoper. Dort geriet ich an den Chordirektor der Staatsoper, Wilhelm Schmidt, und dessen Bruder Alfred, der als Chefkorrepetitor am selben Haus wirkte. Er wur-

de vom Operndirektor Tietjen beauftragt, mich unter seine Fittiche zu nehmen. Ich war damals ein völliger Dilettant auf dem Gebiet der Korrepetition, aber auch sein Unterricht machte aus mir keinen Meister dieses Faches. Durch Schmidt lernte ich dann den Componisten und Kritiker Friedrich Welter kennen, von dem er ein Stück bei einem seiner Chorkonzerte uraufgeführt hatte und mit dem er befreundet war. Ich beschloß, ihn mir als Compositionslehrer auszuwählen, und ging zu ihm hin. Ich legte ihm einige meiner Lieder vor, die er analysierte und auseinandernahm. Ich versuchte dann, diese Lieder neu zu schreiben. Er war ein sehr intelligenter Mann, aber für mich nicht der richtige, wie sich bald herausstellen sollte. Der Unterricht bei ihm, insgesamt kaum ein halbes Jahr, hatte nicht viel eingebracht. Er endete, als Welter zum Militärdienst eingezogen wurde, Ende 1938/Anfang 1939.

Bühnen- und Opernpraxis

Mit dem Studium bei Hindemith wollte es auch nicht klappen, denn er wurde auf Betreiben Goebbels' suspendiert. So blieb mir weiterhin nichts anderes als die Staatsoper, an die ich von Tietjen im selben Jahr wie Karajan als Assistent berufen worden war. Es war eine großartige praktische Einführung. Ich hatte die Gnade, im Orchester sitzen zu dürfen und ein bißchen mitzuklimpern, etwa auf der Celesta. Meine instrumentalen Kenntnisse waren nicht besonders hervorragend, aber ich hatte viel Gelegenheit zu sehen und zu hören, was die Bühne bedeutet. Was ich über die Bühne gelernt habe, verdanke ich Tietjen, und meine Opern sind, glaube ich, dramaturgisch auch recht gut gebaut. Meine Bühnentätigkeit war die entscheidende Grundlage dafür. Ich verbrachte quasi den ganzen Tag im Opernhaus, ich war bei den Proben dabei und bei den Aufführungen, insgesamt sieben Jahre, und das nicht nur in Berlin, sondern auch bei den Bayreuther Festspielen in den Jahren 1938 und 1939 und dann auch im Orchester: "Learning by doing". Die Praxis erteilt die beste Lehre. Instrumentieren lernte ich durch den Besuch ungezählter Orchesterproben. Weshalb wird unterbrochen, was wird korrigiert? Das Proben ist eine hohe Kunst. Ich machte mir immer in meine Partituren Einzeichnungen über Atmung, Lautstärke, Tempo. Arturo Toscanini, Richard Strauss, Dimitri Mitropoulos, Bruno Walter, Hans Rosbaud, Herbert von Karajan, Karl Böhm und Wilhelm Furtwängler waren die, die mich wach machten. Der Praxis danke ich alles.

Als mir Tietjen eines Tages sagte, daß er mich zum Kapellmeister des Stadttheaters in Kassel machen wollte, war ich von dieser Idee ganz und gar nicht begeistert. Ich wollte viel lieber weiter zuhören, aktiv zuhören, und das war für mich keineswegs eine faule Beschäftigung. Ich wollte einfach nicht die Dirigentenlaufbahn einschlagen, für mich stand immer fest, daß ich mich zum Componisten berufen fühlte. Ich hätte auch kein Talent fürs Dirigieren gehabt. Einmal mußte ich eine Bühnen-Probe des „Fidelio" dirigieren, Gott sei Dank ohnehin ohne Orchester, sondern nur mit Klavierbegleitung. Ich mußte für einen abwesenden Kollegen einspringen, und recht berühmte Sänger standen auf der Bühne - Rudolf Bockelmann und Maria Müller, wenn ich mich recht erinnere. Die Probe war eine absolute Pleite, ein Fiasko. Ich konnte und kann das einfach nicht, das ist eben eine ganz andere Einstellung zum Klang und zur Musik

Als der Krieg ausbrach, durfte ich im Operndienst bleiben und wurde nicht einberufen. Tietjen hatte mich immer gehalten, auch später, als die Geschichte mit der

Verhaftung durch die Gestapo passierte, von der später noch die Rede sein wird.. Als ich nach der Verhaftung wieder herauskam, konnte ich sofort am gleichen Platz weitermachen. Das war wahrscheinlich nur möglich, weil er mit Winifred Wagner, der grauen Eminenz des Wagner'schen Opernhimmels, eng befreundet war und großen kulturpolitischen Einfluß besaß.
Mein Bruder „Michel" allerdings fiel im Jahr 1942 bei Tobruk, als er von einem Granatensplitter getroffen wurde. Sein Mitfahrer im Panzer, Herr von Heyden, besuchte meine Mutter und überbrachte ihr seinen einzigen Orden, das Eiserne Kreuz.
Von Tietjen wurde ich in Bayreuth auch dazu angehalten, als Musikassistent stärker in die Probenarbeit einzugreifen. Es war 1939, die Aufführung des „Fliegenden Holländer" stand bevor, daß Tietjen mich in den Chorsaal schickte, um die Chorprobe zu begleiten. Und so habe ich auch das gelernt, nicht nur die Behandlung des Orchesters, auch die Arbeit mit den Sängern und das Verhältnis zwischen Sängern und Dirigenten. Das ist mir später beim Componieren sehr zustatten gekommen.

Berliner Vorgesetzte, Kollegen, Freunde

Tietjen war Chef der Staatsoper und gleichzeitig auch Chef von Kassel und Wiesbaden, also für die Preußischen Staatstheater Generalintendant. Er war auch Dirigent, vielleicht nicht gerade genial, aber ein erfahrener Kapellmeister. Als er in Bayreuth für den Opernbetrieb zuständig war, wirkte dort Gustav Gründgens für das Schauspiel. Enge Freunde und Kollegen während meiner Staatsopernjahre in Berlin wurden die Componistenkollegen Carl Orff, Werner Egk und Rudolf Wagner-Régeny. Von Orff wurde damals sein unverwüstliches Meisterwerk „Carmina burana" aufgeführt, Egk war ein überaus

begabter Ballett- und Operncomponist. Von Wagner-Régeny wurde eine Oper unter der Leitung Karajans aufgeführt, bei der ich Bühnendienst hatte. Dadurch lernte ich Wagner-Régeny näher kennen und erfuhr dann auch, daß er gemeinsam mit Blacher beim selben Lehrer, Koch, studiert hatte. Wir wurden Freunde und kamen ziemlich oft bei ihm in seiner zauberhaften Dachwohnung zusammen, doch bald brannte auch dieses Haus ab, mitsamt den wunderbaren Bildern seiner jüdischen Frau. Mit diesen drei Componistenkollegen, aber auch mit Boris Blacher, improvisierte ich sehr oft und wir trieben allerlei musikalische Scherze. Anläßlich der Uraufführung meines Balletts „Turandot" veranstaltete ich gemeinsam mit Werner Egk eine jazzige Improvisationseinlage, live im Deutschen Rundfunk während eines Interviews. Das war ein Skandal!
Wagner-Régeny sollte dann zum Militärdienst eingezogen werden, meine Mutter aber bewahrte ihn vor dem Schlimmsten. Dank ihrer Intervention wurde er nicht an die Front geschickt, sondern an einen Schreibtischposten im Ministerium versetzt. Dort benahm er sich offenbar äußerst ungeschickt. Er drangsalierte meine Mutter so lange, bis er an eine Außenstelle nach Paris versetzt wurde, denn er war sehr frankophil eingestellt. Fast hätte er doch noch an die Front müssen, denn Karajan, der seine Oper uraufgeführt hatte und von dieser ganz und gar nicht begeistert war, war der Meinung „ein Fronterlebnis würde ihm guttun ..."
Von diesen drei Componisten wird heute leider nur noch Orff aufgeführt. Besonders leid tut es mir, daß Wagner-Régeny im Konzertsaal und auf der Opernbühne nicht mehr zu hören ist. Ich wollte einmal ein Werk von ihm sogar in Salzburg zur Aufführung bringen, es kam aber nicht dazu. Er war übrigens alles andere als ein Nazi. Auch Carl Orff war kein Parteigenosse. Er war immerhin mit Professor Huber, dem Lehrer der Geschwi-

ster Scholl, befreundet, der dann als Widerstandskämpfer aufgehängt wurde. „Widerständler" war er allerdings keiner. Übrigens war auch die Haltung unseres Chefs Tietjen durchaus korrekt. Er war zwar ein preußisch-pflichtbewußter Untertan Görings, dem die preußischen Staatstheater, Wiesbaden, Kassel, Berlin, unterstanden. Auch er war kein Nazi, allerdings durch seine Freundschaft mit Winifred Wagner doch sehr in die Nähe der Entscheidungszentren gerückt.
Goebbels, dem alle anderen Theater unterstanden, empfand eine große Abneigung gegenüber Göring, beide hatten einander gehaßt. Werner Egks Oper „Peer Gynt" wurde als Auftragswerk der Berliner Staatsoper uraufgeführt. Goebbels hatte die Presse darauf angesetzt und wollte mit der erwarteten vernichtenden Kritik natürlich Göring, seinen Intimfeind, treffen. Egk war ihm dabei völlig egal, aber zu seinem Leidwesen gelang sein durchsichtiges Manöver nicht, die Aufführung wurde zu einem Erfolg.
Zu dieser Zeit wurde Richard Strauss Chef der Reichsmusikkammer, Egk war dann Fachschaftsleiter. Eines Tages wurden beide zu Goebbels zitiert, und man sprach darüber, welche Musik und welche Componisten gefördert werden sollten. Goebbels schlug „den großen Meister Franz Lehár" vor, daraufhin meinte Strauss: „Wissen Sie, Herr Reichsminister, so bedeutend ist Lehár nun auch wieder nicht." Goebbels bekam einen Wutanfall, wie mir Egk nachher erzählte, und brüllte, Strauss könne das gar nicht beurteilen, und es stünde ihm auch nicht zu. Beide wurden hinausgeworfen.
Das Verhältnis Karajans und Furtwänglers zu den Nazis ist sehr differenziert zu betrachten. Karajan trat der Partei schon sehr früh, 1932, bei. Es ging ihm weniger um Ideologie, als um seine Karriere, denn er war zeitlebens ein ehrgeiziger Mann und auf Ruhm und Geld erpicht. Er ging als Kapellmeister nach Ulm, blieb dort aber nicht

lange, denn es drängte ihn zurück nach Berlin. Über Aachen gelangte er durch Richard Strauss' Fürsprache schließlich an die Berliner Staatsoper unter ihrem Chef Tietjen. Frau Käthe Heidersbach, eine Sängerin der Berliner Staatsoper, hatte Karajan als Dirigenten besonders für die Musik von Richard Strauss nachdrücklich empfohlen. Strauss, der ebenfalls nicht uneitel war, kam dies sehr gelegen, denn es war ihm natürlich lieber, wenn jemand seine Sachen dirigierte und nicht Beethoven. So kam also Karajan an die Berliner Staatsoper. Es ging damals um die Aufführung des „Tristan". Friedelind Wagner, die mit mir befreundete „Maus", war mit dem Opernchef Tietjen gut bekannt, und auf ihre Empfehlung hin engagierte er Karajan. Die Aufführung wurde zu einem so großen Erfolg, wie ich ihn bis damals noch nicht erlebt hatte. Sie war auch ausverkauft, und die Leute standen förmlich Kopf. Musikalische Erinnerungen sind manchmal sehr trügerisch, aber in diesem Falle bin ich mir sicher, es war eine großartige Aufführung, und auch meine Erinnerung daran ist unvergeßlich.

Karajan, der zehn Jahre älter als ich war, wurde systematisch gegen Furtwängler aufgebaut, der Chef der Berliner Philharmoniker war. Furtwängler war nie Parteimitglied, vielmehr lernte ich ihn als einen absoluten Liberalen kennen, der auch sehr viel für verfolgte jüdische Kollegen tat und davon nie viel Aufhebens machte. Ich erinnere mich z.B. an den „Fall" Goldberg, der war Geiger und Konzertmeister, und Furtwängler hatte ihn bis zum letzten Moment unterstützt und dann noch den Aufbau einer neuen Existenz in Israel ermöglicht. Furtwängler war ein Künstler, der aus Überzeugung handelte, leise, verborgen und verschwiegen.

Zur Zeit Karajans an der Berliner Staatsoper, die ich mit ihm gemeinsam verbrachte, also von 1938 bis 1944, konnte ich feststellen, daß er seine Parteimitgliedschaft nie mißbraucht hatte. Er trug auch nie ein Parteiabzeichen,

jeder, der etwas anderes behauptet, ist ein Lügner. Nach dem Krieg setzte ich mich daher auch für ihn ein und gab für ihn eine „Ehrenerklärung“ ab.
Hans Knappertsbusch war zwar nicht Parteigenosse, aber er stand dennoch in einem besonderen Nahverhältnis zu den Parteibonzen. Er hatte deshalb auch nach Kriegsende lange Schwierigkeiten mit seiner Rehabilitierung und litt unter dem Dirigierverbot. Unter den bekannten Dirigenten der Nazizeit war also kaum einer Mitglied der NSDAP, weder Clemens Krauss, noch Knappertsbusch oder Furtwängler, einzig und allein Herbert von Karajan und Othmar Kubasta. Karajan allerdings hatte es damals nicht mehr nötig gehabt, die Partei zu seiner Unterstützung herbeizuzitieren. Er besaß unbestreitbar geniales Talent, und Tietjen wußte das zu würdigen und unterstützte seine Karriere, aus künstlerischen Gründen, nach besten Kräften. Karajan mußte sich um seine Karriere damals gar nicht mehr bemühen, sondern nur annehmen, was ihm bereitwillig angeboten wurde. Da gab es regelmäßige Konzerte mit der Staatskapelle, und natürlich davor die nötigen Proben. Karajan bekam immer zugestanden, was er wollte - sechs Proben zu je drei Stunden! Und was dirigierte er ? - Tschaikowsky und Brahms! Da konnte natürlich nichts schief gehen! Nur mit meinem Stück, dem „Concerto“, das er 1943 zur Uraufführung brachte, war er durchgefallen, wie noch zu hören sein wird, und das hat er mir nie verziehen.

„Onkel Hermi“

Die Beziehung meiner Mutter zu wichtigen Persönlichkeiten der Nazizeit ergab sich durch ihre enge Freundschaft zu Paula Rigele und deren Schwester Olga, zwei Schwestern Hermann Görings. Sie kannte sie, wie be-

reits erwähnt –, von Kindesbeinen an und pflegte auch später noch engen Umgang mit ihnen. Olga Rigele war so etwas wie eine „Nenntante“ für mich, und hatte sich immer sehr für mein Fortkommen interessiert. Ihr verdankte ich ja auch, wie ebenfalls bereits geschildert, meine „Lehrstelle“ an der Oper in Berlin. Einmal besaß ich die Frivolität, den „großen“ Hermann Göring mit „Onkel Hermi“ anzusprechen, wie mir von „Tante“ Olga geraten worden war. Er hatte mir darauf einen sehr empörten Brief zurückgeschrieben und verwehrte sich gegen diese Titulierung schärfstens ...
Recht gut bekannt war meine Familie auch mit Herbert Göring, einem Vetter des „Reichsmarschalls“. Jahre später, 1943, sollte ich ihn wieder treffen. Einmal, ich hatte damals schon meine Studien bei Blacher abgeschlossen, mein Opus 1, das Ballett „Turandot“ und für Karajan das „Concerto“ geschrieben und auch schon die Uraufführung des „Capriccio“ hinter mir, da rief mich Herbert an. Er sagte, er hätte über mich und mein Schaffen schon viel gelesen, und schlug ein Treffen vor. Als wir uns dann gegenüber saßen, bot er mir Geld für einen eigenen Verlag an. Eine halbe Million Reichsmark wollte er in dieses Unternehmen investieren, und er beauftragte mich, ihm geeignete Componisten zu bringen, ganz egal wieviel sie auch kosteten. Begeistert lief ich zu Blacher, und wir berieten über die Auswahl. Schließlich wollte ich Boris Blacher, Wagner-Régeny, Egk, Orff und mich vorschlagen, es kam aber nicht mehr zur Ausführung dieses Planes.

Die Gestapo klopft an die Tür ...

Meine erste Wohnung in Berlin konnte nach dem Dafürhalten meiner Mutter nicht irgendein Zimmer oder eine Wohnung sein, vielmehr residierten wir prächtig im

Hotel „Adlon", das ungefähr dem Imperial oder Sacher in Wien entsprach. Geld spielte offenbar keine Rolle, es wurde alles aufgeschrieben, meine Mutter wollte dafür schon sorgen. Eines Tages hatte ich einen ehemaligen Schulfreund aus Plön bei mir als Gast, Fritz Below. Er sollte ein paar Tage im Hotel verbringen. An seinem Abreisetag frühstückten wir noch auf seinem Zimmer gemeinsam, beide noch im Morgenmantel. Da kam der Etagenkellner mit der dringenden Nachricht, meine Mutter verlange unbedingt nach mir. Ich wollte mich sofort auf den Weg machen, da erschien schon ein weiterer Mann in Begleitung von drei weiteren Herren und forderte mich unmißverständlich zum Mitkommen auf. Es blieb mir nicht einmal mehr Zeit, mich von meinem Gast zu verabschieden. Der Mann war ein Zivilist, ein Herr Holzbauer. Er gab sich als Abgesandter der Gestapo zu erkennen, und ich wußte, daß Widerspruch unsinnig gewesen wäre. Die Lage war äußerst ernst, das war klar.
Natürlich hätte man damals unter ähnlichen Verhältnissen immer ein schlechtes Gewissen gehabt und das Schlimmste befürchtet, dennoch lagen die Umstände im konkreten Fall doch etwas dramatischer. Meine Mutter und ich hatten nämlich vor, an ausgerechnet jenem Tage am späten Vormittag nach Amsterdam zu fliegen. Die Vorbereitungen waren getroffen, meine Mutter hatte ihren Wagen, einen Packard mit englisch-livriertem Chauffeur, schon ins „Amstel-Hotel" in Amsterdam vorausgeschickt und dort auch schon ein Zimmer bestellt. Unser Ziel war eine dauernde Niederlassung in England, wo in London bereits eine Wohnung auf uns wartete. Wären wir ein paar Stunden früher abgereist, oder wäre die Gestapo etwas später vor der verlassenen Wohnung gestanden, mein ganzes Leben hätte einen anderen Verlauf genommen!
Auf dem Wege mit dem Gestapo-Mann gingen mir einige Überlegungen durch den Kopf: Was könnte ich ange-

stellt haben, was die Gestapo interessieren sollte? Hatte es etwa mit den vielen Auslandskontakten meiner Eltern zu tun, unter denen sich viele einflußreiche jüdische Freunde befanden? Für einen Augenblick hatte ich, noch in Fritz' Zimmer, sogar erwogen, aus dem Fenster zu springen, aber ich verwarf diesen Gedanken sofort wieder. Ich ging also mit und gelangte in mein Zimmer, wo drei Herrschaften gerade damit beschäftigt waren, meine gesamten Sachen zu durchwühlen, auch mein Tagebuch, was mich sehr störte. Ich durfte ins Badezimmer und zog mich rasch an. Inzwischen war auch meine Mutter zur Tür hereingekommen und wollte von den fremden Leuten wissen, was sie hier machten. Als Antwort erfuhr sie, daß ich von der geheimen Staatspolizei verhaftet worden wäre. Sie war natürlich entsetzt und wurde auch gleich mitgenommen.
Wir nahmen keinen Lift, und so marschierte ich zum ersten Mal, obgleich ich schon länger im „Adlon“ gewohnt hatte, die bombastische, prächtige Marmortreppe hinunter. Das war ein Erlebnis: Immer wieder gingen Türen auf und jeweils ein bis dato unbekannter Gestapo-Spitzel sah heraus: der Nachtportier, der Hallenkellner, der Chef des Restaurants, der Liftboy, der Mann vom Zeitungsstand, alle diese Hotelangestellten waren also, wie sich herausstellen sollte, bei der Gestapo beschäftigt! Da war ich natürlich ziemlich baff.
In einem großen offenen, schwarzen Mercedes ging es, wie es sich gehörte, in die Prinz-Albert-Straße Nr. 8, der damals berüchtigsten Adresse in Deutschland. Im Hauptquartier der Gestapo begannen die Verhöre. Es kamen sehr komische und merkwürdige Fragen zur Sprache. Ich war ja erst zwanzig Jahre alt, unerfahren und politisch nicht gerade sehr interessiert. Alles drehte sich damals für mich um Musik. Man fragte mich die erstaunlichsten Dinge, wie etwa: „Warum haben Sie am 7. Juni 1935 an Ihre Mutter geschrieben, 'paß auf, die Gestapo

ist hinter Dir her?'“ Woher sollte ich nur wissen, was ich vor Jahren geschrieben hatte? Man wollte von mir auch erfahren, wann und wo meine Frau Mutter mit Herrn Churchill diniert hatte und warum. Ich wußte wirklich nichts. Mir war ja zu diesem Zeitpunkt nicht einmal klar, daß auch meine Mutter bereits verhaftet und in einem anderen Raum zur selben Zeit ebenfalls wegen Hoch- und Landesverrats verhört wurde. Später hatte ich von ihr erfahren, daß damals sogar ihre angebliche Nachricht an mich im Hotel, mit der Aufforderung unverzüglich zu ihr zu kommen, von der Gestapo fingiert war.
Ich wurde fünf Stunden lang einem pausenlosen Verhör unterzogen, dann sah ich Mama zum ersten Mal in der Kantine der Gestapo, mit Leuten, die ich nicht kannte, weit weg von mir. Danach wurde ich eingesperrt und kam in eine Zelle. Weitere Verhöre folgten. Meine Zelle befand sich im mittleren Trakt des Gefängnisses, mit dem Fenster in den Innenhof. Ich mußte das Verhalten eines Sträflings erst allmählich erlernen. So wurde mir z.B. aufgetragen, daß ich immer dann, wenn es an der Tür klopfte, unter das Fenster zu treten hätte. Beim Essensbezug ging dann immer die Klappe herunter.
Nach relativ kurzer Zeit, ein paar Wochen später, wurde ich wieder entlassen. Bis auf weiteres, wie man mir drohend bedeutet hatte, denn man ließ offensichtlich weiterhin nicht locker und wollte von mir über Angelegenheiten meiner Eltern Auskunft bekommen, die mir völlig fremd waren. Meine Mutter blieb weiter in Haft.

Bedingt in Freiheit

Wieder in Freiheit, mußte ich die unangenehme Entdeckung machen, daß von den vielen Menschen, die mit meiner Mutter und mir verkehrt und die mit uns häufig im „Adlon“ gespeist hatten, kaum einer übriggeblieben war, der mich noch sprechen wollte. Ich galt wohl - aus welchen Gründen immer - als „gefährlich“, und man hatte offenbar Angst, in die „Affäre“ hineingezogen zu werden. Ein besonderer Fall persönlicher Feigheit aus jener Zeit ist mir durch Herrn Ernst von Weizsäcker, dem Vater des ehemaligen deutschen Bundespräsidenten, in Erinnerung geblieben. Er war damals Staatssekretär im Außenministerium unter Ribbentrop und hatte seine Wohnung über uns. In meiner Einfalt ging ich die Treppe hoch. Auf mein Klopfen hin öffnete ein Hausmädchen mit Spitzenhäubchen und vertröstete mich auf sechs Uhr abends. Als ich wieder vorstellig wurde, wurde mir mitgeteilt, daß Herr von Weizsäcker zwar da, aber nicht für mich zu sprechen wäre! Wir waren nicht nur mit dem Vater Weizsäcker seit langem gut bekannt, sondern auch mit seinem Sohn, mit dem ich in Bern, als sein Vater dort Botschafter war, Tischtennis gespielt hatte. Die Brüskierung dann in Berlin habe ich nicht vergessen, nicht aus Rachsucht, sondern weil es ein wichtiges menschliches Erlebnis war. Es herrscht offenbar ein merkwürdiges Verhältnis zwischen jenen Menschen, die in Sicherheit leben, und denen, die verdächtig geworden sind ...

Ich wurde dann immer wieder kurzfristig verhaftet. Ich erinnere mich an die Generalprobe zur Uraufführung von Werner Egks „Peer Gynt“. Damals saß ich wieder bei der Gestapo in der Prinz-Albert-Straße Nr. 8. Vom Componisten, der die Aufführung auch dirigieren sollte, war ich jedoch als Celest-Spieler vorgesehen. Ich sagte also zu einem meiner mich vernehmenden Beamten, es wäre doch angemessen, mich herauszulassen. Ich setzte noch eines darauf und bekräftigte, daß ich im übrigen der Meiunung wäre, die Leute „hätten einen Anspruch darauf, mich spielen zu hören“. Er sah mich erstaunt an, es handelte sich um einen eher zivilisierten Beamten, und ich bekam wirklich einen Tag Ausgang. Ich kam zur

Generalprobe und mußte anschließend wieder zurück „ins Loch".

Zur Premiere wurde ich dann wieder auf freien Fuß gesetzt, doch die Aufführung wollte und wollte nicht beginnen. Unruhe unter den Zuhörern und auch im Orchester machte sich breit. Der Fagottist klärte uns schließlich auf: „Der Führer kommt!" Und Adolf Hitler kam tatsächlich und wohnte der Aufführung bei. Nach der Vorstellung war ich mit meinem Freund Werner Egk zusammen, und er erzählte mir eine herrliche Begebenheit jenes denkwürdigen Abends. In der Pause hatte Adolf Hitler Tietjen befohlen, ihn mit dem Componisten bekannt zu machen. Egk wurde also geholt und Tietjen marschierte mit ihm in die Hofloge, wo Hitler mit Goebbels - der Egk bekanntlich verbieten wollte - saß. Hitler sagte zu ihm: „Ich freue mich, in Ihnen einen würdigen Nachfahren Richard Wagners kennengelernt zu haben", und entließ ihn auch gleich wieder gnädig. Das war ein klassischer Fall von Rettung eines Menschen, denn Goebbels hatte gegen Egk im „Angriff" und im „Völkischen Beobachter" ungeheuerliche Anschuldigungen schreiben lassen. Dr. Gerigk, der Musikkammer-Beauftragte für die Judenfrage in der Musik, hatte sich ebenfalls furchtbar ausgelassen. Es bestand tatsächlich die eminente Gefahr, daß Egk als vermeintlicher Kulturbolschewist umgebracht werden sollte. Dies wollte Egks Chef, Heinz Tietjen, aberauf alle Fälle verhindern, und so brachte er seine Freundin Winifred Wagner dazu, für Hitler den Besuch dieser Vorstellung zu arrangieren. Die lobende und überschwengliche Aussage des „Führers" in Gegenwart des Propagandaministers Goebbels hatte für diesen natürlich fatale Folgen. Er war nun unter Zugzwang, und statt Egk ins Jenseits zu befördern, machte er ihn zum Fachschaftsleiter der Reichsmusikkammer. Egk wiederum bestimmte mich zu seinem Stellvertreter. Egk war von nun an in Sicherheit und konnte fortan machen, was er wollte. Dennoch war es absurd, daß man Egk nach dem Krieg verdächtigte, ein Nazi gewesen zu sein. Was ich besonders gemein fand war, daß ausgerechnet Carl Orff diesen Verdacht genährt hatte. Orff war mit einem Offizier, Mister Jenkins, befreundet, der in der Besatzungszeit unmittelbar nach Kriegsende in Stuttgart stationiert war. Als es um die Beurteilung von Egks Verhalten während des Naziregimes ging, sollte Orff, auf Egks Wunsch, diesem gegenüber eine Aussage machen. Carl Orff jedoch verweigerte eine Stellungnahme mit dem doppelbödigen Hinweis, er wollte nichts aussagen, weil er mit Egk ja befreundet wäre, so als ob da etwas zu vertuschen gewesen wäre! Das war das Gemeinste, das man in dieser Situation machen konnte, und das habe ich ihm dann auch deutlich gesagt.

Schweizer Intermezzo

1940 verbrachte ich einige Monate in der Schweiz, wo ich auch den Zusammenbruch Frankreichs erlebt hatte. Ich litt an einer Lungenentzündung mit hohem Fieber, und durch ein Attest meines Arztes gelang es mir, ein Visum für einen Kuraufenthalt in der Schweiz zu bekommen, der auf ein halbes Jahr beschränkt war. Ich wohnte im „Wilden Mann“ in Luzern, dessen Speisenangebot mit vorzüglichem Geschnetzelten mit Rösti mir noch in bester Erinnerung ist. Auf Wunsch meiner Mutter fuhr ich zu unserem ehemaligen Hauslehrer, der in Basel lebte und mit dem ich mich verabredet hatte. Da erschien am Bahnhof ein Herr und forderte mich auf mitzukommen. Beim anschließenden Verhör wurde ich gefragt, was ich in der Schweiz eigentlich vorhätte. Meiner Versicherung, daß ich nur Freunde besuchen wollte, wurde kein Glauben geschenkt, vielmehr wurde ich der Spionage bezichtigt. Ich fuhr weiter nach St. Moritz, zu Bekannten

meiner Mutter, die ich aber nicht antreffen konnte. Ich reiste ihnen sogar nach Arosa nach, wo ich von ihnen jedoch ebenfalls nicht empfangen wurde. Unter diesen Kontaktpersonen befand sich auch Alphons Rothschild, dem ich wichtige Nachrichten meiner Mutter hätte überbringen sollen. So kehrte ich unverrichteter Dinge in den Engadin zurück und danach ins Wallis nach Venthöne. Ich wurde dort in einem Albergho als Gast aufgenommen. Nach drei Tagen jedoch wurde ich wieder von einem mir unbekannten Herrn aufgefordert, innerhalb von vier Stunden meinen Aufenthaltsort zu verlassen. Schon nach zwei Stunden stand ein Polizist vor der Tür, der mich offensichtlich eskortieren sollte. Ich packte also meine Sachen und reiste ab. In Chur, wo ich umsteigen mußte, standen ebenfalls wieder Herren mit Schaftstiefeln, die wohl zu meiner Observierung abgestellt worden waren. Der Grund für die Verdächtigungen, die zu so törichten Kombinationen führten, daß man mich dort hinauswerfen wollte, lag darin, daß ich in Maloja unwissentlich militärisches Sperrgebiet betreten hatte und noch dazu als feindlicher Spion galt! Das konnte ich allerdings erst nach dem Krieg in Erfahrung bringen.
Der Spionageverdacht hing wohl auch mit den Aktivitäten meiner Mutter in der damaligen Zeit zusammen. Als ich damals, im Jahr 1940, in Basel ankam, sah ich bei einem Zeitungsstand eine Ausgabe des „Paris Match" mit der Schlagzeile: „Baronin von Einem zum Tode verurteilt". Ich war, als ich diese Schlagzeilen sehen mußte, begreiflicherweise verwirrt und bestürzt, weil ich von den wahren Hintergründen nichts wußte. Es scheint, daß meine Mutter, gemeinsam mit dem Chefredakteur der Pariser Zeitung „Le Figaro", zwischen Göring und der französischen Regierung in den Monaten davor ein Stillhalteabkommen vermittelt hatte. Da inzwischen der Krieg ausgebrochen und Frankreich innerhalb kürzester

Zeit unterworfen worden war, war diese geheime Abmachung dann natürlich hinfällig. Ich dachte dennoch nicht daran, sofort nach Deutschland zurückzukehren, immerhin waren mir die Erlebnisse mit der Gestapo in Berlin noch in unangenehmster Erinnerung.
Ich hatte für die Schweizer Bahn ein Generalabonnement genommen und konnte während dieser Monate jede beliebige Strecke wählen. Ich reiste damals sehr viel herum, studiert hatte ich kaum. Ich wollte in einem Turm wohnen, der Rilke bis zu seinem Tode als Domizil gedient hatte. Ich fuhr also nach Mysot und ersuchte den Pfarrer Schulthes in Sills Maria, der ein Freund des Besitzers des Anwesens, Werner Reinhardt, war, mir eine Empfehlung zu geben. Das hatte alles nichts geholfen. Da ich nicht französisch spreche, hatte ich eine Freundin, Martha Amstutz aus Basel, gebeten, mich zu begleiten. Wir machten viele Wanderungen kreuz und quer durch die Weinberge. Auf unseren Ausflügen gelangten wir schließlich auch nach Venthöne, wo ein ebenfalls imposanter Turm die Landschaft dominierte. Ich trug beim Bürgermeister meinen Wunsch vor, den Turm zu mieten. Er hatte einen einzigen Raum, nicht beheizbar und ohne Wasser, eine Beherbergung war ausgeschlossen. Ich hatte mir aber fest vorgenommen, mich gerade an diesem Ort niederzulassen, und es gelang mir schließlich, eine kleine Wohnung bei einem Bauern anzumieten. Zum Mietpreis gab es pro Tag je einen Liter Rotwein und Weißwein gratis dazu, denn der Besitzer war Weinbauer. Ich erinnere mich, daß ich auch im Weingarten mithelfen und mich nützlich machen wollte. Als der Winzer mich bei meiner „hilfreichen" Tätigkeit erblickte, rief er mir von weitem schon erregt „aufhören!" zu, denn ich hatte ausgerechnet die Steine, die um den Brunnen herum ausgelegt waren, um den Boden die Feuchtigkeit zu erhalten, entfernt und den Hang hinuntergeworfen!
Da saß ich also insgesamt vier Monate, bis meine Mutter

mir schrieb, unser Führer habe einen Einmarsch in Savoyen vor, und es wäre besser für mich, schleunigst zurückzukehren. Ich ging also nach Luzern zurück, ausgerechnet dorthin, wo Friedelind Wagner, die „Maus", wohnte, bevor sie über England nach Amerika emigrierte. Das dortige Wagnermuseum beruhte ja auf einer Bayreuther Stiftung, daher hatten alle Angehörigen der Familie Wagner dort das Wohnrecht. Da ich mit der „Maus" mehr oder weniger liiert gewesen war, durfte auch ich dort wohnen. Ich erinnere mich noch gut an die reizenden Museumskustoden, Herrn und Frau Beerli und ihren Hund „Snusnu". Es war ein herrliches Haus, noch aus dem 16. Jahrhundert stammend, mit schönen Gewölben, und es befand sich in einer einmaligen Lage - wunderschön am Vierwaldstätter See in einen Hang eingebettet und von Pappeln gesäumt. An meinem Abreisetag wurde ich von Herrn Beerli im Ruderboot zum Bauernhof hinübergefahren. Ich hatte einen Koffer bei mir, der ziemlich groß war, von oben bis unten mit Büchern vollgefüllt. Als Herr Beerli den Koffer heraushievte, entglitt er ihm und fiel direkt auf die Kante des Ruderbootes. Der Inhalt - alle meine Bücher - ergoß sich glücklicherweise nicht ins Wasser, sondern ins Boot. Ich konnte alle Bände in aller Eile herausklauben und in den Koffer stopfen, den ich dann, da die Schließvorrichtung beschädigt war, unter meinen Arm klemmte, um in den Zug zur Rückreise nach Deutschland zu steigen.

Hoch- und Landesverrat

Erst allmählich hatte ich die Hintergründe meiner Verhaftung und die meiner Mutter etwas deutlicher sehen gelernt. Nach und nach konnte ich mir einen Vers darauf machen, warum ich immer wieder gefragt wurde, was wir mit Hermann Göring zu schaffen hätten. Vermutlich

handelte es sich damals um eine feingesponnene Intrige Himmlers gegen Göring. Heydrich war damals der gefürchtete Chef der Gestapo, und meine Mutter muß - wohl wegen ihrer Verbindung zu den Schwestern Görings - irgendwie in diese Affäre hineingeraten sein. Genaues weiß ich allerdings auch heute noch nicht, meine Mutter hatte sich mir gegenüber nie darüber geäußert. Verdächtig waren wir freilich wohl aus vielerlei Gründen. Meine Mutter kannte viele Menschen, sie gehörte zur sogenannten „großen Welt". Und mich hat man offenbar mit ihr identifiziert, obwohl ich mit den meisten Menschen, mit denen sie sich umgab, kaum Umgang hatte. Unsere Verhaftungen und der spätere Selbstmordversuch meiner Mutter, die sich im Gefängnis die Pulsadern aufgeschnitten hatte, führten bei mir zu einer totalen Verunsicherung bezüglich meiner Lage. Jedes Telefongespräch wurde abgehört, ich wurde von dubiosen Menschen beschattet und aus fadenscheinigen Gründen immer wieder inhaftiert. Das zog sich etwa über zwei Jahre hinweg. Göring jedenfalls konnte meiner Mutter nicht helfen, obwohl sie mit ihm „per Du" war. Auch seinen beiden Schwestern, meiner Patentante Olga Rigele und ihrer Schwester Paula, waren offenbar die Hände gebunden. Daraus schließe ich, daß es in der Angelegenheit im Grunde doch um Hermann Göring selbst gegangen sein muß.
Zu dieser Zeit trat auch Herbert Göring, der mich einst in die Pläne für einen neuen Musikverlag eingeweiht hatte, wieder in mein Leben ein, obwohl ich davor zunächst gar nichts wußte. Er, ein Vetter des Reichsmarschalls, war ein großer Wirtschaftsführer während des „Dritten Reiches", ohne selbst mit der Partei näher verbunden zu sein. Trotzdem wurde er nach dem Krieg von den Russen liquidiert. Der Name Göring genügte offenbar schon für ein rasches Todesurteil. Als Herbert von unserer Verhaftung durch die Gestapo erfuhr, sowie

davon, daß man mich wieder freigelassen hatte, war er sofort bereit, mir aus eigenen Stücken und ungefragt materiell beizustehen. Ich hatte eben erst die Erfahrung gemacht, daß die meisten unserer „Freunde" nichts mehr mit mir zu tun haben wollten und mich einfach abwimmelten. Ich war damals gerade zwanzig Jahre alt und überaus schüchtern. Mit 50 Mark im Monat, die ich durch unseren Anwalt, Dr. von Berg, aus dem Vermögen meiner Eltern überwiesen bekam, mußte ich auskommen. Dieser Betrag reichte aber gerade für vier Brötchen und einen halben Liter Milch pro Tag. Da bekam ich aus heiterem Himmel plötzlich 200 Mark pro Monat dazu. Ich wußte jahrelang nicht, von wem ich diese willkommene Zuwendung erhalten hatte, erst viel später, gegen Ende des Krieges, kam ich darauf, daß Herbert Göring der unbekannte Wohltäter war. Ich war mit ihm ja nicht einmal verwandt, und er kannte mich kaum, aber er haßte die Ungerechtigkeit.
Mir ist auch nicht bekannt, was sich die Häscher der Gestapo von mir versprochen oder erwartet hatten. Was sie bei mir hinterlassen haben, daß weiß ich allerdings nur zu gut. Noch heute bin ich allergisch gegen Übergriffe der Behörden, gegen Machtmißbrauch und Einschränkung der persönlichen Freiheit. Nicht ohne Grund habe ich eine meiner Opern zu Kafkas großartigem Roman „Der Prozeß" verfaßt: Die Geschichte eines Mannes, der eines Tages verhaftet wird, dem der Prozeß gemacht wird, und der bis zum Schluß im Unklaren bleibt über das Warum …

Compositionsstudium bei Boris Blacher

In einer entscheidenden Phase meines Lebens hatte ich das Glück, Boris Blacher zu begegnen und ihn als Lehrer zu gewinnen. Ich wußte, daß ich dringend formalen, strengen Compositionsunterricht bekommen sollte, und suchte intensiv nach einem Lehrer. Zunächst hatte ich ja an Paul Hindemith gedacht, aber als er von der Hochschule flog, wurde daraus nichts, und da erinnerte ich mich an Blacher und ich wußte instinktiv sofort, daß das mein Lehrer sein sollte. Ich war damals seit 1938 bereits als „Lehrling“ an der Staatsoper in Berlin. Ich muß wirklich „Lehrling“ sagen, denn ich konnte nicht so gut Klavier spielen, um als Korrepetitor eingesetzt zu werden, ich war weder Dirigent, noch Orchestermusiker. Ich hatte von nichts eine Ahnung, war aber überaus neugierig und aufgeschlossen, und so kam ich also in die Lehre und konnte tagtäglich mehr in den Opern- und Orchesterbetrieb hineinwachsen und seine Geheimnisse praktisch kennenlernen. 1938 gab es die Uraufführung von Blachers „Symphonie Opus 12“. Ich war hin- und hergerissen und ließ mir von Blacher - die Partitur war erstaunlicherweise schon gedruckt - ein Autogramm geben. Drei Jahre später sollte er mein Lehrer werden. Er war in Berlin ansässig, und so wandte ich mich an Johannes Schüler, unseren Generalmusikdirektor, um ein Empfehlungsschreiben. Mit diesem machte ich mich auf und fuhr zu seiner Wohnung in Steglitz, wo ich ihn aber nicht antreffen konnte. Ich ließ nicht locker und brachte die Hausmeisterin dazu, mir die Wohnung aufzuschließen. Ich hinterlegte den Brief Schülers sowie ein Schreiben von mir, in dem ich ihn bat, mich anzurufen und zum Essen zu kommen. Das geschah auf gut Glück, aber ich war überzeugt, daß es funktionieren würde. Er rief an, wir trafen uns bei gutem Wein und vorzüglichem Essen, eine gemeinsame Vorliebe von uns beiden, wie sich bald herausstellen sollte, und ich sagte ihm, daß ich bei ihm studieren wollte. Es war im März, und er meinte, wir sollten doch nach den Theaterferien im September damit anfangen. Das kam für mich aber nicht in Frage, und ich drängte auf sofortigen Beginn. Blacher willigte ein, und mein Unterricht bei ihm begann am nächsten Tag! Ich sollte bei ihm rund eineinhalb Jahre studieren, und es entwickelte sich ein Ritual, das wir streng einhielten: Wir waren gewöhnlich um elf Uhr vormittags verabredet, ich hatte auf zweimal in der Woche bestanden, nicht nur einmal, wie Blacher ursprünglich vorgeschlagen hatte, denn ich wollte die Gesamtstudienzeit möglichst kurz halten. Es war mitten im Krieg, und um elf gab es das Pausenzeichen vom Big Ben und die Kriegsnachrichten des englischen „Feindsenders".

Punkt viertel nach elf folgten die Nachrichten von Radio Moskau. Diese beiden Nachrichten, die wir illegal abhörten, bildeten die Einleitung zu jeder Stunde. Dann gab es einen sogenannten „Leichenschnaps", der aus reinem Alkohol bestand, 1:7 verdünnt. Blacher hatte einen Arztfreund bei der Charité, der dort zur Einbalsamierung von Leichen eingestellt war und Zugang zu reinem Alkohol hatte. Von diesem bekam Blacher im Monat zwei Liter, die wurden mit Wasser verdünnt, je nachdem wie schlecht es stand. Das war praktisch die Einstellgebühr, und dann ging der Unterricht los. Erstens die Frage: „Haben Sie etwas mitgebracht?" Und ich hatte immer etwas dabei, denn Faulheit gab es bei mir nicht, ob es ein Streichquartett war oder etwas anderes, das gerade dran war. Dann hatte er das korrigiert, und wir besprachen neue Aufgaben.

Blacher sagte etwa: „Wissen Sie was, machen Sie einmal ein Streichquartett". Also schrieb ich ein Streichquartett. Als er es ansah, meinte er: „Ja, ganz nett, aber viel eingefallen ist Ihnen nicht! Es geht ja nicht um den Einfall, doch es gibt ein gewisses Quantum Einfall, um das Stück erträglich zu machen, den Ablauf von Minuten unterhaltsam zu gestalten". Ich sagte: „Das ist richtig, nur wie mache ich das?" Er: „Indem Sie sich ein bißchen mehr dem Material widmen. Da haben Sie doch genügend Möglichkeiten, warum haben Sie nicht diese Variante

ausgenutzt? Warum haben Sie sich wieder rhythmisch nichts einfallen lassen?"
Bei Blacher betrieb ich vor allem Kontrapunktstudien. Er bestand auf der präzisen Beherrschung des strengen Kontrapunktes, nach Fux. Er liebte Fux, weil er, wie er sagte, ein begabter Musiker war, der schöne Musik geschrieben hatte und nicht nur technisches Zeug. Blacher ließ nichts durchgehen, da gab es keine Mogeleien mit Quinten und Oktaven. „Fehler ist Fehler", bemerkte er unerbittlich, „bitte machen Sie weitere Aufgaben".Das ging dann bis zu den kompliziertesten Formen, Cantus Firmus, Fugen usw. Alle diese Aufgaben und Übungen gehören bekanntlich zu dem Schwierigsten, das es in der Musik gibt, aber ich hatte in ihm selbst ja ein tolles Vorbild. Boris Blacher hatte selbst kontrapunktisch aufregende Sachen gemacht, das war damals ungeheuer, und diese auch veröffentlicht, wie z.B. seine „Symphonie Opus 12" mit dem dritten Satz.
Es war ein Glück für mich, daß mein ursprünglicher Plan, zu Hindemith zu gehen, scheitern mußte. Hindemith und der freie Satz in Ehren, aber das wäre nichts für mich gewesen, ich brauchte den regelrechten klassischen Kontrapunkt. Und schließlich hatte es ja auch Arnold Schönberg so gehalten, wenn auch in manchen Beispielen seiner Harmonielehre etwas fahrlässig. Über den klassischen Kontrapunkt bin ich bei Boris Blacher eigentlich nie hinausgelangt. Den freien Satz muß man nämlich gar nicht erlernen. Wenn man das Gerüst kennt, dann kann man selbst am besten beurteilen, was man davon braucht und was man weglassen kann. Das Koordinatenkreuz, nach dem man sich selbst ausrichten kann in puncto Kühnheit, muß sich jeder selbst erstellen. Erst wenn man die strengste Lehre durchgemacht hat, kann man, so habe ich selbst erfahren, je nach Begabung anfangen, sich auf größere Formen einzulassen. Und natürlich haben wir auch Harmonielehre durchgenommen

und Formenlehre betrieben. Aber diese Bereiche überlasse ich auch heute noch nicht so sehr meiner Schulung, sondern dem Bereich meiner Phantasie.
Blacher kam für mich gerade zur richtigen Zeit, denn ich hatte autodidaktisch vorher fleißig gearbeitet, Volksliedbearbeitungen, auch kleine kontrapunktische Formen wie Kanons, aber alles ohne Korrektur, was sehr gefährlich ist, denn woher soll man wissen, daß man etwas falsch gemacht hat, wenn es einem niemand sagt.
In einem Interview, nachzulesen bei Dominik Hartmann, gibt es von Blacher den hintergründigen apodiktischen Satz: „Einem kam zu mir 1941 als völliger Anfänger und hatte in zwei Jahren das compositorische Rüstzeug erlernt. Das Merkwürdige war, daß sein Personalstil selbst in den läppischsten Harmonielehreaufgaben zu erkennen war. Er brauchte keinen Weg zu finden, er war eigentlich, vor dem Studium, schon fertig." Dieser Widerspruch, ein schon fertiger Anfänger, stimmte und war von Blacher richtig beobachtet worden. Ich hatte von Anfang an eine sehr präzise Auffassung von dem, was ich wollte, ich wußte nur nicht, wie ich es erreichen sollte. In der Praxis beherrschte ich sehr viel, wie ich bei meinen regelmäßigen Improvisationen der Tonarten und Modulationen bewies. Ich wußte nur nicht, warum und wie das zustande kam. Es war keine Logik darin. Diese kam erst durch die Unterweisung durch Blacher. Bei ihm lernte ich das theoretische Rüstzeug.
Auch nach Beendigung des Unterrichtsverhältnisses bei Blacher blieben wir in engem, freundschaftlichem und kollegialem Kontakt. Der Schluß des Studiums kam ähnlich abrupt wie der unverhoffte Beginn. Ich hatte etwas componiert, ich weiß nicht mehr genau was, und legte es ihm vor, er aber sah es nicht einmal an. Ich war natürlich gespannt auf sein Urteil und bat ihn dreimal, sich doch die Noten vorzunehmen. Da sagte er: „Jetzt ist es Zeit für die Entwöhnung von der Mutterbrust. Sie kön-

nen jetzt genug, nehmen Sie nicht länger meine Beine in Anspruch, sondern die Ihren, und laufen Sie." Das war genial.
1943, ich war noch beim Unterricht bei ihm, meinte er einmal, das es ihm sehr mies ginge. Es stellte sich heraus, daß er offene Tuberkulose hatte. Wir wußten nicht, was zu machen sei, er hatte ja überhaupt kein Geld. Offiziell hätte er nämlich auch gar nicht unterrichten dürfen. Heinz von Cramer, der später Schriftsteller wurde und u.a. am Libretto zu meiner Kafka-Oper „Der Prozeß" mitarbeitete, und ich waren seine einzigen Schüler. Seine jüdische Abstammung, die damals offiziell noch nicht bekannt war, war allerdings nicht der Grund für sein Lehr- und Aufführungsverbot, es war wegen seiner Musik. Wegen seiner intensiven Beschäftigung mit dem amerikanischen Jazz und anderen außereuropäischen Musikstilen galten seine Werke als „entartet". Ich erfuhr von seiner jüdischen Abstammung auf einer Reise von Wien über Breslau nach Berlin. Im selben Zug befand sich Herr Dr. Gerigk, der Musikbeauftragte des Nazi-Ideologen Rosenberg. Er war auch Herausgeber des Lexikons über Juden in der Musik. Es geschah auf dieser Heimfahrt von der Mozartwoche 1941, daß er sich im Verlauf der Reise vorstellte und wir ins Gespräch kamen. Natürlich ging es um Musik, und irgendwie kamen wir auch auf Blacher zu sprechen. Er sagte, es wäre doch ein solcher Jammer, daß Blacher Jude sei. Ich war sehr überrascht. Er aber deutete an, daß es in Zürich Dokumente gäbe, aus denen hervorgehe, daß Blachers Vater Oberrabbiner von Riga gewesen wäre. Ich war felsenfest davon überzeugt, daß diese Behauptung unrichtig sei, und wir gerieten uns sehr in die Haare. Erst nach dem Krieg habe ich herausgefunden, daß doch was Wahres dran war. Sein Vater war zwar kein Oberrabbiner, aber Blacher war auf jeden Fall „Volljude". Daß die Wahrheit darüber während der Nazizeit nicht hochgespielt wur-

de, daran hatte auch meine Mutter Anteil. Blacher besaß damals einen Nansen-Paß, er war also nicht einmal Deutscher. Sie aber verschaffte ihm einen deutschen Paß. Dank ihres immensen Charmes, sie war darin Alma Mahler mehr als ähnlich, gelang es ihr immer wieder Menchen freizukaufen. Etwa siebzig Menschen, schätze ich, verdanken der Geschicklichkeit meiner Mutter ihr Leben. Sie hatte sie mit verschiedensten Argumenten und Bestechungen während des Krieges vor Verfolgung beschützt, und unter diesen Personen befand sich auch Boris Blacher. Die Ironie des Schicksals erwies sich auch darin, daß Boris Blacher während der Kriegszeit seine Freundin, die Sängerin Gerti Herzog, nicht heiraten durfte, weil sie „Halbjüdin" war ...
Ich verdanke Boris Blacher ungeheuer viel, und nicht nur in musikalischer Hinsicht. Bei ihm lernte ich auch meine erste Frau, Lianne von Bismarck, kennen, die eine begabte Pianistin war und bei Blacher etwas Compositionsunterricht erhielt. Von Blacher schließlich stammt auch der Anstoß und das Libretto zu meiner ersten Oper „Dantons Tod". Aber davon später.

Frau Weidner aus Loschwitz

Emotionell war ich als junger Mann weiterhin in einem Zwiespalt, ich hatte ja nie die sogenannte Nestwärme erlebt. Da kam mir die Bekanntschaft mit Frau Tanja Weidner sehr zugute, und zwar auf folgende Weise: Meine Mutter hatte mich vor dem Krieg nach Dresden zu Lahmann, ein damals sehr berühmtes Sanatorium, geschleppt, wo ich wieder einmal meine Lungenbeschwerden auskurieren sollte. Es hatte mir dort aber eher mißfallen, obwohl ich mich damals prompt in eine attraktive Tänzerin der Berliner Staatsoper, Ursula Busse, verliebte. Jedenfalls lernte ich dadurch zum ersten Mal Dresden kennen. Im Jahr darauf beschloß meine Mutter aus mir unbekannten Gründen, nicht mehr dorthin zu fahren, sondern zu Frau Weidner, deren Heim in Loschwitz, oberhalb der Elbe, lag. Es war eine wunderbare Gegend, ein herrliches Areal mit schönem Baumbestand, zwei große Häuser, ein altehrwürdiges und ein modernes. Ich wohnte meistens in dem Neubau. Frau Weidner, damals eine Frau von etwa 70 Jahren, klein und zart, war eine sehr wohlhabende Frau. Sie hatte sich als junge Frau entschlossen, nicht das normale Leben einer reichen Tochter aus gutem Hause zu führen, und sich geweigert, entsprechend standesgemäß - und meist töricht - zu heiraten. Sie wollte etwas anderes. Als Mann erwählte sie sich einen mittellosen jungen Studenten, und sie hatte es sich in den Kopf gesetzt, mit ihrem vielen Geld häufige Reisen zu unternehmen und möglichst viel zu erleben.

Loschwitz ist ein Vorort von Dresden und liegt wunderschön am Ufer der Elbe. Als ich mit meiner Mutter zum ersten Mal dorthin kam, viele Besuche sollten später folgen, sah sie sofort, was mit mir los war. Ich muß ihr wohl ziemlich verloren vorgekommen sein, und sie nahm sich meiner an. Sie zeigte mir ihre wunderbare Sammlung von Kunstgegenständen aus aller Welt und vor allem die reichen Bestände ihrer Bibliothek. Ich durfte in ihrem Privathaus aus und eingehen und war dort jeden Tag zum Componieren. Ich war damals schon Assistent an der Staatsoper in Berlin, aber mein Einkommen war mehr als bescheiden. Meine Mutter war so freundlich, mir diese ein bis zwei Aufenthalte pro Jahr zu bezahlen, und ich kam dort mit den merkwürdigsten Leuten zusammen. Ich erinnere mich an Magda Goebbels und hochrangige Militärs, aber auch eine Frau Ello Quant, aus der berühmten Kaufmannsfamilie, ist mir in Erinnerung. Nicht alle waren übrigens Nazi.

Ich habe dort verschiedene Stücke geschrieben, die

meist unsäglich waren. Allerdings auch den Anfang meines Opus 1, des Balletts „Turandot". Frau Weidner jedenfalls war eine jener Frauen, die für mich wesentlich werden sollten. Sie war unglaublich freundlich zu mir. Sie stammte aus dem Schwäbischen und vermittelte mir, der ich von Kind an oft depressiv und melancholisch war, ein ungeheuer positives Lebensgefühl. So überwand ich auch meine persönliche Scheu, die sich in folgendem Bekenntnis aus dem Jahr 1942 dokumentierte: „Ich tauge nicht für Gesellschaften! Warum sich es vormachen wollen ..."

Latte Bauer und andere „Unterseeboote"

Meine frühen Erfahrungen mit der Gestapo hatten sich tief in meine Seele eingekerbt. Im Rahmen meiner bescheidenen Möglichkeiten habe ich immer versucht, Verfolgten beizustehen. Ich erinnere mich an den „Fall Latte Bauer". In Dresden sollte mein Ballett „Turandot" von Tatjana Gsovsky uraufgeführt werden, nachdem ich Elmendorff dazu hatte überreden können. Von Tatjana, von der das Libretto stammte und die auch die Choreographie durchführte, wurde eine Solistin aus Berlin mitgebracht, es war aber kein Korrepetitor zur Hand. Damals, 1943, waren ja bereits die meisten verfügbaren Männer für des „großen Führers" Unternehmungen eingezogen. Man empfahl mir einen Herrn Bauer. Ich rief ihn an, bestellte ihn zu mir und zeigte ihm die Noten. Zwei Tage später kam er wieder, und es stellte sich heraus, daß er vom Spielen keinerlei Ahnung hatte. Ich fragte ihn entsetzt: „Wer sind Sie denn überhaupt?" Er antwortete verlegen, daß er nierenkrank sei, daraufhin gab ich ihm noch eine zweite Chance weiterzuüben. Danach schickte ich ihn zu Tatjana, doch auch sie fand seine musikalischen Kenntnisse erbärmlich. Dennoch spielte er

einige Tage, mehr recht als schlecht, auf den Proben. Plötzlich blieb er weg und war wie vom Erdboden verschwunden. Ich telefonierte herum und ließ nach ihm suchen, aber er war nirgends zu finden.
Dann kam im November 1943 diese schreckliche Welle von Bombenangriffen auf Berlin, bei denen auch unser Haus in der Brückenallee Nr. 28 abbrennen sollte. Tags darauf gab es ein Konzert, unter der Leitung von Herbert von Karajan, das in der Staatsoper hätte stattfinden sollen. Nachdem aber kurz zuvor auch dieses Gebäude in Flammen aufgegangen war, wurde das Konzert in das Columbus-Haus am Potsdamerplatz verlegt. Ich war gerade auf dem Weg dorthin, weil ich zum Dienst eingeteilt war, und sah plötzlich diesen Herrn Bauer vor dem Haus stehen. Er sah schrecklich aus, entkräftet, mit dunklen Ringen unter den Augen, ausgezehrt,und war kaum zu erkennen. Ich lud ihn nach dem Konzert zum Essen ein, und als wir uns gegenüber saßen und ich ihn fragte, was inzwischen vorgefallen war, bekannte er mir, daß er Jude sei. Er war an jenem Tag während der „Turandot"-Proben verhaftet worden und landete im Transportdepot für Ausschwitz, zusammen mit seinen Eltern. Sie waren alle denunziert worden. Knapp vor dem Abtransport, der sich wegen der Luftangriffe verzögert hatte, gelang es ihm beim Kartoffelschälen zu entkommen. Seitdem hatte er nach mir gesucht. Er war ratlos und verzweifelt und fragte mich, was er nun machen sollte. In einer spontanen Eingebung überließ ich ihm meinen eigenen Staatsopernausweis, der gleichzeitig als Arier-Nachweis galt. Leider sah er mir überhaupt nicht ähnlich, aber dieses Problem schob ich einstweilen beiseite. Wichtiger war zunächst, mir selbst einen neuen Ausweis zu besorgen.
Mir war bewußt, daß ich die geltenden Gesetze brach, und daß in der Staatsoper ein Herr Albrecht Gestapo-Spitzel war, ein strammer, böser Nazi, der offenbar nur

darauf wartete, irgendwelche Entdeckungen zu machen. Ausgerechnet an diesen wandte ich mich mit dem Ersuchen, mir einen neuen Ausweis zu verschaffen. Beim letzten Bombenangriff, so erklärte ich ihm, wäre mein Ausweis verbrannt, und ich brauchte jetzt dringend einen neuen. Durch sein Mienenspiel gab er mir zu verstehen, daß er von meiner Geschichte nicht ein einziges Wort glaubte, doch er mußte mir widerwillig einen neuen Ausweis ausfolgen. Bauer wiederum ging schnurstracks zur SS und verlangte, als Musiker zum Frontdienst, zur Truppenbetreuung, eingesetzt zu werden.
Es war klar, daß mein Porträt von dem Ausweis, den nun Latte Bauer mit sich führte, schleunigst herunterkommen mußte. Wir fürchteten, daß es nicht lange gut gehen könnte und daß der ganze Schwindel auffliegen würde. Außerdem wollte Latte Bauer bei der „Turandot"-Aufführung in Dresden unbedingt dabei sein. Ich hatte auch vor, ihn durch die Zugskontrollen durchzuschleusen, aber zum vereinbarten Zeitpunkt erschien er wieder nicht. Am Abend der Uraufführung mußte ich feststellen, daß er unter meinem Namen im selben Hotel wie ich, im „Bellevue", logierte! Eine Kontrolle, und man hätte uns beide aufgehängt. Als ich ihm diesbezüglich Vorhaltungen machte, war er außergewöhnlich gelassen und meinte, er wollte unbedingt die „Turandot" hören. Für so viel Musikbegeisterung hatte ich zwar einiges übrig, aber die Lebensgefahr, in die er uns beide damit brachte, war mir äußerst widerlich. Nach der Vorstellung reiste er – weiterhin mit meinem Ausweis versehen – ab. Ich faßte nunmehr den Plan, Bauer über den stellvertretenden Chef der Musikkammer, Dr. Morgenroth, zu helfen. Ich wurde bei ihm vorstellig und setzte mich für einen Kollegen Bauer aus Köln ein, der alle seine Dokumente verloren hätte. Ich gab meine Vermutung bekannt, daß wohl auch alle Papiere der Reichsmusikkammer verbrannt sein dürften. Eine Überprüfung er-

gab jedoch, daß nichts davon verbrannt war. Über einen Musiker Latte waren natürlich keinerlei Unterlagen auffindbar. Schließlich bekam ich doch einen Ausweis der Reichsmusikkammer für ihn, der ihn als „Arier“ auswies. Dann folgte seine abenteuerliche Karriere als Musiker bei den Angehörigen der SS an der Front, seine Tingelei als Klavierspieler im Rahmen der Frontbetreuung, die ihn an alle Ecken des Reiches bringen sollte. Am Schluß fiel er dann in Homburg den Franzosen in die Hände, und es war schon grotesk, daß er nun nicht in der Lage war, den Nachweis zu erbringen, daß er Jude war! Als wir uns nach dem Kriege wiedersahen, fragte ich ihn, wie er denn das hingekriegt hätte. Er meinte, er habe eben wieder ein bißchen gelogen... Mir war es dann möglich, ihn als Statist an der Oper unterzubringen.
Eine andere Geschichte, leider mit tragischem Ausgang, ist die des Herrn Schöninger: Er war ein Freund einer meiner Bekannten, ein sehr wohlhabender Bremer Großkaufmann. Die Nazi-Bonzen hatten es auf seine Reederei abgesehen und nahmen ihn gefangen. Während eines Außendienstes konnte er mit Hilfe eines freundlichen Wächters entweichen. Da er mich als Anti-Nazi kannte, kam er zu mir und bat mich um Hilfe. Er lebte damals als Bauarbeiter im Berliner Untergrund. Ich gab ihm alle meine Lebensmittelkarten und traf ihn ziemlich regelmäßig. Dazu hatte ich ihm auch einige Papiere aus dem Vermögen meiner Familie, ausländische Aktien, übergeben, da ich glaubte, er könnte sie im Untergrund besser verbergen. Er gab sie mir jedoch umgehend wieder zurück, da er ein ungutes Gefühl hatte. Vielmehr bat er mich, ihm einen Revolver mit Munition zu verschaffen, da er sich im Wiederverhaftungsfall nicht kampflos ergeben wollte, sondern lieber ein paar Nazischergen mit in den Tod genommen hätte. Ich entschloß mich dazu, ihm meine eigene Waffe zu überlassen, und die Übergabe sollte durch unser Hausmädchen

erfolgen. In den Gesprächen wurde der Revolver immer als „Handschuhe“ bezeichnet. Inzwischen waren wir nach Dresden abgefahren, da kam ein Hilfeschrei unseres Hausmädchens, die Gestapo hatte nach mir gefragt.
Es stellte sich heraus, daß das Telefonat zwischen ihm und einer Frau Schacht, die den Revolver holen hätte sollen, aufgenommen worden war, ebenso mein Gespräch mit dem Hausmädchen. Schöninger wurde ausgeforscht, die Pistole wurde gefunden, und so gerieten die Ermittler an mich. Er wollte sich selbst töten, doch sie kamen ihn zuvor, er wurde zusammengeschlagen und auf der Straße, ausgerechnet vor meinem früheren Musikaliengeschäft, „auf der Flucht“, wie es damals zynisch hieß, erschossen. Man war dann natürlich hinter mir her, aber da das Hausmädchen dicht hielt, war die Beweislage zu dünn. Ich hatte wieder einmal Glück gehabt.
Auch andere Kollegen exponierten sich oft auf ähnliche Weise, auch Blacher hatte seine „Unterseeboote“, obwohl er, wie man heute weiß, als Jude damals selbst in akuter Lebensgefahr war. Schließlich muß ich hinzufügen, daß ich in diesen schrecklichen Kriegsjahren auch Kontakt zu einigen kommunistischen Zellen hatte. In Dresden und Berlin waren damals die Kommunisten die einzigen verläßlichen Menschen, die es gab. Alle anderen galten als eher unsichere Zeitgenossen. Diese, es waren auch einige Bühnenarbeiter dabei, hatte ich nach besten Kräften unterstützt. Ein paar von ihnen wurden umgebracht.
Mein Kontakt zu diesen Bühnenarbeitern kam mir 1943 zugute, als ich nach der Zerstörung unseres Hauses in Berlin nach Lichterfelde-West, in ein schönes Haus meiner Freunde, gezogen war. Als ich einmal den Zug nach Wien bestieg, wurde gerade Fliegeralarm gegeben, der Zug fuhr dennoch ab. Ich verbrachte zwei schöne Tage in Wien. Nach meiner Rückkehr mußte ich feststellen,

daß das Haus meiner Freunde von den Bombenangriffen schwer in Mitleidenschaft gezogen worden war. Es hatte keine Fenster, kein Dach und keine Haustüre mehr. Ich bat den Chef der Bühnenarbeiter der Staatsoper, uns zu helfen. Innerhalb eines Tages wurde alles wieder in Ordnung gebracht, obwohl ich damals nichts bezahlen konnte.

Durch meine Zeit bei der Gestapo, aber auch durch die Alltagserlebnisse während des Krieges, die regelmäßige gesellschaftliche Diffamierung und Diskriminierung, wurden mir meine Augen geöffnet. Ich mußte erkennen, daß eine nicht genehme politische Einstellung tödlich sein kann. Dennoch hatte ich nie versucht, der NSDAP beizutreten, schon gar nicht wegen einer Karriere, und ich bin auch in meinem späteren Leben nie Mitglied einer Partei geworden, obwohl ich mich politisch immer durchaus prononciert geäußert habe. Meine Stücke, sei es die „Alte Dame“ oder der „Danton“, sind Gesellschaftsstücke mit einer sehr rigorosen politischen Einstellung. Dies zeigt sich besonders auch in Schillers „Kabale und Liebe“, die mir ebenfalls als Opernlibretto diente. Auch daß ich später für Bertolt Brecht eintrat, war weniger in meiner Kenntnis seines Werkes begründet, das mir ja weitgehend unbekannt war, weil es während des Krieges von den Nazis verboten war und weil es nach dem Krieg in Österreich wegen des Brecht-Boykotts durch Torberg und Weigel ebenfalls nicht gespielt wurde. Vielmehr liebe ich, so wie die Claire in der „Alten Dame“, die Gerechtigkeit, wobei ich nicht einmal genau weiß, was immer das ist. Ich weiß aber genau, daß ich nicht will, daß jemandem direkt unrecht geschieht, wie z.B. damals Brecht unter Mc Carthy in Amerika. Da war ich nicht geneigt mitzuspielen. Deshalb bin ich aktiv geworden. Leider ist meine damals begonnene Freundschaft mit Bertolt Brecht wie später noch zu hören sein wird - dann zerbrochen, als ich, als direkte Folge meiner Intervention für den verfolgten und vielgeschmähten Schriftsteller, aus dem Direktorium der Salzburger Festspiele hinausgeworfen wurde und Brecht mit der Arbeit an einem Opernstoff für mich aufgehört hatte. Meine politische Einstellung ist jedenfalls so, daß ich keinen Buckel vor den Mächtigen machen möchte, und das habe ich ein Leben lang demonstriert.

„Turandot“
Meine Leidenschaft für das Ballett

Durch Blacher kam ich auf den Stoff für mein erstes musikalisches Werk mit Bestand, für mein „Opus 1“und das kam so: Werner Egk hatte ein Ballett geschrieben, das meistens mit Carl Orffs „Carmina burana“ gemeinsam aufgeführt wurde. Er wollte von dieser Koppelung los kommen und bat mich eines Tages, ein geeignetes Stück zu schreiben. Ich nahm diese Idee auf, wußte zunächst aber nicht, welchen Stoff ich wählen sollte. Ich wandte mich an Blacher wegen eines Librettos und er zog irgendwo unter seinem Flügel das total verstaubte Textbuch zu Luigi Malipieros „Turandot“ hervor. Die gleichnamige Oper kannte ich damals noch nicht, und gemeinsam mit Blacher machte ich mich unverzüglich an die Umarbeitung des Librettos. Das Werk wurde ursprünglich für Frankfurt componiert, wo Meiszner damals Intendant war, der seine Zustimmung zur Aufführung gegeben hatte. Schließlich aber wurde die Uraufführung der Dresdner Staatsoper übertragen, unter der Leitung von Karl Elmendorff. Was die Ballettmeisterin betraf, setzte ich mich mit Erfolg für Tatjana Gsovsky ein. Über einige merkwürdige Umstände bei den Proben und anläßlich der Uraufführung der „Turandot“ habe ich im Zusammenhang mit Latte Bauer bereits berichtet.
Ich hatte mich in meiner Berliner Zeit schon früh mit

dem Ballettbetrieb an der Bühne vertraut gemacht. Der Korrepetitor war einmal krank geworden, und so mußte ich bei den Proben den Klavierpart übernehmen. Ich war damals, wie bei allem, auch auf diesem Gebiet ein blutiger Anfänger, aber ich hatte in kurzer Zeit viel gelernt. Den Anfang bei diesen Ballettproben bildete immer die Arbeit an der Stange. Da spielte ich meist Mozart und andere bekannte Stücke, wie es eben allgemein üblich war. Einal schlug ich der Ballettchefin Lizzi Maudrik vor, etwas zu improvisieren. Sie war damit einverstanden und mußte mir nur den gewünschten Rythmus und das Tempo vorgeben. Alle waren begeistert, endlich einmal etwas Neues zu hören, und so kam es natürlich nie zu Wiederholungen von Musikstücken, denn gerade das ist ja der Reiz der Improvisation.

Diese Proben habe ich nicht nur in musikalischer Hinsicht äußerst genossen. Sie waren auch deshalb so schön, weil man sehen konnte, wie herrlich ein schweigender Körper ist, der durch nichts anderes als durch die Gestik belebt wird. Kein Gesang, keine Sprache, kein Laut: Nur der Körper in seiner ganzen Grazie. Das Improvisieren bei Ballettproben führte schließlich zur Beschäftigung mit Ballettcompositionen überhaupt. „Turandot" war nur der Anfang, vier weitere Stücke sollten im Laufe der Jahre folgen.

Für das Ballett braucht man als Componist nicht nur eine starke Beziehung zum Rythmus, sondern auch zum menschlichen Körper. Ich mag ja das Getrimmte nicht, ein fertiges Ballett ist nicht das, was ich zu sehen wünsche. Ich liebe vielmehr die Zeit des Studiums, die Lockerungsübungen. Außerdem mag ich nur das klassische Ballett, nicht den modernen Ausdruckstanz. Das klassische Ballett ist für mich die Grammatik des Körpers.

Die Publikumsresonanz bei der Uraufführung meines „Opus 1" war phänomenal. Am Abend nach der Aufführung von „Turandot" kam Dr. Strecker, der Leiter des

Musikverlages, zu mir und fragte mich, ob ich mit ihm einen Vertrag machen wollte. Das war natürlich ein ermunterndes Angebot für einen beginnenden Componisten, ich aber lehnte es trotzdem dankend ab. Nach der „Turandot" folgte das „Rondo vom goldenen Kalb" (1952), ein Stück, das ich gar nicht so besonders liebte. Ich sollte es aber schätzen lernen, denn es lief schließlich 17 Jahre lang, nach der Uraufführung in Hamburg, zuerst an der Wiener Volksoper, dann am Theater an der Wien und schließlich an der wiederaufgebauten Staatsoper. Es wurde buchstäblich solange gespielt, bis die Kostüme zur Gänze zerschlissen waren.

Dann machte ich die „Medusa" (1957), ein Auftragswerk von Karl Böhm, der damals Direktor der Wiener Staatsoper war. Den Text verfaßte mein Freund Gale Hoffman, ein amerikanischer Offizier und Schriftsteller, den ich in den Nachkriegsjahren in Salzburg kennengelernt hatte und von dem im Zusammenhang mit meiner Salzburger Zeit noch ausführlich die Rede sein wird. Er zeigte mir eine kleine Erzählung, die Geschichte der Medusa, die mir auf Anhieb gefiel. Er richtete sie dann mit der Choreographin der Staatsoper, Erika Hanka, für die Bühne ein.

Schon früher entstand „Pas de Coeur" (1952), und zwar im Auftrag der Münchner Staatsoper. Die Aufführung dieses Werkes war leider mit einigen Mißgeschicken behaftet. Ich hatte damals den Münchner Opernfestspielen nämlich auch Hans-Werner Henze empfohlen, und das sollte sich rächen. Der Text zu meinem Stück dazu stammte von Heinz von Graumann. Für die Aufführung hatte ich folgende Reihenfolge vorgeschlagen: Am Anfang Henzes Stück, dann mein „Pas de Coeur" und schließlich ein neues Werk von Blacher nach der Pause. Henze hatte die Reihenfolge einfach umgedreht. Ich begab mich in die Intendanz und fragte, was man sich dabei eigentlich gedacht hätte, denn ich jedenfalls hatte

mein Stück als leichte Pausenlösung disponiert. Leider ließ sich die Programmfolge nicht mehr ändern. Henze, dem ich den Auftrag verschafft hatte, hatte sich gegen mich durchgesetzt.
Für das Forum Alpbach erhielt ich den Auftrag zur Composition von „Glück, Tod und Traum". Die Uraufführung dieser „Alpbacher Tanzserenade" 1954 sollte auf dem Kirchplatz, im Freien, stattfinden. Doch als der Tag der Aufführung da war, goß es in Strömen, und so mußte die Vorstellung in das nächstgelegene Hotel verlegt werden. Es war eine typische Tanzmusik mit ganz kleiner Besetzung, sieben Instrumentalisten.
„Turandot" habe ich vor vielen Jahren zum letzten Mal gehört, rund zwanzig Jahre nach der Uraufführung. Es war wie eine Uraufführung für mich. Und so geht es mir meistens bei der Wiederbegegnung mit meinen Werken. Ich könnte meist keine zehn Takte aus einem meiner Stücke vorspielen. Bei der Wiederaufführung der „Turandot fand ich es amüsant, und das Publikum schien meiner Meinung zu sein. Es ist merkwürdig: Ich glaube, daß sich der Aufwand an Wärme, den man beim Schreiben unbewußt investiert, im Grad der Erhaltbarkeit der Materie widerspiegelt, mir jedenfalls ist es so ergangen: je intensiver ich an einem Stück schreibe, desto länger hält es.
Daß ich seit vielen Jahrzehnten mich an kein Ballett mehr herangewagt habe, hängt mit der Wandlung des Musikbetriebes zusammen. Ballette sind offenbar nicht mehr sehr gefragt. Es ist komisch mit den Balletten, ich liebe sie, aber ich finde nicht immer die nötige Gegenliebe. Der langjährige Ballettchef der Staatsoper in Wien und nunmehrige Grazer Opernintendant, Gerhard Brunner, z.B. kann meine Stücke nicht leiden. Ich erinnere mich auch an ein Gespräch mit Georges Balanchine, den ich recht gut kannte. Er wollte von mir ein Ballett zur „Kameliendame", gleichzeitig aber bestand er darauf,

daß dazu auch gesprochen würde. Das kam für mich natürlich nicht in Frage, da für mich der Reiz des Balletts vor allem in der Schweigsamkeit der Gestik besteht. Er konnte sich meiner Meinung nicht anschließen und meinte, daß rhythmisches Sprechen keineswegs stören würde. Ich hatte ihm dann Blacher einzureden versucht, aber erfolglos. Balanchine ist von Strawinsky fasziniert und von seiner Zusammenarbeit mit ihm geprägt, und das kann ich auch gut verstehen.

Die ersten Orchesterstücke „Capriccio", „Concerto" ... and all that Jazz

Meine erste Composition, die ich mit einer Opus-Zahl versehen habe, ist das Ballett „Turandot". Mein erstes Orchesterstück, das „Capriccio", Opus 2, wurde im Jahre 1943 uraufgeführt. Ich schrieb es auf Wunsch von Blacher für den Dirigenten Leo Borchard, und das ergab sich so: Boris Blacher hatte ihm von mir erzählt, ich wäre ein junger begabter Mann, er sollte ein Stück bei mir in Auftrag geben. Bei der Uraufführung passierten allerdings zwei merkwürdige Dinge, die mir lebhaft in Erinnerung geblieben sind. Das Stück ist mehrteilig, Gott sei Dank nicht lang. Es gibt da eine große Passage für die Klarinette solo, dazu zwei Hörner und Celli. Das Stück begann sehr schön, dann setzten die Klarinetten ein, und plötzlich blieben die Hörner und Celli weg. Mir blieb fast das Herz stehen, auch der Dirigent schien eher ratlos. Doch Herr Fischer, der erste Klarinettist bei den Berliner Philharmonikern, tutete beharrlich weiter, und nach und nach setzten die anderen Instrumente wieder ein, zunächst allerdings falsch. Ich werde dies Herrn Fischer nie vergessen, denn ohne sein beherztes Weiterspielen wäre das Stück vermutlich verloren gewesen.
Das war natürlich eine große Aufregung, schließlich war

es meine erste Uraufführung. Beim Publikum kam das Stück allerdings dennoch gut an, in der Presse aber wurde es gnadenlos verrissen. Die offiziellen Musikkritiker hatten mich damals nicht gerade gemocht.
Köstlich ist auch meine zweite Erinnerung an jenen denkwürdigen Abend. Blacher hatte zusammen mit einem Dr. Steinhauer studiert, der damals ein großer und gefürchtete Rezensent bei einer Berliner Tageszeitung war. Blacher riet mir, ihn mit seiner Frau zum Essen einzuladen. Ich tat wie geheißen, er kam, aß und trank tüchtig, es gab Gänsebraten, und alle waren wir selig. Am Tag nach dem Konzert verriß er mich fürchterlich. Ich mußte lesen, ich wäre das größte Untalent, das es je gegeben hätte. Das war mir eine Lehre. Ich habe es mir zur Regel gemacht, nie wieder einen Kritiker vor der Premiere einzuladen, und daran habe ich mich in Hinkunft auch gehalten.
Viele Jahrzehnte später habe ich in den Memoiren des legendären Wiener Strafverteidigers Dr. Michael Stern eine Anekdote gelesen, die mich an meine eigene Erfahrung erinnerte. Da gab es in Wiener Neustadt offenbar einen berühmten Strafverteidiger, der immer dann, wenn ein Prozeß für ihn negativ auszugehen drohte, dem Richter eine Gans schickte, allerdings mit der Visitenkarte des gegnerischen Anwalts. Das wäre natürlich auch eine Möglichkeit ...
Die negativen Kritiken hatten mich doch einigermaßen betroffen gemacht. Da es sich um eine erste öffentliche Aufführung handelte, hatte ich damals alle Pressestimmen gesammelt. Überhaupt habe ich diese Angewohnheit noch einige Zeit beibehalten und früher sogar Artikel ausgeschnitten und in Ordner geklebt. Heute kümmern mich Kritiken längst nicht mehr so sehr. Leider sind sie aber weiterhin wichtig, denn die meisten Intendanten haben kein eigenes Urteil, und die Dirigenten oft genauso wenig. Die verlassen sich daher eher auf die

Zeitungsberichte, aber man sollte sich ihnen auf jeden Fall nicht ausliefern.

Nachdem das „Capriccio" in Berlin bei den Philharmonikern über die Bühne gegangen war, fragte mich Herbert von Karajan, wohl auf Geheiß von Tietjen, eines Tages in einer Probenpause, ob ich nicht ein Stück für ihn machen wollte. Nichts wäre mir natürlich lieber gewesen. Wir waren ja beide am selben Haus seit 1938 engagiert, und ich kannte ihn von meinem ersten Tag in Berlin an. Ich schrieb also dieses Stück und schickte Karajan den langsamen Satz. Der verbrannte während der Bombenangriffe auf Berlin, eine Kopie gab es jedoch bei meinem damaligen Berliner Verlag, Bote & Bock. Der dritte Satz verbrannte vollständig, den ersten hatte ich damals noch nicht gemacht. Karajan kam zurück, wir trafen uns nach dem Brand, bei dem auch die Oper abgebrannt war, in unserem Viertel und es stellte sich glücklicherweise heraus, daß er noch eine Kopie des langsamen Satzes hatte. Ich vervollständigte also die anderen beiden Sätze. Es gab wieder einen Angriff, ich besprach gerade das Stück mit meinem Lehrer Boris Blacher, der damals bei uns wohnte, und wir mußten in den Keller flüchten.

Das Stück, „das Concerto", wurde dann in Lichterfelde-West fertiggestellt, es kam zur Uraufführung, und es wurde eine der schlimmsten Pleiten, die ich je erlebt habe. Die Presse war vernichtend. Besonders die NS-Blätter, die die Jazz-Passagen im letzten Satz anstößig fanden, ließen kein gutes Haar daran. Auch Karajan wurde vehement angegriffen und beschuldigt, die Partitur verhaut zu haben, was er dann wiederum mir übel genommen hatte. Dabei war er von dem Stück zunächst sehr angetan, wie er mir anläßlich der Proben versichert hatte Der Reinfall kam jedoch nicht ganz unerwartet. Ich erinnere mich, daß Blacher, der Verleger und ich nach dem Konzert in ein Lokal einkehrten und uns unbeschreiblich betranken - im Bewußtsein, daß das Echo der Presse vermutlich katastrophal ausfallen würde. Es wurde ja während der Aufführung im Publikum schon schrecklich gepfiffen. Nach der Vorstellung hat mich auch der Orchestervorstand der Staatskapelle, Herr Mohneke, ein nicht sehr guter Posaunist, haßerfüllt angesehen und gesagt: „So ein Dreck!"

Der Verlag nahm das Stück aus dem Handel und druckte es nicht. Kurt Radecke, der Chef des Verlagshauses Bote & Bock, schlug mir folgendes vor: Sie hatten vor, den langsamen Satz als Elegie herauszugeben, zum ersten Satz sollte ich einen zweiten schreiben, und den dritten wollten sie ganz wegwerfen. Damit konnte ich natürlich nicht einverstanden sein, und es blieb dann so bis nach dem Krieg. Eines Tages kam ein Herr Hannemann als Abgesandter des Verlages zu mir nach Salzburg und wollte, daß ich „Turandot" zum Druck freigebe. Ich aber beharrte darauf, daß zuerst das „Concerto" gedruckt werden müßte, und nach einigem Zögern kam es schließlich auch dazu.

Bei der Uraufführung waren auch Frau Magda Goebbels und Herr Dr. Naumann, Goebbels Staatssekretär, anwesend. Ich war damals drauf und dran, von der Berliner zur Dresdner Staatsoper überzugehen, und zwar als Berater und Componist. Ich hatte mich in Dresden auch schon nach einer Wohnung umgesehen, während der Nazi-Zeit durfte man nur mit Ministerunterschrift von einer Bühne zur anderen wechseln. Ich ging also zu Goebbels Adjutanten, zu Major Schwegermann, und bat ihn darum, sich für mich einzusetzen. Er meinte, daß das schwierig sein würde, denn es läge von Staatssekretär Neumann inzwischen bereits eine Anzeige gegen mich wegen „Kulturbolschewismus" vor. Die „Niggermusik" der Jazz-Assoziationen wollte man mir offensichtlich nicht durchgehen lassen. Wie ich erfuhr, hatte Goebbels höchstpersönlich verfügt, eine Aufnahme auf

Band des „Concertos“ herstellen zu lassen, damit er sich ein eigenes Urteil bilden könnte. Karajan bekam also den Auftrag von Goebbels, die Aufnahme vorzunehmen. Er hatte damals jedoch auch andere Stücke zur Aufnahme vorgesehen und so machte er zuerst die „Eroica“ und schickte dann die Trompeter nach Hause. Genau die aber hätte er für das „Concerto“ gebraucht, und so mußte der Termin platzen. Goebbels rief persönlich bei Tietjen an, regte sich maßlos auf und ließ nicht locker. Er gab dann Elmendorff im Herbst 1944 den Auftrag, das Stück aufzunehmen. Damals waren sämtliche Theater Berlins längst geschlossen, viele Straßenzüge waren durch die Bombenangriffe in Schutt und Asche gelegt, und das Ende des Krieges schien nicht mehr allzu weit. Dessenungeachtet wurde die gesamte Aufnahmeapparatur von Berlin nach Dresden geschickt, und dort sollte das „sündige Stück“ aufgenommen werden. Ich war auch anwesend, und Herr Elmendorff zitterte wie Espenlaub. Herr Mutschmann, der Gauleiter von Sachsen, hatte nämlich eben erst persönlich ein Jazz-Verbot für sein Land herausgegeben. Das Stück wurde also mit einigem Bauchweh aufgenommen, und ich ging nach Berlin zu Major Schwegermann und wollte von ihm die Reaktion von Joseph Goebbels erfahren. Ich mußte jedoch vernehmen, daß Goebbels die Aufnahme gar nicht gehört hatte, weil offenbar die gesamte Apparatur bei einem der damals fast täglichen Bombenangriffe verbrannt wäre. Er gab mir trotzdem die Unterschrift, die es mir erlaubte, nach Dresden zu gehen. Dort fingen weitere Probleme an, nämlich mit dem Arbeitsamt, aber auch da kam ich heil heraus.

Nach dem Krieg, 1947, traf ich Dr. Hamel, der damals Chef der Deutschen Grammophon geworden war. Ich kannte ihn seit meinen Berliner Tagen gut, als er noch als Kritiker tätig gewesen war und mich und meine Arbeit meist prächtig beschrieben hatte. Er fragte mich,

ob ich meine Platte schon hätte. Ich war ganz perplex und wußte von nichts. Er aber meinte, es handle sich um die Aufnahme des „Concertos". Ich erzählte ihm, daß die damaligen Aufnahmematrizen mit allen Aufnahmegeräten doch verbrannt wären. Er aber entgegnete, ich müßte in jenem Aufnahmeteam wohl einen besonderen Freund oder Verehrer meiner Musik gehabt haben, denn ausgerechnet meine Matrizen seien gerettet worden! So verdanke ich ausgerechnet dem Dr. Goebbels meine erste Schellack-Platte ...
Der Grund für all die Kalamitäten rund um die Uraufführung meines „Concertos" waren zweifellos die Jazz-Anklänge. Jazz war während der Hitlerdiktatur praktisch verboten, ich aber konnte das Löcken wider den Stachel nicht lassen, und im letzten der drei Sätze sind Jazz-Variationen enthalten. Durch Blacher kam ich in Kontakt mit dieser aufregenden und unheimlich bereichernden neuen Musik. Blacher war ja vor dem Krieg in England und hatte sich dort intensiv mit Jazz beschäftigt. Nachdem er nach Berlin zurückgekehrt war und ich bei ihm in die Lehre ging, machte er mich auch mit dem Jazz vertraut. Wir hörten gemeinsam regelmäßig und geradezu in einem Ritual ausländische „Feindsender", vornehmlich Nachrichten, aber auch verbotene Musik, Mahler z.B., aber auch Jazz. Jazz war für mich faszinierend, vor allem durch Teddy Wilson und andere amerikanische Componisten und Pianisten. Die europäischen Jazz-Opern aus der Zwischenkriegszeit, z.B. Ernst Kreneks „Johnny spielt auf" waren mir unbekannt, was den Vorteil hatte, daß mein erster Kontakt sogleich mit den authentischen Quellen dieser Musik zu tun hatte. Das Anhören dieser Art von Musik hatte natürlich besonders stark gewirkt, weil es mit einem inneren Widerstand zu tun hatte, mit dem Widerstand gegen ein System, das sich gegen diese Musik ausgesprochen hatte. Und so war es nur natürlich, daß sich mein Widerstand ebenfalls in

Musik ausdrückte, – in den Jazz-Variationen des „Concertos"! Blacher war damals ohnehin verboten; daß der große Tietjen trotzdem ein Ballett von ihm aufführte und auch seine „Symphonie Opus 12", finde ich noch heute einfach großartig. Diese persönliche Courage hatten damals nicht viele Operndirektoren.
Blacher besaß auch eine ansehnliche Plattensammlung mit Jazzmusik. Schon mein erstes Orchesterstück, das „Capriccio", ist jazzig angehaucht, wenn auch noch nicht in dem Maße wie das nachfolgende „Concerto". Der Jazz hat auch später in meinem Schaffen eine große Rolle gespielt, insbesondere in meiner Oper „Der Prozeß". Allerdings habe ich ihn meistens dort eingesetzt, wo es um eine gewisse Ironie ging. Das heißt aber nicht, daß ich den Jazz an sich als ironisch empfinde, aber er eignet sich meiner Meinung nach wunderbar zur Kennzeichnung von gewissen Charakteren. Das hat mir imponiert, und ich habe das nie gelassen. Auch in meinen Konzerten und Violinstücken habe ich hin und wieder auf Jazzelemente zurückgegriffen, und eines davon, die Sonate, ist ein reines Jazzstück mit allen Eigenarten, die diese schöne Kunst kennt.

Back to the roots
Jazz-Erlebnisse in Amerika

Nach dem Krieg, während eines USA-Aufenthaltes, verbrachte ich auch einige Tage in New Orleans, wo ich bei Bekannten wohnte. Natürlich besuchte ich auch eine Jazz-Bar in der Bourbon-Street. Als sich der Abend dem Ende näherte, ging ich zu einem der Musiker hin und meinte, ich fände das phänomenal, was sie da machten, und ich wollte wissen, ob das wirklich alles improvisiert oder doch componiert wär. Er versicherte mir, daß es sich um reine Improvisationskunst handelte. Er fragte mich dann meinerseits, wer ich sei, und ich gab mich als Componist zu erkennen. Nun geschah etwas völlig Unerwartetes: Er bat mich, ihnen eine Zwölfton-Reihe aufzuschreiben, und sie improvisierten dann zu dritt darüber. Es war hinreißend, und sie bewiesen eine enorme Kenntnis Schönbergs und der ganzen Schule. Es tut mir leid, daß diese Improvisationen nicht aufgenommen wurden.

Auch in New York nützte ich die Gelegenheit, in Jazz-Kneipen dieses wunderbare Art des Musizierens zu erleben. Jazz ist nicht brutal, Jazz ist fein ziseliert, wie eine Strichzeichnung, das ist ja das Schöne daran. Es ist eine herrliche Art zu musizieren, nur haben die Europäer meist keine Ahnung davon. Von der Presse mußte ich oft hören, daß diese eine ordinäre Musik sei, das hatte mich aber nie gestört. Auch in meiner Oper „Dantons Tod“ gibt es jede Menge Jazz, freilich nicht in der Instrumentierung, sondern in der Rhythmik und etwas in der Melodik, die beim Jazz ja relativ eingeschränkt ist. Ich behaupte, daß die Partien im „Danton“, die sich auf Jazz beziehen, rhythmisch echter Jazz sind. Und so müßte man das auch inszenieren.

Jazz ist eine alte Form der afro-amerikanischen Musik. Die Schwarzen in den USA haben sie weiterentwickelt, und die Weißen haben es dann von ihnen geklaut und oft schrecklich deformiert. Ich bevorzuge den klassischen Jazz, mit seiner alten, ziemlich festgefügten Form, in der es nicht so viele Varianten gibt, die aber so viele Freiheiten gestattet, daß man das, was einem einfällt, ruhig damit kombinieren kann. Das ist ja das Schöne an der Compositionstechnik: Daß sie einem eine Freiheit läßt, indem sie ein Gesetz gibt. Und das ist beim strengen Kontrapunkt im Grund genommen nicht anders. Erst wenn man eine strenge Regel beherrscht, kann man darüber Kühnheiten entwickeln. Das ist auch beim Jazz sehr oft geschehen, bei Milhaud, bei Gershwin, auch bei

Ravel, bei Debussy und bei Strawinsky. Im „Bolero“ gibt es nicht nur spanische Weisen, sondern da sind auch die tollsten Jazz-Effekte darin. Nun war Ravel ein überaus genialer Instrumentator, der aus den Orchesterformen eigene Linien bildete, und diese wurden dann nach seinen Vorstellungen von Jazz geformt. Das sind also sehr eigenständige Weiterentwicklungen oder Spielformen des Jazz, woraus sich kaum etwas für andere entlehnen läßt. Kreneks „Johnny spielt auf“, eine sehr kunstvolle Jazz-Oper, habe ich nie gehört. Krenek war jedoch ein ungeheuer vielseitiger Mann, der jede neue Technik, die irgendwann am Horizont aufleuchtete, verwendete, allerdings auf sehr persönliche Weise. Und das ist für mich das Wesentliche: Man kann sich mit allem amalgamieren, solange man weiß, wer man ist, und sich nicht aufgibt. Insofern stört mich der dumme Vorwurf des Eklektizismus, der oft gebracht wird, überhaupt nicht. Allerdings müssen diese persönlichen Derivate erkennbar lassen, was sie sind, woher sie kommen.
Auch Brecht schätzte den Jazz ungewöhnlich hoch ein, was ich gut verstehen kann. Wenn man meine Stücke einmal ernsthaft daraufhin untersuchen würde, fände sich darin jede Menge Jazz-Material. Ich habe mich mit dem Jazz bis in die 60er Jahre hinein regelmäßig beschäftigt, bis zum „Besuch der alten Dame“. In den 1993 entstandenen „Sieben Studien für Solo-Violine“ mit dem Titel „Ollapotrida“ habe ich noch einmal dem Jazz meine Reverenz erwiesen, uind zwar in dem Stück „400 Bourbon Street“.

„Die Freude des Vollendens und des Vollendendürfens“

Die Salzburger Jahre

Die letzten Kriegsmonate verbrachte ich weder in Berlin, noch in Dresden, sondern in der Ramsau bei Schladming. Das war natürlich ein idyllischer Platz, der von den Kriegswirren weitestgehend verschont gelieben war. Dennoch hatte ich dort Szenen erlebt, die alles andere als schön waren. Ich mußte Zeuge werden, wie die Polizei, auf Wunsch von Bauern, auf kriegsgefangene Landarbeiter, meist Ukrainer, die auf ihren Höfen zum Arbeiten eingesetzt wurden, einschlug. Die Gefangenen wurden auch sonst von den Bauern, die keineswegs freigiebig waren, sehr schäbig behandelt. Zu essen bekamen sie wenig, zu arbeiten hatten sie viel. Einer hatte offensichtlich ein Stück Speck organisiert, ich will es nicht einmal „stehlen“ nennen. Daraufhin holte der Bauer den Gendarmen, und er wurde vor meinen Augen mit einem Stock verprügelt. Es war zwar Krieg, aber diese Behandlung war entwürdigend.

Nach dem Zusammenbruch 1945 gab es dort nicht sehr viele Menschen, die nicht in der NSDAP gewesen wären. Zu den wenigen zählte ich. Es wurde dann ein sogenanntes Sicherheitskommando gegründet, und von dem wurde ich zum örtlichen Polizeichef ernannt. Ich hatte mir dadurch eine sehr undankbare Aufgabe zugezogen, ich mußte nämlich nach ehemaligen SS-Mitgliedern suchen. Ich kannte natürlich sehr viele davon. Die meisten

waren Parteigenossen und echte Nazis. Einen davon, einen sehr bösen mörderischen Mann, lieferte ich den englischen Besatzern aus, aber ich wollte dieses Amt nicht lange ausüben, weil es mich einfach zu sehr belastet hätte. Ich verspürte einfach keine Lust, mit den Amerikanern und nachher mit den äußerst unangenehmen Engländern auf Nazi-Hatz zu gehen. Das Denunzieren, das ich in den Jahren der Nazi-Herrschaft allzu sehr auch am eigenen Leibe verspürt habe, liegt mir einfach nicht. Und da das Denunzieren zu meinem Amt gehört hätte, hörte ich einfach auf.
Sobald die Verhältnisse halbwegs wieder hergestellt waren, zog ich nach Salzburg. Für einen Componisten ist es wichtig, am Ort des Geschehens zu sein, besonders wenn man am Anfang steht. Und Salzburg war in dieser Hinsicht ideal. Es herrschte jedoch, wie überall in Österreich, eine entsetzliche Wohnungsnot. Glücklicherweise wurde mir vom KZ-Verband ein Zimmer zur Verfügung gestellt, weil ich ja von der Gestapo verhaftet worden war und daher als Verfolgter eingestuft wurde. Das Haus befand sich in einem gräßlichen Bezirk von Salzburg, ein häßlicher Neubau. Danach bemühte ich mich um ein Zimmer am Mönchsberg und bekam dieses auch, bei der Familie Feichtinger, bald zugeteilt. Es handelte sich um ein Haus der Familie Kupelwieser. Es war sehr schön, hatte einen Balkon und schöne Möbel, aber leider kein Klavier. Es gab einen herrlichen Biedermeierofen in dieser Wohnung. Auch in St. Jakob, in der Nähe von Salzburg, bekam ich vom KZ-Verband eine Zweizimmerwohnung zugewiesen, in einem Schloßturm, ein sehr romantisches, wenn auch nicht sehr komfortables Domizil. Dieser Turm war während der Nazi-Zeit zur Sicherstellung von Gegenständen beschlagnahmt worden. Leider lag St. Jakob recht weit draußen, gut 8 km vom Stadtzentrum entfernt, und ich konnte mir nicht immer die Busfahrt leisten. Oft mußte ich zu Fuß spät nachts

den Heimweg antreten und las unterwegs Äpfel und Nüsse auf, um mich und meine Familie davon zu ernähren.
Wichtig für meine Salzburger Zeit wurde für mich meine Begegnung mit Gale M. Hoffman. Der amerikanische Pianist Robert Wallenborn, ein Hauptmann bei der amerikanischen Besatzungsmacht in Wien, hatte meine „Vier Klavierstücke",1943 in Berlin componiert, in Wien in einem Konzert gespielt. Ich selbst kannte ihn damals nicht und erfuhr von dieser Angelegenheit durch Dr. Schlee. Ich kam also nach Wien und versuchte, diesen Mr. Wallenborn zu treffen, der hinter Stacheldraht abgeschirmt in der heutigen Nationalbank, im damaligen Hauptquartier der Amerikaner, sein Büro hatte. Es gelang mir auch, zu ihm vorgelassen zu werden, und ich lernte einen besonders netten, sehr intelligenten Mann kennen. Und Mr. Wallenborn machte mich dann mit Gale Hoffman bekannt. Er bat mich auch, etwas für ihn zu componieren. Das tat ich, es war eine der beiden Sonatinen, er aber fand das Stück abscheulich und spielte es nie. Immerhin aber vermittelte er mich an Hoffman weiter, der in Salzburg einen sehr maßgeblichen Posten in der amerikanischen Militärregierung einnahm. Ich machte mich auf den Weg zu seinem Haus und wurde zunächst einmal von einem unverschämten Militärpolizisten, der vor dem Gebäude Wache stand, abgewimmelt. Unverrichteterdinge mußte ich wieder abziehen. Ich verfaßte einen Brief an Hoffman, in dem ich ihm davon berichtete, daß ich nicht eingelassen worden war. Er schrieb mir freundlich zurück und lud mich zu sich ein. Wieder wurde ich bei meiner Ankunft äußerst schroff behandelt und nur unwillig ins Haus gelassen; als es mir schließlich aber doch gelang, zu Gale Hoffman vorzudringen, herrschte bald gegenseitige Sympathie. Er erwies sich als ein sehr gebildeter und gescheiter junger Mann, wir freundeten uns an. Er wurde, wie sich später herausstellen sollte,

für meine Tätigkeit im Rahmen der Salzburger Festspiele von entscheidender Bedeutung, aber er arbeitete auch kreativ mit mir zusammen und verfaßte später das Libretto zu meinem Ballett „Medusa“.
Meiner folgenreichen Bekanntschaft mit dem Pianisten Wallenborn verdanke ich auch meine Begegnung mit George Lamb, der ein Schüler Hindemiths in Yale gewesen war. Er und seine Frau luden mich und meine Frau Lianne ein, und wir haben oft bei ihm gegessen und gewohnt. Seine Frau war eine ausgezeichnete Köchin. George wiederum kannte Nicolas Nabokov und andere wichtige Herrschaften aus der Führungselite der amerikanischen Besatzer. Als Nabokov - ein Vetter des berühmten Schriftstellers Vladimir Nabokov - in seiner Eigenschaft als Offizier nach Salzburg kam, bestellte er mich zu sich in das Hotel „Österreichischer Hof“. Ich war ihm von George Lamb empfohlen worden. Als ich bei ihm vorstellig wurde, war auch der amerikanische Componist Virgil Thompson anwesend. Das war im Jahr 1946. Ich spielte den beiden damals aus meiner eben fertig gestellten Oper „Dantons Tod“ vor. Sie waren beide äußerst kunstsinnig und von meinem Werk angetan. Als ich das nächste Mal zu ihnen kam, es war anläßlich eines Frühstücks, da saß auch Egon Hilbert, Chef der Bundestheaterverwaltung, am Tisch. Nabokov machte uns bekannt und führte mich mit folgenden Worten ein: „Hier haben Sie einen jungen Mann, dessen Oper Sie einmal spielen sollten.“ Daraufhin Hilbert: „Ja, das habe ich mir auch schon gedacht.“ Er hatte aber damals keine Ahnung von mir und meinem Schaffen, aber er hatte einen Theaterinstinkt, Hilbert setzte dann, gemeinsam mit Bernhard Paumgartner, den „Danton“ zur Uraufführung bei den Salzburger Festspielen durch!
Ich habe mich nie zu den Salzburger Festspielen hingedrängt, weder mit der Uraufführung des „Danton“, noch mit meiner Tätigkeit in der Festspieldirektion. Die Urauf-

führung des „Danton“ hatte ich mir eigentlich für Zürich vorgestellt, und für meine Aufnahme in das Direktorium der Festspiele war einzig und allein Baron Puthon verantwortlich. Diesen Salzburger Grandseigneur lernte ich schon viele Jahre früher, schon vor den Nazis, Anfang der 30er Jahre, durch meine Mutter kennen. Baron Puthon war damals schon Präsident der Salzburger Festspiele, und ich wurde ihm anläßlich eines Mittagessens, das meine Eltern im Hotel „Europa“ in Salzburg für Bruno Walter und seine Frau gegeben hatten, vorgestellt. Ich war damals gerade 16 Jahre alt. Während der Nazi-Zeit war ich nie in Salzburg, aber nach dem Zusammenbruch suchte ich, auf Anraten meiner Mutter, den Baron Puthon auf. Er bewohnte damals eine zauberhafte Wohnung im Schloß Mirabell, aus der er später vertrieben und in eine Gemeindewohnung gesteckt wurde. Das ist ein Beispiel für die sagenhafte Taktlosigkeit Salzburgs, die ich auch persönlich kennenlernen sollte. Ich ging also 1945 zu ihm, stellte mich erneut vor und sagte, daß ich von der Berliner Staatsoper komme, gute Verbindungen zu Sängern hätte und ihm daher meine Dienste zu dem Wiederaufbau der Salzburger Festspiele anböte.

„Dantons Tod“

Die Compositionsarbeit meiner ersten Oper „Dantons Tod“, ein Auftragswerk der Dresdner Staatsoper, hatte schon in den letzten Kriegsjahren begonnen. Beim Componieren ist es für mich wichtig zu wissen, für welches Orchester, für welches Ensemble und für welchen Dirigenten ich schreibe. Diese Anregung, die bei der Materie ansetzt, ist für mich ein wesentlicher Teil der Composition, denn nur wenn man das Ensemble kennt - und ich kannte alle, für die ich schrieb, sehr gut -, kann man sich auf seine Vorzüge und Eigenheiten einstellen. El-

mendorff, der Nachfolger Karl Böhms in Dresden, trat an mich mit einem beglückenden Vorschlag heran. Er wollte mich, ich war damals noch an der Berliner Staatsoper tätig, als Componist nach Dresden engagieren. Und so kam es, daß ich den „Danton" mit der Überzeugung anfing, daß er in Dresden durch Elmendorff erstmalig aufgeführt werden würde. Daß es dazu schließlich nicht kommen sollte, hing mit Hitler und mit dem weiteren Verlauf der Geschichte zusammen. Daß das Werk aber dann nach Salzburg kam, war keineswegs vorgezeichnet. Ich wünschte mir nämlich, daß das Stück in Zürich uraufgeführt werden würde, bei Schmid-Bloss, einem großen Intendanten. Er hatte die Uraufführung von Alban Bergs „Lulu" gemacht, die 2-aktige Fassung, und dann auch die Uraufführung von Hindemiths „Mathis der Maler". Als ich aber für das Visum einreichte, bekam ich von der Schweizer Fremdenpolizei einen abschlägigen Bescheid - mit der Begründung, daß es in der Schweiz genug gute einheimische Componisten gäbe...
Die Arbeiten an Danton's Tod begannen Anfang 1943, kurz nachdem Boris Blacher seine „Romeo"-Uraufführung hinter sich gebracht hatte. Am nächsten Tag suchten wir in der Bibliothek nach einem geeigneten Opernstoff für mich, und es war wirklich zunächst purer Zufall, daß Blacher den Band mit Büchners Dramen hervorzog. Aber der Funken war sofort übergesprungen, und ich war vom Sujet hellauf begeistert. Obwohl es in einer ganz anderen Zeit geschrieben war, paßte die erregte Stimmung Büchners sehr gut zu dem, was mir vorschwebte. Wie sich beim Componieren zeigte, lag der Stoff genau in meiner Zeit. Schon wenige Wochen später hatte ich mit der Composition angefangen, meine Mutter hatte den Text dann abgetippt. Die Fassung für die Vertonung wurde durch Boris Blacher hergestellt, der ein untrügliches Gespür für die Straffung und Linienführung dramatischer Stoffe hatte, die sich für die Oper

eignen könnten. Viele Episoden im Original, die sich für eine Opernaufführung als hinderlich erwiesen hätten, wurden gestrichen. Zum Ausgleich dafür hatte ich geeignete Zitate aus seinen Briefen herangezogen, aber auch aus Briefen seines Freundes Gutzkow. Diese Briefstellen kamen vor allem für die Chöre zur Geltung.

Intensiver wurde meine Beschäftigung mit dem Opernstoff nach dem fehlgeschlagenen Widerstand und dem Hitlerattentat vom 20. Juli 1944.

Es ist kein Zufall, daß ich die Composition nicht mit der ersten Szene, sondern mit dem Auftritt Robespierres zu componieren begann. Ich war von seiner Figur fasziniert und verband mit ihr sofort eine ganz bestimmte Klangvorstellung.

Da die Oper ursprünglich als Auftragswerk für Dresden entstehen sollte, konnte ich die letzten Kriegsmonate auf dem Familiensitz in der Ramsau mit den Arbeiten an dieser Oper verbringen. Als ich dann unmittelbar nach Kriegsende die Arbeit fortsetzte und fertigstellte, war dies auch eine Abrechnung mit der jüngsten, eben erst verklungenen, schrecklichen Vergangenheit. Ich schrieb nie eine Oper, die nicht ihren direkten Bezug zur Zeit gehabt hätte. „Dantons Tod“, „Der Prozeß“, „Kabale und Liebe“ und selbst „Der Zerrissene“ weisen eine Gemeinsamkeit auf: Das Gericht. Das ist die oberste Instanz, sie war mir im Ablauf der Ereignisse immer ein wichtiges, dramaturgisches Moment. Ich hielt es immer für wichtig, daß das, was man in der Zeit, in der man lebt, mit- und durchgemacht hat, in der schöpferischen Arbeit notiert wird. Insofern sind meine Opern Notate der Zeit.

Eine wichtige Stelle im „Danton“ ist der Auftritt der Henker „nach getaner Arbeit“, wenn sie auf den Nachhauseweg „gefühlvoll“ singen: „Wenn ich nach Hause geh’, dann scheint der Mond so schön.“ Der Text ist Original-Büchner. Die Melodie aber, fast ein Wienerlied, ist von einiger Hintergründigkeit. Ich habe sie nicht ohne Perfidie geschrieben. Der große Seelenforscher und Opernkenner Erwin Ringel hat diese Stelle offenbar mißverstanden und sich von der, wie er sagt „vielleicht schönsten Melodie der Oper" in die Irre leiten lassen. Ich wollte damit beweisen, daß die größten KZ-Henker und Bürokraten des Todes durchaus zu menschlichen Rührungen fähig waren, wie es ja auch Beispiele gibt, daß ein KZ-Aufseher am Abend seiner Violine wunderbare Melodien entlockte, und ein anderer zu Tränen gerührt war, wenn er eine Tierquälerei miterleben mußte. Das ändert aber nichts daran, daß sie Handlanger des Todes waren. Und diese Abgründigkeit ihres Charakters, dieser schreckliche Trapezakt zwischen Verbrechen und angeblicher Menschlichkeit, der drückt sich in der Musik, in dieser Passage aus. Und wenn die Leute sich das einmal genau anhören würden, dann müßten viele, leider Gottes, bitterlich weinen.

In meinen Opern geht es immer um Menschen in Extremsituationen, und das geht gar nicht anders, weil ich im Grunde an den Konflikten meiner Figuren teilnehme. Das ging manchmal sogar so weit, daß ich nachts träumte, ich wäre Danton. Als ich mit der Vertonung des Büchnerschen Dramas anfing, war mir Alban Bergs Oper nach dem Büchner-Drama „Wozzeck" schon bekannt, denn ich hatte die Partitur bei der Universal-Edition im Jahr 1943 gekauft.

Dann ergab sich die vorhin geschilderte Episode mit Nabokov, Thompson und Hilbert im „Österreichischen Hof" in Salzburg, wo ich auf dem Klavier aus der Partitur vorspielte. Hilbert, gerade zum Chef der österreichischen Bundestheaterverwaltung berufen, war Feuer und Flamme und arrangierte ein Vorspielen im Mozarteum mit Bernhard Paumgartner und Baron Puthon. Ohne viel Zögern entschied man sich, das Stück in der nächsten Spielzeit herauszubringen, was schon riskant war, denn

damals war Richard Strauss so ziemlich das Modernste, an das man sich herangewagt hatte.
Baron Puthon bestand darauf, das ganze Stück doppelt zu besetzen. Er hatte recht damit, denn wäre einer ausgefallen, wäre das ganze Stück gestorben. Nachdem das Stück offiziell angenommen und angekündigt worden war, marschierte eine Abordnung von Bürgermeistern aus dem Pinzgau und Pongau zum Landeshauptmann, um gegen „diese Schande" bei den Festspielen zu protestieren! Es kam aber trotzdem dazu.
Ich wünschte mir als Dirigenten für die Uraufführung – auf Empfehlung des Regisseurs Oscar Fritz Schuh, den ich aus Prag und von Berlin her kannte, und der die Inszenierung übernommen hatte – den großen Otto Klemperer. Dieser war aber nach einer Gehirntumoroperation schwer krank und nicht voll einsatzfähig. Er nahm zwar an, aber er konnte die schwierige Aufgabe, wie sich herausstellte, nicht bewältigen. Ich mußte also einen Ersatz suchen, was aber bei Klemperer, einem wirklich großen Dirigenten, auf große Widerstände stieß. Da erfuhr ich über einen Kontaktmann im Wiener Konzerthaus, der gemeinsam mit Seefehlner die Wiener Festwochen gegründet hatte, von einem talentierten jungen Dirigenten aus Ungarn, der mit seinem Orchester aus Budapest gastiert hatte, Ferenc Fricsay. Auch Karajan, den ich per Zufall in der Universal-Edition in Wien antraf, riet mir dazu, Fricsay zu engagieren. Er sollte sich als eine ideale Besetzung herausstellen. Fricsay war ein hervorragender Musiker und energischer Mann, der den Sinn für musikalische Ziele hatte.
So kam es, daß zwei Dirigenten an einem Stück arbeiteten. Ferenc Fricsay probierte in der Universität mit einem Ensemble, Otto Klemperer im Festspielhaus mit dem anderen. Eines Tages geschah das Unvermeidliche: Klemperer platzte in eine Probe von Fricsay, von dessen Engagement er nichts wußte, hinein. Ich war zufällig an-

wesend. Er meinte zwar zu Fricsay, er sollte ruhig weiterdirigieren, aber er hielt es dann doch nicht aus und dirigierte selbst. Nicht ein einziger seiner Einsätze stimmte, und alle großen Choreinsätze waren falsch.
Ich hatte es ihm nicht übel genommen, immerhin war er schwer krank und ungeheuren Belastungen ausgesetzt. Dennoch wußte ich, daß ein für alle Mal klare Verhältnisse geschafft werden müßten. Ich ging also zu ihm hinüber und sagte:
„Herr Doktor, ich habe den Eindruck, Sie kennen mein Stück nicht!" Er trat indigniert vor das Ensemble und sagte: „Der Autor hat mir gerade mitgeteilt, daß ich das Stück nicht kenne. Ich werde es also nicht dirigieren!"
Ich eilte rasch zu Baron Puthon ins Festspielhaus hinüber und berichtete ihm vom Vorfall. Ich beschwor ihn, endgültig Ferenc Fricsay mit der Leitung zu betrauen. Es dauerte nicht lange, da kam auch Klemperer und beschwerte sich schrecklich über mich. Er meinte, es wäre wirklich schade, ich wäre ja so ein begabter Componist, aber zugleich so ein unangenehmer Kerl. Kurz und gut, Fricsay übernahm die Aufführung dann zur Gänze, darauf bestand ich, und es war eine hinreißende und denkwürdige Leistung, inklusive Besetzung und Regisseur. Das Bühnenbild und die Ausstattung stammten von Caspar Neher.
So phänomenal der Erfolg der Uraufführung für mich war, so beschämend verlief für mich ein damals geplantes Radiointerview mit Dr. Becker im Studio Salzburg:
Ich war noch nie in einem Senderaum gewesen, und das Gespräch sollte live sein. Ich kam also da hin, Becker hatte mich vorher gebeten, ein paar Fragen zu überlegen, die ich dann beantworten könnte. Das wollte ich nicht. Ich kam also hinein und war sogleich von der gedämpften Qualität des Tones befremdet. Es fing an, die erste Frage ging noch ganz gut, bei der zweiten hörte ich mich krächzen und stottern und ging hinaus...

Otto Klemperer hatte danach in Salzburg wieder häufiger dirigiert, z.B. auch Mozarts „Figaro". Mir gegenüber war er jedoch lange nachtragend und hatte in der „New York Times" ein gemeines Interview gegeben, in dem er in bösartiger Weise die Behauptung aufstellte, daß ich ein alter Nazi sei …

Personenbahnhof „St. Föttingen"

Mein Versprechen an Baron Puthon, ihm bei der Herbeischaffung von geeigneten Künstlern zu helfen, wurde beim Wort genommen. Es war nämlich in der Zeit der Besatzung in der unmittelbaren Nachkriegszeit schon schwer genug, Demarkationslinien innerhalb eines Staates zu überschreiten. Fast unmöglich war es, Grenzübertritte von einem Staat in den anderen zu ermöglichen. Dank meiner Verbindungen zu Gale Hoffman, der ja Chef des CIC war, gelang es mir, den Besatzungsbehörden ein Schnippchen zu schlagen. Es gab in München bei der Militärbehörde einen Mr. Yrman, der eigentlich Wiener und offenbar von einem besonderen Haß auf sein Herkunftsland erfüllt war. Er ließ plötzlich alle Grenzübergänge nach Österreich sperren. Gemeinsam mit meinem Freund Hoffman, der Mr. Yrmanns Pendant im Salzburger Land war, gelang es mir, einen Weg zu finden, wenn auch einen äußerst ungewöhnlichen: Hoffman konnte die Grenze zwar nicht öffnen, aber er konnte gewünschte Personen an der Grenze verhaften lassen und sie so in das Land schaffen. Wenn wir also jemanden aus Deutschland in Salzburg brauchten, z.B. Blacher, Egk, Orff oder irgendeinen Sänger oder Dirigenten, dann wurden sie auf meinen Hinweis hin nach Freilassing an einen bestimmten Ort bestellt, dort verhaftet und nach Österreich gebracht. Auf die Idee dazu kam ich durch meine Schwiegermutter, Frau von Bismarck, die extra von Wiesbaden nach Freilassing gefahren war, um sich von mir den Danton vorspielen zu lassen. In Freilassing trieb sie das einzige Klavier im Ort auf, bei einem gewissen Herrn Föttinger. Dieser war ein besonders liebenswerter Mann, ein Lokführer der deutschen Bahn, aber unseligerweise war er Parteigenosse gewesen und wurde daher entlassen. Er hatte also kein Geld, seine Wohnung, bald als „St. Föttingen" bekannt, wurde so zum „Verschiebebahnhof" für die Salzburger Festspiele von Deutschland aus. Dort traf man sich, dort wurde die Post abgegeben, dort wurden die Verträge abgeschlossen!

Meinem Componistenkollegen Carl Orff wurde einmal ein besonderer Streich gespielt. Ich hatte ihn nach „St. Föttingen" bestellt, wegen seiner „Antigone", zusammen mit Zuckmayer, Helene Thimig und Bernhard Paumgartner. Ich hatte mir vorgenommen, ihn ein bißchen zu ärgern. Ich bat also meinen Freund Gale Hoffman, er solle Orff verhaften lassen, ich würde mich bei dieser Aktion ganz im Hintergrund halten. Orff wurde also verhaftet, man legte ihm Handschellen an, und er war sehr verschüchtert. Verzweifelt fragte er, was er denn angestellt hätte, denn er war in unsere seltsamen Umgehungspraktiken damals noch nicht eingeweiht. Als seine Verwirrung am höchsten war, trat ich hinzu, klärte die Situation auf und lachte ihm fröhlich ins Gesicht.

Eine herrliche Episode ist auch der Transport meines Lehrers Boris Blacher nach Österreich, den meine Mutter organisiert hatte. Es war im Jahre 1950. Ich hatte ihn gebeten, wegen des „Romeo" nach Salzburg zu kommen. Es war eine grauenhafte Eisenbahnfahrt, und er traf todmüde in „St. Föttingen" ein. Mama, die sehr geschickt war, hatte alle Beamten in der Tasche. Ich fuhr also mit meiner Mutter hinüber, um Blacher zu holen, und zwar in einem offenen Mercedes-Taxi. Wir drei kamen zum Grenzposten, Blacher blieb im Auto sitzen, während Mama und ich bei den Beamten vorstellig wurden. Meine Mutter schäkerte ein Weilchen mit ihnen. Als sie dann hinausgingen, wurden sie amtlich: „Haben Sie etwas im Auto?“ Mama sagte: „Nein nichts, das sehen Sie doch!“ Aber Blacher saß drin, ganz deutlich sichtbar. Die Beamten sagten; „Danke, auf Wiedersehen,“ und wir fuhren hinüber nach Salzburg, und zwar zur „Achten Symphonie“ von Anton Bruckner, unter der Leitung von Furtwängler.

Auf diese Weise ließen wir auch alle Sänger, die wir für den Salzburger Festspielbetrieb brauchten, verhaften. Damals gab es ja nicht einmal funktionierende Postverbindungen. Hilbert machte dann einen besonders tollkühnen Akt. Er setzte bei Innenminister Helmer durch, daß falsche Pässe ausgestellt wurden. Die Leute hießen zwar gleich, aber sie hatten ganz woanders gewohnt, und so konnten sie die Russensperrzone bei der Enns-Brücke bei Steyr ungehindert passieren. Das war anläßlich der Proben für „Orpheus“, wozu wir Wosien, den Ballettmeister von Dresden, engagiert hatten. Da er die Proben zur Choreographie in Wien abhalten mußte, wurde er zunächst in Deutschland, in „St. Föttingen“ verhaftet und nach Salzburg geschafft. Von dort konnte er dann mit seinem falschen Paß nach Wien weiterreisen. Nach Beendigung des jeweiligen Aufenthaltes mußten diese Pässe jedoch selbstverständlich wieder abgegeben werden. Einmal hatte ich Wosien bei mir in St. Jakob eingeladen. Da weder Gale Hoffman, noch sein Stellvertreter Harris Green zugegen waren, konnte er nicht ausreisen und blieb über sechs Wochen bei mir. Geld hatten wir keines, und so krabbelte er immer auf den Bäumen herum und holte Holz herunter und ernährte sich von den Früchten der Zwetschkenbäume im Park. Im Dorf redete man schon vom „Verrückten von Einem“ ...

Die zweite Verhaftung meiner Mutter

Eine besondere Belastung war die Verhaftung meiner Mutter durch die Engländer. Sie war zum Tode verurteilt worden, ohne daß irgend jemand aus der Familie etwas davon erfahren hatte. Als ich schließlich davon hörte, war ich natürlich besonders beunruhigt. Es herrschten damals fürchterliche Zustände, die Beamten waren äußerst bestechlich. In Wien traf ich einen Offizier der englischen Besatzer, der äußerst frustriert über die herrschenden Zustände war und mir erzählte, daß er schleunigst davon wegkommen möchte. Ich wagte mich ihm anzuvertrauen, und sagte ihm, daß meine Mutter hier in Wien sei, weil sie von einem Mr. Rappaport verhaftet worden wäre. Er meinte dann achselzuckend, daß sich da nichts machen ließe und daß ich sie wohl nie wiedersehen würde. Damit müßte ich mich wohl oder übel abfinden. Ich aber machte mich auf den Weg ins Headquarter in Klagenfurt und traf dort endlich auf Herrn Rappaport. Alle meine Vorstellungen fruchteten nichts. Da wandte ich mich an Major Purvis, seinen Boß. Ich erklärte ihm, daß ich meine Mutter sehen wollte und vorhätte, ihr einen Rechtsbeistand zu besorgen. Er kanzelte mich schroff ab und drohte mir, mich ebenfalls verhaften zu lassen. Er war der Meinung, die Verhaftung meiner Mutter ginge mich nichts an. Ich wagte es natürlich, dagegen zu reden, und so warf er mich kurzerhand hinaus.

Ich setzte alles daran, zu meiner Mutter vorzudringen. Da sie in Wien inhaftiert war und ich damals in Salzburg lebte, war dies recht kompliziert. Schließlich gelang es mir, einen merkwürdigen Rechtsbeistand aufzutreiben, namens Dr. Stöger, der mir sagte, daß ich unbedingt Schmuck auftreiben müßte, um voranzukommen. Er sagte mir nicht wofür, aber ich steckte eine teure brillantbesetzte Uhr meiner Mutter von Cartier und einige Goldstücke ein. Ich sollte schnell herausfinden, wozu ich die

Wertgegenstände benötigte. Als erstes mußte ich die polnischen Soldaten, die vor dem Quartier der Engländer Wache standen, bestechen. Damit war die größte Hürde genommen, und ich konnte meiner Mutter endlich gegenüberstehen. Sie bestand darauf, daß ich von Salzburg nach Wien übersiedeln müßte, da sie nun einmal hier festgehalten wäre. Das war typisch für ihre Haltung. Sie nahm überhaupt keine Rücksicht auf meine Interessen und auf meine Familie, die ich in Salzburg zurücklassen hätte sollen. Ich hatte ihr dann noch einen weiteren Anwalt verschafft, doch bei jedem dieser Besuche mußte ich die Soldaten erneut bestechen. Eines Tages hieß es, sie käme endlich frei! Es war morgens um 6.00 Uhr. Sie wurde abgeliefert und in ein Auto der Franzosen verfrachtet. Dann ging es nach Innsbruck, in das Hauptquartier der Franzosen, von wo sie dann nach Paris weiter transportiert werden sollte, und zwar in die Todeszelle! Das Todesurteil aus der Vichy-Zeit war offenbar weiterhin in Kraft.

Zwischen Salzburg und Hallein sprang sie, in Handfesseln, aus dem Zug und entkam. Ich weiß nicht, wie sie das gemacht hatte, ich war völlig ahnungslos. Eines Morgens in Salzburg traf ich Frau Pfanzelter, die Besitzerin eines gediegenen Antiquitätengeschäftes. Als sie mich sah, fiel sie mir um den Hals und weinte. Sie war es, die mir vom Vorfall erzählte und mir mitteilte, daß meine Mutter aus dem Zug entkommen und flüchtig war. Am Abend davor waren meine Frau und ich mit unserem Freund Gale Hoffman verabredet gewesen. Es war ausgerechnet an diesem Tag, daß einige Stunden vorher ein Polizist in unsere Wohnung kam und mir beschied, daß ich keine Zuzugsberechtigung hätte, sondern nur meine Frau. Er betrug sich ungeheuer unverschämt und wollte mich sogleich aus der Wohnung werfen. Abends waren wir also bei Gale Hoffman eingeladen. Er war reizend wie immer, kam mir aber doch etwas merkwürdig vor,

aber vielleicht bildete ich mir das nur ein. Ich erklärte ihm also die ganze Geschichte mit meiner Mutter und fragte ihn, ob er uns vielleicht helfen könnte. Wir waren wie immer, wenn wir mit ihm einen Abend verbrachten, sternhagelvoll. Auf der Straße von Salzburg nach St. Jakob brannte ein großes Feuer, und alle Fahrzeuge wurden gestoppt. Als wir bei der Straßensperre ankamen, fragte ein amerikanischer Polizist, indem er auf uns beide deutete, nach unserer Identität. Hoffman sagte: „Herr und Frau von Einem!" Da rief der Polizist: „Ha, wir haben sie gefaßt". Man hatte meine Frau Lianne offenbar mit meiner Mutter verwechselt. Zwei Tage später las ich in der Zeitung, daß man sie in einem Bauernhof aufgegriffen hatte. Bei den Bauern, bei denen sie untergekommen war, wohnte auch eine Lehrerin, und die hatte sie verpfiffen. Das geschah ausgerechnet an jenem Abend, als wir bei Hoffman zu Gast waren!
Von den Amerikanern wurde meine Mutter nach Innsbruck zu den Franzosen überstellt. Sie waren schlimmer als die Engländer, rachsüchtig und gemein. Von dort wurde sie weiter nach Frankreich, und zwar nach Fresnes, transferiert. in das schlimmste Gefangenenlager Frankreichs. Sie blieb dort zwei Jahre lang inhaftiert. Nach ihrer Freilassung erzählte sie mir über die wahren Hintergründe ihrer französischen Verstrickung nichts.
Ich lebte damals mit meiner Frau in der Ramsau, und meine Mutter begegnete Lianne mit fürchterlicher Eifersucht, die sie täglich zu spüren bekam. Als sie noch in Österreich im Gefängnis saß, componierte ich gerade den „Danton". Lianne besuchte sie, und Mama fragte, wo denn ich geblieben sei. Lianne meinte: „Er componiert gerade eine Oper", und Mama sagte darauf: „Wenn ich hier sitze, hat mein Sohn keine Opern zu schreiben!" Sie war fürchterlich beherrschend, mit einem Charme ohnegleichen ausgezeichnet, aber skrupellos. Ich habe

mich später völlig von ihr absentiert. Seltsamerweise sprach sie nie mit mir über eigene Dinge, nicht über Gutes, nicht über Böses. Und sie war immerhin eine Person von großer Energie, z.B. hatte sie für etliche tausend Kinder Erholungsurlaub organisiert und das Geld vorgestreckt. Aber auch darüber schwieg sie sich beharrlich aus, und ich erfuhr davon nur durch Zufall von einer Malerin und von einer sehr guten Freundin, die beide dieser Kinderschar angehört hatten. Als sie dann wieder aus dem Gefängnis kam, war das einzige, was meine Mutter wissen wollte: „Liebst Du mich noch?"...

Die Erneuerung des Salzburger Festspielgedankens

Wenn mein Freund Oscar Fritz Schuh in seinen Erinnerungen die Sache mit der Erneuerung der Salzburger Festspiele und der Uraufführung meines „Dantons" so darstellt, daß die Idee dazu von Bernhard Paumgartner, Egon Hilbert und ihm gekommen wäre, dann entspricht das nicht ganz der Wahrheit. Vielmehr ging es dabei so zu, wie ich es im Zusammenhang mit Nabokov und Hoffman und Hilbert beschrieben habe. Aber ich freue mich natürlich darüber, wenn er schreibt: „Gottfried von Einem hat sich stets für jüngere Künstler eingesetzt. Er hat sich in keinem Fall geirrt."
Mit Interesse habe ich seinen Aufzeichnungen auch einen mir bis dato unbekannten Brief entnommen, indem ihm mein Freund und Kollege Werner Egk empfohlen hatte, sich meiner anzunehmen. Diesen Brief möchte ich gerne und mit Dank wiedergeben:

„Lieber O.F.S. Hiermit empfehle ich Dir Gottfried von Einem, von dem ich Dir schon des öfteren rühmlich berichtet habe, bitte empfange ihn mit Freundlichkeit,

er ist Deiner Weisheit begierig und trotz seiner Jugend schon erfahren in der Erstellung musikalischer Kunstwerke. Außerdem besitzt er noch zahlreiche Tugenden, die Du sicher selber entdecken wirst. Sein einziger Fehler ist seine Jugend, doch gerade darum beneide ich ihn. Herzlichst! Dein W. Egk."

Der Erfolg der Uraufführung in Salzburg war tatsächlich phänomenal, und als Folge davon hatte es sich eingebürgert, in jedem Festspielsommer eine Opern-Uraufführung herauszubringen. Schuh schreibt in seinen Erinnerungen dazu: „Die ersten zehn Jahre der modernen Oper waren eine einzige Glückskette, was nicht zuletzt Gottfried von Einem zu danken ist. Auf ihn folgten Frank Martin, Egk, Orff, Liebermann, Blacher." Als Mitglied des Direktoriums nahm ich an der Gestaltung der Festspiele tätigen Anteil und setzte mich tatsächlich, und meist mit Erfolg, immer wieder für die Aufführung neuer Werke ein, nicht nur für die Oper, sondern auch für das Schauspiel. So gelang es mir z.B., auch den großen Bertolt Viertel und Gustav Gründgens nach Salzburg zu bekommen. Die Idee, Bergs „Wozzeck" in Salzburg zu spielen, was zunächst auf großen Widerstand traf, stammte allerdings ursprünglich von Boris Blacher.
In den ersten Nachkriegsjahren herrschte eine ungeheure Aufbruchsstimmung im Hinblick auf eine mögliche Erneuerung des Festspielgedankens. Der Erwartungsdruck, der auf mir lastete, war außerordentlich groß. Caspar Neher schrieb mir im Jahr 1948: „ ...langsam muß unsere 'Clique' enger geschmiedet werden, sei Du der Schmied, ich kann mir keinen besseren vorstellen. aber auch Du mußt zum Arbeiten kommen. Dies ist notwendig, ich kann mir schon vorstellen, daß Du die ganze Sache einmal hinschmeißt, das 'Schmieden' nämlich (...) Und zwar kann man nur von einem Ort aus an die ganze Sache herangehen, vielleicht ist es Salzburg,

was ich immer mehr glaube. es kann zu einem Weimar werden, des 20sten Jahrhunderts."
Noch zwei Jahre später, als einige Erwartungen bereits desillusioniert waren, und unsere Bestrebungen immer wieder an bürokratischen und mißgünstigen persönlichen Hindernissen anstießen, war Oscar Fritz Schuh - trotz der negativen Erfahrungen - weiterhin überzeugt von der geschichtlichen Mission Salzburgs: „Überall ist höchste Vorsicht geboten. Trotzdem sehe ich für uns in diesem Desaster, wie ich gestern schon schrieb, eine große Chance. Salzburg ist der einzige intakte Körper. Gelingt es uns, den schwachen Spielplan und die schwachen Mitarbeiter dieses Jahres vor der Welt zu cachieren, dann besteht noch einmal eine große Chance. Überlege Dir jetzt jeden Schritt, den Du tust, doppelt und dreifach. Unser aller Schicksal ist mehr oder minder in Deine Hand gegeben."
Wenn Oscar Fritz Schuh im Rückblick behauptet, daß er in den ersten Salzburger Jahren eine Art „Inszenierungsmonopol" gehabt hätte, dann stimmt das überhaupt nicht. Vielmehr hatte ich jedes Jahr von neuem größte Schwierigkeiten, wenn es darum ging, Schuh und Caspar Neher gegen andere durchzusetzen. Das ging sogar soweit, daß Dr. Josef Kaut, damals Chefredakteur des Salzburger „Demokratischen Voksblattes", die Festspiele immer ungeheuer verriß. In einem Leitartikel schrieb er einmal, man hätte es satt, immer die Privatwünsche des Herrn von Einem zu erfüllen. Baron Puthon beauftragte mich daraufhin, mit ihm persönlich zu reden. Ich ging zu Kaut hin, der in einem sehr kleinen Redaktionszimmerchen, vollgestopft mit Papieren, saß und mich schwarzäugig und mißtrauisch ansah. Ich beschwerte mich über seinen Leitartikel und wollte von ihm wissen, was er eigentlich gegen Neher und Schuh hätte. Er meinte, daß ihre Inszenierungen nicht „mozartisch" genug wären und „zu wenig hell". Wir hatten uns gar nicht

schlecht verstanden, nur als er auch gegen meinen Freund Caspar Neher loszog, den ich wirklich für einen ausgezeichneten Maler und Bühnenbildner halte, mußte ich ihm schärfstens widersprechen.
Tags darauf saßen wir zu dritt mit Paumgartner beim „Moser" zusammen. Ich sagte zu Kaut, wenn er uns schon so heftig kritisierte, dann sollte er doch etwas Verantwortung mitübernehmen und in die Direktion eintreten. Er meinte, er käme da niemals hinein, doch ich beschied ihm, er sollte dies nur meine Sache sein lassen. Ich erklärte dann Puthon und den Direktoriumsmitgliedern meine Absicht und plädierte dafür, Kaut als „roten Antipoden" in den Vorstand aufzunehmen. Das wäre politisch gut, und außerdem wäre eine ungerade Zahl von Mitgliedern in einer Direktion, also fünf, ohnehin besser als vier. Es war auf die Dauer in der Tat nicht sinnvoll, was immer wieder geschah, daß sich jeweils zwei abstimmten und alles blockierten. Hilbert war keineswegs uneinsichtig, und so kam Josef Kaut in die Direktion und wurde später sogar zum Präsidenten der Salzburger Festspiele gewählt, ein Amt, das er jahrzehntelang mit grosser Umsicht zum Wohle Salzburgs ausübte.
Die Voraussetzungen für ein wohl funktionierendes und funktionstüchtiges Festspieldirektorium schienen also gut. Leider aber setzte sich der damalige Bundestheatergeneral Ernst Marboe in den Kopf, daß auch Karajan Mitglied der Festspiele werden sollte. Ich erinnere mich noch an ein Gespräch beim Landeshauptmann Josef Klaus, bei dem ich mich in dieser Angelegenheit vehement dagegen zu Wort meldete, weil ich der Meinung war, daß es nicht sinnvoll wäre, einen Dirigenten ins Direktorium zu berufen, der dann sein eigenes Honorar bestimmen könnte. Damit würde einer Korruption Tür und Tor geöffnet werden. Klaus aber war bis zuletzt uneinsichtig, und so wurde Karajan zum Mitglied der Direktion bestellt. Wie sehr Karajan seine neugewonnene

Machtfülle zu seinen Gunsten nützen sollte, wurde bald mit einem Exempel belegt. Er verlangte die Ablösung des Ministerialrats Haertel, der es sich herausgenommen hatte, irgendeinen Antrag Karajans abzulehnen. Ich schrieb daraufhin einen Brief und wollte eine schriftliche Zusage, daß derartige faschistische Erpressungsmethoden in Zukunft nicht mehr möglich sein würden. Mein Schreiben blieb ohne Antwort.

Lianne, „der Schweif" – meine erste Frau

Mein Umgang mit Frauen setzte etwas später ein als normalerweise bei Jungen. Es war auch so, daß ich früher, wenn eine Frau mich geliebt hatte, das nicht einmal bemerkt hatte. Dann kam eine Etappe, so eine Art Zwischending zwischen Nichtverstehen und Anhimmeln, aber ich hatte einfach Angst, das zu bekennen. Daran mag die dominante Art meiner Mutter schuld gewesen sein.

Meine erste Frau Lianne von Bismarck habe ich durch Gerti Herzog, die Frau Boris Blachers, kennengelernt. Sie wohnten beide als Studentinnen im selben Schülerheim in Berlin. Gerti Herzog, die damals schon mit Boris befreundet war, hatte ihre Freundin zu Blacher mitgenommen, und Lianne hatte schließlich auch bei ihm Unterricht genommen und zu componieren begonnen. Sie war eine begabte Klavierspielerin, wollte Musik jedoch nie beruflich ausüben. Und so war es nicht ungewöhnlich, daß ich sie eines Tages bei Blacher erstmalig getroffen hatte. Sofort fiel mir ihr dicht geflochtener Zopf auf. Wir gingen dann ein paarmal in die Oper, ich war zuerst gar nicht so sehr begeistert von ihr, aber scheinbar hat dann doch etwas gezündet. Es kam dann zu tragischen Abschiedsszenen, weil sie in der Altonerstraße wohnte und ich in der Birkenallee. Sie fuhr, ich glaube, aus Gram über mich, wegen meiner offensichtlichen Kälte, hinaus vor die Stadt, ins Bismarcksche Familienschloß. Ich aber folgte ihr nach. Das war der Anfang, und es endete in einer Ehe, die sechzehn schöne Jahre lang dauern sollte.

Es war auch von Beginn an eine schwere Beziehung, denn sie war todkrank, und ich wußte davon. Wir fuhren nach Pommern, und ich bat ihre Mutter, sie heiraten zu dürfen. Sie machte mit mir einen ausgedehnten Spaziergang über die Wiesen in der Nähe des wunderbaren Hauses auf einer kleinen Insel. Bei diesem gemeinsamen Gang sagte sie mir, daß ich wissen müßte, daß meine künftige Frau unheilbar krank sei und nicht älter als Anfang Vierzig werden würde. Aber das hielt uns nicht ab. Wir verlobten uns und wohnten zunächst in Berlin, dann in der Ramsau. Wir hatten eine Haushälterin dort, das sogenannte „Muffel". Meine zukünftige Frau kam zu Fuß bei Schnee von Schladming hinauf, und als das „Muffel" Martha auf ihr Klopfen hin die Tür öffnete, fragte sie unfreundlich: „Was wollen Sie denn hier?" Ein wahrlich frostiger Empfang.

Im Jahr 1946 hatten wir geheiratet. Sie hatte es nicht einfach mit mir gehabt, wir hatten damals kaum Geld und mußten alle Besorgungen zu Fuß erledigen. Sie hatte im Haushalt fast alles alleine gemacht, aber sich nie beschwert. Der alte Wieser, unser Nachbar, fuhr uns als Hochzeitsgeschenk mit seinen zwei Pferden zur evangelischen Kirche im Ort. Als „Mamachen" aus Wien zurückkam und sich vor vollendete Tatsachen gestellt sah, war natürlich der Teufel los. Sie konnte meine Frau nicht ausstehen, und zwar vom Anfang an. Es war allerdings so, daß diese Reaktion bei jeder Freundin zu konstatieren war, die ich je hatte. Jede verfolgte sie wie eine Konkurrentin mit abgründigem Haß.

Ich war damals zwar Mitglied des Salzburger Direktoriums, aber eben in puncto Bezahlung eher ehrenamt-

lich, und so gab es auch mit der Beschaffung von Nahrungsmitteln immer wieder Probleme. Die Bismarcks hatten nach dem Krieg all ihr Vermögen verloren, das einzige, was ihnen aus Pommern verblieb, waren zwei Koffer voll mit Wäsche und Handtüchern. Meine Kosename für meine Frau war „der Schweif", sie hatte fabelhaft lange blonde Haare, die sie meist in einem Knoten trug. Wir wohnten noch immer in den zwei Räumen in jenem uralten Turm in St. Jakob in der Nähe von Salzburg, in wahnsinnig romantischer Atmosphäre, aber mit einem Minimum an Komfort. Man mußte vier Stockwerke hinaufklettern, jedes Stück Holz hinaufschleppen, Einkaufswagen gab es keine. Alles mußte von Salzburg, meist zu Fuß, hergebracht werden. Das hat ihrer Gesundheit natürlich nicht gerade gut getan.. Es war zugleich die hektische Zeit meiner Arbeit am „Danton", ein sehr anstrengendes Zusammenleben für sie. Glücklicherweise lud uns unser guter alter Freund, Gale Hoffman, häufig zu sich zum Essen ein. Er hatte uns dann auch immer abgeholt und in seinem Wagen zurückgebracht. Dann bemühte ich mich um ein Zimmer in Salzburg und erhielt glücklicherweise eine bescheidene Bleibe in der Hans-Sachs-Gasse beim Karlsberg.
Bei meinen schönen und schöpferisch unheimlich wichtigen regelmäßigen Ausflügen zu den Freunden Bareiss in Zürich hatte sie mich zweimal begleitet, dann aber kam unser Kind Caspar, - er erhielt seinen Namen in dankbarer Zuneigung zu meinem großen Freund Caspar Neher - und dann ging das nicht mehr. Urplötzlich war sie vom Wunsch beseelt gewesen, ein Kind zu bekommen, obwohl ihr das gar nicht gut bekommen konnte, denn sie war ja schwer herzleidend.
Wir erhielten dann ein anderes Zimmer in Salzburg, leider wurde es dort für uns auf Dauer unerträglich. Die Tochter der Nachbarsfamilie war dem Wahnsinn verfallen und schrie nächtelang. Schließlich erhielten wir beim

Mönchsberg ein wunderbares Zimmer bei der Familie Feichtinger, mit einem herrlichen Ausblick.
Ich glaube, daß meine Frau Lianne unseren Sohn sehr gut versorgt hatte, aber in seiner Erinnerung war davon lange keine Spur vorhanden. Seit ihrem Tod hatte er jahrelang gebraucht, bis er zum ersten Mal wieder ihren Namen über die Lippen brachte und über sie reden konnte.
Ein einziges Mal beschwerte sich meine Frau über ihr Leben und über ihre gesundheitliche Verfassung, das war am Tag vor ihrem Tod. Es war in Paris, wir waren mit Freunden in einem Vaudeville gewesen. Wir kamen um etwa ein Uhr morgens nach Hause, plötzlich stand sie vor mir und sagte „warum kann ich nicht auch wie andere 60 Jahre alt werden?" Das war fünf Stunden vor ihrem Ende. Das Ende war schrecklich. Sie konnte sich nicht mehr selbst baden und waschen, war nicht in der Lage, ihre Haare zu kämmen und zu binden. Schweißüberströmt und verlöschend lag sie neben mir im Bett. Ich wachte von Geräuschen auf, sie fühlte sich nicht wohl, ich holte einen nassen Schwamm, aber nach zehn Minuten war es vorbei. Ihr letzter Abend mit ihr ist mir ständig präsent.
Das war im Jahr 1963, unser Sohn Caspar war damals gerade dreizehn Jahre alt. Im selben Jahr traf mich auch der Verlust meines Freundes Caspar Neher. Daß ich diese schweren Jahre einigermaßen überstehen konnte, war vor allem meiner Schwiegermutter Gertrud von Bismarck, der Mutter Liannes, zu verdanken. Sie führte das Haus, hielt mich von den Alltagssorgen möglichst frei und nahm sich auch der Erziehung unseres Sohnes an. So war es nicht notwendig, daß Caspar seine Schulzeit in Heimen oder Internaten hätte verbringen müssen. Meine Schwiegermutter war eine tolle Persönlichkeit, hatte sich aber auch einige Unverschämtheiten geleistet. Auf einige bin ich erst lange nach ihrem Tode draufge-

kommen. Besonders streng versuchte sie mich von möglichen Ehekandidatinnen fernzuhalten, sie war offenbar der Meinung, daß ich mein zukünftiges Leben als Witwer und unverheiratet - einzig und allein dem Gedenken an Lianne gewidmet - verbringen sollte. Das ging sogar soweit, daß sie Geschichtskorrekturen durchführte, die noch weit vor meine erste Bekanntschaft mit Lianne reichten. So z.B. hatte ich von Friedelind Wagner, der „Maus", etwa 400 Briefe, die ich in einem Koffer in unserem Haus in der Ramsau aufgehoben hatte. Erst vor wenigen Jahren mußte ich von meinem Sohn erfahren, daß meine Schwiegermutter alle hatte verbrennen lassen. Ganz besonders ins Zeug gelegt hatte sie sich, als sie herausfand, daß ich Lotte Ingrisch, meine jetzige Frau, heiraten würde.

Caspar

Unser Sohn Caspar war schon als Kind sehr intelligent, gut aussehend und ehrgeizig, aber nicht übertrieben. Caspar Neher war sein Patenonkel, und sie hatten öfters gemeinsam gezeichnet. Caspar ist heute noch ein talentierter Zeichner und schätzt moderne Malerei. Er liebt auch die Musik, auch wenn er selbst nicht componiert und auch im puncto Klavierspielen es nie sehr weit gebracht hat. Merkwürdigerweise mag er sogar meine Musik. Während seiner Jugend und Schulzeit hatten wir nicht sehr viel Gelegenheit, gemeinsame Dinge zu unternehmen. Er war sehr auf sich selbst gestellt, und natürlich sind durch den frühen Tod seiner Mutter tiefe Verletzungen in ihm entstanden. Ich war als Vater nicht sehr präsent, hatte mich nicht oft um ihn gekümmert. Wir hatten ja das Glück, daß Frau von Bismarck, meine Schwiegermutter und seine Großmutter, ganz zu uns nach Wien gezogen war und ihn aufgezogen hatte. Seltsamerweise waren meine Eltern nie da, weder der „falsche“ Vater, noch der „echte“. So wie ich mich aufgrund einer gewissen Vereinsamung und wegen des mangelnden Elternkontakts in die Musik geflüchtet habe, hat sich vermutlich Caspar den sozialen Problemen der Gesellschaft, in die er hineingewachsen ist, zugewandt. Seine langjährigen Bemühungen als Sozialhelfer zeigen eindeutig in diese Richtung und lassen ein großes soziales Engagement erkennen. Daß er heute Innenminister der Republik Österreich ist, kam für mich genauso überraschend wie vermutlich auch für ihn selbst, ist aber in sich durchaus konsequent und erfüllt mich mit Stolz, auch wenn ich dazu nichts beigetragen habe. Ich hoffe nur, daß er als Innenminister länger oberster Vorgesetzter der Polizei bleibt, als ich es damals nach Kriegsende als oberster Ordnungshüter in der Ramsau war: nämlich nur knapp zwei Monate! Ich glaube, er wird es schaffen, denn er ist zielstrebig und weiß, was er will.

Einen besonderen Stellenwert für meine Salzburger Jahre hatte die Zusammenarbeit mit Caspar Neher, dem ich bis zu seinem Tode freundschaftlich verbunden blieb. Ich habe diesen großen Theatermann, der in der Zwischenkriegszeit sehr viel mit Brecht zusammengearbeitet hatte, durch den Componisten Rudolf Wagner-Régeny kennengelernt, mit dem ich schon seit 1940 bekannt war. Mit Schuh wurde ich durch Alfred Schlee bekanntgemacht. Oscar Fritz Schuh hatte damals gerade einen Egk- und Orff-Ballettabend inszeniert, „Joan von Zarissa“ von Werner Egk und Carl Orffs „Carmina Burana“.

Meine erste Begegnung mit Neher fand in Wien im Hotel „Sacher“ statt, und wir hatten uns dann später auch bei Orff in Berlin getroffen. Ich hatte ihn in die Ramsau eingeladen, um dort den Krieg zu überdauern, aber das hatte dann nicht funktioniert. Als ich dann später nach Salzburg kam, holte ich ihn sofort herbei. Ich war felsen-

Mit Carl Orff (rechts), den Mitgliedern des Festspieldirektoriums Tassilo Nekola, Baron Puthon und Bernhard Paumgartner vor der Felsenreitschule, 1948

Die Künstlerfreunde und engsten Mitarbeiter der Salzburger Jahre Oscar Fritz Schuh (links oben) und Caspar Neher (rechts oben)

Besprechung mit Wilhelm Furtwängler über Rolf Liebermann, (links) Aigen 1954

Mit Rolf Liebermann (rechts unten) Ramsau 1961

Paul Schöffler als Danton
der Salzburger Uraufführung, 1947

Max Lorenz als Josef K. und Lisa della Casa als Frau des Gerichtsdieners in der Salzburger Uraufführung von „Der Prozeß", 1953

Mit George Szell anläßlich der Aufführung der „Ballade für Orchester" durch das Cleveland Orchestra, 1957

Beim Korrekturlesen einer Partitur

Bild oben:
Regiebesprechung
im Théâtre Royal
de la Mannale

Bei der Arbeit

Mit dem Bildhauer Fritz Wotruba

Bei der Probe zu Kafkas „Der Prozeß“ im Theater an der Wien, 1953

Aufführung der Oper „The Trial" („Der Prozeß")
in Cleveland, 1954

Mit Carlo Maria Giulini (rechts im Bild) in Chicago

Mit Ehefrau Lotte Ingrisch in New York

Beim Schlußapplaus anläßlich der Uraufführung der Kantate „An die Nachgeborenen“ durch Carlo Maria Giulini, Julia Hamari und Dietrich Fischer-Dieskau, New York 1975 (oben). Uraufführung von „Kabale und Liebe“ an der Wiener Staatsoper, 1976

Regiebesprechung mit John Cox zur englischsprachigen Premiere von Dürrenmatts „Der Besuch der alten Dame", Glyndbourne 1973

Generalprobe des Balletts „Glück, Tod und Traum" auf dem Alpbacher Friedhof, 1974

Bild links: Mit Karl Böhm

Bild oben: Mit meinem Lehrer und lebenslangen Freund Boris Blacher, Wien 1974

Bild unten: Mit Friedrich Dürrenmatt und Regisseur Otto Schenk bei einer Besprechung zur Uraufführung von „Der Besuch der alten Dame" an der Wiener Staatsoper

Von Einem versteht das Wort Componieren im Sinne des lateinischen Stamm worts componere - daher mit „C“ geschrieben, und das heißt zusammen setzen. Deshalb war für ihn der sogenannte strenge Satz, die Kunst des Zu sammensetzens, von Anfang an von grundlegender Bedeutung.

fest überzeugt davon, daß er der richtige Bühnengestalter für meinen „Danton" war. Ich hatte diesbezüglich nach Hamburg geschrieben, in Berlin war er unerreichbar, bekam aber keine Antwort. Dann erfuhr ich über Umwege, daß es ihn nach Zürich verschlagen hatte. Ich versuchte also, in die Schweiz zu gelangen, aber wegen der sperrigen Franzosen gelang das Unterfangen nicht auf Anhieb. Ich saß deshalb, weil mir einige Unterschriften auf den Reisedokumenten fehlten, ohne Geld acht Tage lang in Bregenz fest. Schließlich gelang es mir doch mit einiger Mühe, in die Schweiz zu kommen. Mein Aufenthalt war aber nur auf zwei Tage beschränkt. Mit dem Verleger der Universal-Edition, Alfred Schlee, hatte ich vereinbart, daß er mir in der Schweiz etwas Geld anweisen lassen würde. Ich mußte aber erfahren, daß es ihm unmöglich war, dies zu tun. Ich hatte aus der Vorkriegszeit nur eine Fünf-Pfundnote und einen Hundert-Frankenschein gerettet. Ich versuchte also todesmutig und schweißüberströmt, meinen alten Hundert-Frankenschein anzubringen, und er wurde tatsächlich von der Bank angenommen. Von dem Wechselgeld konnte ich einige notwendige Dinge kaufen, einen Reißverschluß, Unterhosen für meine Frau und auch für mich. Ich fuhr dann über St. Gallen zurück. Da ich annahm an, man würde meine Einkäufe wieder konfiszieren, kroch ich also auf das Klosett und zog alle vier Paar an. Ich hatte nun fünf Paar Unterzeug auf meinem Leib und schritt recht vertrauensvoll in mein Abteil zurück. Als wir in St. Margarethen ankamen, mußte ich meinen Koffer aufmachen, da war natürlich nichts zu finden. Als der Zöllner fragte: „Und am Leib haben Sie nichts", sagte ich „Sie sehen es doch!" Ich dachte schon, ich müßte nackt weiterfahren, aber offensichtlich hielt er mich für einen etwas beleibteren Herren. Es war in einem Abendzug, und mitten in der Nacht kamen auch die österreichischen Zöllner herbei und verlangten ebenfalls, daß ich

meine Koffer öffnete. Sie suchten darin nach Sacharin, Feuersteinen und Radiergummis, damals sehr beliebte Tauschmittel. Bei mir war allerdings keine Spur davon zu finden. Auch die Amerikaner filzten mich dann ein weiteres Mal, wieder vergeblich. Und damit endete diese Reise. In Zürich aber war Caspar Neher, der Grund meines Ausflugs, längst schon wieder weg, bzw. unauffindbar gewesen.
Als es schließlich doch zur Zusammenarbeit in Salzburg anläßlich der Uraufführung von „Dantons Tod“ kam, war die Partnerschaft geradezu kongenial, und sein Anteil am Erfolg der Uraufführung kann nicht hoch genug eingeschätzt werden.

Durch den großen Erfolg des „Danton“ wurde ich dann vom Baron Puthon, dem damaligen Präsidenten der Festspiele, in das Direktorium gerufen, eine Ehre, die ich gerne annahm. Schon ein Jahr früher wurde mir von der Wiener Konzerthausgesellschaft die Stelle eines Lektors angeboten, wenn auch weitgehend unbezahlt. Dr. Egon Seefehlner war damals Chef der Konzerthausgesellschaft. Mein Aufgabengebiet war das eines Dramaturgen. Das war für mich sehr interessant, denn erstens lernte ich dadurch noch mehr über das Orchester, obgleich ich durch die Zeit der Berliner Staatsoper natürlich schon eine gewisse Kenntnis hatte. Im Auftrag Seefehlners bzw. der Konzerthausgesellschaft schrieb ich auch zwei Stücke, die er unter Karl Böhm aufführen ließ. Er war derjenige, der die neue Musik in Wien etabliert hatte und war auch einer der Initiatoren der Wiener Festwochen. Später wollten das alle anderen auch sein, vor allem die Politiker. Nach seiner jahrelangen Tätigkeit im Konzerthaus wurde er dann auch ein hervorragender Direktor der Wiener Staatsoper.
Finanziell ging es mir jedoch weiterhin miserabel. Eines Tages ließ ich vernehmen, daß es mir unmöglich wäre,

weiterhin zu Fuß zu den Direktionssitzungen zu kommen. Es wurde mir dann ein Betrag von 200 Schilling im Monat ausgesetzt, die ich penibel abrechnen mußte.

Agnes Muthspiel und ihr Salzburger Kreis

Wie schon in Berlin fand ich auch in Salzburg relativ rasch gesellschaftlichen Anschluß. Besonders wichtig war mir der Kreis um Agnes Muthspiel und Herbert Breiter, der gewissermaßen das geistige Zentrum der Stadt Salzburg bildete. Dazu gehörte auch Dr. Josef Reitsamer, ein genialer Mann, Professor für Latein und Griechisch, der unter einem Pseudonym auch Gedichte in Form der großen Hölderlinschen Oden verfaßt hatte. Er war während des Krieges im KZ interniert und kam nach Kriegsende zur Landesregierung. Durch ihn lernte ich die bezaubernde Agnes Muthspiel kennen, die damals noch nicht verheiratet war. Sie war von hoher schöpferischer Potenz, schriftstellerisch und philosophisch genauso begabt wie als Malerin. Ich habe noch heute in meiner Wohnung an der Grenze zwischen dem Wein- und dem Waldviertel ein Gemälde dieser einzigartigen Frau hängen. Zum Kreis gehörten weiters auch einige Freunde, die ich eingebracht hatte, Caspar Neher, Bertolt Brecht, Wagner-Régeny, Carl Orff und Werner Egk. Jeder neue Besucher wurde zu ihr geschleppt, und da Agnes eine überaus umsichtige Organisatorin war, konnte man immer davon ausgehen, daß sich jeder bei ihr wohlfühlen würde. Das war quasi unsere Heimstatt. Nach ihrem Tod löste sich dieser Kreis leider alsbald auf und war in alle Winde verstreut. Der Gedankenaustausch, den ich dort erfahren habe, und das Vertrauen hat mich sehr stark geprägt und menschlich reifen lassen.

Familie Bareiss aus Zürich

Auch im Ausland fand ich bald neue Freunde. 1946, anläßlich einer Reise in die Schweiz, hatte ich die Industriellenfamilie Bareiss kennengelernt, in deren Zürcher Villa bei regelmäßigen Besuchen ich ein ideales Plätzchen zum Componieren finden sollte. Hier ist zwischen 1946 und 1959 ein Großteil meiner Werke entstanden. Ich konnte dort ungestört und ohne finanziellen Druck tätig sein. Es war für meine junge Ehefrau und den Sohn gewiß nicht leicht, auf mich so lange Zeit verzichten zu müssen, aber ich brauchte die Ruhe und die Nestwärme für den kreativen Schaffensprozeß. Ich wurde mit der Familie Bareiss durch meine Patentante Elsa bekanntgemacht, die mit einem Krupp aus dem österreichischen Zweig der Dynastie verheiratet war. Nachdem dieser umgebracht worden war, nahm sie ihren Mädchennamen wieder an. Im Haus der Bareiss, in der Aurorastraße 60 in Zürich, verbrachte ich im Jahr durchschnittlich 4 Monate. Ich war zu verschiedenen Jahreszeiten dort, aber nie im Sommer. Die Oper „Der Prozeß“ wurde dort componiert, und dieses Faktum schlägt sich auch in der einzigen Änderungen gegenüber Kafkas Original nieder: Das erste Verhör des Josef K. findet nämlich in der Aurorastraße 60 statt, und das hatte schon seine Richtigkeit. Für Conrad Bareiss habe ich auch die „Philadelphia-Symphonie“ geschrieben.

Besonders wichtig wurde mir diese ideale Zuflucht in Zürich nach meinem Hinauswurf aus dem Salzburger Festspieldirektorium nach der Brecht-Geschichte, von der noch detailliert die Rede sein wird. Da man von offizieller Seite her alles daran setzte, um zu verhindern, daß ich in der Stadt Salzburg eine Wohnung bekam, wurden wir in Salzburg praktisch heimatlos, bis auf den Turm in St. Jakob. Gleich nach meinem Rausschmiß fuhr

ich abends nach Zürich zu den Bareiss'. Meine durchaus bemitleidenswerte Frau Lianne saß mittlerweile im Turm fest. Nach meiner Ankunft rief ich Dr. Furtwängler an und erzählte ihm von der Misere. Er aber meinte tröstend, es gäbe einen schlechteren Grund für so ein Ende und kam am nächsten Tag in Zürich an. Er setzte mir einen Brief an den Landeshauptmann Klaus auf, der es in sich hatte und selbst verfaßte er ein eigenes Schreiben, in dem er feststellte: „wenn so etwas möglich ist, dann habe ich in Salzburg nichts mehr verloren". Klaus blieb jedoch uneinsichtig. Der Eklat war perfekt. Als kleine Konzession auf den großen Druck, der ihn von künstlerischer Seite traf, richtete er später einen Kunstrat ein, zu dessen Vorsitzenden ich bestellt wurde.
Meine Freunde in Zürich, Herr und Frau Bareiss, besaßen große Spinnereien in Deutschland. Ich wurde von ihnen im wahrsten Sinne des Wortes jahrelang ausgehalten. Ich hatte damals wirklich Glück, daß es diese Menschen und ihr offenes Haus gab.

Therapie bei Dr. Oskar Pfister

Meine „Flucht" aus meiner gewohnten Salzburger Umgebung nach Zürich hatte jedoch auch tiefere Hintergründe. Nach der Uraufführung des „Danton" wurde ich von einer großen inneren Unruhe erfaßt. Es entstand ein plötzliches Vakuum, ich wußte nicht wie es weiter gehen sollte und war von großen Selbstzweifeln geplagt. Zwei Tagebuchstellen aus 1947 belegen, wie kritisch es um mich bestellt war: „Ich empfinde mich vis à vis meines Jahrhunderts und sehe, daß ich nichts, nichts geleistet habe ..." sowie „Ich bin leer. Es ist öde in mir. Ich werde bald sterben oder mich einer 'Bekehrung' unterziehen müssen." In einem Nachsatz zur letzteren Aufzeichnung mit Datum vom 6. Okt. 1947 wagte

ich selbst eine Diagnose und konstatierte bei mir eine „schwere Neurose".
In Zürich wurde Dr. Oskar Pfister, ein Freund und Kollege Sigmund Freuds, in dieser schweren persönlichen Krise für mich eine Art Helferfigur. Pfister war Theologe und Psychiater und hatte vor dem ersten Weltkrieg in der Schweiz die Analyse nach Sigmund Freud eingeführt. Er besaß einen warmen und einnehmenden Charakter. Ich hatte von ihm zuvor schon ein Buch gelesen, sein Hauptwerk „Das Christentum und die Angst", ein grandioses Werk, sehr hilfreich zur Selbstanalyse. Außerdem waren mir seine bemerkenswerten Briefe an Freud in Erinnerung. So faßte ich die Idee, auch durch meine Freunde Bareiss bestärkt, mit Dr. Pfister in Verbindung zu treten. Ich hatte eben erst mit der Arbeit an meiner nächsten Oper auf der Grundlage zu Kafkas „Prozeß" angefangen.
Ich war an einem Tiefpunkt angelangt und hatte Probleme sowohl mit meinem Leben, als auch mit meiner Compositionstätigkeit. In dieser krisenhaften Zeit nahm ich mit Pfister Kontakt auf, freundlicherweise übernahm Frau Bareiss die Bezahlung meiner Analysestunden, denn ich hatte ja keinen Groschen Geld. Er wohnte in einem Landhaus außerhalb von Zürich, und ich erzählte ihm von meinen Schwierigkeiten. Er begann dann mit der Analyse und wurde zu einem der entscheidenden Menschen in meinem Leben. Ohne die wichtigen Stunden bei ihm wäre ich vermutlich schon längst tot, denn ich spielte damals auch ernsthaft mit dem Gedanken an Selbstmord. Der Entschluß sich umzubringen kommt ja sehr schnell und war bei mir von Anfang an und immer da.
Am Anfang meiner Therapie bei Dr. Pfister hatte ich einen seltsamen Traum gehabt, den ich mit ihm gemeinsam anschließend analysierte. Ich träumte ein wunderbares, kühnes Streichquartett. Jemand sagte mir, es sei

von Boris Blacher. Dann wachte ich aus meinem Traum auf, hörte das Konzert noch weiter klingen und wußte, es war das vierte Streichquartett von Béla Bartók. In der Analyse mit Dr. Pfister kam, als oberste Schicht, die Identifizierung Blachers als Vaterfigur klar heraus.

Überhaupt ist der Traum eine sehr merkwürdige und permutierte Realität unseres eigenen Lebens. Das, was wir im Leben tun, geschieht meist viel zu schnell, wir können es kaum beurteilen, und es steht in keinem Zusammenhang mit dem, wer wir sind und was wir möchten. Mir ist Gott sei Dank gegeben, etwas darüber aussagen zu können, in einer Sprache, die völlig enigmatisch ist, nämlich in Klängen. Ich sage über das Leben das, was im Traum geschieht, und das, was ich geschrieben habe, wird für die, die auch träumen können, sehr klar sichtbar. Ich glaube, daß die Einfälle bei meiner schöpferischen Arbeit, sei es im Traum oder im Wachen, mir geschehen, mir widerfahren. Ich kann sie nicht willentlich herbeiführen. Bestenfalls kann ich mich für die Aufnahme empfänglich machen, mehr aber nicht. Es kann sein, daß ich mitten in der Nacht aufwache und etwas aufschreibe.

Mein Verlangen war auf das gerichtet, was ich in meiner Jugend nicht bekommen konnte, - ein bißchen Wärme und Freundlichkeit. Ich wäre gerne selbst Arzt geworden, ein Heiler, kein Heiland. Das bezieht sich auf die Musik genauso wie auf alles andere, was ich in meinem Leben bisher gemacht habe. Ich wollte immer etwas zustande bringen, das ein Klangerlebnis ist. Mein Bestreben war immer, etwas zusammenzuführen, etwas zu ermöglichen, etwas zusammenzubringen, nie lag mir daran, etwas auseinanderzunehmen. Über eine gewisse Grenze kommt man dabei natürlich nicht hinaus. Das, was mir nicht einsehbar ist, kann ich auch nicht verwenden.

Ich suchte Dr. Pfister regelmäßig auf, wenn ich in Zürich war, und das über Jahre hinweg. Vom Selbstmord habe ich mich einigermaßen distanzieren können, denn er ist für mich die absolute Leere, und diese ist wirklich etwas Erstickendes. Ich wollte mir aber lange Zeit immer eine Möglichkeit offen lassen. Ich wollte mich nicht wegwerfen, sondern hatte den Wunsch einfach zu verschwinden.

„Danton" in der DDR

Die Staatsoper im Theater an der Wien, der Stammsitz wurde erst Jahre später wieder aufgebaut, übernahm im Herbst die Salzburger Aufführung des „Danton"; Stuttgart, Hamburg, Brüssel folgten mit eigenen Inszenierungen. 1947/48 wurde das Stück in Berlin auf den Spielplan gesetzt, in einer Inszenierung von Dr. Kelch, unter der musikalischen Leitung von Leopold Ludwig und mit Hans Reimar in der Titelpartie. Da es keine Möglichkeit für mich gab, nach Deutschland zu reisen, schon gar nicht in die geteilte Stadt, ging die Aufführung ohne meine Anwesenheit über die Bühne. Mein großer Lehrer und Freund Boris Blacher jedoch hatte sich einige Proben davon angehört und war vom Dargebotenen offenbar so angetan, daß er mir einen Brief schrieb, in dem er meinte, das wäre gar kein übles Stück, und er wollte im übrigen anregen, daß wir uns in Hinkunft duzen sollten. Diese Anerkennung war mir besonders wichtig und ist eines meiner Adelsprädikate als Componist. Später erhielt ich eine sehr genaue Analyse des Werks von seiner Hand, in der er die Nummern der Reihe nach abhandelte. Am Schluß erklärte er das Werk, trotz mancher Einwendungen, zu einem „erstklassigen Stück" und nannte mich im gleichen Atemzug einen „erstklassigen Compositeur". In einem undatierten Brief, nachdem er das Opus wieder gehört hatte, bestätigte er sein erstes Urteil: „Die Szene im Tribunal und Conciergerie sind wirklich ganz große Klasse. Ich glaube nicht, daß in den letzten 40 Jahren so etwas geschrieben wurde."

Nun hatte diese Danton-Geschichte merkwürdige Folgen: Ligal, damals Intendant der Ost-Berliner Staatsoper, hatte das Stück angenommen, und bei der Premiere kam es zu merkwürdigen Exzessen. Bei der Generalprobe wurde der Text bezüglich des Themas Tyrannei in der Kriegsszene etwas verschärft und zugespitzt. Bei der Aufführung brach dann das Publikum ausgerechnet bei dieser Stelle in einen solchen Applaus aus, daß die Szene unterbrochen und neu angefangen werden mußte. Den sowjetischen Zensoren, allen voran General Tulpanov, hatte dieser Beifall gar nicht gefallen, und so wurde das Stück nach der dritten Aufführung kurzerhand abgesetzt und für die zukünftige DDR verboten. Viele Jahre später war ich offiziell in der Sowjetunion eingeladen und kam auf meiner Reise auch nach Leningrad. Dort hatte ich eine sehr nette Übersetzerin, bei der ich mich erkundigte, was wohl aus General Tulpanov geworden sei. Es stellte sich heraus, daß sie mit ihm befreundet war, und da sie am selben Abend noch mit ihm Abendessen sollte, wollte sie mich zum Mitkommen einladen. Ich lehnte dankend ab, trug ihr aber auf, ihm einen schönen Gruß von mir zu bestellen. Derjenige, den er damals verboten hatte, der wäre jetzt hier. Diese Episode habe ich einigemale in der DDR zum besten gegeben, aber nicht zum Gefallen der dortigen Herrschaften.
Schließlich ist das Stück dann doch noch auch in Ostdeutschland zu seinem Recht gekommen, und zwar in Schwerin. Dirigent der Aufführung war Claus Tennstedt, den ich später übrigens aus dem Osten herausholen und etliche Engagements verschaffen ließ. Als das Stück angesetzt wurde, beschloß ich hinzufahren, schließlich mochte ich auch Schwerin sehr gerne. Es gab natürlich auch Interviews mit der Presse, und es

kam eigens auch der Componist Paul Dessau, der ein alter Freund von mir aus Berliner Tagen war. Er arrangierte gleich ein Live-Interview mit mir in der Pause. Ich sagte dem Reporter ohne Umschweife, daß das Stück hierzulande zehn Jahr lang verboten gewesen war. Er befragte mich zu Schwerin, und ich erzählte ihm, daß der Oberhofmeister des letzten Großherzogs von Schwerin, Baron Dinklage, mein Onkel sei. Und das alles live! Meine Aussagen ließen sich nicht herausschneiden und nicht ungeschehen machen.

Von den vielen Aufführungen der Oper will ich noch eine weitere besonders erwähnen, weil mich die eigenwillige Handschrift des Regisseurs positiv überrascht hatte: „Dantons Tod" wurde vor einigen Jahren aufgeführt, und der Regisseur, den ich nicht kannte, der mit mir vorher auch keinen Kontakt gesucht hatte, hatte folgendes gemacht: Eine Schlüsselszene, die von einer Straßenorgie in eine verzweifelte Situation in einem Zimmer übergeht, ließ er, anders als von mir vorgesehen, von einem Ballett tanzen - eine grandiose Lösung. Ich kam an, Dirigent, Regisseur und Theaterdirektor holten uns vom Bus ab. Der Direktor meinte, ich würde sehr erstaunt sein, und entschuldigte sich schon im vorhinein, wollte mir aber nicht sagen, weshalb. Nach der Generalprobe war ich begeistert, ich wäre auf diese Idee nie gekommen. Es war klassisches Ballett, eine sehr interessante Nummer. Der Regisseur hatte für mich gedacht. Aber er hatte lange dafür gebraucht, bis er darauf kam, das Akustische in ein Ballett aufzulösen. Er transportierte es durch Tanz in eine andere Ebene. Damit kann man wirklich etwas aussagen, das mit anderen Mitteln nicht aussagbar ist, denn das Ballett stilisiert. Ich würde es auch nicht zur Politik erheben, aber dieser Regisseur hat es gut gemacht. In diesem einen Fall war es großartig.

Zum Glück hatte ich kaum Meinungsverschiedenheiten bei meinen Inszenierungen. Ich hatte schon, bevor ich

den 'Danton' machte, gemerkt, wieviel Freiheit man dem Regisseur lassen kann. Das war anläßlich der Mozart-und Moderne-Woche in Wien, da hatte Schuh eine Oper, „Johanna Balk“ von Wagner-Régeny, zusammen mit Leopold Ludwig, der damals Hochschuldirektor war, und Jarosch gemacht, die war wunderbar. Da erkannte ich, daß das Spannungsverhältnis wichtig ist. Neher war ein genialer Moderator, der diese Spannung zustandebrachte und die Interpreten motivierte.
Die Oper „Dantons Tod“ ist in der Wiener Universal-Edition herausgekommen, da durch die geänderten Verhältnisse in der Nachkriegszeit an eine Einhaltung des 1943 mit dem deutschen Verlag Bote & Bock abgeschlossenen Vertrags nicht zu denken war. Schon mein erster Besuch in Wien nach dem Kriegsende, im November 1945, trug mir einen Generalvertrag mit dem neuen Verlag ein. Verlagsdirektor war damals Alfred Schlee, den ich schon seit meinen Berliner Jahren kannte. Leider mußte ich bald herausfinden, daß die vertragsrechtlichen Bedingungen für mich bei diesem Vertragsabschluß im Falle des „Dantons“ mehr als nachteilig waren. Bei Bote & Bock hatte mir der damalige Direktor Radecke von Anfang an optimale Konditionen eingeräumt. Während ich bei Bote & Bock in Berlin 33 1/3 Prozent bekam, waren es bei Schlee weniger als die Hälfte, nämlich nur mehr 15 Prozent. Bei der Unterfertigung des Vertrages hatte ich bedauerlicherweise nicht auf diesen wichtigen Punkt geachtet, weil ich der Meinung war, daß der Honorarsatz von Bote & Bock ohnedies die Regel wäre. Als ich auf dieses eklatante Mißverhältnis aufmerksam wurde, wandte ich mich mit meiner Beschwerde an Direktor Schlee, von dem ich mich reingelegt gefühlt hatte. Ich verlangte eine Vertragsauflösung, er aber meinte, er wäre gerne bereit, mir bessere Bedingungen zu gewähren, wenn ich ihm in einem Gegengeschäft den Klavierauszug der Brecht-Weill-Oper „Aufstieg und Fall der Stadt

Mahagonny“ überlassen würde. Es handelte sich dabei um eine kostbare Rarität, denn in dem Klavierauszug des Verlags UE waren die gesamten handschriftlichen Änderungen Brechts am Text und die Entwürfe Nehers für die Figuren enthalten. Ich stimmte den Vorschlag zu, das Stück ist heute Millionen wert, und ich hatte schließlich wie immer natürlich nichts dafür bekommen, nicht einmal die besseren Prozente.

In der Regel ändere ich eine Partitur, wenn sie einmal fertiggestellt und uraufgeführt worden ist, nicht mehr. Bevor ich etwas ausbessere, schreibe ich lieber einen total neuen Satz! Beim „Danton“ jedoch habe ich nach der Uraufführung das Vorspiel und das Nachspiel gestrichen. Das Vorspiel wurde durch vier Akkorde ersetzt, und die gleichen vier Akkorde erklingen nun auch am Schluß. Ich tat das aufgrund der dramaturgischen Erfahrung. Bei der Hinrichtungsszene strich ich diese sehr pathetische, kanonische Geschichte heraus, die hat dort nichts zu suchen. Die Pathetik sollte nachher kommen, nicht in der Aufführung. Der vom Original abweichende Schluß des „Danton“ war jedoch vom Anfang an so vorgesehen, nur kam er bei der ersten Fassung nicht ganz so stark heraus. Durch die Streichung des Nachspiels wurde er prägnanter.

Das Zerwürfnis mit Herbert von Karajan

Im Zusammenhang mit den Proben und Vorbereitungen zu „Dantons Tod“ ist auch wieder Herbert von Karajan zu erwähnen, der damals in der ersten Salzburger Nachkriegszeit, wegen seiner Parteizugehörigkeit, noch verboten war. Er war zu Kriegsende in Italien und lebte auf großem Fuße, aber ohne einen Groschen Geld. Wie er das zustande gebracht hat, ist mir bis heute unerklärlich. Ich sprach mit Erskine, dem Garnisonsoffizier der Engländer, Karajan nach Österreich einreisen zu lassen, was bei den strengen Grenzkontrollen gar nicht so einfach war. Aufgrund einer Ehrenerklärung von mir, in der ich ihm attestierte, daß er sich während der Nazi-Zeit nichts hatte zu Schulden kommen lassen, wurde ihm der Grenzübertritt ermöglicht. Schließlich kam er auch nach Salzburg.

Da so viele Unwahrheiten über Karajans politische Vergangenheit kolportiert werden, möchte ich nochmals eindeutig feststellen, daß er seine Karriere nicht durch die Partei gemacht hat, sondern einzig allein durch eine große Begabung und durch die Förderung durch Richard Strauss, der ihn in Berlin für die Staatsoper vorgeschlagen hatte. Nach dem Krieg war er dann oft auf Besuch bei mir in Wien, wo ich ein Zimmer hatte, das ich durch den KZ-Verband erhalten hatte. Ich bekam auch regelmäßig Essenspakete. Ich nehme an, daß wohl darin der eigentliche Grund für seine häufigen Besuche bei mir lag. Er war damals, genauso wie später, furchtbar anstrengend, weil er extrem viel redete.

Ich war aber fest entschlossen, ihm einen Wiedereinstieg in Salzburg zu ermöglichen, weil man ein derartiges Talent einfach nicht brach liegen lassen darf. Damals war Hochleitner Landeshauptmann von Salzburg. Ich wandte mich an ihn mit dem Anliegen, daß Karajan mit der Aufführung eines Werkes, daß ich eigens für ihn geschrieben hatte, betraut werden sollte, obwohl er sich bei der Aufführung des „Danton" mir gegenüber ungebührlich verhalten hatte. Er war damals zu Präsident Puthon marschiert und wollte die Uraufführung meines Stückes vereiteln. Ich hatte ihn deswegen zur Rede gestellt, er versuchte, sich aus der Affäre zu ziehen, und wir sind dann übers Kreuz gekommen. Eigentlich war unsere Beziehung bis zu seinem Tod dadurch getrübt. Seine finanziellen Interessen waren schon damals sehr ausgeprägt. Ich erinnere mich in diesem Zusammenhang

an den Fall „Leimer". Dieser Möchtegern-Musiker war mit einer sehr vermögenden Dame verheiratet, deren Vater Nickel-Lieferant für Mercedes war. Der Pianist Leimer wollte unbedingt auf die Bühne und er versprach, jedem, der ihm dazu verhelfen könnte, 100.000 DM zu bezahlen. Eines Tages zeigte mir Baron Puthon im Festspieldirektorium einen Brief von Richard Strauss, in dem er seinen Wunsch bekundete, daß Herr Leimer im Rahmen der Salzburger Festspiele konzertieren sollte. Ich hatte aber zufälligerweise eine Platte mit Leimer gehört, die Hitler von einer seiner Improvisationen anfertigen ließ. Herr Leimer, ehrgeizzerfressen, hatte sich an Hitler herangemacht, und hatte ihm am Obersalzberg vor-improvisiert, und Hitler prägte den auf ihn gemünzten Ausspruch „das heroische Talent". Dieser Kerl ließ es nicht dabei bewenden, seine Pflegeeltern waren die Gruytars, von dem weltberühmten Verlag. Das waren holländische Juden, und er hatte den Verlag für sich arisiert. Da ich ein sehr genaues Bild von seinen Qualitäten hatte, wurde nichts aus dieser Sache, und Richard Strauss blieb ohne die erhoffte Belohnung. Darauf fuhr Paumgartner nach Garmisch und erzählte Strauss, ich hätte ihm das vermasselt. Daraufhin schrieb Strauss einen unglaublichen Brief, in dem er sich darüber beschwerte, welches Untalent ich wäre. Ich schrieb Strauss natürlich zurück, ich fände, Charakter bleibt Charakter. Nachzutragen ist, daß schließlich doch jemand Herrn Leimer für 100.000 Mark in Zürich vermittelt hatte: Bernhard Paumgartner und Herbert von Karajan!
Karajan selbst hat sein Zerwürfnis mit mir aus seiner Sicht in einem Brief sehr eigenwillig dargelegt, und zwar in einer Weise, die den Tatsachen nicht entspricht. Es gab vielmehr grundlegende Meinungsverschiedenheiten. So wollte er z.B. zuerst die Besetzung, dann das Programm festlegen. Ich war aber damals und bin auch heute noch der Meinung, daß man das umgekehrt zu hand-

haben hätte, und hatte ihm das auch erklärt. Er wollte es sich immer nur so leicht als möglich machen, denn er lebte von den bewährten Erfolgsstücken, etwa von der „Eroica", und das habe ich ihm auch vorgeworfen. Es ging dann auch um eine Opernadaption, und im Programmheft dazu hatte sich leider ein kleiner Druckfehler eingeschlichen, und zwar stand statt „Geist" komischerweise „Gast". Über derartige Banalitäten erregte er sich fürchterlich und die Sache wurde unglaublich dramatisiert. Dann ging es auch, im Jahre 1951, um eine Aufführung des „Figaro". Karajan hatte probiert, es verlief alles sehr schön, auch in der Hauptprobe klappte es vorzüglich, sodaß wir beschlossen, die Generalprobe ausfallen zu lassen. Das sollte sich nachher als großer Fehler herausstellen. Ich habe selten eine derart miserable Premiere erlebt, alles war viel zu schnell, das ganze Stück war kaputt. Nur die Herren von der Presse hatten wiedereinmal nichts davon bemerkt und waren voll des Lobes.

Nach der Premiere saßen Karajan, Schuh und Neher und ich im Stadtkeller an der Salzach, und ich sagte Karajan auf den Kopf zu, daß ich die Aufführung schlecht fand. Durch die ausgefallene Generalprobe wäre am Premiereabend die Spannung weggewesen. Ich bin aber überzeugt, daß eine Premiere auch dann meist schlecht verläuft, wenn die Generalprobe ausnehmend gut verlaufen ist. Deshalb habe ich bei den Generalproben zu meinen Stücken immer versucht, ein bißchen Unordnung zu schaffen, eine rein psychologische Erfahrungstatsache, die Nichttheaterleute wohl kaum verstehen werden. Karajan hatte meine Ausführungen eher ruhig zur Kenntnis genommen, doch in der folgenden Saison verlangte er zwei Opern, sowie zwei Konzerte für sich. Es wurde ihm erklärt, daß dies unmöglich wäre, weil Salzburg ja nicht nur aus dem Herrn von Karajan bestand, sondern es gab da ja auch noch Furtwängler, Knappertsbusch und viele andere. Außerdem hatte ich ja die Repertoireaufführungen abgeschafft, und wir konnten insgesamt nicht mehr als vier Opern und fünf Konzerte im Spielplan unterbringen, und davon standen zwei Opern bereits für Furtwängler fest. Karajans Forderungen wurden also wohlbegründet abgelehnt. Daraufhin schrieb er in einem Brief, daß er mit einem solchen Dilettantenpack nicht länger zusammenzuarbeiten beabsichtige. Im Direktorium wurde daraufhin beschlossen, daß Karajan, solange er sich für diesen ungeheuerlichen Brief nicht entschuldigte, nicht nach Salzburg eingeladen werden würde. Das war im Jahre 1949, und er kam dann tatsächlich erst 1956 wieder. Ich weiß allerdings genau, daß mein Direktoriumskollege Bernhard Paumgartner damals der erste war, der Karajan von unserer Entscheidung informiert hatte und ihm sagte, daß alles von mir aus gegangen wäre. Ganz ähnlich schäbig verhielt sich Paumgartner übrigens auch in einer ähnlichen Angelegenheit gegenüber Strauss, bei dem er mich ebenfalls angeschwärzt hatte …

Die Hetzjagd beginnt

Trotz aller Erfolge in beruflicher und gesellschaftlicher Hinsicht wurden alsbald auch reaktionäre Stimmen laut. In der Zeitung „Neues Österreich“ wandte man sich dagegen, daß ein „deutscher Ausländer“ - gemeint war ich, trotz meiner österreichischen Staatsbürgerschaft - in Salzburg zur Aufführung gelangte. Hans Weigel hat sich in einem polemischen Aufsatz unter dem Titel „Gottgesegneter Konservatismus“ vehement gegen diese Angriffe verwehrt.:

„Das 'Neue Österreich', als Organ der demokratischen Einigung eigentlich zur Fortschrittlichkeit und antireaktionären Haltung verpflichtet, zeigt in seinem Kul-

turteil eine Gesinnung, der der Name 'Altes Österreich' besser anstände. Während die großen Kulturträger und Freiheitskämpfer Franz Lébar und Robert Stolz dort gebührend hymnisch gefeiert werden, wird mit Dichtern wie Horváth, Wilder und Anouilh energisch abgerechnet, weil sie die Welt nicht ganz so rosig sehen wie die Operettenfabrikanten. Und jüngst wurde auch Gottfried von Einem und sein 'Danton' als höchst verdächtig unter die kritische Lupe genommen. Wessen ist er wohl besonders verdächtig? Man lese: 'Diese Musik ist völlig unösterreichisch'. Es mag sein, daß dies zutrifft, aber selbst dann wäre eine solche Aussage als Feststellung überflüssig und als Tadel deplaciert. Ist heute für eine Leistung wirklich noch der Ahnenpaß maßgebend? Ist uns nicht der unösterreichische 'Fürst Igor' ebenso auf der Opernbühne willkommen wie der allerunösterreichischste der Componisten, Johannes Brahms, im Konzertsaal? Unser Land ist derzeit leider an großen, produktiven Musikern arm. Darüber kann kein Werbekleid, das wir unserer Staatsoper anlegen, hinwegtäuschen ('Werbekleid' war eine Oper des damals amtierenden Staatsoperndirektors Franz Salmhofer). Wir haben keinen österreichischen Orff, Blacher oder Wagner-Régeny. Darum sollten wir diese bedeutenden musikalischen Repräsentanten der Gegenwart bei uns doppelt willkommen heißen. Ganz so, wie die großen ausländischen Sänger, Regisseure und Bühnenbildner, die in Salzburg und Gott sei Dank in Wien mitarbeiteten, und unsere großen österreichischen Kulturtaten überhaupt erst ermöglichen. C.M. Ziehrer ist zweifellos der österreichischere, Jacques Offenbach aber dessen ungeachtet der bessere und darum auch in Wien aufführungswertere Componist. Und ebenso darf es bei Gottfried von Einem auch denen, die ihn nach gut demokratischem Recht kritisieren, nicht um die Herkunft, sondern um die Größe gehen. Dem patriotischen Kritiker des 'Neuen Österreich' geht es aber gar nicht um den Patriotismus, denn wenn er am Schluß seines Referates für die Förderung des österreichischen Schaffens eintritt, huldigt er zuvor dem gottgesegneten Wiener Konservatismus (der Gustav Mahlers Leben verbittert, Adolf Loos verärgert und Oskar Kokoschka ins Ausland getrieben hat). Und empfiehlt dann ausgleichend die Opern von Bittner und Korngold zur Aufführung. Was unserem Opernspielplan in Wahrheit fehlt, sind weder die Epigonen Schmid und Bittner, noch die Inflationsekstasen Schreckers, noch die Harfen- und Celestafertigkeit Korngolds, sondern – und da fällt uns plötzlich auf, daß das postulierte österreichische Schaffen ja die Namen Alban Berg und Ernst Krenek umfaßt, die sämtlich den rassischen Forderungen der demokratischen Einigung entsprechen, von ihr aber trotzdem weggelassen werden. Warum fehlen sie wohl in dieser Aufzählung? Warum fehlen sie im Repertoire unserer Staatsoper? Bei Berg mag es daher kommen, daß seine Bücher von den Piefkes Büchner und Wedekind stammen. Bei Krenek jedoch, der seine Texte selber schreibt, und dessen Titelhelden neben dem artfremden Nigger Johnny auch den Österreicher Karl V umfassen, fällt auch dieser Einwand dahin."

Johann Nepomuk David und der Kontrapunkt

In die Zeit nach „Danton" fällt auch meine Wiederbegegnung mit dem Componisten und Kontrapunktlehrer Johann Nepomuk David, den ich schon 1943 anläßlich der Uraufführung von Carl Orffs „Catulli Carmina" in Leipzig kennengelernt hatte. Schon vorher hatte ich in Berlin die Uraufführung seiner dritten Symphonie erlebt, die mir sehr imponiert hatte. Nach Kriegsende erfuhr ich dann durch Zufall, daß er mit seiner Familie in Wien lebte. Er war gebürtiger Österreicher, obwohl ich ihn bei meiner ersten Begegnung für einen Deutschen gehalten hatte. Mir kam dann der Gedanke, daß er zweifellos ein geeigneter Chef des Mozarteums wäre, und ich unterbreitete dem Militärgouverneur des Landes Salzburg den Vorschlag, David zu berufen. Erst dann besprach ich mich mit ihm persönlich, und er stimmte zu. Nachdem es mir gelungen war, auch einige Herren der Landesregierung zu überzeugen, wurde David tatsächlich zum Leiter des Mozarteums bestellt. Leider nicht für allzu lange. Ein besonders übler und mißgünstiger Charakter, Herr Josef Mesner, der selbst seinerzeit eine Hymne auf den Führer verfaßt hatte, denunzierte den neuen Chef unbewiesenermaßen als Nazi, und im Mozarteum erfolgte eine hochnotpeinliche Hausdurchsuchung. Johann Nepomuk David, ein sehr feinsinniger und sensibler Mann, war solchen schäbigen Aktionen leider nicht gewachsen und kapitulierte aus freien Stükken. Ich jedoch hatte noch über einen längeren Zeitraum mit ihm zusammengearbeitet, und ich verdanke ihm viel praktischen Umgang mit musikalischen kontrapunktischen Formen. Mein Unterricht bei ihm war keineswegs ein Verrat an meinem Lehrer Blacher, obwohl er mir das zunächst krummgenommen hatte. Vielmehr war es eine Fortsetzung der bei ihm durchgeführten Kontrapunktstudien. Dank Blacher beherrschte ich natürlich schon einiges, und ich hatte ja immerhin schon den „Danton" hinter mir. Was mich zu David trieb, war der Wunsch nach einer Sicherheit. Er war ein reizender, ungeheuer anregender Lehrer und ein Mensch von großer Freundlichkeit, wenn auch grundverschieden zu Blacher.

Durch David nahm ich auch die Volksliedbearbeitungen wieder auf, die ich ja schon sehr früh, noch während meiner Schulzeit, begonnen hatte. Ich liebte das soge-

nannte Volkslied schon immer, und lernte es nun durch David gewissermaßen neu zu entdecken.
Obwohl ich mich viel mit Fugen beschäftigt und in meinem Leben übungshalber sehr viele geschrieben hatte, kam es nur zu einer einzigen Veröffentlichung, und das ist auch nur eine halbe gewesen, und zwar die Fuge im „Danton“. Ich halte es für mich unmöglich, die heute herrschende harmonischere freiere Auffassung in der Musik auf die Fuge anzuwenden. Eine Fuge ist etwas strenges, und in ihr darf es nichts Unvorbereitetes geben. Ich mag alte Fugen sehr, auch wenn sie aus dem vorigen Jahrhundert stammen, wie etwa von Giuseppe Verdi. Sie sind ein ungeheurer Denkansporn, aber sobald man sie nicht mehr streng anwendet, ist die Form kaputt und die Fuge ad absurdum geführt. Blacher selbst hat bekanntlich in seiner „Symphonie Opus 12“ versucht, das Prinzip der Fuge auf die Spitze zu treiben, und zwar in Form einer Cantus Firmus-Fuge. Das ist die komplizierteste Form überhaupt, wie man im vierten Satz der „Neunten Symphonie“ Anton Bruckners sieht. Blacher hat erstaunlicherweise diese Aufgabenstellung glänzend bewältigt. Der Cantus Firmus ist bei ihm das Thema des ersten Satzes, und dadurch hat er einen großen Bogen zum dritten Satz geschlagen und da ein völlig freies, sehr kühnes Thema eingeführt. Das ist wahrlich ein Meisterwerk, das an die großen Fugencompositionen und Erweiterungen des großen Johann Sebastian Bach herankommt.
Ich halte zwar die Kunst der Fuge für den aktuellen Schaffensprozeß der Gegenwart für unrettbar, aber als technisches Training finde ich sie, gerade in der heutigen arbiträren Zeit, für sehr sinnvoll und hilfreich. Meine Studien bei Johann Nepomuk David hatten sich in dieser Hinsicht, wie ich meine, auch bewährt. Leider verlor ich diesen großen Menschen dann aus den Augen. Ich hatte zwar versucht, solange ich in der Festspiel-

direktion war, seine dritte Symphonie und die erste Partita aufführen zu lassen, doch leider ging kein Dirigent auf diesen Vorschlag ein. Als ich ihn dann per Zufall Jahre später, während einer Aufführung im Konzerthaus, wiedersah, war er offensichtlich etwas verstimmt.

Die „Affäre" Brecht
„Wen Gott liebt, dem gibt er Feinde ..."

Über den unerquicklichen „Fall" Bertolt Brecht, einen der großen Kulturskandale der Zweiten Republik, ist sehr viel geschrieben worden. Es ist mir besonders wichtig, die damaligen Ereignisse, die mich selbst zutiefst getroffen und in Mitleidenschaft gezogen haben, von meiner persönlichen Wahrnehmung her darzustellen und einige Irrtümer und Fehlinterpretationen aus dem Weg zu räumen.

Oscar Fritz Schuh schreibt in seinen Erinnerungen: „1951 geriet Salzburg in den Sog der Politik. Gottfried von Einem ließ sich von Brecht dazu überreden, ihm die österreichische Staatsbürgerschaft zu verschaffen. Als Gegendienst wollte Brecht für Salzburg einen Totentanz schreiben, der den alten „Jedermann" ersetzen sollte. Brecht hat zwar den österreichischen Paß bekommen, den Totentanz aber hat er nie geschrieben, bis auf ein paar Skizzen. Gottfried von Einems Hilfsbereitschaft kam ihn teuer zu stehen. Der Landeshauptmann Klaus entließ ihn Knall auf Fall aus der Direktion der Salzburger Festspiele, die ihm nach seinem ersten Erfolg übertragen worden war." Und Dominik Hartmann schreibt in seinem Porträt über mich, ich sei „der aufopferndste Freund, unermüdlich in seiner Bereitschaft zu helfen, ohne dabei an die eigenen Interessen zu denken. Das kam ihn mehrmals teuer zu stehen und trug ihm manche Enttäuschungen ein, die ihn um so tiefer verletzten,

als sie ihn in seiner Arglosigkeit völlig unvorbereitet trafen, wie es z.B. in der unglücklichen Brecht-Affäre der Fall war, in der er das Opfer seiner Gutmütigkeit wurde."
Mit Bertolt Brecht kam ich erstmalig durch Caspar Neher in Verbindung. Er war ja sein Schulfreund, und da ich in der Direktion der Festspiele in Salzburg war, also einen gewissen Einfluß hatte, fragte er mich, ob ich Brecht in seiner mißlichen Lage als Staatenloser nicht helfen könnte. Nun wußte ich damals sehr wenig von Brecht. Ich hatte wohl einige seiner Gedichte gelesen, aber ich kannte keines seiner Theaterstücke, da er ja unter den Nazis persona non grata war und über Skandinavien in die USA emigrieren hatte müssen. Ich lernte ihn in Zürich kennen, ebenso seine grandiose Frau Helene Weigel, eine gebürtige Österreicherin und eine vorzügliche Schauspielerin. Neher fragte mich, ob ich Brecht nicht einen österreichischen Paß verschaffen könnte, denn er war durch die dubiosen Untersuchungsmethoden Mc Carthys in Amerika heimatlos geworden, und die Schweiz, wo er sich gerade aufhielt, wollte ihm keine Aufenthaltsgenehmigung ausstellen. Ich traf also Brecht und meinte, wir könnten zu einer Übereinkunft kommen, wenn er bereit wäre, für Österreich bzw. für die Festspiele etwas zu schreiben. Brecht war damit einverstanden, wie folgender Brief aus der Schweiz (ohne Datum) beweist:

(OHNE DATUM) *„Lieber von Einem, ich sitze hier mit Cas und wir haben über das Festspiel gesprochen und es sieht so aus, als ob das ginge. Ich weiß jetzt auch ein Äquivalent, mehr für mich wert als Vorschuß irgendwelcher Art; das wäre ein Asyl, also ein Pass. Wenn das überhaupt möglich wäre, so sollte es natürlich ohne jede Publizität gemacht werden. Und vielleicht wäre ein Weg wie der folgende das beste. Helli ist* *ja gebürtige Österreicherin (Wienerin) und wie ich seit 1933 staatenlos und jetzt existiert keine deutsche Regierung. Könnte sie wieder einen österreichischen Pass bekommen? Und könnte dann ich, einfach als ihr Mann, einen bekommen? Sie verstehen, ich kenne nicht den legalen Weg. Jedoch wäre für mich tatsächlich ein Pass von enormer Wichtigkeit. Ich kann mich auch nicht in irgendeinen Teil Deutschlands setzen und damit für den anderen Teil tot sein. Vielleicht können Sie mir da wirklich helfen? Herzlichst Ihr Bertolt Brecht."*

Ich hatte alsbald alle Vorbereitungen für eine Einreise Brechts in Österreich getroffen, so daß ich per Schreiben vom 14. März 1948 Brecht schriftlich nach Salzburg einladen konnte.

„Sehr verehrter Herr Brecht, Sie werden wohl den Einladungsbrief von Dr. Hilbert erhalten haben. Dieser wird Ihnen ermöglichen, sofort benützt, die notwendigen Einreisepapiere (nach Salzburg!) zu erhalten. Ich bitte Sie, falls Sie nicht bereits eingereicht haben, zu Dr. Peinsipp, Zürich, Winkelwiese 4, dem österreichischen Generalkonsul zu gehen, einen Gruß von mir zu sagen und alles Notwendige in die Wege (zu) leiten.

Vorgestern habe ich mit dem Landeshauptmann Dr. Rehrl gesprochen. Er ist sehr an dem Plan, den wir in Zürich besprachen, interessiert und möchte Sie gerne sehen, um alles genau zu besprechen. Zwar sind die Theaterverhältnisse dank der Tätigkeit eines wenig fähigen, dafür um so ehrgeizigeren Theaterreferenten verworren, doch werde ich bis zu Ihrer Ankunft so viel zustandegebracht haben, so hoffe ich, daß auch die widerstrebendsten Parteien Rettung und Glück von Ihrer Mitarbeit erhoffen. Die Direktion B. Viertels ist im Moment nicht gegeben, würde sich aber vorbereiten lassen, da des gegenwärtigen Intendanten Stern im Verblassen ist (galoppierende Schwindsucht!) Hilbert wird alles in seinen Kräften Stehende für das Zustandekommen unseres Planes tun, ebenso der Präsident der Festspiele, mit dem ich alles genau besprach. Bevor nun aber irgend etwas Konkretes erfolgen soll, möchte ich, daß Sie sich persönlich hier alles ansehen. Bitte geben Sie mir gleich Nachricht, ob Sie am 2. IV. hier sein können. Zwischen 2. und 4. IV. sind Schuh, Hilbert, Neher und voraussichtlich auch Karajan hier, so daß alles gebührend mit allen zuständigen Leuten erwogen werden kann. Brauchen Sie noch eine Einladung der Festspielleitung? Ich werde sie Ihnen vorsichtshalber morgen senden lassen.-

Der Lucullus Text gefällt mir gut; eine Aufkreuzung mit Kafkas Prozeß müßte den rechten Text für eine Oper abgeben! Was meinen Sie? - Neulich wurde die Oper (mit Ihrem Text) der U.E. (Universal-Edition) angeboten ... Ihrer Gattin und Ihnen einen Gruß!
Ihr Gottfried Einem"

Noch allerdings fand sich Brecht zu diesem Zeitpunkt in der Schweiz aufgehalten, wie er mich in einem Schreiben vom 23. Mai 194 wissen ließ:

„Lieber von Einem, entschuldigen Sie mein Schweigen, ich hoffte beinahe von Tag zu Tag, meine Papiere in Ordnung zu haben, so daß ich halbwegs disponieren konnte. Nach wie vor habe ich die feste Absicht zu kommen, wenn sich von Salzburg aus die Sache machen läßt. Ich denke, wir könnten gut arbeiten dort.
Herzlichst Ihr brecht"

Brecht kam schließlich doch nach Salzburg, und ich machte ihn mit allen wichtigen Leuten bekannt. Der

Landeshauptmann Rehrl war ein besonderer Schatz und begrüßte ihn freundlich mit „Macky Messer". Brecht war ein ungeheuer schüchterner Mann, ich mußte ihn fast an den Händen nehmen und ihn zu den verschiedenen Leuten führen. Die Durchführung der Einbürgerung gestaltete sich äußerst schwierig. Die verschiedenen Herrschaften der Stadt und des Landes sprachen sich schroff dagegen aus, weil Brecht als Kommunist und Günstling der DDR galt. Ich aber hatte mich verbürgt, daß Herr Brecht vielmehr etwas ist, das es hierzulande meistens nicht gibt, nämlich ein Genie. Das hatte man mir natürlich nicht geglaubt, vielmehr wurde ich in einem Aufwaschen selbst als Kommunist denunziert. Brecht hatte, wie wir vereinbart hatten, ein geeignetes Stück für Salzburg zu schreiben begonnen, den „Salzburger Totentanz".

„Lieber von Einem, Die literarischen Dinge würde ich gern mündlich besprechen. Ich habe keinen Chortext, am besten, Sie suchten sich eine Ihnen gefallende Zeitungsnotiz aus und ich hülfe Ihnen beim Neuformulieren! Werde aber auch selber nach so was suchen. Ein Festspielexposé (Salzburger Totentanz) möchte ich lieber nicht schriftlich einreichen, aus mannigfachen Gründen. Besser, Sie erzählten, was wir besprachen (Kontrakt des Kaisers mit dem Tod, im kommenden Krieg die Opfer zu begrenzen, und ihn und seine Nächsten zu verschonen, wenn sie das vereinbarte Zeichen machten. Vergessen des Zeichens durch den vielbeschäftigten Tod. Moral: mit dem Tod kann man keine Geschäfte machen.) den interessierten Stellen, wie Sie es für wirksam halten (ich bin darin ungeschickt). Habe jetzt alles, außer dem russischen Visum! Weiß daher nicht den Reisetermin! Es ist scheußlich. Sehr herzlich Ihr brecht."

Mehrmals wurde behauptet, daß ich mich von Brecht zu einer künstlerischen Zusammenarbeit überreden hätte lassen. Das stimmt nicht, vielmehr überzeugte ich ihn davon.

20. April..? *„Lieber von Einem, hier die beiden Briefe. Ich bin Ihnen für Ihre schnelle und energische Hilfe sehr dankbar. Hier bekam ich endlich gestern das Rückreisevisum für 6 Monate, das heißt bis September 49, aber nach großen Schwierigkeiten und wohl zum letztenmal. - Was den L.H. (Landeshauptmann) betrifft, fühle ich mich allerdings durch Sie besser vertreten als durch mich. Besser kein Zusammentreffen, wie? - Was das Burgtheater angeht, so wäre es am besten, wenn Viertel ein Stück machte; er könnte auch sagen, welches. - Über den Chortext werde ich nachdenken. Am besten vielleicht eine einfache Zeitungsnotiz über ein aktuelles Geschehnis, bei dem sich jemand löblich menschlich verhalten hat - was es immer noch gibt. - Hoffentlich sehen wir uns bald in Berlin. Sehr herzlich Ihr brecht."*

Berlin, den 12. Oktober 1949 *„Lieber von Einem, Cas sagt mir, es fehle Ihnen noch ein Papier. Sie hätten mir darüber geschrieben. Nun habe ich aber keinen Brief solchen Inhalts von Ihnen bekommen, weiß also nicht, um was es sich handelt. Glauben Sie mir, ich bin so interessiert wie je, eher mehr noch. Sie müssen mir helfen. Es hängt so viel davon ab für die künstlerische Arbeit (und Zusammenarbeit), da ja viele Länder, darunter eventuell auch einmal Westdeutschland, ohne Papier unbereisbar werden können. Cas fuhr eben nach Wien, um Viertel am Burgtheater mit dem DRITTEN RICHARD zu helfen. Wenn er dort etwas in der Passache tun kann, brauchen Sie nur Schuh anzurufen, sagt er. Sehr herzlich und mit Erwartung Ihr bertolt brecht."*

14. Dezember ?? *„Lieber von Einem! Ich erwarte diese Woche endlich Cas hier (Caspar Neher) und wir werden dann zusammen endlich was in der Angelegenheit Berliner Reise unternehmen. Im Augenblick ist alles noch sehr verwirrt. Ich hätte auch sehr gern, daß Sie die „Courage" hier sehen. Herzlichst Ihr brecht".*

Mein Eintreten für Brecht geschah nicht nur aus reiner Kollegialität, als selbstverständliche Hilfe eines Künstler für einen Kollegen, auch wenn das sicher das primäre Antriebsmotiv für mich gewesen war. Ich sah jedoch auch eine große Chance, diesen Dramatiker an Salzburg zu binden, und erwartete mir einiges von der erhofften künstlerischen Zusammenarbeit. Brecht war nicht nur bereit, seine wichtigsten in der Emigration entstandenen Werke in Salzburg aufführen zu lassen - was allerdings auf erbitterten Widerstand der Brecht-Gegner unter der Führung von Friedrich Torberg und Hans Weigel stieß, die auch am Burgtheater einen jahrelangen Brecht-Boykott durchsetzen konnten - , sondern er wollte auf meine Anregung hin auch einen „Salzburger Totentanz" schreiben. Wenn man weiß, wie sehr jedes Jahr über die Unzeitgemäßheit und künstlerischen Schwächen von Hofmannsthals „Jedermann" geschrieben wird, dann erkennt man, was es für Salzburg bedeutet hätte, wenn Bert Brecht dieses Vorhaben tatsächlich durchgeführt hätte. Manchmal wird die Meinung vertreten, daß Bert Brecht von Anfang an nur die Staatsbürgerschaft haben wollte und an einer Einlösung seines Versprechens, das Stück zu schreiben und sich längerfristig an Salzburg zu binden, kein Interesse gehabt hätte. Es stimmt nicht, daß er von vornherein fix mit der Übersiedlung nach Ostberlin und damit in die DDR geliebäugelt hatte.

„Lieber von Einem, ich habe keinerlei offizielle Funktion oder Verpflichtung in Berlin und empfange kein-

erlei Gehalt. Das unsinnige Gerücht, ich leite an Stelle von Langhoff das Deutsche Theater in Berlin, ist wohl dadurch entstanden, daß das Berliner Ensemble, das mein Stück 'Herr Puntila und sein Knecht Matti' aufführt, wegen des großen Mangels an Bühnen in Berlin die Aufführung auf der Bühne des Deutschen Theaters veranstaltet, und vielleicht auch dadurch, daß Leonhard Steckel aus Zürich, der dort die Hauptrolle des Stücks unter meiner Regie kreierte, auf meinen Wunsch diese Rolle in Berlin spielt. Das macht mich zu keinem Theaterdirektor. Nach wie vor habe ich vor, als meinen ständigen Wohnsitz Salzburg zu betrachten und mir einen künstlerischen Aufgabenkreis in Österreich zu verschaffen. Im Augenblick arbeite ich an einem Festspiel für die Salzburger Festspiele.
Mit herzlichem Gruß Ihr Bertolt Brecht".

Brecht war auch später, als er bereits in Ostberlin lebte, noch lange „auf dem Absprung" und hatte mich dies immer wieder wissen lassen, aber es mangelte ihm am letzten Entschluß. Als ihm die Staatsbürgerschaft endlich zuerkannt wurde, war er längst aus Salzburg abgereist.

14.9.1950 *„Lieber von Einem, ich kam Sonntag spät in München an und versäumte so Ihre Frau Mutter, was mir sehr leid tat. Bitte, sie bestens zu grüßen. Was die Papiere betrifft, habe ich die Staatsbürgerschaftsurkunde in Händen, den Paß habe ich noch nicht, jedoch werde ich ihn hierhergeschickt bekommen, sobald er da ist. Ich bin Ihrer Frau Mutter und Ihnen da vielen Dank schuldig. Wenn ich den Paß habe, werde ich über einen Sonntag nach Salzburg kommen, Ihnen als Landsmann die Hand schütteln. Dann können wir die Salzburger Festspielpläne besprechen, ich habe mit Cas, den ich noch hier traf, den Dezember als Arbeitsmonat verabredet. Hoffentlich sind Sie über mein*

Hauptlaster Nr. 11, das Nicht-schreiben, nicht schon so verstimmt, daß Sie mich abgeschrieben haben! Herzlichst Ihr alter b."

Wer weiß, ob Brecht seine Meinung nicht geändert hätte, wenn die Sache mit seiner Bewerbung schneller und problemloser erledigt worden wäre, denn schließlich hatte er so einen sehr guten Einblick in den Salzburger Filz bekommen. Aber auch wenn er vielleicht schon immer daran gedacht haben sollte, auf Dauer in die DDR zu übersiedeln, so war ihm der österreichische Paß gerade auch dann äußerst hilfreich, weil er ihm künstlerische Freiheit und Beweglichkeit bei Auslandsreisen gegenüber dem SED-Regime ermöglicht hat. Auf jeden Fall würde ich auch heute in einer ähnlichen Situation wieder so handeln, obwohl die Folgen für mich tatsächlich äußerst schmerzlich werden sollten.

Der Rausschmiß aus dem Salzburger Festspieldirektorium

Dr. Tassilo Nekula denunzierte mich in weiterer Folge als Kommunisten. Es wurde eine Direktionssitzung einberufen, und ich wurde hochnotpeinlich befragt, warum ich mich denn für Brecht eingesetzt hätte, wo es doch klar wäre, daß Brecht ein Schädling sei und man in Salzburg und in Österreich auf solche Menschen gerne verzichten könnte. Damals war schon Josef Klaus Landeshauptmann und prägte den Satz, ich sei „eine Schande für Österreich". Als ich mich gegen diese ungerechtfertigten Vorwürfe und Anschuldigungen emotionsgeladen zur Wehr setzte, wurde ich wegen „schlechten Benehmens" aus dem Salzburger Direktorium ausgeschlossen. Dr. Josef Klaus war damals auch Vorsitzender des Kuratoriums und gab einen weiteren Grund für meine

Entlassung an, und zwar wenig später in einem persönlichen Gespräch. Er sagte, daß ich für dieses Amt ohnedies zu jung sei. Das war allerdings merkwürdig, denn kurz zuvor hatte er mir die Leitung eines Festspiels moderner Musik, innerhalb des Salzburger Zyklus, angetragen. Als ich ihn auf den Kopf hin fragte, wie das alles zusammenpaßte, schieden wir nicht gerade in Freundschaft.

Durch diesen Rausschmiß war ich in Salzburg geradezu verfemt, ein Ausgestoßener. Wieweit diese Affäre reichte, zeigte sich wenig später, als ich vom State Departement zu einer Amerikareise eingeladen wurde. Da meinte man zunächst, man könnte mir keine Einreisebewilligung geben, weil ich ja bekanntermaßen ein Kommunist sei. Es dauerte einige Zeit und kostete mich einige Überredungskünste, bis ich die Behörde vom Gegenteil überzeugen konnte. Mein Zerwürfnis mit Josef Klaus hatte jedoch noch eine Vorgeschichte. Als ich Brechts Vorschlag aufgegriffen hatte, Alban Bergs „Wozzeck" unter der Regie von Schuh, mit Neher als Bühnenbildner und Böhm als Dirigenten, in Salzburg aufführen zu lassen, wollte er dieses Vorhaben unbedingt hintertreiben, womit er sich aber sehr blamiert hatte, denn „Wozzeck" wurde - entgegen der düsteren Prophezeiung des Landeshauptmannes - ein großer Publikumserfolg. Herr Klaus war sich damals nicht zu schade, bei Reisebüros in Kärnten vom Erwerb von Eintrittskarten für diese Vorstellungen abzuraten …

Ich glaube, man hatte Klaus in diese Sache hineingehetzt, denn so dumm konnte er wohl nicht gewesen sein.

Am Morgen vor der betreffenden Sitzung hatten wir noch ein Treffen in der Direktion. Egon Hilbert war genauso mitbeteiligt an den Schritten zur Einbürgerung Brechts wie ich. Er hatte sogar jenen Brief entworfen, den ich dann Brecht diktierte, und den er an den Unterrichtminister Felix Hurdes richtete. Er lautete folgender-

maßen: „Sehr verehrter Herr Minister! Meine Sehnsucht geht nach Österreich. Dort möchte ich leben, dort möchte ich sterben, aber vorher noch arbeiten. Bitte helfen Sie mir, eine Heimat zu bekommen...". Unbrechtischer geht es fast gar nicht, der Stil war ja fast „roseggerhaft". Aber er hatte sein Ziel, Brecht zur Staatsbürgerschaft zu verhelfen, jedenfalls erreicht.
Vor einigen Jahren bat ich Dr. Fred Sinowatz, damals noch Unterrichtsminister und daher ressortzuständig, den Brecht-Akt ausheben zu lassen. Als ich ihn ausgehändigt bekam und meinte, ich könnte nunmehr voll Einsicht nehmen, mußte ich allerdings feststellen, daß jede Menge von Dokumenten und Briefen daraus fehlten. Ich vermute, daß einige dieser Schreiben nach Ostberlin gelangt sind, um dort die Legende Brecht am Leben zu halten. Es sollte offenbar nicht bekannt werden, daß Brecht zuallererst gar nicht in die DDR wollte, sondern sich mit der Absicht getragen hatte, in Österreich ansässig zu werden.
Vor nicht allzu langer Zeit erhielt ich, als freundliche Geste der Dankbarkeit, vom Landeshauptmann Dr. Katschthaler den Ehrenring des Landes Salzburg verliehen, auch diese Gelegenheit wollte ich dazu nützen, mir weiter Klarheit über die damaligen Vorgänge zu verschaffen. Ich ersuchte um die Freigabe der dortigen Brecht-Akte, leider bis heute vergeblich.
Meine Kollegen waren von meinem Hinauswurf konsterniert. Furtwängler riet mir, daß ich mich unbedingt dagegen zur Wehr setzen müßte: „Das können Sie nicht auf sich sitzen lassen, daß Sie Kommunist sind, denn dann sind Sie in Österreich gestorben." Furtwängler hatte zuvor meine Einbürgerungsbestrebungen für Brecht nicht eigens unterstützt. Er war kein Verehrer Brechts, aber er hatte sich Puthon gegenüber gegen das unmögliche Benehmen von Klaus ausgesprochen, als er von der Geschichte durch die Zeitungen erfahren hatte.

OHNE DATUM *„Lieber Herr von Einem, Beiliegender Brief, den ich aus Salzburg zurückerhalten habe, hat sich mit Ihrem gekreuzt. Über das Ergebnis meiner Affäre mit der Gesellschaft dürfen Sie beruhigt sein. Der „Bruch“ ist vollzogen und solange drüben dieselben Leute am Ruder sind, nicht mehr reparierbar. Beifolgend schicke ich Ihnen noch Kopie eines Briefes an Puthon … Mit besten Grüßen, Ihr …*
(Dr. Wilhelm Furtwängler)“.

Auch in einem Brief an das Festspieldirektorium bzw. an Baron Puthon machte Furtwängler seine Mißbilligung der gegen mich ergriffenen Maßnahmen kund:

10. Dezember 1951 *„Lieber Baron Puthon, ... Ich kann Ihnen … nicht ernst genug sagen, daß die Art, wie das Direktorium jetzt vorgeht, mir nicht richtig erscheint. Man kann nicht jemanden Vorwürfe machen wegen Dingen, die vor drei Jahren geschehen sind, umsomehr als Einem auf das strikteste von sich weist, daß er später, also zu einer Zeit, wo sich Brecht für die Oststeite stärker exponiert hatte, noch für ihn eingetreten sei. Noch weniger überzeugend aber wirkt der Vorwurf wegen Einems „schlechten Benehmen.“ Seit wann ist es Sitte, daß man jemanden, der auf eine ehrenrührige Anschuldigung - die Beschuldigung der Lügenhaftigkeit - erregt antwortet, wegen dieser Erregung kurzerhand heraussetzt? Es dürfte bei all dem ausschlaggebend in erster und letzter Linie der wirkliche Grund dieser Auseinandersetzung, eben der Fall Brecht, in Frage kommen müssen. Daß derselbe so geflissentlich verschwiegen wird, scheint der Außenwelt - wozu ich mich in diesem Fall leider auch zählen muß - an dem hochpolitischen Charakter dieses Grundes zu liegen und an der Tatsache, daß zur gleichen Zeit, wo man hier ein angesehenes Direktionsmitglied kurzerhand*

hinauswirft, der österreichische Staat denselben Brecht einbürgert. Entschuldigen Sie, wenn ich es Ihnen offen sage: Ich kenne mich da nicht mehr aus.... Ich kann Ihnen, lieber Baron Puthon, nicht verhehlen, daß ich jetzt selber beginne, um das Schicksal Salzburgs schwere Sorgen zu bekommen. Ich verbleibe mit besten Grüßen Ihr Dr. Wilhelm Furtwängler.“

Ich war am Tag darauf nach der Absetzung nicht mehr in Salzburg, sondern war bereits zu meinen Freunden nach Zürich abgereist. Meine Frau weilte mit Caspar bei Bekannten in Rom.

Auch mein Freund Schuh wollte mir in meiner mißlichen Lage beistehen und schrieb einen Brief an den damaligen Chefredakteur der Salzburger Nachrichten, in dem er mich zu verteidigen suchte:

14.11.1951. *„Sehr verehrter Herr Canaval! Wenn man, wie ich, zur Zeit in Berlin lebt und dort auf Umwegen die österreichischen Zeitungsausschnitte über die Affäre Brecht-Einem in die Hand bekommt, so hat man den Eindruck, daß ein Schwindler für einen Hochstapler auf unsauberen Wegen die österreichische Staatsbürgerschaft erschmuggelt hat.*

Da ich seit 1946 wesentliche Aufführungen für die Salzburger Festspiele geschaffen habe, kann ich zu dieser merkwürdigen Entstellung der Tatsachen nicht schweigen und möchte Ihnen einige ergänzende Betrachtungen zu diesem Fall nicht vorenthalten. (...) Nachdem Hofmannsthal, Schnitzler, Werfel gestorben, moderne österreichische Autoren entweder verboten oder nicht vorhanden waren, hat Einem versucht, Brecht für einen großen Auftrag in Salzburg zu gewinnen. Brecht sollte einen mittelalterlichen Totentanz schreiben, der als Ersatz des schon etwas verstaubten 'Jedermann' gedacht war. Um ihn für Österreich zu er-

wärmen, wurde ihm, wie damals sehr vielen anderen Künstlern, die österreichische Staatsbürgerschaft (um die Brecht ausdrücklich nachgesucht hatte) in Aussicht gestellt, zu einem Zeitpunkt wohlgemerkt, da der Ost-West-Konflikt noch nicht in voller Stärke ausgebrochen war. Daß Brecht sich dann für den Osten entschied, ist sehr bedauerlich, daß aus einem Dichter ein politischer Propagandist wurde, noch bedauerlicher. (...) So und nicht anders sehen die Tatsachen aus. Ich kann beim besten Willen nur finden, daß Einem, der sich als einziger lebender Componist in Österreich einen Namen gemacht hat, der über die Landesgrenzen hinausgedrungen ist, hier aus rein künstlerischen Gründen gehandelt hat. Er wollte nur das Beste für Salzburg, und ich muß ebenso sagen, daß auch die Kulturpolitik des Herrn Minister Hurdes in allen Fällen dieser Art großzügig und weltblickend war. Wenn Österreich heute, was seine Theater betrifft, führend in der Welt dasteht, so ist das nicht zuletzt seiner großen Einsicht zu verdanken. Steht doch Österreich nicht ohne Grund in der Welt in dem Ruf, ein künstlerisch sehr reaktionäres Land zu sein. Niemand zweifelt an Österreichs Vergangenheit, aber sehr viele an Österreichs Gegenwart und Zukunft."

Meine finanzielle Lage war äußerst prekär. Die wenigen hundert Schilling im Monat, die ich als Mitglied des Direktoriums erhielt, wurden eingestellt, als die Brecht-Geschichte losging. Auch aus der ohnedies nicht sehr komfortablen Zweizimmerwohnung im Schloßturm in St. Jakob, wo ich mit meiner Frau und mit meinem Sohn damals lebte, wurden wir vertrieben. Der Verwalter, ein Busenfreund des Dr. Klaus, meinte zwar zunächst,wir könnten ruhig drin bleiben, nicht aber ohne zu veranlassen, daß Wasser und Licht abgedreht wurden. Man tat also alles, um mich aus Salzburg hinauszubekommen.

Wir wurden dann auch aus der kleinen Stadtwohnung in Salzburg delogiert, die ich ursprünglich vom KZ-Verband zugeteilt bekommen hatte. Eine Ersatzwohnung zu finden, stellte sich trotz intensiver Bemühungen und auch trotz Einflußnahme von Freunden als geradezu unmöglich heraus. An ein weiteres Verbleiben in dieser Stadt war daher auch aus rein praktischen Gründen nicht mehr zu denken. Viele Behördenwege, die vor allem meine Frau tätigte, die aber auch mich in Anspruch nahmen, blieben erfolglos und gestalteten sich äußerst zeitraubend. Mit Galgenhumor verfaßte ich an einen Rechtsanwalt, der mich ebenfalls stundenlang umsonst hatte warten lassen, ein bissiges Schreiben:

St. Jakob am Freipaß, 31.12.51 *„Sehr geehrter Herr Doktor! Bei Durchsicht meiner Bücher - das sind meine Partituren - habe ich festgestellt, daß 10 Seiten zur Gänze offen sind, weil Sie es nicht ermöglichen konnten, meine mit Ihnen seinerzeit durch Ihr Büro getroffene Verabredung für Nachmittag 16.00 Uhr abzusagen. Die durch die vergebliche Fahrt in die Stadt verdorbene Zeit beehre ich mich mit S 2.023,05 zu berechnen.*
Ich ersuche höflich, den aushaftenden Betrag, zuzüglich 10 % Zinsen in Höhe von S .... (durch die Gewerkschaft zu berechnen) und die Mahnspesen für diesen Brief von S 28,17, zusammen daher den Betrag von S 2.051,22 + (X) bis 1.1.52 einzuzahlen.
Ich zeichne mit vorzüglicher Hochachtung und altneujahrlichem Gruß als Ihr Gottfried Einem“

Das waren also meine Salzburger Erlebnisse.
Ich muß jedoch dem damaligen Landeshauptmann und späteren Altbundeskanzler Dr. Klaus Gerechtigkeit widerfahren lassen. Vor wenigen Jahren, er war damals schon in den Achtzigern und schwer leidend, ersuchte

er über seinen Nachfolger, Dr. Lechner, und Außenminister Mock um ein Treffen mit mir. Ich rief ihn zurück, und er sagte mir, daß er mich unbedingt zu sprechen wünschte. Wir trafen uns dann im Café Griensteidl, und er enschuldigte sich bei mir in bewegten Worten. Das fand ich wirklich allerhand, und das darf nicht unerwähnt bleiben.

Der Salzburger Totentanz

Mit Brecht bin ich dann später noch zweimal zusammengetroffen, einmal in Zürich und dann in Berlin, wohin er mich eingeladen hatte.

1.8.1952 *„Lieber Gottfried, danke für Ihren Gruß. Ich freue mich auf Ihren Berliner Besuch. Grüßen Sie Cas, den Weltenbummler. Herzlich, Ihr b".*

Als Brecht von meinem Rausschmiß erfuhr, schrieb er mir einen ermunternden Brief aus Berlin, datiert 28. Oktober 1952:

„Lieber von Einem, Cas sagt mir und aus den Zeitungen ersehe ich leider auch, daß Sie durch Ihre Hilfsbereitschaft mir gegenüber jetzt in Schwierigkeiten geraten sind. Schreiben Sie mir doch gleich, ob Sie irgendwelche Aussagen oder Briefe von mir benötigen. Soll ich Ihnen einige Seiten des Salzburger Totentanzes schicken, dessen Konzeption fertig ist? Ich verstehe nicht, wie man Ihnen als Künstler übel nehmen kann, daß Sie einem anderen Künstler geholfen haben - ich hatte ja damals überhaupt keine Papiere! herzlichst Ihr alter Bertolt Brecht."

1951 oder 52 hatte Blacher für mich den „Prozeß" von Kafka als Libretto eingerichtet, und als ich in Zürich war, zeigte ich das Manuskript Brecht und erzählte ihm von Blachers Absichten. Brecht meinte, das Ganze wäre wohl ganz falsch angelegt, und wir würden da offensichtlich eine christliche Maxime herauslesen. Er wollte es noch einmal durchlesen und nahm es mit sich. Zwei Tage später kam ich zu Brecht, er wohnte damals am Pottingerplatz in einem armseligen Zimmer. Dennoch strahlte es etwas besonderes aus, denn an der Wand hingen Aquarelle von Caspar Neher und mit Schreibmaschine geschriebene Blätter. Ich fragte ihn, was das zu bedeuten hatte. Er erklärte mir, daß wäre sein neues Stück „Die Gewehre der Frau Carrar", das er mit Neher zusammen machte, und die Anordnung der Texte und Bilder an der Wand sei nichts anderes als das Konzept seiner Regie. Von Caspar erfuhr ich dann, daß Brecht ihm die Geschichte erzählt und er dazu Aktskizzen gezeichnet hatte, wozu dann Brecht den Text verfassen wollte. Das war seine sehr optisch orientierte Arbeitsweise. Er gab mir dann den Text zum „Prozeß" stark umgearbeitet zurück. Es war alles sehr merkwürdig verändert, stark verfremdet. Ich hätte das Stück so nie componiert. Daß mir jedoch dieses Manuskript mit seinen umfangreichen Anmerkungen und Strichen gestohlen wurde, ärgert mich noch heute.
Brecht wurde dann 1952 DDR-Staatsbürger, und ich vermute, daß er den „Totentanz" nicht zu Ende geschrieben hat, weil ich seinetwegen aus dem Direktorium der Salzburger Festspiele hinausgeflogen war. Dadurch bestand für ihn keinerlei Beziehung mehr zum Festspielbetrieb. Caspar Neher hatte dies Brecht jedoch sehr übel genommen, und es kam zu einem Eklat, der mir sehr leid tat. Neher, der ein wesentlicher Mitarbeiter Brechts war und diesem schon 17 Jahre lang freundschaftlich verbunden, schrieb einen Brief, in dem er ihm die Freundschaft auf-

kündigte. Gleichzeitig schrieb er ihm – , wie er mir und Blacher, bei dem ich damals gerade wohnte, am selben Tag erzählte –, daß er unverzüglich auch die Zusammenarbeit am „Coriolan" einstellen würde, mit dem Brecht gerade beschäftigt war. Das Salzburger Zerwürfnis war daher indirekt auch Mitschuld an der Nichtbeendigung dieses Projektes, wirklich ein Jammer.
Vielfach ist auch behauptet worden, daß Brecht von Anfang an eher zögernd und unengagiert an das „Totentanz"-Projekt herangegangen wäre. Dieser Meinung kann ich mich nicht anschließen, es gibt ja einige völlig ausgeführte Szenen, wie Brechts Brief vom 7. Jänner 1951 beweist:

„Lieber von Einem, die Arbeit am Salzburger Totentanz kommt nicht recht in Fahrt, weil Cas seiner Gastverpflichtung wegen immer nur kurze Zeit hier ist. Außerdem habe ich herausgefunden, daß eine zweite Handlung (außer der Kaiser Tod-Handlung) nötig ist, in der der Mensch näher erscheint. Diese Handlung habe ich jetzt entworfen. Wenn der Kaiser den Kreuzzug abbricht und nach Salzburg zurückkommt, folgt ihm nicht das Heer des Sultans, da dieses ebenfalls vernichtet ist. Jedoch hat das Große Sterben eingesetzt und es folgt ihm die Pest. Die zweite Handlung geht in der Kaufmannsfamilie Frühwirt vor sich. Die Witwe Frühwirt hat gehört, daß in Ungarn eine seltsame Krankheit grassiert und die Bauern ihr Vieh zu Schleuderpreisen verkaufen um wegziehen zu können. Sie schickt ihren Schwager hin, damit er billig einkaufe. Der Schwager wird von der Krankheit erfaßt, erkennt, daß er weggeschickt wurde, um mit dem Tod Geschäfte zu machen und eilt krank zurück, in das Haus der Frühwirts so die Pest bringend. Es ist Zeit der Fastnacht. Die langjährige Magd der Frau Frühwirt, ein altes Mädchen, entgeht dem Pesttod, weil sie die

Kraft findet, dem Verbot der Herrin entgegen, zur Fastnacht zu gehen. Die Ausarbeitung dieses Stoffes hat etwas Zeit gekostet, jedoch wird sie sich lohnen. – Was macht Ihre Oper? Ich bin gespannt darauf. Verlieren Sie nicht zu viel Zeit mit all dem Organisieren und für-andere-Leute-arbeiten, anstatt daß Sie Musik machen! Aber es geht mir auch so. Der Versuch, neues Theater aufzubauen, nimmt mir die Zeit, dafür zu schreiben. Herzlich Ihr b.“

Wir hatten uns sogar gemeinsam schon den Platz angesehen, wo der „Totentanz“ aufgeführt werden sollte. Auch nach einer für ihn geeigneten Wohnung wurde Ausschau gehalten. Brecht hatte damals kein Geld mehr, und ich auch nicht. Er lebte bei mir umsonst am Mönchsberg, und das bißchen, das ich hatte, teilte ich mit ihm. So etwas geht ja nicht lange. Er fuhr dann über Prag nach Berlin und schrieb für mich in Prag den Text für das „Stundenlied“.

In Schuhs Erinnerungen steht: „Die Kalkulation von Brecht ging auf. Er war, glaube ich, von Anfang an entschlossen gewesen, in die DDR zu übersiedeln“. Das ist nichts anderes als eine böswillige Unterstellung. Schuh war ein bajuwarisches Schlitzohr und hatte Brecht gehaßt. Ich machte die beiden erst miteinander bekannt, es stimmt nicht, daß sie sich vorher gekannt hätten. Wir trafen uns in einem Lokal in der Berggasse. Brecht war dabei, und ich machte ihn mit Schuh und dem Salzburger Bürgermeister Neumayer bekannt. Ich sah es Schuh, schon vom Beginn weg an, daß er Brecht haßte. Das war wohl reine Eifersucht. Aber die Abneigung war gewiß beidseitig.

„Der Prozeß“

Ich bin ein Zoon politikon, ich lebe in dieser Zeit mit offenen Öhrchen und offenen Augen. Und irgend etwas in meinem Nerven- und Geistessystem springt an und spricht an bei der Lektüre von Büchern. Meiner Ansicht nach sind es alles Zeitstoffe und nicht lyrische Gebilde außerhalb irgendeines Bezuges zum sozialen Leben von heute. Das ist der Hintergrund, warum ich diese Stücke schrieb, nicht in der Absicht, jemanden belehren zu wollen, das hielte ich für ziemlich fahrlässig, aber doch in der Absicht, ein Gespräch zu führen, und zwar mit meinen Zeitgenossen. Die Kunst ist ihrer Zeit manchmal voraus, manchmal zurück, manchmal gleichauf. Aber wenn es wirklich Kunst ist, dann prägt diese Kunst die Zeit, nicht umgekehrt. Das war bei Gerstl, Kafka, Kokoschka der Fall.
Wie ich zum Opernstoff zum „Prozeß“ kam, ist eine merkwürdige Geschichte. Einmal sprach ich mit Oskar Fritz Schuh, dem großen Regisseur, mit dem ich befreundet war, über moderne Opern und über die Möglichkeit eines Librettos. Obwohl seine Bibliothek verbrannt war, besaß er einen Band mit einen Roman Franz Kafkas, nämlich „Amerika“, ein wundervolles Buch. Ich tat mich mit Schuh zusammen, und wir überlegten gemeinsam, daraus eine Oper zu machen. Im Zuge unserer Beratungen kamen wir jedoch darauf, daß der Schluß dieses genialen Fragments, „Das große Welttheater in Oklahoma“, dramaturgisch zu sehr an den Schluß des ersten Aktes von Pfitzners „Palästrina“ erinnerte. Es wurde also nichts daraus.
Nun war ich aber auf Kafka aufmerksam geworden und sehr von der Lektüre eingenommen. Ich hatte vorher seinen Namen natürlich nicht gehört, da seine Schriften, weil er Jude war, im „Dritten Reich“ verboten waren. Nach Salzburg zurückgekehrt, trieb es mich, aus uner-

klärlichen Gründen, in die Hermann-Bahr-Bibliothek, und dort entdeckte ich seinen Roman „Der Prozeß". Es war die erste Fassung, die von Max Brod herausgebracht worden war. Ich las mich in das Werk ein, und mir war mit einem Schlage klar: das wird meine nächste Oper! Neuerlich fuhr ich nach Zürich und entdeckte dort, daß es eine neue, erweiterte Ausgabe des Werkes gab, vom selben Herausgeber ediert. Damit stand mein Entschluß fest.

Nicht nur in diesem Stück, das ich mir eben vorgenommen hatte, sondern eigentlich in allen meinen Opern geht es um Prozesse, daß heißt um Anklage, Verteidigung und Verurteilung. Das war nicht unbedingt beabsichtigt, aber es scheint in mir ein wunder Nerv zu sein. Bei meiner Verhaftung 1938 in Berlin durch die Gestapo erlitt ich wahrscheinlich eine Art Trauma, heute weiß ich, ein glückliches. Ich befand mich an der besten Adresse Deutschlands: Prinz-Albrecht-Straße 8, und mein Haftschein, auch der meiner Mutter, war ausgestellt von Reinhard Heydrich.

Ich bat Blacher, der damals wegen seiner schweren Tbc-Erkrankung in der Schweiz auf Kur weilte, mit mir gemeinsam den Text für die Opernfassung aufzubereiten. Der immer hilfreiche und weise Freund war einverstanden. Zum Glück machten sich auch meine Zürcher Freunde Bareiss erbötig, mich wieder einmal bei ihnen wohnen zu lassen. Die Voraussetzungen für ein zügiges gemeinsames Arbeiten schienen ideal. Bald mußte ich jedoch feststellen, daß es einige schier unüberwindlich scheinende Hürden gab, nämlich die Frage der Rechte. Kafkas Werk wurde schon in der Zwischenkriegszeit vom S.Fischer-Verlag an den Verlag Schocken in Amerika verkauft. Max Brod, der Freund und Rechtsnachfolger Kafkas, war mit dem Opernplan zwar einverstanden, die Ablöse der Rechte kostete jedoch eine Unsumme Geld. Ich wandte mich an den Chef des Verlagshauses und lernte ihn in New York kennen. Dr. Schocken war ein reizender, sehr gebildeter und kultivierter Mann, der in seiner Villa die schönsten Bilder hängen hatte, Van Goghs und viele andere. Er zeigte mir auch seine Manuskripte von Kafka, Hölderlin und Heine, ich war natürlich begeistert. Wir verstanden uns auf Anhieb, und als ich ihn später wieder einmal in Zürich traf, fand ich heraus, daß dieser merkwürdige Dr. Schocken sich von seiner immensen Sammlung auch auf seinen Reisen nicht trennen konnte, sondern immer eine kleine exquisite Auswahl mitnahm, etwa ein Kleist-Manuskript und alte Goldmünzen. Wir aßen gemeinsam im Hotel und er führte mir seine Kollektion mit sichtlichem Stolz vor, aber das war keine prahlerische Geste, sondern er wußte, daß ich solche Dinge genauso liebte wie er, und er erzählte mir, und das fand ich besonders reizend, daß er auf jeder seiner Reisen eine andere Zusammensetzung wählte. Er meinte immer, das sei eben seine eigene kleine Wanderausstellung.

Als ich Dr. Schocken zum ersten Mal gegenüberstand, beklagte ich mich über die großen Zahlungen, die wir entrichten mußten. Er wußte von den Verhandlungen zwischen meinem Verlag Schott und dem Schocken-Verlag nichts, denn das war Angelegenheit seines Managers. Die Vereinbarungen waren nicht mehr rückgängig zu machen. Dr. Schocken hatte seinen Verlag eigens nur für die Herausgabe und Pflege des Werkes von Franz Kafka gegründet und natürlich besaß er auch hinreißende Kafka-Manuskripte. In Zürich wohnte er im Grandhotel „Dolder", das direkt über der Villa der Bareiss lag. Er war auch einer der Begründer der Universität in Jerusalem.

Die ursprünglich von Blacher mit mir gemeinsam erstellte sechsteilige Fassung, an der auch Max Brod Gefallen fand, schien mir zu klein für eine große Oper. Unter Mitwirkung von Blachers Schüler Heinz von Cramer, den ich schon von meinen Berliner Tagen kannte, erweiterten wir die Fassung um sechs weitere Bilder. Auch Caspar Neher, den wir in unsere Pläne früh eingeweiht hatten, war an einer zügigen Arbeit interessiert und der Meinung, daß die Oper eventuell schon im Sommer '50 auf dem Programm der Salzburger Festspiele stehen sollte. Er hatte bald sehr eigenwillige Vorstellungen von der Realisierung des Stoffes und wollte mich vor einer allzu „expressionistischen" Bearbeitung im Sinne Kafkas warnen, die er für nicht mehr zeitgemäß hielt. So schrieb er z.B. in einem Brief vom 9. Oktober 1949: „Es wären noch viele Zusammenkünfte notwendig, um trotz Kafka das Stück in einer Art Realität anzusiedeln, die heutig ist und nicht Kafka vor 25 Jahren." Dabei erwies sich Caspar offenbar als treuer Schüler seines Herrn und Meisters Bertolt Brecht. Es war klar, daß es ihm darum ging, den Stoff zu „verfremden". Meinen Auffassungen entsprach diese Konzeption überhaupt nicht, und wir hatten uns dann auch nicht an seinen merkwürdigen Rat gehalten, die Mordszene nicht im Dom stattfinden zu lassen, wie er in einem Brief im Herbst 1950 vorgeschlagen hatte:

„Wie weit bist Du mit dem 'Prozeß?" Behandle ihn vorsichtig, vor allem die Domgeschichte. Lasse den Mord nicht im Dom geschehen, sondern auf jeden Fall irgendwo im Freien. - Kathedralen soll man nicht verunglimpfen - gewisse Bestände soll man erhalten, wir haben sowieso nicht mehr viele."

Es war rührend, wie sich Neher gegen die vermeintliche Verunglimpfung von Kathedralen wenden wollte, immerhin ist dieser Schauplatz für eine Gewalttat seit T.S..Eliots Becket-Drama „Mord im Dom" längst problemlos geworden. Am Stück interessierte mich zunächst einmal dieser Mann, der Josef K., der in einer Welt steht, die ihn erst trug und dann ausstieß. Brecht, mit dem ich über das Stück sprach, als der Text fertig war, bat mich, doch einen eigenen Text machen zu dürfen. Er hatte in

Paris die Bearbeitung von André Gide und Jean-Louis Barrault gesehen, die ihm sehr mißfiel. Nun nahm er sich den Roman vor, mein Exemplar (als nicht das Libretto, sondern den Roman), arbeitete ihn mit Unterstreichungen durch. Das war sehr interessant deshalb, weil er sagte: „Ihr Text, also Blachers, ist sehr geschickt, dramaturgisch exzellent gemacht, aber Sie haben den falschen Blickwinkel. Nach meiner Meinung spielt dieses Stück in Singsing." – Das fand ich sehr befremdlich, aber durchaus eine Möglichkeit. Dann sagte er mir noch: „Wissen Sie, Singsing, nicht so, wie es heute vielleicht ausschaut, sondern gebrochen durch die Sicht in den Veduten des Giovanni Battista Piranesi." Das war seine Auffassung von Kafkas Roman, sehr eindrucksvoll, sehr in sich stimmig.

In einem Schreiben an Schuh, wenige Monate später, versuchte ich eindringlich, ihn auf meine Seite zu ziehen. Da ich gehofft hatte, daß er wieder die Regie übernehmen würde, war es mir wichtig, ihn gegenüber Nehers und Brechts Intentionen zu immunisieren. Ich schrieb ihm: „Ich rate Dir, nicht auf Caspars Steckenpferd Brechtscher Provenienz vom epischen Theater einzugehen. Es stimmt nicht. Wir müssen einen humanistischen, völlig konkreten Nenner bringen, dann haben wir gesiegt. Wärme gegen V-Effekt. Verstehe mich recht. Nicht Rührseligkeit, wohl aber Eros, Dein Name und vor allem dramatische Wahrhaftigkeit."

Nachdem die endgültige Fassung für das Stück fertiggestellt worden war, gingen meine Arbeiten an der Vertonung nicht eben zügig voran. „Der Prozeß" mußte wieder einmal vertagt werden. Ich wußte jedoch genau, worauf es bei der Arbeit ankam, und schrieb am 12. März 1951 an Schuh in einem Brief: *„Das Geschwätz über die absterbende Oper ist eine Hilfe für uns insofern, als die 'großen Dirigenten' sich nicht zur Darstellung dieser erniedrigen, zur Darstellung der Moderne,*

also 'der Leiche'. Ich hoffe, mit dem Prozeß einige Lichter aufstecken zu können. Wir müssen diese Aufführung früh und genau bedenken und organisieren."
Die Uraufführung fand schließlich im Jahr 1953 statt. Karl Böhm war der Dirigent, Schuh und Neher sorgten für die Inszenierung und das Bühnenbild, und den Josef K. sang der großartige Max Lorenz. Diese Aufführung war eine Art Versöhnungsgeste der Salzburger Festspiele mir gegenüber, nach all den Zerwürfnissen und Mißverständnissen der letzten Jahre. Ich hatte selbst Max Lorenz für die Hauptpartie vorgeschlagen und gegen die Meinung Böhms und Schuhs durchgesetzt, die meinten, daß er als Wagner-Sänger nicht dafür geeignet wäre. Der Erfolg gab mir recht.

Die ominöse „Zwöfton-Reihe"

Eine bemerkenswerte Eigenheit meiner „Prozeß-Partitur", die Anlaß für allerlei Spekulationen und Rätselraten gegeben hat, ist die Verwendung einer Zwölfton-Reihe. Ich hatte die Dodekaphonie nach Schönberg und der Wiener Schule bereits durch Blacher während des Krieges kennengelernt, die damals als „entartet" galt und verboten war. Einige Zeit glaubte ich sogar, in Schönbergs Verfahren eine für meine Arbeit sinnvolle Bereicherung gefunden zu haben. Ich componierte Klavierstücke in dieser Technik der zwölf aufeinander bezogenen Töne, die ich allerdings nicht veröffentlichte. Und ich hatte vor, den „Prozeß" in einer strengen, an Schönberg orientierten Zwölfton-Technik anzufangen.
Ich war immer der Meinung, daß sich die Ergiebigkeit einer Compositionstechnik keineswegs aus ihrer eigenen Beschaffenheit ergibt, sondern einzig und allein an dem künstlerischen Ziel der Composition gemessen werden sollte, sei es nun die Zwölfton-Technik, die

Technik der variablen Metren oder eine serielle oder aleatorische Technik. Nach 150 Takten stellte ich jedoch fest, daß diese Technik nicht zu dem Stoff, zu meiner Klangvorstellung und zu meinem Compositionsziel paßte, und ich verwarf diese Passagen. Aus diesen Bemühungen hat sich, sozusagen als Fossil, jene Zwölfton-Reihe erhalten, mit der das erste Bild dieser Oper beginnt:
c - h - a - b - as - g - e - fis - d - es - f - des. Diese Reihe habe ich als Rezitativ in die erste Szene eingebaut. Im übrigen weist diese Partitur, wie auch alle meine anderen veröffentlichten Werke, keine Merkmale der Dodekaphonie auf. Ich bin nicht gegen die Zwölfton-Musik, aber ich bin auch nicht ihr Fürsprecher, da ich der Meinung bin, daß diese Technik eine sehr persönliche Entdeckung Schönbergs ist. Er selbst hatte diese Technik nie unterrichtet, auch später nicht in Hollywood. Er hatte Alban Berg und Anton Webern zu Schülern gehabt, aber diese hatten das aus eigenem Antrieb übernommen, was ihnen ja freistand. Berg allerdings hatte eine eigene Mischtechnik entwickelt und verwendet. Er hatte für die Composition seiner Oper „Lulu" gräßliche Tabellen aufgestellt. Nachdem ich sie gesehen habe, kann ich verstehen, warum er das Stück nicht beendet hatte, er hatte es sich einfach zu schwer gemacht. Daß sich Friedrich Cerha später erdreistete, das „Stück" fertigzustellen und „zu vollenden", steht auf einem anderen Blatt. Webern selbst war von dieser neuen Wiener Schule der strengste überhaupt, noch kompromißloser als sein Lehrer Schönberg. Das Interessante aber ist, daß Schönberg von der Technik später abkam und dann durchaus tonal componierte. Das zeigt eben, daß er ein freier Geist war.
Nach dem Krieg haben verschiedene Componisten in Deutschland, Fortner und Henze beispielsweise, diese Technik übernommen. Ich konnte mich dieser Mode, wie bereits erklärt, nie anschließen, und ich vermute,

daß viele sie auch aus einem schlechten Gewissen gewählt haben, weil diese Musik vorher verboten war. Mein Lehrer Blacher selbst schrieb auch einige Stücke in Zwölfton-Technik, aber sie wurden nie ein Erfolg. Unbestritten ist, daß die Schule der Zwölfton-Musik eine sehr beachtliche Wirkung in den letzten Jahrzehnten erfahren hat. Sie wurde vornehmlich durch die Leiter der Nachtprogramme in den Medien gefördert, und das ganz besonders in Baden-Baden und Donaueschingen. Da der Kontakt zum Publikum dabei weitgehend verloren ging, führte das jedoch zu einer Art Ghetto-Bildung dieser Strömung. Daß inzwischen diese Mode so gut wie vorbei ist, ihr Diktat nicht mehr gilt und die „Postmoderne" um sich greift, macht mich nicht traurig. Ganz besonders freut es mich, daß einige meiner Schüler an diesem Umschwung hin zu mehr Publikumsnähe und weg von allzu großer Artifizialität maßgeblich beteiligt waren, z.B. Heinz Karl Gruber.

Weitere Mißverständnisse

Zurück zur Arbeit am „Prozeß". Wenn Josef K. im „Prozeß", Bild 1, viel Text auf der gleichen Note „c" singt, so benutzte ich diesen dem Registerwechsel nahen, dem Sänger nicht angenehmen Ton, um seine Irritation angesichts der Verhaftung klingend zum Ausdruck zu bringen. Also keine Rede von Entspannung. Ich habe Gesang nicht studiert, aber Hunderte von Gesangsunterrichtsstunden begleitet. Für einen Operncomponisten ist es unerläßlich zu wissen, was für den Sänger gut und was lästig oder ruinös ist. Vielen Werken meiner größeren und kleineren Kollegen kann ich deren Unkenntnis ablesen.
Von den Kritikern wurde das Werk mit einiger Skepsis zur Kenntnis genommen. Viele meinten darin den Ver-

such zu entdecken, eine Art musikalischen „Neoverismo" in die Oper einzuführen. Aufgrund des Erfolges der „Danton"-Premiere vor sechs Jahren und wegen des aufsehenerregenden Wirbels rund um den Fall Brecht vor kaum zwei Jahren, war die Aufmerksamkeit und die Erwartungshaltung natürlich sehr goß. Die Zwölfton-Musik und ihre Anhänger und Verkünder hatten damals schon die wesentlichen Positionen in der Kunstkritik sowie in den Radiomedien eingenommen. Dennoch ging es nicht nur um die Frage der von mir gewählten Compositionstechnik.

Der Traditionalist Hans Heinz Stuckenschmidt lehnte die Oper rundwegs ab, während Willi Reich, der Schüler, Freund und Biograph Alban Bergs, sie für „eines der bedeutendsten musikalischen Bühnenwerke unserer Zeit" hielt. Man sieht also, daß die Tadler meiner Kafka-Oper nicht unbedingt Schönbergianer sein mußten, und die Elogen keineswegs Verfechter tonaler Musik. Friedrich Torberg war wohl von politischen Ressentiments beeinflußt und hatte mir vielleicht auch noch mein Eintreten für Brecht nicht verziehen, als er im Wiener Kurier vom 7. Februar 1952 sich zu der Behauptung verstieg: „Ein Talent, doch kein Charakter." Allerdings distanzierte er sich später von diesem peinlichen Ausspruch. Als er Jahre später das Ehrenzeichen für Wissenschaft und Kunst empfing, lud er mich ausdrücklich zur Feier ein und zeigte sich erfreut darüber, „daß der so unwürdig lang etablierte Entfremdungszustand vorüber ist".

Einige Kritiker meinten auch, ich wäre einfach auf die allgemein grassierende Kafka-Begeisterung der 50er Jahre aufgesprungen. Mir ging es jedoch darum, in der Oper einen musikalischen Ausdruck der Welt Kafkas zu schaffen. Kafka war bekanntlich alles andere als ein realistischer Schriftsteller, analog ging es mir in der Musik auch nicht um eine Reproduzierbarkeit der Wirklichkeit, vielmehr sollte dahinter die Gleichnis und Parabelhaftig-

keit der Handlung transparent werden. Ich hatte mich vor allem um symbolhaften Ausdruck in der Musik bemüht. Es geht ja darin um das Problem existentieller Schuld, um eine Hinwendung zu einer tiefenpsychologischen und dialogischen Ausdeutung der Erbsünde. Bei Kafka drückte sich in diesem Werk wohl auch sein Schuldbewußtsein gegenüber der Vaterfigur aus. Ich denke, daß auch für mich die Beschäftigung mit diesem Thema und mit diesem Stoff ein weiteres Moment meiner jahrelangen Auseinandersetzung mit der problematischen (fehlenden) Figur meines Vaters war.
Die Oper war damals in Salzburg ein Erfolg, allein gemessen an der Zahl der Vorhänge. Was wirklich in den Menschen vorging, weiß ich nicht, man erfährt es ja selten. Es war nicht so rasant, wie der „Danton". Nun ist es auch ein anderes Stück, ein reines Solistenstück, es ist anders konstruiert, mit einem anderen Gestus.
„Der Prozeß" wurde erfreulicherweise auf vielen anderen Bühnen nachgespielt. Auch mein Mentor in der frühen Berliner Zeit, Heinz Tietjen, der nach dem Krieg zuerst Chef der Hamburger Staatsoper und danach Chef der Berliner Oper geworden war, hatte meine Kafka-Oper in Berlin auf den Spielplan gesetzt. Inszeniert wurde die Aufführung von Günther Rennert. Diese Aufführung interessierte mich sehr und sie zeigte mir, daß die Orchesterklänge nicht dominieren dürfen. Nun ist das in meinen Partituren und bei meiner Instrumentation eigentlich selten der Fall, aber irgendwie schien mir die Wiedergabe nicht meinen Intentionen ganz zu entsprechen. Dramaturgisch wurde die Aufführung jedoch dadurch verdorben, daß vor dem letzten Bild, dem Dom, eine Pause von zwanzig Minuten angesetzt war. Ich bat Rennert noch bei der Hauptprobe, etwas dagegen zu tun. Da dies jedoch irgendwie mit dem Bühnenbild und notwendigen Umbauten zusammenhing, konnte meinem Wunsch nicht entsprochen werden, und dadurch

war das Stück so gut wie gestorben. Erfolgreich hingegen waren die Inszenierungen am City Center in New York, von Otto Preminger stammte die Regie, Josef Rosenstock dirigierte. Nach der ersten Aufführungsserie in Salzburg und später in Wien wurde die Oper dann auch noch in der selben Saison in Neapel, Bern, Berlin, Hamburg und Mannheim gespielt. Viele Radiosender übertrugen weltweit die Aufführungen, und 1960 zeigte das österreichische Fernsehen meine Oper in seiner ersten eigenen Live-Produktion. Kürzlich kam es sogar zu einer Aufführung dieser Oper in Prag, wo Kafka den Kommunisten in der Nachkriegszeit ja jahrzehntelang tabu war.

„Der Prozeß" entstand im Auftrag des österreichischen Unterrichtsministeriums, wie ja eigentlich alle meine Werke Auftragscompositionen sind. Der Auftrag schafft eine konkrete Verbindung zwischen dem Componisten und der Gesellschaft, in der er lebt. Er zwingt zur Konzentration und zur Einhaltung eines Termins. Das ist ein großer Vorteil. Natürlich verbiete ich mir jede direkte Einflußnahme des Auftraggebers auf mein compositorisches Schaffen, denn mir ist jede äußere Lenkung des Schaffensprozesses suspekt. Da ich jedoch nicht gerne für die Schublade componiere, halte ich es für wichtig, daß der Componist auch selbst aktiv wird und sich der Aufgabe annimmt, Bestellungen anzuregen und Aufträge zu suggerieren. Ich habe mich nie als ein Künstler im elfenbeinernen Turm verstanden. Vier amerikanische Orchester haben mir Aufträge erteilt, die ich erfüllen konnte: Für das Bostoner Symphonie-Orchestra unter Charles Munch schrieb ich die „Symphonischen Szenen", für das Cleveland-Orchestra unter Georg Szell die „Ballade", für das Louiseville-Orchestra unter Robert Whitney die „Meditationen" und für das Philadelphia-Symphonieorchester unter Eugene Ormandy die „Philadelphia Symphonie" und das „Nachtstück".

Während in den USA die Orchester und deren Dirigenten als Auftraggeber wesentlich sind, waren es in Europa vorwiegend Opernhäuser, Konzertvereinigungen sowie Rundfunkanstalten. „Dantons Tod“ war eine Auftragscomposition der Dresdner Staatsoper, „Der Prozeß“ entstand, wie gesagt, im Auftrag des österreichischen Unterrichtsministeriums, „Der Zerrissene“ wurde von der Hamburger Staatsoper bestellt, und die Oper „Jesu Hochzeit“ schrieb ich für die Wiener Festwochen. In diesem Sinne war ich immer bemüht, ein kommunikativer Componist zu sein, es geht mir um den Dialog mit dem Publikum. Ich denke, ich spreche eine Sprache, die der Hörer des 20. Jahrhunderts verstehen kann und ich hatte damit auch immer wieder einigen Erfolg. Dieser Erfolg kann jedoch nicht über die Schwierigkeiten hinweg täuschen, denen sich viele meiner componierenden Kollegen heutzutage ausgesetzt sehen.

Eine Seite aus der handschriftlichen Partitur zu der Kantate „An die Nachgeborenen“

„Bequemlichkeit liegt mir nicht"
Die Wiener Jahre

Anfang 1953, nachdem sich alle Pläne, uns in Salzburg auf Dauer niederzulassen, gescheitert waren, stand der Entschluß fest, nach Wien zu übersiedeln. Unsere Freunde Schuh und Seefehlner sowie Manfred Mautner-Markhof suchten nach einer geeigneten Wohnung. Eine Übersiedlung nach Wien wurde auch deshalb interessant, weil mir einige Angebote gemacht wurden, die mich an die Musikstadt auf Dauer binden sollten. Unter anderem war eine enge Beraterfunktion bei Karl Böhm, der gerade die Direktion der wieder aufgebauten Wiener Staatsoper übernommen hatte im Gespräch. Es war von der Stelle eines Co-Direktors oder eines Beraters die Rede gewesen. Natürlich wäre mir eine ruhige Wohnung in guter Lage angenehm gewesen, leider bestand darauf keine Aussicht. Und so wurde schließlich eine Wohnung im dritten Wiener Gemeindebezirk, am Dannebergplatz 14, ausgesucht. Die Kosten für die Wiener 3-Zimmer-Wohnung wurden von unseren Züricher Freunden Bareiss übernommen. Im Herbst dieses Jahres übersiedelte ich mit meiner Frau Lianne (dem „Schweif") und dem „Welpentier" Caspar, unserem Sohn, in diese neue Bleibe. Wir wohnten im „Hochparterre", in der Wohnung darunter befand sich eine Eisenhärterei. Die Lärmbelästigung kann man sich vorstellen, aber es gab keine Abhilfe dagegen.

Ich lernte aber Wien bald lieben, diese musikalisch-künstlerische Stadt, und fühle mich ihr heute - wie einst ihr „genius loci", der von mir hochgeschätzte Johannes Brahms - als „Zugereister" sehr verbunden.
Im Mai des folgenden Jahres übersiedelte ich für eine Weile nach Berlin, die Familie blieb in Wien zurück. Das war sicherlich eine Art Flucht, wie überhaupt diese ersten Jahre in Wien von einer großen Unstetigkeit geprägt waren. Ich war häufig unterwegs, einmal hier und einmal da, und Freunde sprachen sogar davon, daß man mich manchmal gleichzeitig an verschiedenen Orten angetroffen hätte! Ich war dann auch öfters bei Blacher in Berlin, der mich auch für die Akademie der Künste vorgeschlagen hatte. Auch wenn man davon nichts Materielles hatte, war diese ehrenvolle Berufung doch mit einem hohen sozialen Prestige verbunden. In Berlin hatten sich auch zwei Künstler meiner Werkes angenommen und mich nach besten Kräften gefördert. Es handelte sich um Dietrich Fischer-Dieskau und Sellner, die unter anderem auch meine Oper „Danton" zur Aufführung brachten.
„Bequemlichkeit liegt mir nicht", schrieb ich in den ersten Zeilen meines Essays „Componist und Gesellschaft", der 1967 erschienen ist. Natürlich wäre es für einen Componisten einfacher, wenn er sich aufs Componieren beschränkt und jede Stellungnahme zu Männern, Mächten und Institutionen des Musiklebens vermeidet". Eine solche Einstellung ist aber meine Sache nie gewesen. Schon die Salzburger Jahre waren geprägt von künstlerischen und kulturpolitischen Auseinandersetzungen und infamen Intrigen. Sie waren bekanntlich der Grund dafür, daß ich aus der Festspielstadt vertrieben worden war. Aber auch in Wien lebte ich nicht „enthaltsam". Allerdings muß man wissen, für was oder für wen beziehungsweise gegen was oder gegen wen es sich einzusetzen lohnt, denn nur „wenige sind wert, daß man ihnen widerspricht" (18. Mai 1942).

Im Laufe der Wiener Jahre hatte ich schließlich eine Stellung angenommen, die mir gewissen Einfluß und „Macht" in künstlerischem, kulturellem und gesellschaftlichem Leben der Stadt und Österreichs verbunden war. Ich habe diese Position jedoch nie für mich auszunützen versucht, sondern mich stets für anderes und andere eingesetzt. Dazu gehörten auch die vielen Ehrenämter, in die ich gewählt wurde, wie zum Beispiel die Gesellschaft der AKM oder der Vorsitz in der Alban-Berg-Stiftung oder der Vorsitz der Fritz-Wotruba-Nachlaß-Gesellschaft. Es ist bei mir nicht so, daß ich recht haben will, doch wenn ich glaube, etwas mit Wärme durchsetzen zu müssen, dann mache ich das. Und zwar deshalb, weil ich der Meinung bin, daß Wärme und persönliche Anteilnahme so selten eingesetzt werden.
Für mich zu intervenieren lag mir immer fern. Schon im Jahr 1942 notierte ich in meinem Tagebuch: „Einer meiner Fehler: Zu Fremdem mit Wort und Tat eher zu stehen als zu Eigenem!" Ich war allerdings auch in der glücklichen Lage, daß ich es auch kaum nötig gehabt hätte, mich für mich stark zu machen. Ich habe als Componist zeitlebens viel Glück gehabt.
Ich verstand mich immer eher als Impulsgeber. Das Organisieren ist nicht meine Stärke. Es lag mir auch deshalb fern, Machtpositionen im Musikgeschäft anzustreben. Immer wenn ich derartige Angebote erhalten hatte, und es waren einige höchst interessante dabei, lehnte ich dankend, aber mit Bestimmtheit ab.
In den 50er Jahren versuchte man, mich wieder an Berlin zu binden. Ich war immer wieder dort zu Besuch, und eines Tages bot man mir die Leitung der Berliner Festwochen an. Ich besprach die Angelegenheit mit meinem Freund Boris Blacher und er riet mir zur Ablehnung, was auch mit meiner Einschätzung korrespondierte. Sowohl Gerhard von Westermann, der damals Intendant war, als auch Ferenc Fricsay, damals Leiter des Rias-

Orchesters, wollten mich dafür gewinnen. Später hätte ich auch Direktor der Wiener Staatsoper werden können. Gott sei Dank ist auch dieser Kelch an mir vorübergegangen. Daß ich andererseits quasi im Alleingang die Direktoren der Wiener Staatsoper ausgesucht, eingesetzt und abberufen hätte, halte ich jedoch für eine Übertreibung ...

„Der Zerrissene"
Meine „wienerische" Oper

Das wichtigste Opernwerk meiner ersten zehn Wiener Jahre ist die musikalische Komödie „Der Zerrissene". Ich war schon immer vom Gedanken beseelt, eines Tages eine lyrische Komödie zu schreiben, und mit „dem Zerrissenen" konnte ich mir diesen Wunsch erfüllen. Auf das Stück kam ich durch einen Hinweis meines Freundes Willy Reich in Zürich, der damals Kritiker bei der „Neuen Züricher Zeitung" war. Wir sprachen eines Abend über mögliche Opernlibretti, und er riet mir, ich sollte mir einmal Nestroys „Der Zerrissene" ansehen. Ich hatte noch nie ein Nestroy-Stück auf der Bühne gesehen, aber ich las dieses Stück und war hell entflammt. Kurz darauf fuhr ich zu Blacher nach Wien, zeigte ihm das Buch und meinte, das werde meine nächste Oper. Er sah sich das Stück an und meinte, er fände es völlig falsch für mich, weil ich kein österreichisches Idiom hätte. Außerdem wüßte er nicht, ob ich überhaupt eine komische Oper bzw. ein komisches lyrisches Stück zusammenbrächte. Ich ließ mich jedoch von meinem Vorhaben nicht abbringen, und war überzeugt, daß ich mir etwas Passendes ausgesucht hatte. Blacher, der so etwas wie mein Librettist war, fügt sich widerwillig und richtete mir – mit wachsender Begeisterung – den Text zu einem Opernlibretto ein.

Wie Verdi bestand ich bei meinen Opern oft darauf, gebundene Sprache zu componieren und nicht Prosa. Beim „Zerrissenen" habe ich Gereimtes in dem Sinn componiert, als ich es gebrochen habe. Die Vorlage Nestroys wurde von uns sehr gebrochen. Das ist durch Blacher und mich etwas anderes geworden. Blachers ursprüngliche Aversion gegen den Text erkläre ich mir auch durch seine Herkunft. Er lebte ja in Deutschland und war in China geboren. Dadurch fehlte ihm wohl der Zugang zu diesem wienerischen Milieu. Bei Nestroy ist es aber so: Erstens kennen, zweitens lieben! Ich habe Blacher schließlich mit viel Whisky dazu gebracht, daß er mir den Text einrichtete. Einige Couplets wurden von Dr. Ernst Roth, dem Direktor meines englischen Verlags Bossey & Hawkes verfaßt, und ein Couplet für Kathi, die weibliche Hauptrolle, stammt von Carl Merz.
Fragt mich jemand, für wen ich componiere, so muß ich antworten: „Für mich", weil ich ansonsten an der Musik in mir ersticken würde. Daß ich natürlich an mein Publikum denke, versteht sich von selbst, denn ich schätze das Publikum und bin kein Publikumsverächter. Ich schreibe also für das Publikum und für mich, nicht für die Kritiker, obwohl die Besprechungen in den Medien für das Geschäft natürlich wichtig sind. Ich halte mich jedoch dabei an Bert Brecht, der mir einmal sagte: „Ach, wissen Sie, Erfolg oder Mißerfolg ist doch vollkommen egal, nur der Erfolg erfreut einen mehr." Ich habe mich daher von Verrissen nie beeindrucken lassen, wenn auch die Medien einen wirklich manchmal beinahe ruinieren können. Nur einmal ließ ich mich auf eine Direktkonfrontation mit einem Kritiker ein, es handelte sich um den von mir sehr verehrten Kritiker Stuckenschmidt, damals Chefkritiker der „Frankfurter Allgemeinen Zeitung". Ich weiß nicht mehr, um welches Stück es damals ging, er aber schrieb eine Kritik, die wirklich jenseits von Gut und Böse war. Er formulierte nämlich: „Diese

Musik ist die Musik von Lidice". Das fand ich stark und wollte darauf reagieren. Ich bat Blacher, der mit ihm befreundet war, ihm auszurichten, daß sich so etwas nicht gehörte. Es ergab sich daraus eine echte Freundschaft. Manche Kollegen sind derart mediengeil, daß sie zu den Kritikern hinlaufen und sie dauernd beschwatzen. Das habe ich nie gemacht, ich hätte mich für so etwas geschämt.

Bevor ich mit dem Componieren beginne, mache ich mir einen Plan der Taktarten, der Tempi und der Tonarten für die ganze Oper. Dann beginnt die eigentliche Arbeit. Den Text muß ich zur Gänze durchgehört und in mir empfunden haben. Bestimmend sind mir für die Stücke vor allem die gewählten Tonarten. Die Spannung der Nestroyschen Posse ist eine ziemlich hohe. Ich hatte den Text oft durchgelesen, mehrmals auch laut vorgelesen, bevor ich die erste Note niederschrieb. Instinktiv fühlte ich: Das ist von den Streichern und von den Bläsern her eine „Kreuz"-Oper! E-Dur schien mir die geeignete Tonart dafür zu sein. Im April, auf dem Hahnerhof, begann ich den ersten Akt zu componieren. Die Besitzerin des Anwesens in der Nähe von Düsseldorf war Elsa Crab. Sie nahm eine ähnliche Rolle in meinem Leben ein wie Charlotte Bareiss. Sie war eine mütterliche Freundin, Bewunderin und Gönnerin, die mir ihr Haus für meine ungestörte Compositionsarbeit immer wieder zur Verfügung stellte

Sobald ich mit dem Niederschreiben der Musik zum „Zerrissenen" begann, hatte ich das Gefühl, daß die Arbeit nun zügig vorangehen würde. Oscar Fritz Schuh war inzwischen Intendant der Kölner Städtischen Bühnen geworden und hatte bereits die Uraufführung eingeplant. Wie immer sollte Caspar Neher die Bühnenbilder entwerfen. Alsbald stellten sich jedoch Hindernisse einer Fertigstellung in den Weg. Zum einen war ich überzeugt, daß der Text noch einer gewissen Revision be-

dürfte. Zum anderen gab es erste Zwistigkeiten mit Schuh, der vorzeitig aus einem Kölner Vertrag ausgestiegen war, meine Haltung gegenüber Herbert von Karajan nicht teilte und mich vehement kritisierte. Schuh hielt es damals sogar für nötig, Liebermann in Hamburg anzurufen und ihm mitzuteilen, er habe erkannt, was für eine schäbige Figur ich sei, da ich Egon Hilbert dem großen Karajan vorzöge. Er wolle nun nichts mehr mit mir zu tun haben, und ließ mich wissen, es wäre ein Vertragsbruch, wenn ich eine seiner Proben beträte. Außerdem würde er in dem Moment, in dem er ein Wort von mir in der Presse fände, die Regie zurücklegen.
Es war mir jedoch infolge eines Mißgeschicks gar nicht möglich, den Proben beizuwohnen. Bei einem Sturz von einer Treppe brach ich mir dreimal das Bein. Ich konnte also weder nach Luzern fahren, wohin ich vom Präsidenten der Festspiele eingeladen worden war, noch kam ich zum Componieren. Nicht einmal zur Generalprobe des „Zerrissenen" unter Schuhs Regie, nunmehr an der Hamburger Staatsoper, konnte ich rechtzeitig ankommen. Bei der Uraufführung im September war ich jedoch anwesend. Schuh war abgereist, was wohl eine Brüskierung meiner Person darstellen sollte. So konnte er auch nicht miterleben, wie ich mich beim Schlußapplaus auf der Bühne mit meinem Gipsbein, von zwei Statisten gehalten, verbeugen mußte und dabei umfiel. Das hatte ich Schuh nicht mehr vergessen. Er hatte mich später öfters gebeten, noch etwas Gemeinsames zu unternehmen, doch ich wollte nicht mehr. Mein Componistenkollege, Rolf Liebermann, gleichzeitig Opernintendant in Hamburg, war vom Stück zunächst hellauf begeistert und hatte von mindestens fünfzig Aufführungen geschwärmt. Beim Publikum wurde die Aufführung auch zu einem großen Erfolg, die Vorstellungen waren bestens verkauft. Wegen der negativen Pressereaktionen jedoch ließ Liebermann das Stück bereits nach nur drei

Aufführungen absetzen und vom Spielplan nehmen. Mein Entschluß, den Auftrag bei Liebermann anzunehmen, hatte sich im nachhinein als ein schwerer Fehler herausgestellt. Immerhin hatte ich zwei seiner Opern in Salzburg uraufführen lassen ...
Sicher war auch der Standort in Norddeutschland für diese so typisch wienerische Oper nicht gerade ein idealer Boden. Albert Moser hatte in seiner Volksoperndirektion dann das Stück in Wien herausgebracht. Der jetzige Staatsoperndirektor in Wien Joan Hollender hatte mir nach der Premiere von „Dantons Tod" an der Volksoper vor wenigen Jahren erzählt, daß „Der Zerrissene" ein Lieblingsstück von ihm sei. Ich meinte: „Machen Sie es doch, es stört Sie keiner!" Leider ist es trotz dieser Ankündigung bis jetzt nicht zu einer Konkretisierung gekommen. Mit Eberhard Waechter, seinem Vorgänger, wären die Chancen gewiß besser gestanden, denn er war es, der „Dantons Tod" an der Volksoper zur Wiederaufführung gebracht hatte, außerdem hatte er in vielen meiner Opern gesungen. Seine Titelpartie im „Danton" war großartig, in der Uraufführung der Oper „Der Besuch der alten Dame" sang er den Ill an der Seite Christa Ludwigs; ebenfalls himmlisch. Ich mochte ihn sehr gerne, weil er erstens ein großer Künstler war, begabt mit einer herrlichen Stimme, weil er zweitens Humor hatte, und drittens ein klar denkender Mensch war. Daß er so früh gestorben ist, hat mich sehr getroffen, wir hatten ja noch Verschiedenes vor, dazu ist es leider nicht mehr gekommen.
Ich liebte den leichten Dialektakzent Johann Nestroys, aber das wurde nicht sehr verstanden. Wesentlich in meiner Vertonung des „Zerrissenen" ist auch die Beschäftigung mit Mozart, die in den Wiener Jahren immer wichtiger wurde. Das hatte gewiß etwas mit dem Genius loci zu tun, mit der geistigen Präsenz der Wiener Klassik. In gewissem Sinn ist diese wienerische

Oper wohl auch ein Tribut an diese Stadt, die zum neuen Mittelpunkt meines gesellschaftlichen Lebens geworden ist.

Meine Liebe in dieser Oper gehört der bezaubernden Mädchengestalt der „Kathi". Das war ein deutlicher Wechsel in meiner Perspektive, denn in den beiden vorangegangen Opern habe ich mich immer stark mit der männlichen Hauptperson indentifiziert, mit „Danton" im Büchner-Stück und mit Josef K. in Kafkas „Der Prozeß". Die Musik im „Zerrissenen" zeigt jedoch, daß diese Oper hauptsächlich wegen Kathi componiert worden ist. In gewissem Sinn ist diese Oper ein Hohelied auf die Institution der Ehe. Nicht umsonst habe ich dieses Werk meiner Frau Lianne gewidmet. Die Posse Nestroys hat sich zu einem mozartisch inspirierten Lustspiel gewandelt. Genremäßig ist „Der Zerrissene" eine „Nummern-Oper", in der die menschliche Stimme den Ton angibt. Ich glaube, daß dieses Stück Zukunft hat. Ich mag mich zwar täuschen, aber es stimmen die Partien, es ist wirklich etwas zum Singen.

„Im Niemandsland ..." – Vera Little, Andrea Liebrecht und Eva-Maria Ohm-Sliwinski

Ich habe schon sehr früh gewisse Liebeserfahrungen gesucht - aber nicht gefunden. Ich machte mir bestimmte Vorstellungen, auf die ich meine gesamte Liebesfähigkeit projizierte, um das erleben und weitergeben zu dürfen. Heute weiß ich, daß das nicht möglich ist. Ich kann psychisch etwas investieren und auch projizieren, kann es aber nicht „vermenschlichen", umsetzen. Gerade das hätte ich aber so gerne getan. Etwa auch bei meinen Stücken, die wirklich nicht sehr lieb sind - ich wollte genau das Gegenteil erreichen, eine gewisse Freundlichkeit, selbst mit „Danton" oder dem „Prozeß".

Als Jüngling von etwa zwanzig Jahren war ich in Liebesangelegenheiten reichlich naiv, wie eine Tagebucheintragung vom 28. Dezember 1941 erahnen läßt. „Und jetzt ist für mich die Zeit, da ich alle Frauen liebe, wenn sie nur schön und nicht zu ahnungslos und nicht zu dumm sind."

Von der „Liebe" habe ich mir sehr viel erwartet und erhofft, wohl wegen der Erfahrung des elterlichen Liebesverlusts in meiner Kindheit. Diese große Sehnsucht nach dem geliebten Wesen, das mein Leben, meine Persönlichkeit und meine künstlerische Potenz verwandeln würde, drückt sich in folgender Aussage besonders stark aus: „Sollte sich der Mensch finden, der mich in guter Weise beherrscht, der wie ein Prisma den Sonnenstrahl, mein Wesen in Glückliches spaltet, es wird Bedeutendes von mir zu sagen, zu erleben sein, allein bin ich halb und willensschwach."

Und das Wunder geschah. Bald darauf sollte ich diese Person treffen – genauergesagt allerdings waren es zwei Personen, die gerade zu jenem Zeitpunkt in mein Leben treten sollten: Boris Blacher, mein Lehrer, Berater und Freund, und Lianne von Bismarck, meine erste Frau!

Als Lianne im Januar 1961 nach sechzehnjähriger Ehe starb, brach eine Welt für mich zusammen, und das Gefühl der absoluten Verlassenheit wurde verstärkt, als wenig später auch mein Freund Caspar Neher in meinen Armen verschied. Ich befand mich in einer lebensgefährlichen Existenzkrise. Meinem hochverehrten Ratzeburger Lehrer Christian Jensen klagte ich in einem Brief vom Dezember 1962 mein Leid: „Am 5. Januar jährt sich der Tod meiner Frau. Ich bin leider in nichts klüger und klarer geworden. Der Zugang zur Musik ist mir immer noch verschlossen. Ich lebe ein für mich sinnloses Leben, das Leben eines Flüchtenden." In einem weiteren Brief aus jener Zeit, diesmal an eine Freundin in Berlin gerichtet, heißt es: „Ich lebe in einer Art von Niemandsland und finde mich nicht zurecht ..." Mein Zustand war in der Tat äußerst bedrohlich, ich war rastlos auf der Flucht - auf der Flucht vor mir selbst. Und ich wußte von dieser abgrundtiefen Situation und schrieb mit diagnostischer Klarheit darüber in einem Brief: „Es steht allerdings auch nicht gut mit mir. Das Ich ist meinem Ich entlaufen, und ich hole mich nicht mehr ein." Und zu allem Überdruß waren innerhalb weniger Jahre auch mein Freund Wilhelm Furtwängler und meine Mutter von dieser Welt gegangen!

Ich flüchtete mich in viele amouröse Beziehungen und Abenteuer, die meist von wenig Bestand waren. Drei Frauen aus dieser unstabilen Zeit, mit denen ich dauerhafte Verhältnisse einging und die mir damals besonders wichtig waren, verdienen es, in diesen Erinnerungen eigens hervorgehoben zu werden. Die eine war Vera Little, meine schwarze Freundin. Diese großartige, hochgewachsene Sängerin, eine wirkliche „Frau von Welt", lernte ich in Genf kennen. Mit ihr unternahm ich einige Reisen, sie war dem Luxus zugetan und war mir teuer, in beiden Bedeutungen des Wortes. Ihre exotische und dominierende Erscheinung machte gewöhnlich großen Eindruck, und ich wurde von manchen Kollegen und Bekannten zutiefst beneidet - solange es sich um eine „Affäre" handelte! Als die Beziehung sich jedoch als dauerhafter als erwartet erwies, wurden bald Befürchtungen laut. Eines Tages, anläßlich einer Abendveranstaltung, zog mich die Gastgeberin vertraulich zur Seite und meinte begütigend: „Gelt, Gottfried, des Muhrl (wienerisch für eine „Mohrin") heiraten'S aber net?" - Als ich keck darauf zur Antwort gab: „Grad des heirat i!", war sie wohl konsterniert und verstand die Welt nicht mehr ...
Noch wesentlicher und viel beständiger als die aufregende Zeit mit der schwarzen Vera sollte jedoch meine Begegnung mit Eva-Maria Ohm-Sliwinski werden. Eva-Maria

lernte ich durch Blacher kennen, und zwar auf merkwürdige Weise. Meine Frau starb am 5. Januar 1962, und am 8. Januar war ich zum Mittagessen bei Wotruba. Seine Frau war ja zwei Jahre vorher gestorben, und er meinte, ich würde erstaunen, was mit mir passieren werde. Er meinte, ich würde sexuell vollkommen verrückt werden, und sollte aufpassen. Ich blieb mehrere Monate in Wien wegen des Siechtums von Caspar Neher. Er starb schließlich am 30. Juni. Am 1. Juli flog ich nach Berlin zu Blacher, geplant waren acht Tage, ich blieb aber über ein Vierteljahr.
Ich wohnte bei Blacher, er war ja von einer ungeheuren Toleranz, von unglaublichem Format, ein Genie. Er, ein großer Barbesucher, meinte also, ich sollte mich ins Nachtleben Berlins stürzen. Was ich nicht wußte, war, daß Blacher, der das gesamte Nachtleben kannte, den Huren Pelzmäntel geschenkt und Schecks ausgestellt hatte, was Madame natürlich nicht wußte. So kam ich zu Eva-Maria, die als Bardame in der „Ciro"-Bar arbeitete. Da war auch ein ziemlich betrunkener westdeutscher Gast anwesend, der Nazi-Lieder sang. Ich warf ihn kurzerhand hinaus und sprach sie dann an. Sie war sehr nett, sie hatte ein Zimmer am Hagenplatz, kannte alle Taxichauffeure, war auf der Straße aufgewachsen. Blacher und ich wollten sie dann zur Empfangsdame der Akademie machen, und wir hätten es auch geschafft, wenn sie es gewollt hätte. Aber sie stieg aus dem Gewerbe aus, Blacher und ich verschafften ihr dann ein paar Stellen, sie hatte es aber nirgendwo lange ausgehalten. Ich sagte ihr, daß ich sie nicht heiraten würde, sie aber Geld von mir haben könnte und ich ihr helfen würde, wo ich nur konnte, aber sie sollte endlich selbst etwas machen. Sie war eine ungeheure Persönlichkeit, von unglaublicher moralischer Kraft. Ich kannte sie gut, sie liebte mich bis zu ihrem Tod. Ich liebte sie auch, nur zusammenleben hätte ich mit ihr nicht können. Sie hatte

eine ungeheure Direktheit und dazu noch eine große Phantasie, ein durch und durch wunderbarer Mensch. Auch Blachers Geliebte war sie, er wollte sie gerne für sich alleine haben und war gar nicht froh darüber, daß ich sie ihm ausgespannt hatte und er sie nun mit mir teilen mußte!

Sie war unbestechlich und lebte jenseits der Gesellschaftsschichten. Mit ihr stellte ich einige tolle Sachen an. So führte ich sie auch in der Akademie als meine Freundin ein, auch beim Bürgermeister von Berlin stellte ich sie vor. Blacher sagte immer nur, ich sollte Berlin doch überleben lassen! Eine Pressekonferenz, die Sellner für Hans Werner Henze angesetzt hatte, funktionierte ich auf den „Danton" um. Am nächsten Tag stand Eva-Maria als Frau von Blacher in der Presse, mit Bild! Seine Frau Gerti konnte sie ja nicht leiden, schon wenn sie ihren Namen hörte, stellte sie ihre Haare auf. Zu Blachers Beerdigung nahm ich deshalb prompt Eva-Maria mit, auch nachher zum Empfang in der Akademie. Im Hexenzeitalter hätte man sie wohl verbrannt!
Eva-Maria hatte langes blondes Haar und unglaublich lange Beine. „Deutsche Urmutter", nannte ich sie scherzhaft, und sie erinnerte mich ein wenig an Frau Strecker, die Geliebte Wilhelm Furtwänglers, die auch ich heiß geliebt hatte und von der ich wiedergeliebt wurde. Als diese nach dem mißlungenen Attentat vom 20. Juli 1944 vor dem Volksgerichtshof stand - wegen ihrer Beziehung zur Widerstandsgruppe, besaß sie die Kühnheit, sich mit den Worten „Ich verstehe Sie nicht, Herr Präsident, bin ich denn nicht der Wunschtraum des Dr. Goebbels?" an den berüchtigten Dr. Freissler zu wenden!
Trotz ihres eher zwielichtigen Berufs war Eva-Maria eine durchaus versierte Person, auch in künstlerischen Belangen. Mit ihr in eine Opernaufführung zu gehen, war ein reines Vergnügen. Sie wurde ja sowohl von Blacher als

auch von mir ständig mitgeschleppt, wenn etwas von uns auf dem Programm stand. Nach ihrer Kritik konnte man sich richten. Persönlich hatte sie leider weniger Glück. Sie lachte sich immer total hoffnungslose Typen an und zahlte meistens drauf. Ich aber habe sie bis an ihr Lebensende unterstützt. Ich schrieb ihr sehr viele Briefe, auch als wir einander nicht häufig trafen. Einer davon, vom Beginn unserer Beziehung, sei hier wiedergegeben:

Mein liebes Geheuer,
- an Dich denken, an Dich denken, an Dich denken -. Am Samstag erst werde ich Dich sehen! Viele Stunden sind es bis dahin. Ich werde versuchen, nicht romantisch zu glotzen. Leider bin ich aber sicher, daß ich von dem, was ich mit Dir, wenn ich allein bin, spreche, nichts mehr werde vorbringen können, es sei denn den einen, Dich wohl langweilenden, kleinen Satz: ich bin Dir von Herzen zugetan. Was soll Dir das? Du lebst Dein Leben; ich lebe in einer Art von Niemandsland und finde mich nicht zurecht. Für mich ist der einzige Wegweiser die Wärme, die ich mir entgegenstrahlen fühle. Wie ein Erblindender gehe ich auf dieses Licht zu (...) B. und ich sprachen heute lang über Dich (Wie gerne habe ich es, Deinen Namen nennen zu dürfen. Die Idee, Dich mit der Akademie der Künste zu verbinden, ist gut. Es muß gelingen! (Ich bin übrigens auch Mitglied.) Für Vieles, eigentlich Unnennbares, Dir dankbar Dein G.
Berlin, 30.8.62

Es war dies zur Zeit der Arbeit am „Zerrissenen", die uns äußerst schleppend vorkam. Oft genug war ich drauf und dran, die Arbeit hinzuschmeißen: „Ob ich das Stück noch werde beenden können, weiß ich nicht. Es sollte sein!", schrieb ich an Eva-Maria. Im selben Brief findet sich die Feststellung, „mir kommt es vor, als schrieb ich in der letzten Zeit nur noch Abschiedsbriefe", und tatsächlich starb am 3. März 1964 meine Mutter Gerda Louise von Einem im Alter von fünfundsiebzig Jahren.

Wien, 12.3.64
Rudi,
nun sind meine beiden Dämonen tot. Gestern kam ich von Mamas Beerdigung in der Ramsau zurück nach Wien. Das Totenmahl mit siebzig Bauern machte den Abschluß der ungeheuren Krämpfe, die sich über zwanzig Jahre hingezogen hatten: Lianne - Mama. Darüber einmal mündlich mehr. Ich bin leer und glaube mich verbannt, 50 m über der Erde (nicht Himmel, nicht Erde, nicht Hölle) vegetieren zu müssen. (...)
Sehr verwirrt Dein G.

Diese Zeilen waren an meinen Freund Rudolf Wagner-Régeny gerichtet.

Wie eng meine Beziehung zu Eva-Maria gewesen ist, geht auch daraus hervor, daß sie auch nach ihrem Tod noch Kontakt zu mir gesucht hatte. Von dieser merkwürdigen Geschichte will ich im folgenden Einiges erzählen. Ich habe überhaupt mit meiner zweiten Frau Lotte, vor allem in unserem Bauernhaus in Rindlberg im Waldviertel, seltsame Dinge erlebt, von denen später noch die Rede sein wird. Wahrscheinlich gehört für derartige Begebenheiten die absolute Ruhe als Voraussetzung unbedingt dazu. Und die Nächte dort in unserem „St. Kringel" sind von einer unglaublichen Stille.
Eines Tages rief mich Eva-Maria aus Berlin an. Sie fühlte sich krank und bat mich, ihre Ärztin anzurufen, um zu fragen, wie es um sie stünde und was man für sie tun könnte. Mein Telefonat mit dieser unmöglichen Medizinerin war allerdings erfolglos, weil sie sich törichterwei-

se auf die ärztliche Schweigepflicht ausredete. Eva-Maria war damals schon seit längerem verheiratet und hatte eine Tochter, wie ich aus unserer sporadischen Korrespondenz wußte. Kurz darauf war Eva-Maria tot.

Eines Nachts rief sie mich dann in Rindlberg an, von der Stimme her war ich sofort überzeugt, daß sie es war! Ich verband sie dann mit Lotte, die in diesen Dingen versierter ist als ich. Auch einige gezielte Fragen, die wir an sie stellten, bestätigten diesen Eindruck. Sie rief dann weitere drei-, viermal an und erzählte uns schließlich von ihrem derzeitigen Zustand, daß sie als Selbstmörderin in einer Art Hölle säße. Dann brach die Verbindung ab, und Eva-Maria meldete sich nie mehr wieder.

Da ich in solchen Dingen mißtrauisch bin, rief ich ihren Mann in Berlin an und erkundigte mich über die Natur ihres Todes. Er versicherte mir, daß sie an Lungenentzündung gestorben wäre. Da war ich natürlich einigermaßen verunsichert. Es stellte sich im Zuge meiner Nachforschungen jedoch heraus, daß sie sich tatsächlich das Leben genommen hatte. Ich hatte sogar die Polizeibehörden eingeschaltet, um endgültige Gewißheit zu bekommen. Unsere nächtliche Anruferin war niemand anderer als Eva-Maria gewesen! Eine Verwechslung war ausgeschlossen. Und vor allem kannte ich - erkannte ich - ihre unverwechselbare Stimme. Und meine Ohren haben mich noch nie getäuscht!

Ich habe in den Rindlberger Nächten des öfteren Merkwürdiges erlebt, Klänge nicht von dieser Welt. Ich wollte diese Erlebnisse nie notieren. Es ist ein bestimmtes inneres Gefühl. Da jedoch Lotte diese Begebenheit mit Eva-Maria genau aufgezeichnet hat, möchte ich zur Illustration einige ihrer diesbezüglichen Passagen in ihrem Buch „Kapelle der Gefahren“ auszugsweise anführen:

Rindlberg, 28. August, 22.15 Uhr

Mir zittern die Knie. Ich hatte eben die letzte Eintragung vom heutigen Tag beendet und dachte, eigentlich erlebe ich überhaupt nichts Übersinnliches mehr.

Dann zog ich meinen Pyjama an und ging noch zu Gottfried. Da läutete, es war ungefähr dreiviertel zehn, das Telefon. Wir hörten es beide. Ich hing hin. Eine unendlich traurige leise Frauenstimme sprach mit mir. Sie war mir vertraut, doch erkannte ich sie nicht gleich. So fragte ich, wer sie sei? „Du kennst mich nicht", sagte sie. „Ich bin tot. Gestorben." Sie sagte auch, sie wäre glücklich. Aber ihre Stimme war es nicht. Sie erzählte, sie hätte nun auch ihre tote Mutter getroffen. Ich bedrängte sie immer wieder, mir ihren Namen zu sagen. Plötzlich schrie sie: „Bach! Ich will Bach hören!" Dann sagte sie, sie müßte die Verbindung unterbrechen, jemand riefe nach ihr. Ein Geist. Ja, und als sie anrief und ich fragte, wer spricht, ganz am Anfang, sagte sie „Du kennst mich nicht. Ich bin gestorben. Ich bin ein Geist." Nun, sie sagte, sie würde wieder anrufen, in fünf Minuten. Ich raste zum Plattenspieler, erwischte 'Walter Gieseking spielt Bach, Partita 5 G-dur und Partita 6 e-moll' und legte die Platte für sie auf, während schon wieder das Telefon läutete. Diesmal fragte ich, weil irgend etwas an der Stimme, ein Akzent, mich an sie erinnerte, ob sie Mirjam Gerzon aus Holland wäre. Da schrie sie. „Ich bin keine Mirjam! Ich bin Eva-Maria!" Und da erkannte ich auch die Stimme wieder. „Eva-Maria aus Berlin?", fragte ich. „Die der Gottfried geliebt hat und Boris Blacher?" „Ja", sagte sie. „Ja." Ich fragte sie, ob sie Bach hören könnte, und ich drehte ihn ganz laut für sie auf. Dann holte ich Gottfried ans Telefon. Er sprach zwei oder drei Minuten mit ihr, nicht länger. Sie erzählte ihm, ihre Tochter wäre erschossen worden. Gottfried gab mir den Hörer bald zurück. Sie meinte, er

mag sie nicht mehr. Da widersprach ich aber! Ich fragte sie, ob sie mit Blacher zusammen sei. Sie hätte ihn getroffen, sagte sie, aber sie hätten wenig Gemeinsames mehr. (Sie war eine bildschöne blonde, blitzgescheite Bardame, als Boris Blacher sie kennenlernte und sich beide leidenschaftlich ineinander verliebten. Später wurde sie Gottfrieds Geliebte, und sie blieben Freunde, so lange sie lebte. Bevor sie starb, rief sie ihn noch an, mich auch, und da hatte sie auch diese leise, unglückliche Stimme.)
Eva-Maria glaubt, vom Priester verdammt worden zu sein, glaubt, sie hätte Selbstmord begangen. „Ich habe", sagte sie, „meinen Tod selbst programmiert." Sie war aber kurze Zeit krank. Gottfried rief damals das Spital an und fragte, wie sie gestorben sei, doch man verweigerte ihm jede Auskunft. „Du warst krank", sagte ich. „Nicht sehr krank, aber ganz plötzlich bist du gestorben. Vor zwei Jahren." „Es waren", sagte sie, „wohl eher drei." Ich fragte Gottfried nachher, es waren wirklich drei oder vier. Ich fragte, ob es Engel gäbe. „Schmetterlinge", sagte sie. „Schöne Schmetterlinge mit bunten Flügeln." „Sie haben Geist?", fragte ich. „Natürlich!" sagte sie. Und dann, sie hätte nur mehr wenig Zeit, ich müßte mich mit dem Fragen beeilen. Ob sie wünscht, daß wir Kerzen anzünden? „Nein", sagte sie. „Keine Kerzen. Musik." Ich versprach, viel Musik für sie zu spielen, im Augenblick spiele ich für sie Bach, „Vom Himmel hoch, da komm ich her." Blind aus dem Regal gezogen. Ja, blind. Sie erinnerte sich an ihre grünen Augen, jetzt wäre sie blind. Blind, aber sehend. „Sehend", wiederholte sie sehr eindringlich. Auch ihr Haar wäre grau. „Wird man nicht immer jünger?", fragte ich. „Nur im Tod", sagte sie. Jetzt hätte sie keine Gestalt mehr, nichts. Ein Gehirn ohne Körper. Auf meine Frage sagte sie, ja, sie könnte nun überall sein. Jetzt sei sie in Berlin, in Ost-Berlin. (Aber sie lebte in

West-Berlin.) Dann dankte sie mir für Bach, und wir sagten adieu. Ich ging in Gottfrieds Zimmer. Er saß auf seinem Bett und las die 'Presse', die er längst schon gelesen hat. Ich meinte, er versuchte, sich an der sogenannten Realität festzuhalten. Aber er bestätigte: Ja, es war ihre Stimme. Und dann läutete das Telefon zum dritten Mal. Gieseking spielte noch immer Bach. Eva-Maria sagte mir, sie wäre im Halbtod, im Zwischenreich. Sie bat mich, ihr zu schreiben. Ich sagte, ich hätte einem toten Freund (Jörg Mauthe) Briefe geschrieben und dann verbrannt, ob sie da ankämen? „Ja", sagte sie. „Schreib mir und verbrenn es." Ich fragte, auf welche Weise sie bei uns anriefe? Ihr Freund, sagte sie. „Michael." Und erst jetzt, wo ich es niederschreibe, denke ich an Maximilian Prantl, den Erzengel Michael, der die Seelen durch das Zwischenreich führt. Sein Bild hängt rechts hinter mir an der Wand. Mein Gott ... „Wieso", fragte sie, „glaubst du mir alles?" Ich glaubte ihr wirklich. „Ich kann nicht lügen", sagte sie traurig. „Nicht mehr." Und wieder fing sie an, sich selbst zu verdammen wie auch schon bei den letzten Gesprächen. Ich sagte ihr, sie müßte nur ganz aufwachen, dann wäre sie im Glanz und in der Liebe. Sie wäre selbst ihr Leben lang eine Liebende gewesen, und eine Liebende könnte gar nicht verdammt sein. Ich sagte ihr immer wieder, wie lieb ich sie hätte. Sie erzählte mir von Briefen, die sie geschrieben hat, aus Berlin und Hamburg. Briefe, die nie ankamen. Sie sagte auch, sie könnte nichts lesen, könnte die Seiten der Bücher nicht mehr umblättern. Ich sagte, ich würde für sie lesen. Aber vor allem wünschte sie sich Musik. Sie erzählte, sie hätte als Kind Klavierspielen gelernt, bei einem Klavierlehrer in einem kleinen Dorf, und der Klavierlehrer hieß Richard Wagner. Da war ich einen Moment lang verwirrt. Aber gleich darauf sagte sie: „Nicht der Wagner, er hieß zufällig auch so."

Sie sagte, sie selbst wäre jetzt wie eine schwebende Scheibe. Ich fragte, worüber in ihrem Leben sie am frohesten war, es getan zu haben, und worüber am traurigsten. Ich fragte, weil ich den religiösen und moralischen Geboten nicht wirklich glaube. Sie dachte nach. „über nichts", sagte sie. „über nichts in meinem Leben bin ich mehr froh." „Kannst du mich sehen?", fragte ich. „Ja", sagte sie. „Sehr deutlich."
Ich lud sie ein, wann immer zu uns nach Rindlberg zu kommen, Gottfried und ich hätten sie lieb. Aber sie glaubte, Gottfried hätte sich von ihr entfernt. Wohl, weil er nicht länger mit ihr gesprochen hat. Aber für ihn ist es vielleicht nicht ganz so natürlich, mit Toten zu reden. „Und ich", fragte ich, „bin ich dir jetzt näher?" „Ja", sagte sie. „Viel näher." „Vielleicht", sagte ich, „weil ich lebendig und tot bin. Ich glaube, im Traum gehe ich manchmal hinüber." „Ja", sagte sie. „Ich treffe dich. Aber es ist nicht gut. Es ist nicht gut, einen lebendigen Menschen im Jenseits zu treffen. Du bist zu sehr im Jenseits." Dann fragte sie noch: „Darf ich dich morgen wieder anrufen?" Ich sagte: „Immer!" Sie wäre uns immer willkommen. Wir verabschiedeten uns, das Gespräch war zu Ende.

Die dritte Frau und Geliebte aus jener Zeit, mit der ich dieses Erinnerungskapitel beschließen möchte, ist Andrea Liebrecht. Ich trug mich ernsthaft mit dem Gedanken, diese bezaubernde und anmutig junge Frau zu heiraten. Sie war unglaublich jung, als ich sie nach dem Tod meiner ersten Frau kennenlernte, und ich verliebte mich auf der Stelle in sie. Ich schrieb ihr eine Unmenge Briefe. Da sie aus der Verwandtschaft der Familie Bismarck stammte, wurden meine Annäherungen an sie durch ihre Familienangehörigen jedoch schäbigst hintertrieben. Obwohl meine Mutter und meine Schwiegermutter einander nicht ausstehen konnten, waren sie sich in einer

Sache einig: Wann immer ich eine Freundin hatte und etwas „Ernstes“ daraus zu werden drohte, unternahmen sie alles Mögliche, um eine Verbindung zu verhindern. Da schreckten sie auch vor gröbsten Gemeinheiten nicht zurück. So geschah es auch im Falle meiner heißgeliebten Andrea. Ich stehe noch heute mit ihr in engem Kontakt. Aus einem Brief an Andrea, aus der Frühzeit meines Werbens um sie, möchte ich jedoch ein paar Zeilen zitieren, die die Besonderheit unserer Beziehung – der eines lebenserfahrenen reifen Mannes zu einem eben erst zur Frau gewordenen Mädchen gut hervortreten lassen:

Geliebte,
(...) Nein, es ist nicht dumm, daß wir „Beängstigend übereinstimmen“, es ist uns aufgetragen, unser Schicksal. Ich stelle mir vor, daß das Mädchen Andrea als meine Frau von jedem geachtet und anerkannt werden wird, ob sie von Musik etwas weiß, ist gleichgültig, sie ist eine Persönlichkeit. Ich stelle mir unser Zusammenleben sehr deutlich vor. Daß ich auf Dich warten muß? Du solltest die Schule beenden, solltest tun, was Du kannst: an Dir arbeiten. Es ist bitter nötig, allerdings nicht nur für Dich, sondern auch für mich; in gleichem Masse. Du bist den Jahren nach ein „Backfisch“, nicht aber geistig. Ich werde mit Dir, Liebstes, Geduld haben, bitte Dich aber, sie auch mir zu gönnen, denn ich habe leider ein heftiges Temperament. Verwöhnen? Ich kann ja und nein sagen; eines aber ist, daß ich Dich, Andrea, mit ganzem Herzen liebe, trotz der „Riesen-Dummheit“.
Deines G.
P.S. Schreib mir viel, schreib Dich ...

Vier Blätter der insgesamt zehn „Versuche über Gottfried", die Friedrich Dürrenmatt anläßlich von Besprechungen im Hotel Sacher angefertigt hat.

„Der Besuch der alten Dame“ Meine Begegnung mit Friedrich Dürrenmatt

Die Oper im allgemeinen interessiert mich zunächst von der Sprache her. Mich reizt vor allem, einen Stoff zu componieren, der eine Dichtung ist - und nicht eine „literarische Hervorbringung“. Spätestens beim Componieren merkt man es, ob es eine Dichtung ist oder eine literarische Hervorbringung. Das ist ein großer Unterschied! Sie merken es an der Wortwahl, an der Art der Behandlung der Vokale und der Konsonanten. Es ist eine Frage der Begabung. Ich habe ziemlich scharfe Ohren. Bei der Lektüre von Dürrenmatts „Der Besuch der alten Dame“ war mit sehr schnell klar, daß es sich um eine Dichtung handelt und nicht im normalen Sinne um ein Drama, und sei es auch noch so gut konstruiert, wie zum Beispiel ein Drama in der Art der Sprache von Rolf Hochhuth. So etwas könnte ich nicht componieren, obgleich ich Herrn Hochhuth und seine Arbeiten sehr schätze. Seine Begabung liegt auf einem anderen Gebiet. Seine Stücke sind sehr wirkungsvoll, dem Stil nach und der Art, wie er ihn bearbeitete. Meine Affinität geht dagegen zu Dichtern und nicht zu Schriftstellern. Man denke etwa an Schillers „Kabale und Liebe“ - ganz große Dichtung - eine Dichtung auch dem Wortsinn nach. Daher liebe ich es auch, Lieder zu componieren. Das Problem liegt da ähnlich.
Und daß von mir vertonte Texte mir immer eine Herzensangelegenheit waren, hat sich von Anfang an manifestiert. Am 25. August 1941 schrieb ich: „Nie einen Text, sei's Oper oder Lied componieren, an dessen innere und äußere Kraft um die Wahrheit der Begebnisse man nicht mit aller Überzeugung und Innigkeit glauben kann. Glauben. Ihn lieben. Lieben!“
Ich hatte das Stück „Der Besuch der alten Dame“ von Dürrenmatt nie auf der Bühne gesehen, kaufte den Text

allerdings sehr früh und hatte ihn sehr aufmerksam gelesen. Auf der Suche nach einem geeigneten Opernstoff nahm ich mir das Werk wieder vor und ging auf der Stelle zu meinem Lehrer Boris Blacher: „Das ist meine Oper!" Im April 1967, als ich an Sitzungen der Berliner Akademie der Künste, an die ich berufen worden war, teilnahm, diskutierte ich mit ihm über den Stoff. Blacher war lakonisch: „Eine gute Idee, aber nicht durchführbar!". Er sprach weitläufig über die Schwierigkeiten, sich von lebenden Autoren, bzw. von ihren Verlegern die Rechte an einem Theaterstück zu sichern, das bereits ein weltweiter Erfolg war. Es gab damals ja auch schon die berühmte Hollywood-Verfilmung mit Ingrid Bergmann. Trotz seiner Warnung war ich jedoch besessen, von der Verwirklichung dieses heißgeliebten Planes. Nachdem ich das Stück einige Male wieder gelesen hatte, wollte mich Dürrenmatts tragische Komödie nicht mehr in Ruhe lassen.

Der wahre Wert einer Kunstakademie wird ersichtlich aus der Vermittlerrolle, die nun vom berühmten Schauspieler Ernst Schröder, einem Akademiekollegen, der viele Dürrenmatt-Charaktere gestaltet hatte, übernommen wurde. Da er auch die Aufführung der „Alten Dame" in Zürich gemacht hatte, rief ich ihn an und bat ihn, mir eine Verbindung zu Dürrenmatt herzustellen. Und er meldete sich telefonisch bei Dürrenmatt und sagte ihm auch, worum es ging. Dürrenmatt war offensichtlich gar nicht angetan von diesem Vorschlag und meinte, daß so etwas nicht in Frage käme. Ich gab jedoch nicht auf, sondern flog nach Zürich und war bestrebt, den Autor zugunsten meines Vorhabens in einem persönlichen Gespräch zu beeinflussen. Dürrenmatt wollte mich ursprünglich gar nicht empfangen. Schröder aber meinte, Blacher und ich seien beide Akademiemitglieder in Berlin und ein Gespräch könne gewiß nicht schaden.

Ich besuchte ihn nun also in Neuchâtel und wurde äußerst ungnädig empfangen. Dürrenmatt legte von Anfang an starke Skepsis an den Tag und fragte mich mit seinen dunklen, stechenden Vogelaugen, was ich eigentlich beabsichtigte. Bei Bündnerfleisch und Perrier erklärte ich Dürrenmatt, warum ich gerade dieses Werk und kein anderes vertonen wollte. Ich verwies auf das eindeutig mythische Wesen der Hauptrolle und gab auch zu verstehen, wie sehr sowohl der Geist als auch die Musik der Sprache dieser klassischen Komödie mein Interesse erweckt hätten. Er meinte nein, und ich sagte: „Sie kennen mich ja gar nicht, Sie wissen nicht, was dabei herauskommen könnte". Er aber gab schroff zu verstehen, daß der Plan ihn deshalb nicht interessierte, weil er die Oper an sich nicht liebte. Er hatte „Fidelio" und „Cosi fan tutte" gesehen und fand beide Aufführungen grauenhaft. Ich aber erklärte, das sei kein Grund, mich abzulehnen, und wollte ihm eine Bandaufnahme meiner Oper „Dantons Tod" vorspielen. Er meinte, auch das interessiere ihn nicht. Wenn schon, dann wollte er eine Oper von mir aufgeführt sehen, um sich selbst davon zu überzeugen, was ich aus dem Theater mache. Er meinte, ich hätte dafür drei Tage Zeit, es zu arrangieren. Dann werde er seine Entscheidung treffen. Unsere persönliche Beziehung war im Laufe des Gesprächs zunehmend freundlicher geworden, daran war sicher auch seine erste Frau Lotti, eine wirklich großartige Person, beteiligt. Ich konnte mich in seine reservierte Einstellung gut hineindenken und hatte Verständnis dafür.

Während der Saison 1967/1968 wurden zwei meiner großen Opern, „Dantons Tod" und „Der Prozeß" an verschiedenen Häusern gespielt, aber Dürrenmatt hatte nur drei freie Tage im Dezember zur Verfügung. Also begann ich - eher resigniert - zu prüfen, an welchem Opernhaus eventuell eines meiner Stücke ausgerechnet an ei-

nem der vorgegebenen Tage gespielt werden würde. Nirgends! Die Vorstellungen fanden entweder knapp davor oder danach statt, alles andere wäre auch wirklich reiner Zufall gewesen. Jede Bitte, die Termine der angesetzten Aufführungen zu ändern, war vergebens Man beteuerte, das wäre ganz und gar ausgeschlossen, man könne ja nicht das Abonnement aufheben.
Dann passierte allerdings ein Wunder.

In einem allerletzten verzweifelten Versuch wandte ich mich an den Direktor der Wiener Staatsoper, an meinen verewigten Freund Egon Hilbert. „Kannst Du 'Die Alte Dame' Dir nicht auf eine andere Weise sichern?", fragte er mich. „Nein, wirklich nicht", gab ich zur Antwort, „und dann müßte ich schier verzweifeln." Mit einem plötzlichen Anflug von Entschlossenheit sagte daraufhin der großartige Hilbert eine angesetzte Aufführung von „Don Giovanni" ab und ersetzte sie durch „Dantons Tod", mit dem wunderbaren Eberhard Waechter in der Titelrolle.
Dürrenmatt kam mit seiner Frau und Tochter nach Wien und besuchte die Vorstellung. Wir saßen aber von einander getrennt, ich in der Direktorloge von Hilbert, er in der ersten Reihe im Parkett. In der Pause sah ich ihn auf- und abmarschieren, die Brille hin und herschieben, und dachte mir: Vergiß es ...
Nach der Oper speisten wir bei den „Drei Husaren". Die Dürrenmatts waren meine Gäste, auch meine Frau Lotte nahm daran teil. Der Aperitiv wurde eingenommen, dann die Vorspeise. Dürrenmatt sagte während all der Zeit kein einziges Wort zum eigentlichen Grund unseres Zusammenseins. Ich saß wie auf glühenden Kohlen. Schließlich, beim Braten, erklärte er: „Ich habe meinen Entschluß gefaßt. Sie können die „Alte Dame" componieren, und ich werde selbst das Libretto verfassen!" Wir schieden anschließend mit der fixen Verabredung, ein-

ander am 2. Jänner 1968 in Neuchâtel zu treffen. Mein Glücksgefühl war unbeschreiblich!

Schon Monate vor diesen dramatischen Ereignissen hatte ich in meiner Ungeduld bereits Blacher gebeten, sich des Stückes anzunehmen und zu prüfen, wie es in eine operngemäße Form gebracht werden könnte. Er hatte für mich zuvor ja schon drei äußerst wirkungsvolle Libretti verfaßt, zu Büchners „Dantons Tod“, Kafkas „Prozeß“ und Nestroys Posse „Der Zerissene“. Die Aufführungen dieser literarischen Opern sowie das Studium der Operngeschichte hatten mich früh gelehrt, daß der Text ein entscheidender Faktor für das Bestehen oder Nicht-Bestehen einer Oper ist. Sogar Genies wie Mozart oder Weber konnten aus einem erfolglosen Libretto keine dauerhaften Opern machen.

Nun hatte der immer sachkundige und hilfreiche Blacher innerhalb sehr kurzer Zeit den Entwurf für ein Libretto angefertigt, und sich dabei ausschließlich auf Kürzungen im Stück beschränkt. Er war darauf bedacht, die dramatische Grundstruktur so klar wie möglich hervorzuheben. Wenn ein Wort für den Gesang vertont wird, erfährt es eine Veränderung nicht nur in seiner Dauer, sondern auch inhaltlich; es bekommt eine neue Dimension. Und da das gesungene Wort mehr Zeit in Anspruch nimmt als das gesprochene, ist es wichtig, die Anzahl der Worte einzuschränken. Blachers Bearbeitung hatte also Modellcharakter, und ich bat ihn, sie Dürrenmatt zukommen zu lassen.

Im Jänner kamen meine Frau und ich in Neuchâtel an. Wir zogen in Dürrenmatts Haus, und kurz nach unserer Ankunft begannen schon die Arbeitsgespräche. Ich war in einer elenden gesundheitlichen Verfassung. Am nächsten Morgen stellte sich heraus, daß ich mir eine Gelbsucht zugezogen hatte. Die „Alte Dame“ hatte ihre drohenden Krallen nach mir ausgestreckt.

Ich beschloß, sofort nach Hause zu reisen und mich in

ein Wiener Spital zu legen. Es begann stark zu schneien. Ein erstes Taxi blieb im Schnee stecken. Dann ein weiteres, danach brach der Lieferwagen zusammen und schließlich Dürrenmatts Jaguar. Der Zug und der unter großen Schwierigkeiten reservierte Schlafwagen mußten also wohl oder übel ohne mich abfahren. Glücklicherweise begann es am Abend zu tauen, und Dürrenmatts Hausarzt brachte mich persönlich in seine Klinik nach Bern, ausgerechnet an meinen Geburtsort! An meinem 50. Geburtstag, dem 24. Jänner 1968, sagte er mir, daß ich die Reise nach Wien niemals überlebt hätte.
Die Elemente hatten den Bann der „Alten Dame" gebrochen. Während der nächsten sechs Wochen besuchte mich Dürrenmatt regelmäßig in der Klinik, und wir führten auch zahlreiche lange Telefongespräche, sowohl in der Nacht als auch tagsüber. Diese Nachtgespräche waren wirklich herrlich, sie handelten nicht nur von Musik, es ging auch eigentlich gar nicht so sehr um Literatur, sondern wir unterhielten uns über das Leben. Binnen kurzer Zeit war das Libretto fertig.
Die meisten Librettisten liefern genaue Angaben über Bühnenbild und Kostüm. Daraus lassen sich für die Composition Anregungen ziehen. In Dürrenmatts „Besuch der alten Dame" finden sich Aussagen, die Töne und Klänge vorschreiben: das Bimmeln der Bahnhofsglocke, in Bahnhof I und Bahnhof II; die Türglocken in Ills Geschäft - erst eine armselige, dann eine voluminöse, denn dazwischen ist Ill reich geworden; der Chorgesang der Bäume im Konradsweiler Wald I und II; die tiefe, neu und teuer angeschaffte Glocke der Kirche in Güllen. Und all diese Klänge schrieb der Dichter vor. Sie wurden künstlerisches Material, von dessen Art auf die jeweils veränderte Situation zu schließen ist.
Daß Dürrenmatt die Umarbeitung seines Dramas zum Libretto meiner Oper selbst besorgte, war ein großer Glücksfall. Natürlich ist sein Drama in sich vollkommen,

und es läßt sich nichts ohne schwere Einbußen weglassen. Trotzdem konnte ich ihn überzeugen, daß sich eine Oper gegenüber der Dimension der Zeit, wie bereits angedeutet, anders verhält als ein Theaterstück. Durch das Hinzutreten der Musik zum Wort verändert sich das Zeitgefüge, und die Information fließt anders. Es war sehr aufschlußreich für mich zu hören, wie Dürrenmatt nach der Aufführung von „Dantons Tod" anläßlich der entscheidenden Vorstellung an der Wiener Staatsoper mir sagte, er hätte nun verstanden, daß man manches vom Text gar nicht verstehen dürfe, weil die Musik der absolut legitime Sinnträger sei. Und er hätte auch verstanden, daß die dramaturgischen Gelenke, also das Fortschreiten der Handlung, für den Zuhörer klar sein müssen. In diesem Fall, pflichtete mir Dürrenmatt bei, habe die Musik zurückzutreten, aber ansonsten wäre er mit mir einer Meinung: die Musik habe das Primat! Das war eine sehr erstaunliche Sinneswandlung, ganz anders als meine Erfahrungen mit Bertolt Brecht.

Die Arbeit am Text gestaltete sich dennoch nicht einfach, besonders schwierig war naturgemäß das Kürzen. Kompliziert und problematisch blieb auch das Einrichten des dramatischen Schlusses. Den Originalschluß mit dem griechischen Abgesang konnte ich für die Oper nicht verwenden, denn so etwas geht nur beim Sprechtheater, wie ich Dürrenmatt zu verstehen gab. Beim darauffolgenden Nachtgespräch fand er die geniale Lösung: Er meinte, die Arie ginge in den Herzen der Mörder zu Ende, und so wurde es dann auch gemacht.

Dürrenmatt hatte mich offenbar sehr ins Herz geschlossen und hat mich oft während unserer Sitzungen porträtiert. Er war ja auch ein überaus talentierter Maler, und glücklicherweise schenkte er mir die Zeichnungen, die während unserer gemeinsamen Sitzungen entstanden waren. Sie hängen in meinen Wiener und Waldviertler Wohnungen.

Bevor ich mit der Vertonung begann, verglich ich Dürrenmatts Version mit der von Blacher und war fasziniert von den Übereinstimmungen und Ähnlichkeiten im formalen Aufbau. Der Hauptunterschied lag überraschenderweise einzig und allein darin, daß der Autor sein Werk radikaler bearbeitet hatte und ohne Nachsicht und Eitelkeit wunderbare Passagen strich, auch wenn sie auf der herkömmlichen Theaterbühne äußerst effektvoll waren.
Was die Composition betrifft, so kam es mir vor allem darauf an, Motive zu erfinden, die dem Thema, den Personen und den Ereignissen entsprechen. Gemäß dem Primat des Gesangs hat dies natürlich ausschließlich nach musikalischen Grundprinzipien zu erfolgen. Formal gesehen verwende ich bei meinen Opernvertonungen kaum vorgeprägte musikalische Formen. Formen absoluter Musik würden in der Oper meiner Meinung nach eher stören. In Alban Bergs „Wozzek" gibt es Variationen etc. Es handelt sich dabei aber um dramatische Musik, und das compositorische Material ist in der von Alban Berg entwickelten, sehr persönlichen Zwölftontechnik verarbeitet. Absolute Musik und Theatermusik haben zwei verschiedene Gesetze. Wenn man sich einen römischen Aquädukt ansieht, die Qualität des Mörtels, die Konstruktion des Bogens, dann versteht man vielleicht, was ich mit Opern zu machen versuche. Die einzelnen Nummern und Szenen sollen wie Aquäduktbögen halten und stützen. Das kann nur durch das motivische, nicht das thematische Material geschehen. Und diese Motive lassen sich nun zu Themen und zu großen musikalischen Komplexen erweitern, die durchaus ausschauen können, als ob sie der Satz einer Symphonie wären. Wenn man die „Alte Dame" daraufhin analysieren würde, so erhielte man eine weit angelegte Symphonie mit allen Eigenschaften einer solchen, und trotzdem ist es reinste Theatermusik. Es finden sich zwei Scherzi, zwei

Adagios, wie etwa die beiden Szenen des Bahnhofs und des Konradweiler Walds. Es sind absolute Formen, aber Theatermusik.

Die „Alte Dame“ ist eine Nummernoper, und ich habe dabei darauf geachtet, daß zwischen den verschiedenen Stücken eine Spannung entsteht. Aus der Anordnung der Anfangstöne, die einen gewissen Bezug nach sich ziehen, habe ich ein thematisches sowie ein Form- und ein Compositionsproblem gemacht. Diese Technik habe ich schon vor 50 Jahren in einem „Concerto“ angewendet, so daß aus der harmonischen und variationsfähigen Grundlage eine thematische Basis für das ganze Stück wurde.

Wenn ich den Spaß einer Sache weder durch den Autor, noch durch den Regisseur und die Besetzung geliefert bekomme, da hat für mich das ganze Unternehmen keinen Sinn. Es ist das Zusammenspiel, auf das es ankommt. Der Autor, der Componist, kann ja nur dann an dem Ganzen Freude empfinden, wenn mit Spannung gedacht und empfunden wird. Dieses mitdenkende Empfinden ist das Entscheidende, es geht ja nicht nur um den Genuß allein. Diese Voraussetzungen waren bei der „Alten Dame“ geradezu ideal. Dennoch geht es auch um eine etwas höhere Art von Genuß. Ich halte es nicht mit Schiller und dem erzieherischen Moment der Bühne, „das Theater als moralische Anstalt“, trotzdem habe ich es ganz gerne, wenn man durch ein Stück, das man componiert, gesehen oder angehört hat, etwas bescheidener wird. Zum Beispiel sollte man nach dem Anhören der „Alten Dame“ doch in Bezug auf seinen eigenen Reichtum - geistig, körperlich, finanziell - etwas bescheidener werden. Die Oper, wie jede andere Kunstform auch, ist nicht dazu da, daß man sie wie einen billig erstandenen Schnaps verbraucht, sondern dazu, daß man eine Bereicherung erfährt. Vielleicht kommt man dadurch sogar dazu, ein bißchen freundlicher zu sein.

Das Werk wurde von der Wiener Staatsoper, die die „Alte Dame" in Auftrag gegeben hatte, uraufgeführt. Mit meinen Verlegern Boosey & Hawkes wurde ein Terminplan für die rechtzeitige Drucklegung des Werkes erstellt. Wir waren übereingekommen, daß der Druck jeder einzelnen Szene zwei Monate in Anspruch nehmen würde, folglich schickte ich alle zwei Monate eine fertige Szene nach London. Bei einem Opernumfang von ingesamt zehn Szenen war ich schließlich nur acht Tage in Verzug! Eine Sache allerdings stand der Premiere noch im Wege: der eben ausgebrochene britische Poststreik. So reiste die „Alte Dame" durchaus angemessen zu guter Letzt im Diplomatengepäck.
Dürrenmatt war bei einigen Proben und auch bei der Uraufführung dabei, und er war sichtlich nicht enttäuscht von der Realisierung unserer gemeinsamen Arbeit.
Beim Componieren der „Alten Dame" schwebte mir immer schon vor, wer für die jeweiligen Hauptrollen die geeigneten Interpreten sein könnten. Ich dachte bei der Besetzung der Titelrolle zunächst an Regina Resnik. Als ich mich mit ihr in Verbindung setzen wollte, mußte sie aus Termingründen absagen. Gleichzeig mit ihrem abschlägigen Brief traf ein Schreiben von Christa Ludwig bei mir ein. Sie ließ mich wissen, daß sie in der Zeitung gelesen hatte, daß ich Dürrenmatts Stück vertonen würde, und sie wollte wissen, ob das nicht etwas für sie wäre. Ich schrieb ihr begeistert zurück und schlug ihr ein Treffen vor, damit ich ihr zeigen könnte, was sie zu singen hätte. Christa Ludwig schätze ich außerordentlich. Sie hatte auch sehr viele meiner Lieder uraufgeführt, auch bei ihren Abschiedskonzerten in Salzburg bei den Festspielen und in Villach, beim Carinthischen Sommer, standen Lieder von mir auf dem Programm.
Regina Resnik hat die Absage dann sehr leid getan, aber schließlich hatte sie die Partie doch noch gesungen, und zwar in San Francisco. Ich kam zur vorletzten Probe des

Stücks dazu, weil ich mich damals sowieso in Amerika aufhielt. Auf der Bühne sah ich einen großen bärtigen Mann, mit Brille auf dem Kopf, grimmig auf- und ablaufen. Es war niemand anderer als Francis Ford Coppola, der Regie führte! Als ich ihm vorgestellt wurde, fragte ich ihn warum er bei den Proben ständig geschimpft hatte. Er meinte, es seien zu wenig Proben angesetzt worden. Er hatte auch schon einen Vorschlag, wie diesem hinderlichem Umstand begegnet werden könnte. Es handelte sich nämlich um die erste Operninszenierung des erfolgreichen Filmregisseurs aus Hollywood, und so war er fest entschlossen, aus eigener Tasche zwei Proben zu kaufen. Er wollte dafür je 100.000 Dollar zahlen. Ich ging mit ihm zum Operndirektor Adler und meinte, ich fände Coppolas Vorschlag sehr interessant und würde ihn befürworten. Adler wurde jedoch augenblicklich äußerst blaß und sagte schließlich, daß es nicht ginge, weil die Gewerkschaften auf keinen Fall einverstanden wären ...

Mein Kontakt zu Dürrenmatt war auch unmittelbar nach der Uraufführung weiterhin bestens. Dann jedoch wurde das Einvernehmen durch jemanden vergiftet, der Dürrenmatt erzählt hatte, daß ich ihn mit irgendeinem krummen Manöver finanziell betrogen hätte. Völlig grundlos warf er mir in einem Telefonat diesen Vorwurf an den Kopf. Ich versuchte, die mißliche Angelegenheit aufzuklären, aber er war nicht davon abzubringen und er legte schließlich auf. Diese Sache bedrückte mich sehr.

Die Oper „Der Besuch der alten Dame“ wurde nach der Wiener Uraufführung auf vielen Bühnen in aller Welt nachgespielt, unter anderem auch beim Festival von Glyndbourne, und zwar auf englisch. Ich bin nämlich der Meinung, daß das Publikum, wenn es eine Oper zum erstenmal erlebt, ein Recht darauf hat, nicht nur die musikalische, sondern auch die sprachliche Dimension zu verstehen. Eine Inhaltsangabe genügt dazu keineswegs, besonders dann nicht, wenn es sich um ein literarisches Sujet handelt, wie es bei meinen Opern ausnahmslos der Fall ist. Ich bin mir zwar dessen bewußt, daß bei einer Übersetzung manches von der Qualität des Originals verloren gehen kann, Dürrenmatts Bemerkung nach der Premiere war allerdings aufschlußreich. Er sagte, daß ihm nun klar geworden sei, warum es nicht unabdingbar wäre, jedes einzelne Wort des Textes zu verstehen. Da der Grundzusammenhang einer Oper stärker durch die Musik als durch die Worte enthüllt werde, gäbe es da Augenblicke, in denen ein Zuviel an Wortgenauigkeit manchmal sogar störend sein könnte. Das stimmt haargenau mit meiner Ansicht überein, obwohl ich von den Sängern immer äußerste Klarheit des Ausdrucks erwarte, vor allem bei den Konsonanten. Die Passagen jedoch, in denen die dramatische Handlung entwickelt wird, sollen immer so componiert sein, daß der Zuhörer in der Lage ist, die Worte zu verstehen. – Besonders natürlich dann, wenn diese von Friedrich Dürrenmatt sind!

„Saperzottelott!"
Lotte Ingrisch und mein Bekenntnis zu Österreich

„Gottfried von Einem, Componist und mein Mann. Ein feuerspeiender Hermelinbär. Gehört der Rasse der zornigen Gottheiten an. Aber auch der der königlichen Kobolde, der dionysischen Nachtmeerfahrer, der verschwiegenen Helfer. Wenn er lacht, ist er unwiderstehlich, und er lacht gern. Auch über sich selbst."

Diese hübsche Kurzcharakteristik meiner Person stammt von Lotte Ingrisch, die seit über 30 Jahren meine Frau ist.

Ich fragte meinen Freund Arnold Keyserling vor vielen Jahren, ob er nicht jemanden kenne, der ein Opernlibretto schreiben könnte, nicht einfach ein Drama. Er meinte ja und bestellte mich zum Mittagessen. Ich ging dort hin, es saß eine rothaarige Dame auf dem Sofa und kicherte völlig kindisch vor sich hin, wackelte auch immer mit dem Kopf, was ich überhaupt nicht vertragen konnte. Ich fragte sie, ob sie eine Ahnung von Libretti hätte, sie verneinte. Ich meinte, wenn ich etwas mit ihr zusammen machen würde, müßten wir einmal in die Oper gehen, aber vorher wollte ich gerne etwas von ihr lesen.

Sie schickte mir zwei oder drei ihrer ganz frühen Stücke, die mir nicht gefielen. Ich schickte sie zurück und schrieb: Diese monströsen Scheusäler sind überhaupt nichts für mich, aber es wäre gut, wenn wir uns unterhalten würden. Also verabredeten wir uns, ausgerechnet zum „Mittsommernachtstraum", in Egon Hilberts Loge. Dann hatten wir es in der Pause satt und gingen zum „Weißen Rauchfangkehrer". Wir wurden uns klar, daß da etwas passieren mußte. Es entwickelte sich daraus zunächst zwar keine Liebe, aber ganz allmählich eine merkwürdige Beziehung. Sie war ja damals verheiratet, mit Dr. Hugo Ingrisch, einem sehr klugen Mann, Philosoph und Autor einer „Philosophie der Vollkommenheit". Später haben wir dann geheiratet.

Trauzeugen waren Gerty Herzog und Dr. Erwin Thalhammer. Danach besuchten wir mit Gertrud von Bismarck, wie sie es gewünscht hatte, den Friedhof, um am Grab Liannes eine Weile innezuhalten. Das war im Jahr 1966.

Dieses Jahr war überhaupt ein Jahr, das in meinem Leben zu einigen einschneidenen Wendungen führte. Sohn Caspar maturierte und zog alsbald aus der väterlichen Wohnung in der Marokkanergasse im Dritten Wiener Gemeindebezirk aus. Seine Großmutter hatte für ihn eine geeignete Wohnung gefunden. Später schenkte ich ihm auch das Einem-Anwesen in der Ramsau. Er studierte Jus und spezialisierte sich nach seiner Promotion in der Theorie und Praxis des Strafrechts auf reformbedürftige Maßnahmen des Vollzugs, ehe er sich im Bereich des Konsumentenschutzes einer praxisnäheren Tätigkeit zuwandte.

Durch die Wohnung in der Marokkanergasse wurde ich seßhafter und begann mich in Wien rundum wohlzufühlen. Die großzügigen Räume wurden von meiner Schwiegermutter geschmackvoll eingerichtet. Ich aber wollte bald „höher hinaus" und errichtete mir im Dachboden in einer aufgelassenen Waschküche ein Refugium für meine Compositionstätigkeit - ein Componierzimmer mit Stutzflügel, Sitzgarnitur, Couch und den wichtigsten Büchern und Partituren.

Ich bin eigentlich auch nicht gesellig, aber ich habe gerne Freunde, nur nicht immer alle auf einmal zusammen. Natürlich trinke ich dann mit ihnen gerne Wein, manchmal ein bißchen zuviel. Wichtig ist es, Freunde für Gespräche zu haben, sie anzuhören. Ich muß nicht immer reden, ich höre eigentlich lieber zu. Gespräche mit Wotruba oder Gespräche mit Kokoschka in Salzburg und mit Doderer, mit dem die Gespräche ein bißchen eigenartig verliefen, waren mir immer wichtig. Partygeschwätz hingegen ist mir verhaßt, von früh an:

„Ich tauge nicht für Gesellschaften! Warum sich es vormachen wollen." (4. Juli 1942)

Durch den Eintritt Lottes in mein Leben hat sich diese Qualität des intimen Gesprächs für mich zu einer glückseligmachenden Gewohnheit entwickelt.

Nur wenn ich schreibe, bin ich gern allein; sonst bin ich gerne mit der „Ratte" zusammen, am Kamin. In Rindlberg gibt es ja diesen Kamin, da setzen wir uns hin, trinken einen guten Wein und haben Gespräche, und mit der „Ratte" kann man sprechen, wenn auch manchmal

etwas abstrus. Ich lese auch sehr viel, in letzter Zeit war es aber etwas weniger.
„Ratte“ ist übrigens mein Kosewort für Lotte, oft nenne ich sie auch „Zottel“ oder „Rattilie“. Rindlberg ist unser Wohnsitz im niederösterreichischen Waldviertel, wo wir jedes Jahr viele Monate verbracht haben, und wo viele meiner Werke entstanden sind.
Nach den bevorzugten Componier-Zufluchtsorten wie Ramsau, Hahnerhof bei Düsseldorf, Zürich und Rastenberg, ist seit den siebziger Jahren das Waldviertel immer wichtiger geworden; was nicht zuletzt Lotte zu verdanken ist. Die Heimat ihrer Ahnen ist das nördliche Grenzland Österreichs, die an den Böhmerwald angrenzende keltische Region. Ich kannte diese Gegend früher nicht. Heute bin ich ein Niederösterreicher. Die „Ratte“ nahm mich, wie die Igelmutter den kleinen Igel, ins Maul und schleppte mich dahin, nach Rindlberg. Zunächst hatte es mir äußerst mißfallen. Der erste Eindruck war niederschmetternd. Ich sagte zu ihr, sie solle ihr Haus kaufen, wenn sie Lust hätte, ich würde hier höchstens zwei Tage im Jahr bleiben. Tatsächlich war ich dann über fünfundzwanzig Jahre lang dort. Heute weiß ich, warum das so wichtig war. Es gab damals diese schreckliche Straße, die nun dank des Größenwahns der Gemeinde zu einer Autobahn ausgebaut wurde, noch nicht. Es war ruhig.
Ich hätte die Opern und die anderen Werke, die ich dort machte, ohne diese Stille nicht geschrieben. Die Nächte waren unglaublich. So wurden regelmäßig die Fenster aufgemacht - die „Ratte“ sagte immer: „Du mußt Sauerstoff haben.“ Rindlberg haben wir dann zusammen aufgebaut. Dazu gehören auch paradiesische 16.000 Quadratmeter Grund.
Den Ausdruck und das Gefühl der Langeweile kenne ich nicht, auch nicht in tiefsten Einsamkeiten. Nur in Städten.

Ich schrieb viele Stücke im Waldviertel, die „Waldviertler Lieder" waren ein Auftrag vom Alt-Landeshauptmann Siegfried Ludwig. Wir waren mit ihm einen Abend zusammen, ich weiß nicht mehr, aus welchem Anlaß, und ich sprach darüber, wie gerne ich Niederösterreich hätte. Er meinte, ob ich dem nicht einen tätigen Ausdruck geben wollte. So entstand dieser Liederzyklus. Lotte schrieb die Texte, die sehr schön sind, ich habe sie componiert, die Uraufführung sang Marjana Lipovsek. Davon gibt es eine Platte. Ich componierte ja auch noch den „Rindlberger Marsch", für Blechbläser, mit direktem Bezug auf diesen Platz. Meine Beziehung zum Waldviertel ist natürlich allmählich eine sehr enge geworden. Ich habe es gerne, obgleich nun diese törichte Gemeinde durch den Ausbau der Straße fast alles ruiniert hat. Jetzt können diese albernen Disco-Geher dort schön rasen, Katzen überfahren und was immer. Keiner hindert sie. Abgesehen davon wurde bei uns zweimal eingebrochen, was nicht gerade die Liebe fördert. Es wurde auch viel gestohlen, natürlich brachte die Polizei nichts heraus, konnte wohl auch nicht. Es waren wohl Einheimische, nur die wußten durch das Auto, wann wir da waren. Sie hatten gemeinerweise das Fenster eingeschlagen und waren da eingestiegen. Sie nahmen einiges mit, viel von dem Silber, das noch dazu leider wertvoll war. Dann sahen sie sich an, was man noch mitnehmen könnte und wie man da wieder hineinkäme. Sie kamen dann natürlich mit dem Auto und transportierten ordentlich ab. Man fand Spuren bis zur Straße, wo dann wohl das Auto stand. Beim nächsten Mal war das dann noch einfacher. Sie drückten durch die Katzentüren, die sie dann entdeckt hatten, den Riegel herunter und räumten noch fleißiger aus.

Rindlberg liegt mir zu weit von Wien entfernt. Außerdem wurde es mir dort inzwischen zu laut. Eigentlich wollen wir es verkaufen oder als Museum einrichten Es

hat keinen Zweck mehr, es ist fürchterlich mühselig. Im Winter, bei Schnee, ist es tödlich, das kann ich mir nicht mehr zumuten. Ich habe keine Lust, mir meine Beine noch einmal zu brechen. Wenn es schneit, ist alles bis zu zwei Metern Höhe zugeweht.
Ursprünglich hatte Lotte das Anwesen in Rindlberg gekauft. Am Tag meines Geburtstages vor mehr als zwanzig Jahren wurde ich von Lotte mit einem besonderen Präsent bedacht, das mir von unserem Rechtsanwalt mit folgendem Schreiben übermittelt wurde:

24.1.1973
Sehr geehrter Herr Gottfried v. Einem!
Ich bestätige hiemit, daß Ihre geschätzte Gattin, Frau Lotte Ingrisch heute in meiner Kanzlei erschienen ist und nach entsprechender Rechtsbelehrung frei von Irrtum und Zwang vollkommen freiwillig, jedoch unter Bezugnahme auf Ihren Geburtstag folgende Erklärung, die sie mir persönlich unterschrieben hat, abgab:
Herrn Gottfried von Einem, aprikosenfarben, von Beruf feuerspeiender Hermelinbär und Componist, Samstag ein Brummfräulein, Sonntag ein Bärenpüppchen, wird hiermit von seiner Rattengemahlin Lotte Ingrisch die größere und schönere Hälfte ihres Privatschlößchens in Rindlberg 98, Post Groß Pertholz, samt Grund, Bäumen, Blumen, Quellen, Gemüsen und Inventar zum lebenslänglichen unentgeltlichen Fruchtgenuß überlassen. Dieses Geburtstagsgeschenk bleibt auch im Fall einer Scheidung sowie sämtlicher anderer Sündenfälle aufrecht.
Die Verbindlichkeit dieser Erklärung wird dadurch unterstrichen, daß auch der Schlüssel zur Liegenschaft und zu den Räumlichkeiten Ihnen „unter einem" übergeben werden und Sie im Rahmen Ihrer durchschlagskräftigen Art sowieso bereits von der Liegen-

schaft Besitz ergriffen haben. Indem auch ich mir erlaube, Ihnen zu Ihrem Geburtstag Glück, Gesundheit und viel Erfolg wünschen zu dürfen, bestätige ich hiemit die Echtheit und Richtigkeit der von Ihrer Gattin abgegebenen Erklärung.

Mitte der achziger Jahre begannen wir nach einem neuen Domizil Ausschau zu halten, das näher zu Wien liegt und besser erreichbar ist. Zunächst ließen wir uns in Zemling in der Nähe von Ravelsbach nieder. Heute leben wir, wenn wir nicht in Wien in unserer Wohnung in der Hofburg sind, in einem wunderbaren alten Haus in Oberdürnbach bei Maissau. In der Nähe gibt es guten Wein, den ich eigentlich ja nicht trinken dürfte.

Ich lebe wirklich gerne in Österreich. Ich bin allerdings kein Paradeösterreicher aus dem Pinzgau oder Pongau, sondern einer, der Österreich schätzt, auch wegen seiner großen Geschichte. Und Wien deshalb, weil er von Wien unabhängig ist. Ich brauche von Wien nichts. Daß Wien so freundlich war und mich zum Ehrenbürger ernannte, war eine schöne Sache. Ich mag die Stadt, ich lebe hier gerne, ich habe das Grab hier ...
Ich bin ja in Deutschland aufgewachsen, in Holstein, dann war ich in Berlin. Durch die dortige Staatsoper und durch Bayreuth habe ich unendlich viel gelernt. Das möchte ich nicht missen, das kann man auch nicht nachholen. Diese großen Verhältnisse gibt es heute nicht mehr. Aber Deutscher bin ich nicht. Das ist keine Verachtung. Ich verachte weder Deutschland noch ein anderes Land, aber ich weiß, wo ich hingehöre. Ich gehöre, auch dank Madame, meiner „Ratte“, nach Österreich! Zu meiner starken Bindung an die großartige Musikstadt Wien haben besonders auch meine jahrzehntelangen Verbindungen zum Konzerthaus und zum Musikverein beigetragen. Ich bin ja Ehrenmitglied beider Häuser. Ins

Konzerthaus kam ich schon gleich nach dem Krieg, ich wurde vom damaligen Generalsekretär Seefehlner vom Fleck weg an das Haus engagiert, wenn auch ohne Gage!
Als Lektor sollte ich mir die neuen Stücke ansehen und sie beurteilen, was mir nicht immer guttat. Bei einer schlechten Beurteilung berief sich Seefehlner immer auf mich. Dem Componisten wurde das natürlich immer mitgeteilt, wenn ich etwas schlecht fand. So machte ich mir einige Feinde! Im Musikverein hatte ich eigentlich nie eine Funktion. Dennoch überließ ich seinem Archiv meine Korrespondenz, einen Großteil als vertragliches Geschenk, den anderen als ständige Leihgabe. Es wurde dann vom Musikverein bzw. seinem Generalsekretär Albert Moser die „Wiener Symphonie" beauftragt und eines meiner fünf Streichquartette.
In der mehr als 175jährigen Geschichte des Musikvereins zähle ich zu jenen Componisten, die dort die meisten Uraufführungen erlebt haben. Trotzdem ist ein eigener Zyklus im Musikverein, wie er mir gewidmet wurde, ein ganz besonderes Gefühl. Ich bin mir bewußt, was der Musikverein in der österreichischen und internationalen Musikgeschichte darstellt, und mit wem ich dort die Ehrenmitgliedschaft teile: Mit Beethoven und Strawinsky - ich wüßte keine besseren. Und das Gefühl, für den Musikverein zu schreiben, gibt mir ein Gefühl des „Zuhauses". Ich fühle mich daheim in der Klangwelt, die diese beiden schönen Säle so gut wiedergeben, und ich fühle mich daheim, weil dort Menschen regieren, die mir etwas sagen, und nicht etwas von mir wollen.
Mit der Konzerthausgesellschaft hingegen ist das Einvernehmen in den letzten Jahren etwas getrübt, woran nicht zuletzt auch Peter Weiser beteiligt war. Er hat mich in einer Pressebesprechung bezichtigt, daß ich für die Verschuldung des Konzerthauses verantwortlich sei. Ich stellte ihn am nächsten Tag zur Rede, er stritt es zu-

erst ab, gab es danach aber zu. Ich meinte, er solle sich schämen und warnte ihn vor einem Krieg mit mir. Ich habe überhaupt keine Angst, vor niemandem, außer vor mir!

Im übrigen geht in Wien auch die Gründung der Festwochen auf eine Anregung von mir zurück. Dadurch, daß ich aus Salzburg hinausgeworfen worden und recht zornig war, fragte ich mich eines Tages, warum nicht auch Wien etwas Ähnliches bekommen könnte, mit anderen Orchestern. Gesagt - getan. Ich war mit Felix Hubalek befreundet, dem Feuilletonchef der damals noch existierenden „Arbeiterzeitung", einem sehr gescheiten und kunstsinnigen Mann. Er war Sozialist und mit dem Stadtrat Hans Mandl befreundet. Wir drei trafen uns in der Redaktion, und ich schlug dem Politiker vor, ob er hier nicht gewissermaßen eine Ergänzung zu Salzburg machen wollte. Es müßte hier nicht die große Oper sein, das wäre unnötig, es könnte etwa auch die Kammeroper sein, wofür etwa das Theater an der Wien zur Verfügung stünde, auch andere Häuser. Auch Orchester könnte man auftreiben, etwa auch aus Ungarn einladen. Das geschah, sehr zum Zorn von Salzburg. Wir waren ein paar Jahre zusammen, haben die Sache aufgebaut, aber dann starb Hubalek. Wir schlugen als Nachfolger Dr. Hilbert vor, der inzwischen auch aus Salzburg herausgeworfen und in Rom Chef des Kulturinstitutes geworden war. Ich wußte, daß er ein geborener Theatermann war, ich kannte ihn ja aus der Direktion von Salzburg. Wir verhandelten also, und er nahm an. Egon Hilbert war der erste Intendant, sein Nachfolger wurde dann der eher dubiose Baumgartner.

Arnold Keyserling, dem ich das Zusammentreffen mit Lotte Ingrisch verdanke, kenne ich schon sehr lange, ich weiß nicht mehr, durch wen ich ihn kennenlernte. Er war damals schon mit seiner Frau Wilhelmine, genannt „Willi", zusammen. Aus welchen Gründen auch immer haben sie sich eines Tages nach Indien aufgemacht. Ich besuchte sie in Kalkutta, nur ist das eine Stadt zum Fürchten. Ich sagte mir damals, Arnold wird hier herausgeholt, tot oder lebendig, und wenn ich ihn wegtrage. Das gelang auch; er hatte sich nicht so viel zugetraut. In Wien bot man ihm auf meine Bitte hin eine Professur an der Hochschule für Angewandte Kunst an, und wie man sieht, hat er hier viele Anhänger. Er ist natürlich ein gescheiter, versatiler Mann, manchmal zu versatil. Er ändert seine Meinung manchmal etwas zu schnell, was dem System als solchem nicht immer guttut. Er ist ein großer Kenner außereuropäischer Kulturen, Philosophien und Religionen und einer der zentralen Propheten des „Wassermann-Zeitalters".

Bald nach meiner Hochzeit mit Lotte wurde sie vom damaligen Chef des österreichischen Kulturinstituts in New York zu einer Amerika-Reise eingeladen. Ich schrieb ihm dann, es wäre doch hübsch, wenn er uns beide einladen und jeder von uns etwas vortragen würde. Ich schlug daher vor, diverse größere und kleinere Universitäten zu besuchen. Das wurde dann gemacht; es waren etwa fünfzehn. Ich hatte dann einen Vortrag in Gesprächsform mit Prof. Blaukopf ausgearbeitet. Ich schrieb ihn auf Deutsch und ließ ihn ins Englische übersetzen. Das kam dann auch in meiner Publikation „Componist und Gesellschaft" heraus.

Vor der Abreise erkrankte ich schwer, doch mein großartiger Arzt Dr. Mlczoch machte mich rechtzeitig wieder gesund.

Diese amerikanische Unternehmung war sehr interessant. Nun kannte ich Amerika vorher schon ganz gut, meine Frau überhaupt nicht. Sie redete also für die German Departments und ich für die Musik. Vor allem bestand ich bei jedem Mal auf ausgiebigste Diskussion. Die Verhältnisse in Amerika, was die Chancen für begabte Menschen betrifft, sind ja grauenhaft. Das kann man sich

hier gar nicht vorstellen. Es ist einfach zu erklären: Die Universitäten dort sind autarke Gebilde, es studieren bis zu 30.000 Studenten auf einmal, mit eigenem Orchester und Bühnen. Wenn es da einen begabten Musiker bzw. Componisten gibt, kann er natürlich alles schreiben, aber er bekommt nur auf seinem Campus eine Aufführung, und das vielleicht einmal. Die Geldgeber sind dort ja alle privat, sobald etwas in den roten Zahlen ist, wird es eben gestrichen, so auch Aufführungen, ganz egal, wie berühmt der Dirigent oder das Orchester ist. Ich hatte da Gelegenheit, mit Componisten, von denen ich allerhand hielt, zu sprechen. Ich fragte, warum man dann meine Stücke aufführte. Mir wurde geantwortet, weil ich erstens Ausländer und zweitens sehr bekannt sei! Das ist wirklich ein Jammer, so kommen sie nie zur Entwicklung einer eigenen Kultur. Sie haben keine echten Karrieren. Es ist jetzt ein bißchen besser geworden, aber nichts im Vergleich zu dem, was möglich wäre. Am erfolgreichsten sind noch die Europäer aus der Schule Strawinskys. Das Unterrichten von Hindemith usw. hingegen hat überhaupt nichts gebracht, und bei Schönberg ist nichts herausgekommen. Die amerikanische Musik ist so, als ob er nie dort gelebt hätte. Ich habe mich selbst davon überzeugt.
Unter den ausübenden Musikern, Sängern und Instrumentalisten gibt es Talente. Ich besuchte bei meiner ersten Reise eine Art Mittelschule, und das Schulorchester spielte mir zum Beispiel die „Ariadne“ vor, und zwar hervorragend. Die Kriterien sind dort sehr streng, und die Studierenden üben auch sehr viel. Die musikalische Begabung, machen wir uns nichts vor, ist überall auf der Welt ungefähr gleich. Die Spitzen sind in Europa manchmal höher.
Über die künstlerische Zusammenarbeit mit Lotte komme ich bei den jeweiligen Musikstücken zu sprechen, die wir gemeinsam verfaßt haben, Lieder und Opern.

Eine wesentliche Kommunikation mit ihr findet in Papierform statt. Da ich gewöhnlich spätnachts componiere - meist ab 1 Uhr früh - berichte ich mit Vorliebe auf sogenannten „Componierzettelchen“ von meinen Fortschritten der vergangenen Nacht. Frühmorgens, wenn ich mich zur Ruhe begebe, lege ich diese Mitteilungen vor ihre Türe. Wenn Lotte dann aufwacht, findet sie die Nachricht, während ich meist gerade im tiefsten Schlaf liege. Manche dieser Zettelchen sind auch mit Zeichnungen versehen. Außerdem sind die Anreden voll von Koseworten, und viele Worte gleichen einer Geheimsprache. Doch Lotte versteht' s!

Nachstehend ein paar dieser Componierzettelchen, die aus der Zeit stammen, als ich innerhalb einer guten Woche meine Zwettler-Messe (Missa Claravallensis) schrieb:

Teures Rira-Rattchen! Das Kyrie ist beendet. Ich machte heute nacht 30 Takte. Also: nicht nur Nutzer Deiner Gaben, sondern nicht totaler Nichtsnutz. Schlaf ich, ist`s gut, es ist 5.40, schlaf ich nicht, wirst Dus merken. 28.XII.87 Bär mit Wuru.

Lotte nennt mich manchmal „Bäriwuru“. „Ratte“, „Rattchen“, „Ara“ und so weiter sind Kosenamen, die ich ihr manchmal gebe.
Ahhhrararahhh! Gloria beendet, Credo begonnen und dessen Form klar. Nicht unfroh sind uralte Bären der Wuru-Klasse. Na! Na! Na!

Enden werde ich leise ins Licht entschwindend mit allem schwerelos verbunden. Es wird erfüllte Stille sein.
29.XII.87

Hibi rara! Der Teufel ist los! 45 Takte! Hoffentlich wedelt er weiter mit Rattenschwänzen. Der Weisse tat wohl!
30./31.XII.87
Bäru Es ist 4.50

43 Takte, Adagio! Das Seelchen ist schwanger! 1.45 bis 6 früh. Morgen muß Sanctus fertig sein!!!
2.I.88
r-uh.

E. M. OHM zur Läuterung? Erlösung? 34 Takte. 24.30-4.45. G.

(„Na!" rufen wir einander oft zu, um uns unserer Gegenwart und Sympathie zu versichern. „Uuuu!" heißt, ich hab dich gern. Wie sehr, verrät die jeweilige Anzahl der Us.)
Oh-rara, O-rara! Ist DAS schwer, ein Flötenquartett! Bär bekümmert, Bär-(r)aunzig, 8 Takte in 2 Ω Stunden!
4.I.88

(Da habe ich also, während ich der Missa die Fingernägel putzte, wie ich es nenne, schon ein neues Stück zu schreiben begonnen.)

Na, na, na, na!!! Ära! (Fläschchen?) Habe drei Sätze begonnen. Form! Zusammen ca. 30 Takte. Dienst: 1-5 früh. Wein sehr sauer! Will Burger- Wein! Bei Pich 10 Flaschen bestellen, sofort!
Wi-KrSi Pi Baruwu, Baruwu! Wu! (Wieso?) Ri-Bär
4.-5.I.88

(Burger ist ein Weinbauer in Zemling, wo wir gemeinsam ein Haus gekauft haben, und Pich die Frau Loisi, die auf das Haus schaut.)

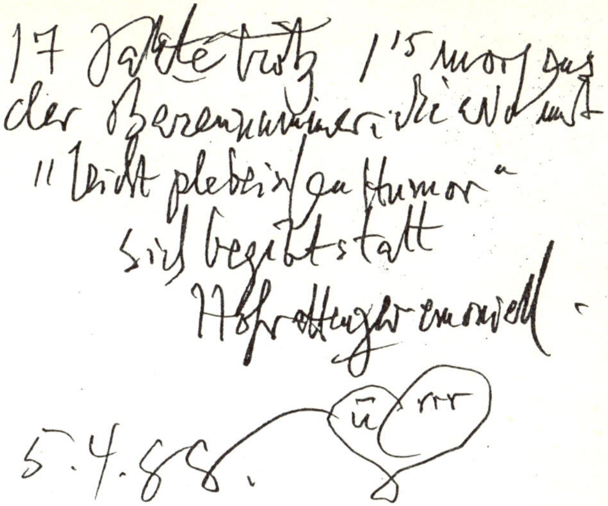
17 Jahre trotz 1[15] morgens
der Bärenzimmer, die [illegible]
„leicht plebejischen Humor"
sich begibt statt
[illegible]
5.4.88.

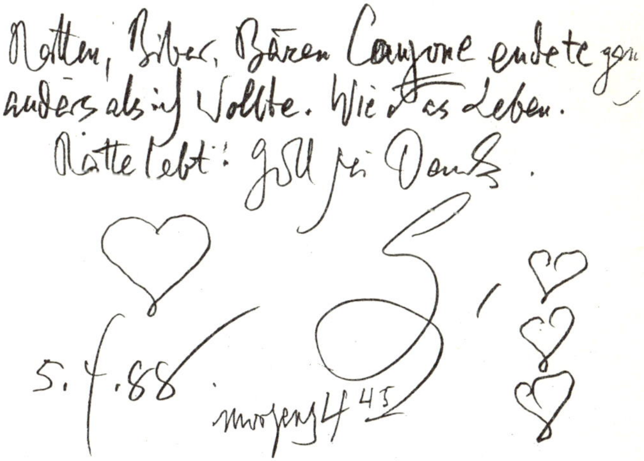
Ratten, Biber, Bären Canzone endete ganz
anders als ich wollte. Wie das Leben.
Ratte lebt: Gott sei Dank.
5.4.88
morgens 4[45]

Componierzettel

Ra, ri, ratsch, Ara! 20 Takte dermacht und froh darüber. Nun ist aber das rauhnächtliche Seelchen leer wie Spinnwebfläschchen.

Na! Danke!
6.I.88
G.

(Ja, und auf der Rückseite des Zettels vom 4.I. mit dem bekümmerten, raunzigen Bären schrieb ich noch:) „Aber Beethoven (Luader!) „Es muß sein!"

Auch Lotte hinterläßt mir manchmal Zettelchen mit kryptischen oder auch ganz banalen Mitteilungen. Eine besonders hübsche und gereimte sei hier ebenfalls vorgeführt: 30.3.91

Lieber Gatte
Einer Ratte,
Brauner Bär -
Ich lieb dich sehr!
Und bitte mach dein Handtuch naß,
Denn ein Husten ist kein Spaß,
Tu auch brav, mach keine Mucken,
Similisan - Tröpferln schlucken.

Deine alte Rattenhenne Gluck.

Ich habe dieses Kapitel über das glücklicherweise noch nicht abgeschlossene Lebenskapitel mit Lotte Ingrisch mit einer Kurzcharakteristik meiner Person begonnen. An den Schluß möchte ich einen Text stellen, den sie zu meinem 75. Geburtstag verfaßt hat und in dem sie ihren „feuerspeienden Hermelinbär" etwas genauer beschreibt:

„Er heißt Gottfried von Einem, ist Componist und mein Mann. In der Hofburg, und im Waldviertel auch. Einerseits.
Andererseits steht er in Sizilien und speit Feuer. Dort nennt er sich Ätna. Doch trägt er, hier wie dort, mit Vorliebe Häubchen. Die er hier trägt, sind von liebenden Damenhänden (nicht meinen!) aus bunter Wolle gestrickt. Die sizilianischen Häubchen sind nicht gestrickt, sondern gefallen. Ein Hermelinpelz aus Schnee. Darunter aber ist es ein-und derselbe Bär: ein Vulkan! Und auch mit fünfundsiebzig noch längst nicht erloschen.
Ich nenne ihn Bärenfräulein, weil er eines ist. Falls dies schwer zu verstehen sein sollte - auch Martin Luthers Frau nannte ihren Mann Fräulein, obwohl er ein veritables Mannsbild war, ganz gewiß. Doch das Kuriose und Bezaubernde sind gerade die weiblichen Tüpferln auf der männlichen Seele, und umgekehrt ist es genauso. Gibt es etwas Unvollkommeneres als einen vollkommenen Mann?“

Als die beiden einander zum ersten Mal trafen, Ätna und Bärenfräulein, fielen sie sich um den Hals. „Brüderchen, mein Brüderchen!“, rief Gottfried, und der Ätna begrüßte ihn mit einem feurigen Kuß. Später stapften wir durch die schwarze Lava und starrten in den lebendigen Abgrund. Nein, sie sind mehr als Brüder, die zwei. Heimliche Doppelgänger vielleicht? Oder wie eine Dame in vielen Kleidern, erscheint eine Seele in mehr als nur einer Gestalt. Erstaunlich ist alles und nichts. Aber gemütlich ist es nicht, mit dem Ätna persönlich verheiratet zu sein!
Zum Glück speit er, statt Feuer, Musik. Manchmal, oft. Zu Händels Wassermusik gehört von Einems Feuermusik, obwohl er sie, wenigstens unter diesem Titel, erst schreiben muß. Denn unter der Haut ist er Magma,

Magma und noch einmal Magma. Ein Vulkan halt, und man weiß nie, wann er ausbricht, und warum. Ich weiß nicht, ob der Ätna Humor hat. Wahrscheinlich schon. Das Bärenfräulein jedenfalls hat ihn, und zwar in allen Schattierungen. Und so lachen wir sehr gern miteinander, am liebsten über uns selbst. Grund genug gibt es! Was mir, unter anderem, so gut an ihm gefällt, ist sein lockerer Umgang mit der eigenen Person. Ich stelle es mir ziemlich schrecklich vor, mit einem Künstler verheiratet zu sein, der sich selbst ernst nimmt oder gar anbetet. Das Bärenfräulein ist zwar, so vermute ich, ein Genie. Aber so ein bescheidenes! Er ist mit einem Marmeladenbrot oder einem Paar Würstel zufrieden. Und wenn ihm wer ganz lieber Vanillekipferl, Lebkuchenbusserl oder Zimtsterne bäckt, ist er überglücklich. Und obwohl er sich früher bei Knize einkleidete und im Sacher oder Adlon wohnte, ist er mit seiner Kammer im Waldviertler Holzfällerhaus zufrieden und spricht mit den Rehböcken, die auf der Wiese blaffen, ebenso gern, wie mit Ministern und Fürsten. Er ist halt keine Persönlichkeit, die sich aufspielt, sondern ein spielendes Kind. „Wie alt", fragte ich ihn einmal, „bist Du wirklich?" Und er sagte: „Drei!"

Er ist der beste Freund, den je ein Mensch haben kann. Er ist fähig, zu hassen. Und er ist fähig, zu lieben. Liane, seine erste Frau, geht in unseren Köpfen und Herzen aus und ein. Das tun auch andere Tote, denn Gottfried lebt, wie alle wirklich begabten Leute, in beiden Welten zugleich. Eine glückliche Mischung aus Sinnlich- und Übersinnlichkeit, und jedes von beiden allein ist eigentlich gräßlich. Aber zusammen ergibt es den buntesten Strauß von Wirklichkeiten, in allen Landschaften des Bewußtseins gepflückt.

Aus der Ehe mit Lianne hat er einen Sohn Caspar, der kein Vulkan ist, Gott sei Dank, es gäbe sonst einen

Großbrand. Sondern Caspar ist ein führender Manager geworden, und der Vater ist durchaus beeindruckt von Qualitäten, die ihm selbst gänzlich fehlen. Und es gibt einen Enkel Boris, der Klavier spielt und die Fahrpläne sämtlicher Straßenbahnen der Welt (beinahe auswendig) kennt.
Jetzt hätte ich fast die sechs Katzen vergessen! Dabei gehören sie zum Wichtigsten im Leben des Bärenfräuleins, das sie zärtlich und leidenschaftlich teilen. Er hat ihnen einen ganzen Liederzyklus gewidmet! Und er liebt Tiere, alle. Daß die Bibel dem Menschen über sie zu herrschen gebietet, hält er für einen großen Frevel. Denn Menschen, Tiere und Pflanzen sind eine einzige große Familie, die in Liebe und Behutsamkeit auf unserem lebendigen Stern zusammenleben sollten. Gottfried von Einem, der Hermelinbär, ist ein brennender Leuchtturm, ein gefährlicher Feind und ein Krieger der Liebe."

„Kabale und Liebe“
Ein Stück der Befreiung

Meine Erfahrung hat mir gezeigt, daß mir das Opernschreiben eigentlich leicht fällt. Das allerschwierigste ist dagegen das Textbuch. Wenn man bedenkt, daß es heute keine Librettisten mehr gibt wie zu Mozarts Zeiten, kann man sich vorstellen, wie langwierig es ist, bis man an einen Text herankommt, der nicht zu fern der Musik und auch in der Zeit steht. Glücklich ist freilich derjenige, der seine Texte selbst zu schreiben vermag, wie dies bei Boris Blacher der Fall war. Ich besitzte diese Gabe leider nicht. Ich verstehe zwar einiges von Operndramaturgie, aber das allein genügt nicht.
Immer wenn ich sozusagen „leer stand“, hielt ich Ausschau nach einem geeigneten Stoff. Meinem großen Kollegen Mozart gleich, las ich dabei unendlich viele „Büchl“. Eine Zeit lang las ich eigentlich ausschließlich mit dem Ziel, einen Stoff zu finden, seien es Romane, seien es Dramen, was auch immer. Die Idee, mich an Schillers bürgerliches Trauerspiel „Kabale und Liebe“ heranzuwagen, kam durch einen Freund, der mir empfahl, eine Aufführung dieses Stückes anzusehen, da es für ihn förmlich nach Musik röche, nach etwas, das durch Musik noch klarer werden würde. Ich weiß zwar nicht, ob dieses großartige Stück nach meiner Vertonung tatsächlich klarer geworden ist, aber jedenfalls componierte ich es.
Als ich mich näher mit dem Stück beschäftigte, begann ich es sehr zu lieben. Es zeigt ja, zu welchen abgründigen Verhalten ein Mensch fähig ist, und ich sah, daß es sich tatsächlich um ein äußerst musikalisches Stück handelte. Ich wandte mich wie immer an Blachet, der für Opernstoffe allemal sehr ansprechbar war. Manchmal meinte er zwar: „Bist du wahnsinnig, das kann doch nicht gut gehen“, aber dann hatte er es doch gelesen

und gesagt: „Du hast recht, es geht". So war es auch bei diesem Stück. Ich hatte ihn sehr gequält. Nachdem er die Arbeit am Libretto aufgenommen hatte, erkrankte er schwer, und so kam meine Frau Lotte Ingrisch in diese merkwürdige Kombination mit Blacher hinein, und beide stellten die Fassung gemeinsam her. Lotte hat eine sehr dramaturgische Hand, das war mir von Anfang an klar. Ein Libretto muß „dicht" sein, verknappt und verkürzt, um zu intensivieren und die Brisanz des Geschehens zu erhöhen. Es genügen wenige Worte, um eine Situation zu kennzeichnen, und mit diesen wenigen Worten arbeitet die Musik - wenn es sich um eine Oper handelt - auf einem riesigen Raum, horizontal und vertikal. Ein guter Text wird vom Librettisten zwar mit dem Skalpell behandelt, aber nicht wesentlich am Lebensnerv verletzt. Und das ist das Entscheidende. Die Aussage des Ganzen bleibt nicht nur erhalten, sondern wird in manchen Fällen - ich glaube sogar beim „Danton" - durch das Wegschneiden mancher filigraner Gebilde noch verstärkt, wenn es mir auch immer wieder um manches leid tat, das der Schere zum Opfer fiel.
Am Stoff interessierte mich das zugespitzte Verhältnis zu einer verlogenen Gesellschaft und zu einer schwankenden Art menschlicher Beziehungen. Diese Grundeinstellung zeichnet viele meiner Opern aus: Die Liebe, die Liebe zu den Menschen, Anteilnahme an ihrem Schicksal, an ihren Hoffnungen und Leiden, Mitleid mit ihrem Ausgeliefertsein gegenüber bösen Mächten und Gewalten. Wer sich die dichterische und musikalische Gestaltung der Luise in „Kabale und Liebe" ansieht, wird verstehen, was und wie Liebe sein kann!
Das Wichtigste beim Vertonen eines Textes ist ja das Hören, immer wieder Hören. Die „Kabale" las ich oft durch, und dabei stellten sich auch schon die ersten zentralen Klangerlebnisse ein: D-Dur, aber chromatisch, schwankend zwischen Moll und Dur, war also mein Hör-

ergebnis, das mir als Grundlage für die Compositionsarbeit dienen sollte. Weiters componierte ich Tonarten übereinander und löste effektiv das Gefälle der Dreiklänge aus. Das steht aber immer im Zusammenhang mit dem dramatischen Geschehen und der Entwicklung der Figuren, auch mit dem inneren Dialog. Bevor ich Noten niederschreibe, stelle ich mir vor: Wie sieht die Person, um die es gerade geht, aus, wie geht sie, wie ist sie angezogen, wie ist der Blick, welches Verhältnis besteht zu dem, mit dem sie gerade spricht, welche Stimmung herrscht vor, Stimmung wie eine Saite gespannt. Zum zerreißen oder schlaff, was ist mit ihrem Partner oder ihrer Partnerin? Das ist für mich das Anregende. Wenn ich diese Menschen sehe, weiß ich genau, was ich zu schreiben habe.

Das kostet dann manchmal Zeit. Ich erlaube mir den Luxus, beim Zusehen nachzudenken. Das mache ich auch in meinem Alltag. Ich gehe sehr gerne durch die Straßen und schaue mir die Leute an, bleibe manchmal stehen und versuche herauszufinden, wie schaut der oder die drein? Auch in den Konzerten und im Theater halte ich es manchmal für interessanter, das Publikum zu beobachten als die Künstler auf der Bühne!

Alle meine Opern enstanden aus der Anschauung der Menschen und aus ihrem Gestus. Der gestische Reichtum der Musik und der Figuren, zum Beispiel in Mozarts „Figaro", ist ungeheuer. Das Geistige setze ich voraus. Wesentlich ist beim Componieren, daß die Figuren körperhaft werden, und die Anregungen dazu liefert der Text. Er ist es, der auf den ganzen Menschen lenkt.

Mein Umgang mit der Tonalität hingegen ist nicht Augen- sondern Gehörsmusik. Daß dennoch das Bild einer Partitur im graphischen Aufbau etwas von der luziden Schönheit einer Strichzeichnung annehmen kann, ist klar. Wenn man sich den Schluß der „Kabale" anhört, wird das deutlich. Der Abbau, Ton für Ton, eines D-Dur-

Dreiklangs hat hier psychologische und physische Gründe: der Vorgang des Sterbens Ferdinands, eines Verhauchens.

Musik ist nicht deutbar. Klänge sind Klänge. Daß sie Assoziationen auszulösen vermögen, muß der Componist bewußt berücksichtigen. Wenn zu Beginn einer Oper D-Dur vorherrscht, und das letzte Bild in der selben Tonart steht, so wird sich über das Unterbewußtsein die Spannung dieser Tonart – jeder besitzt eine andere – zweifellos dem Miterlebenden mitteilen. Sängern fällt es leichter, innerhalb der verschiedenen Register zu singen und die Wechsel vom Componisten aufgebaut zu bekommen. Deshalb scheint mir zum Beispiel die Verwendung von Compositiontechniken, die vornehmlich weite Intervalle vorschreiben, ungünstig und bei zu häufigem Gebrauch ruinös für die Stimme und für das Werk. Es ist kein Zufall, daß der Gregorianische Gesang die Basis des Singens geblieben ist. Seine Gebote und Verbote sind der Natur, der Anlage der menschlichen Stimme abgehorcht.

Neben den Tonarten interessieren mich bei der Stoffwahl weitere Merkmale, und zwar bin ich darauf bedacht, daß sich jede Oper abheben muß, um Schablonen zu vermeiden. Wenn man sich die Stücke nacheinander anschaut, so ist „Dantons Tod“ eine große Ensembleoper, „Der Prozeß“ eine reine Solistenoper, „Der Zerrissene“ eine solistische Ensembleoper ohne Chor, „Der Besuch der alten Dame“ wieder eine gemischte Oper der Form nach, allerdings dem Text gemäß aufgeteilt, die „Kabale“ eine reine Solistenoper. Die Orchesterereignisse sind nicht abgespalten von dem, was auf der Bühne geschieht, sowohl im Inneren der Personen als auch bezüglich ihrer Handlungen. Beide zusammen bilden ein Amalgam. Es gibt in diesem Sinne bei mir nirgends eine Begleitung, es ist alles dramaturgisch verzahnt. Was klingt, ist absichtsvoll mit den Figuren ver-

zahnt. Das hängt mit dem Pulsschlag zusammen. Rhythmik und Harmonik werden oft aus dem Gefälle der Sprechmelodie entwickelt.
Mozart ist für mich der Componist der Geste. Mit wenigen Strichen gibt er Figuren Leben. Ich empfinde mich auch als primär gestischen Componisten. Wenn ich componiere, sehe ich vor mir, wie viele Schritte der Darsteller gehen muß, um dahin zu kommen, wo er hinkommen soll. Ich rechne das aus und weiß es daher genau. Ich habe es mit meinen Regisseuren, mit Caspar Neher, auch mit Oscar Fritz Schuh oder mit Günther Rennert, immer besprochen: Die Umzüge, wie lange dauern die? Wie lange soll die Verwandlungsmusik dauern? Das sind alles Kenntnisse, die ich bei Heinz Tietjen an der Berliner Staatsoper gelernt habe. Der Theaterbetrieb hatte mich wach gemacht.

Nachdem das Stück „Kabale und Liebe“ fertiggestellt worden war, wurde es ein Auftrag der Wiener Staatsoper und an dieser Bühne auch aufgeführt. Die Premiere an der Wiener Staatsoper hat mir gezeigt, daß es auch in meiner Fassung, nicht nur in der von Friedrich Schiller, ein klares Stück ist. Die Aufführung wurde damals von Herrn von Dohnany dirigiert. Seine Frau sang die Hauptrolle. Das Stück war für mich eine Befreiung, ich habe es gemacht als Akt der Selbstbefreiung von Problemen und Eigenschaften. Ich sah, daß ich mich von meinen Problemen befreien konnte, indem ich sie zu durchschauen versuchte. Diese Probleme hat ein jeder, der denkt und empfindet. Die Aufführung, von Otto Schenk inszeniert, das Bühnenbild stammte von Günther Schneider-Siemssen, war hervorragend, weil sie einfühlsam war und nicht gegen das, was geschrieben war, verstieß, wie es leider heute allzuoft der Fall ist. Ich kann Uraufführungen nicht ausstehen, die gegen das verstoßen, was ich geschrieben habe.

Zu Proben gehe ich allerdings eher selten. Wenn ein Regisseur und ein Dirigent sich über ein Stück, das sie gemeinsam aufführen, eine Meinung gebildet haben, sollte man sie nicht stören. Ich korrigiere daher selten, bin aber bei der letzten Probe gerne dabei. Beim ersten Anhören möchte ich vernehmen, was ich geschrieben habe, und dränge daher bei den Verantwortlichen auf Texttreue. Die Aufführung der „Kabale“ war gerade auch deshalb so gelungen, weil die Leidenschaft Schillers mit meiner eigenen verschmolz und weil das Stück die unglaubliche Fähigkeit Schillers herausstrich, Menschen zu zeigen. Der Componist trägt eine große Verantwortung, ebenso wie der Dirigent oder der Regisseur. Ich glaube, es gehört dazu, daß er vor allem vor dem Stoff Achtung hat. Diese Achtung ist heute ungewöhnlich selten, bei manchen Regisseuren überhaupt nicht mehr anzutreffen. Was Herr Peymann zum Beispiel am Burgtheater macht, ist äußerst schäbig. Er hat keinen Respekt, und die Achtung vor dem Stück fehlt. Das Stück ist die Grundlage der Anschauung, für viele der heutigen Inszenierungen allerdings bloß ein Vorwand zur schamlosen Selbstdarstellung. Und diese verachte ich zutiefst.
Ich habe auch schon große Überraschungen erlebt. Bei der Uraufführung meiner Stücke aber bin ich bisher noch nicht enttäuscht worden. Ich bestehe darauf, daß da nichts gestrichen und nichts verändert werden darf. Es wird gespielt und gesungen, wie ich geschrieben habe! Aber bei späteren Aufführungen erlebte ich oft schon Erstaunliches. Manchmal wurde absolut gegen die Stücke inszeniert, so daß daraus tatsächlich etwas anderes wurde. Andererseits gab es auch Lösungen, die total davon abwichen von dem, was mir beim Componieren vorgeschwebt war, und trotzdem dem Sinn des Stückes entsprachen. Das habe ich in New York beim „Prozeß“ erlebt. Otto Preminger führte Regie. Es war alles wunderbar überlegt, sorgfältig durchdacht, aus einem Guß.

Anders als ich es mir vorgestellt hatte und anders als die Uraufführung gewesen war, und trotzdem genial kongruent.
Auch die Wahl der Tempi durch den Dirigenten ist wichtig, obwohl ich mich auch dabei durchaus auf das Gefühl des Dirigenten verlasse und daher kaum mehr Metronomangaben verwende. Wenn er den Atem hat, etwas zu füllen, kann seine Interpretation ruhig auch etwas langsamer sein, aber die Relation der Teile untereinander muß stimmen.
In einer Kritik der Hamburger Aufführung von „Kabale und Liebe" stand: „Die Oper ist keine moralische Anstalt". Das war natürlich als Kritik an der ethischen Gesinnung des Stücks gedacht. Nicht, daß es mich direkt getroffen hätte, aber da war unter anderem auch zu lesen, daß man natürlich für eine zeitgemäße Deutung aus unserem Bewußtsein die elektronischen Klänge verwenden müßte. Es ist wohl erstaunlich, wie oberflächlich man sich mit künstlerischen Leistungen befaßt, deren Herstellung wohl etwas länger als zwei Tage gedauert hat. Man hätte eigentlich die Verpflichtung als Kritiker, all seine Verstandeskräfte zusammenzunehmen. Das geschieht jedoch selten, und die arrogante Dummheit ist für mich unfaßlich. Das Traurige dabei ist, daß sich die Theaterleiter in der Regel nicht die Gedanken des Autors zu eigen machen, sondern die des Rezensenten. Was daher heute auf der Bühne geschieht, ist leider etwas, das meist nur sehr flüchtig betrachtet wird. Etwas mehr Geduld wäre bei der Beurteilung jedenfalls angebracht.
Abschließend zu diesem Kapitel möchte ich gerne noch etwas über meine Compositionsweise erzählen. Ich habe beim Componieren keinen bestimmten Tagesrhythmus. Früher schrieb ich am Tag, dann fing ich an, in der Nacht zu schreiben, weil ich bemerkenswert schlecht schlafe. Ich stehe meist um zwölf, halb eins auf und

schreibe dann bis zum Morgengrauen. Eigenartig sind auch die Unterbrechungen. Bei jeder meiner sieben Opern hatte ich etwa zur Hälfte mit dem Componieren aufgehört; nicht weil ich sie nicht weitermachen wollte, sondern ich wollte, daß sich das Ganze zuerst einmal setzte, und dann ging es erst wieder weiter, bis zur Vollendung. Es gibt keine Schaffensperiode, in der ich Tag und Nacht an einem Werk geschrieben hätte. Das wäre mir zu langweilig, ich möchte mich dazwischen auch gerne ein bißchen unterhalten.

Mein Schaffensrythmus bei den großen Opern war also immer zweigeteilt, da lag mindestens ein halbes Jahr dazwischen, wobei es manchmal auch passieren konnte, daß ich mit dem zweiten Teil zuerst angefangen hatte. Ich versuchte, mich in diesen Perioden der Unproduktivität immer an Verdi und Wagner zu erinnern. Beide schrieben bekanntlich sieben Jahre lang keine einzige Note! Solange setzte ich nie aus, aber manchmal doch recht beträchtlich, vor allem nach dem Abschluß eines großen Werkes. Zwischen diesen Opernpausen schrieb ich nichts. Ich wollte bewußt nicht, denn es mußte ja etwas Neues kommen. Da braucht es Zeit, um nachzuwachsen. Im übrigen konzentrierte ich mich manchmal voll auf eine Arbeit, zuweilen nahm ich ja doch auch zwei oder drei gleichzeitig in Angriff. Neben einer Oper schrieb ich gelegentlich auch ein Orchesterstück, eine Symphonie allerdings wäre „nebenbei“ nicht möglich gewesen, und ich versuchte es auch nie. Manchmal war ich allerdings unter Zeitdruck, da ja alle meine Werke Auftragsarbeiten waren. Deshalb schrieb ich ja nur vier Symphonien und fünf Streichquartette.

Mit Lotte an einem schönen Sommertag in Rindlberg

Uraufführung der „Lieder vom Anfang und Ende“, nach Texten von Lotte Ingrisch, (Mitte) im Rahmen des Carinthischen Sommers durch Jane Marsh (links) und Robert Werba

Eine Autogrammstunde

„Der Prozeß"

Mit zwei unserer vierbeinigen Mitbewohner in Rindlberg

Als Waldviertler Bauer

Immer den Kopf über Wasser halten

Dankesrede anläßlich der Ernennung zum Ehrenbürger der Stadt Wien, 1988 (v.l.n.r.) Erhard Busek, Ursula Pasterk, Helmut Zilk und Ingrid Smejkal

Mit dem jetzigen Erzbischof von Wien, Christoph Schönborn, und der Organistin Andrea Pach in St. Stephan

Schlußapplaus

Mit Michael Schnitzler bei der Probe

Meine Lehrerjahre

Einige wichtige Jahre meines Lebens war ich Professor für Composition an der Musikakademie in Wien. Da hatte wieder einmal Boris Blacher seine Hand im Spiel. Er war inzwischen Direktor der Hochschule in Berlin geworden, und Hans Sittner war Präsident der Wiener Musikakademie. Blacher redete ihm ein, daß ich unbedingt unterrichten müßte, und Sittner rief mich umgehend an. Ich sagte ihm geradeheraus, daß ich nicht im Traum daran dächte, denn so etwas könnte ich ja gar nicht. Ich war doch selbst nie an einer Hochschule und hatte keinerlei Ahnung von didaktischen Techniken. Er meinte, ich sollte es mir doch noch überlegen, und das tat ich dann auch. Blacher hatte sich etwas einfallen lassen, um einen Meinungsumschwung bei mir herbeizuführen. Er lud mich zu sich nach Berlin ein, und ich kam ihn auch an der Hochschule, seinem Arbeitsplatz, besuchen. Mehrmals hatte ich seinen Unterricht beigewohnt. Und als ich wieder etwas anhören wollte, meinte er, er hätte selbst keine Zeit, ich sollte stattdessen einem jungen Amerikaner eine Stunde lang Unterricht geben. Ich wollte natürlich sofort weggehen, doch er schob mich in das Zimmer und sperrte hinter mir zu. Ich war zunächst sehr nervös, aber die Unterhaltung mit dem jungen Mann verlief dann doch recht vergnüglich und angenehm. Nach einiger Zeit wurde aufgesperrt, und ich durfte wieder hinaus. Das war also quasi meine erste Unterrichtsstunde.
Als ich mich dazu durchgerungen hatte, die Berufung in Wien doch anzunehmen, stellte ich meine Bedingungen. Ich wollte meine Lehrtätigkeit nicht in der Hochschule abhalten, sondern nur zu Hause unterrichten. Ich verlangte, nicht mehr als sechs oder sieben Schüler zu haben, und nur Einzelunterricht zu geben. Überraschenderweise war man damit einverstanden, und nachdem

man auch Dr. Erwin Thalhammer, der damals der Referent für die Hochschule am Unterrichtsministerium war, von dieser Notwendigkeit überzeugt hatte, klappte es. Ich kannte Dr. Thalhammer damals noch nicht, er wurde später einer der Trauzeugen bei meiner Verehelichung mit meiner zweiten Frau Lotte Ingrisch.

Dieser Unterricht war für mich ungeheuer wichtig und lehrreich. Man muß dabei sehr präzise vorgehen und konkrete Ratschläge und Anweisungen geben, im Bewußtsein, daß sie manchmal auch falsch sein können. Ich bekam meistens fremdsprachige Studenten zugewiesen, hatte bei der Auswahl aber doch Mitspracherecht. Es waren Engländer, Japaner, Chinesen, Amerikaner, natürlich auch Österreicher.

Meine erste Stunde werde ich nicht vergessen. Es war eine Japanerin, die kein Wort Deutsch oder Englisch verstand. Sie hatte Noten dabei, und ihre Antwort war immer ein Gekicher. Ich, des japanischen und chinesischen natürlich total unkundig, war schweißüberströmt und betrank mich nachher ziemlich arg. Ich fragte mich, was ich da eigentlich machte …

Zum Glück war sie eine sehr intelligente Person, und sie lernte sehr rasch deutsch, so daß wir bald ausreichend miteinander kommunizieren konnten. Ihre Eltern waren Schriftsteller und Schauspieler in Tokio, wird sind heute noch in Verbindung miteinander.

Die Erfahrung mit den Studierenden, etwa mit Heinz Karl Gruber, Klaus Peter Sattler und Martin Bjelik, war mir sehr wichtig, und wir haben uns heute noch nicht aus den Augen verloren. Beim Lehren darf man eines nicht machen: dominieren. Ich bin nicht dazu da, daß ich von morgens bis abends recht habe. Ich lasse mich auch gerne belehren.

Einmal kam ein junger Chinese zu mir, und wir führten unsere ersten Gespräche, denn Vorspielen allein nützte bei mir nichts. Eines Tages sagte er, ich sollte ihm beibringen, wie man Dissonanzen schreibt. Ich erklärte ihm, daß das nicht ginge, jeder müsse selbst herausfinden, was ihm genügend dissonierend von Konsonanzen sei. Trotz seines Insistierens konnte ich ihm nicht verständlich machen, daß sich das wirklich nicht lehren läßt. Für Dissonanzen gibt es keine Regeln, außer man übernimmt irgendeine abstruse Technik. Er schlug dann Schönberg vor, und wir analysierten gemeinsam Zwölfton-Werke, aber auch das fruchtete nichts. Eines Tages blieb er dann für immer weg.

Sehr zustatten kam mir bei meiner Lehrtätigkeit meine doch intensive Beschäftigung mit dem Kontrapunkt nach Fux, zunächst bei Blacher und später bei Johann Nepomuk David. Auf die Beherrschung des Kontrapunktes bestand ich bei allen meinen Studenten. Ich war, bin und bleibe der Meinung, daß man erst, wenn man eine solide klassische Basis hat, weiß, was Kühnheit ist. Den freischwebenden Dilettantismus von heute finde ich unausstehlich.

Bei meinem Unterricht ging ich individuell vor, es hing vom jeweiligen Talent ab, worauf ich mich konzentrieren wollte. Ein Großteil der gemeinsamen Zeit wurde mit Analysen verbracht, die großen Meister Debussy, Beethoven, Mozart, Bach, Wagner, Bruckner. Seltsamerweise hatten die meisten Ausländer Bruckner nicht verstanden, sondern gehaßt. Auch Mahler stand oft zur Debatte, der damals noch wenig gespielt wurde. Eine Sache allerdings hatte mich sehr verwundert. Ich war damals auch beim Konzerthaus beschäftigt und schickte meine Schüler immer in die Orchesterkonzertproben. Seltsamerweise aber ging kein einziger von ihnen aus eigenen Stücken dort hin, immer nur wenn ich dabei war. Ich verstand das nicht, denn ich selbst hatte ja das Instrumentieren durch das Anhören im Orchestergraben in Berlin gelernt, nicht durch das Studium von Partituren. Zuerst muß man ja den Klang kennenlernen. Allein durch die Wiederholung bei den Proben bekommt man einen ästhetischen Eindruck und merkt, was schwer und was leicht ist, und was sich wie durch die Anweisung des Dirigenten verändert. Blacher meinte zu mir, viele Jahre, nachdem ich bei ihm „ausgelernt" hatte, ich hätte eigentlich immer schon instrumentieren können. Voraussetzung dazu ist eine gewisse vorhandene Vorstellung von Klängen, aber den Klang von einzelnen Instrumenten muß man natürlich erfahren haben. Ich war verzweifelt, daß dies meinen Studenten nicht einsichtig wurde, und das war dann schließlich einer der Gründe, warum ich mit dem Unterrichten nach einigen Jahren wieder aufhörte.

Besonders gerne erinnere ich mich an meinen Schüler Heinz Karl Gruber. Er kam als recht munterer Knabe zu mir, hatte aber Schwierigkeiten mit dem Kontrapunkt, womit ich ihn dann sehr geplagt habe. Er war sehr fleißig und konnte frühzeitig ausgezeichnet instrumentieren. Gut erinnere ich mich auch an Dieter Kaufmann, den ich vor allem als Schriftsteller schätzen gelernt habe. Er schrieb gute Gedichte und Essays und ging dann mit meiner Empfehlung zu Olivier Messiaen nach Paris. Er beschäftigte sich dann auch mit elektronischer Musik. Brunhilde Sonntag, eine weitere Schülerin von mir, war eine sehr intelligente Person und ausgesprochen musikalisch, nicht so sehr jedoch auf dem Gebiet der Composition. Sie ist heute Hochschullehrerin in Deutschland. William Fischer, der bei mir einige Semester gehört hatte, ist inzwischen ganz in die Jazz-Ecke abgewandert und lebt heute in New York. Er hat viele Platten aufgenommen, sich aber auch für astrologische Dinge interessiert. Er erstellte für jeden von uns Horoskope, die zum Teil äußerst zutreffend waren, und Leuten sagte er gewisse Dinge auf den Tag genau voraus. Einer meiner Schüler, Klaus Peter Sattler, hat heute einen Lehrstuhl für angewandte Musik an der Hochschule inne. Nachdem ich seine Arbeiten gesehen hatte, konnte ich ihm den rechten Weg weisen. Ich machte ihm klar, daß er sich nicht mit Opern oder Symphonien abgeben sollte, sondern daß er ein vorzügliches Talent für Filmmusik hätte. Und er hat es tatsächlich in Hollywood sehr weit gebracht und ist bei Film und Fernsehen ein gefragter Componist.

Was ist eigentlich auf dem Gebiet der Composition lehrbar? Diese Frage stellte sich mir sogleich, wenn mir ein Schüler gegenübertrat, der auf, „nützliche Ratschläge" wartete, die sein Talent entwickeln sollten. In der Regel verlangte ich von jedem meiner Schüler die Beherrschung der Technik und die Fähigkeit, sich das Idiom der tonalen Sprache anzueignen und in den ihr zugehörigen Formen und Formeln zu gestalten. Die Makellosigkeit des musikalischen Satzes ist die Voraussetzung für die schöpferische Arbeit eines jeden Componisten. Diese Makellosigkeit allein macht den Künstler jedoch noch lange nicht aus. Es gibt musikalische Strukturen, die untadelig sind, und die sich doch ästhetisch als dürftig erweisen. Beispiel dafür gibt es in den technisch glatten Partituren von Glasonow, von Dukas und viele Werke von Rimsky-Korssakow. Das ist oft nichts anderes als der Standard einer Abschlußprüfung, wenn auch auf brilliante Weise. Zu Rimsky-Korssakow habe ich mich einmal zu der Behauptung verstiegen, daß sein bestes Werk Strawinskys „Feuervogel" sei, denn hier habe der Schüler die technische Makellosigkeit des Lehrers bereichert und damit die Ebene der Kunst erreicht.

Auf die persönliche Handschrift also kommt es an, auf das Erfüllen der Technik mit eigener Idee, auf die Entfaltung des Personalstils aus dem allgemein verbindlichen Idiom der musikalischen Sprache. Aus der Bewährung als klangliche Realität geht die ästhetische Qualität einer Composition hervor. Umgekehrt wird der Mißerfolg der klanglichen Realität den Componisten darüber belehren können, daß er vielleicht das Werk selbst einer strukturellen Umarbeitung unterziehen muß, weil offenbar die Umsetzung der Klangvorstellung in die Partitur und von dieser in die Klangwirklichkeit nicht gelungen ist. Gerade aus der Darstellung von Mißerfolg und Korrektur, aus der Analyse von „trial and error", vermag der Lehrer Erkenntnisse zu gewinnen, die einem Schüler von Nutzen sein können. Überhaupt läßt sich aus Mißerfolgen meist mehr lernen als aus Erfolgen. Das scheint mir ein wichtiger Lehrsatz zu sein, den ich meinen Schülern gerne einprägte. Notwendig ist hierzu allerdings, daß man die eigene Vorstellung mit der klanglichen Realität zu konfrontieren versteht. Das setzt voraus, daß man eine Vorstellung von dieser klanglichen Realität auch wirklich besitzt. Es genügt nicht, einfach Noten zu Papier zu bringen. Die Schrift selbst ist nur dazu da, das zu fixieren, was das Ohr sich vorstellt.

Zwei Forderungen habe ich immer an meine Schüler gerichtet: Erstens hat der schriftlichen Fixierung die Klangvorstellung vorauszugehen. Zweitens muß die schriftlich fixierte Struktur des Werkes intelligibel, also hörbar, sein. Damit meine ich keineswegs, daß die Technik des Componierens allein von den Gesetzen der Tonalität im hergebrachten oder auch im erweiterten Sinn bestimmt sein muß. Obwohl ich selbst mich durchwegs in meinen Werken dieser Technik bediene, verlangte ich von meinen Schülern niemals, daß sie sich meiner Auffassung anschließen müßten. Wohl aber wollte ich, daß der Schüler, der sich einer anderen Technik bedient, anzugeben vermag, warum er dies tut.

Musik ist eine Art Mitteilung von Mensch zu Mensch. Man muß sich mit den Gesetzen dieser Mitteilung vertraut machen und muß sie, wenn man Componist sein will, auch beherrschen. Ich hatte nie etwas dagegen, wenn sich einer meiner Schüler etwa der Compositionstechnik der Zwölftöne zuwenden wollte. Ich respektierte jede motivierte Wahl einer bestimmten Compositionsmethode. Wenn einer allerdings ausschließlich in dieser Zwölfton-Technik schreiben wollte, dann mußte ich ihm ehrlicherweise sagen, daß es auf diesem Gebiet Componisten und Lehrer gäbe, die für die Unterweisung darin besser geeignet seien.

Als ich Hochschullehrer für Composition war, erreichte auch die sogenannte elektronische Musik einen ersten Höhepunkt, und viele meiner Schüler experimentierten damit. Ich halte jedes Mittel für die Erzeugung von Klängen für künstlerisch legitim, wenn es der Realisierung einer Klangvorstellung dient und eine Bereicherung des künstlerischen Ausdrucks darstellt. Was die elektronische Musik und die Musique concrète bisher zu bieten hatten, war bei näherem Hinsehen allerdings nicht ganz so neu, wie meist behauptet. Natürlich eröffnet die elektronische Klangerzeugung ein unendlich weites Feld der Töne, Klänge und Geräusche. Es gilt, hier eine Auswahl zu treffen, ein Ordnungsprinzip zu suchen. Gewiß ist unser System der Töne nicht das letzte und nicht das einzig Mögliche, doch die Bemühung einer Neuordnung, muß vom Menschen, vom hörenden, vom lauschenden Menschen ausgehen.

Viele Schüler, viele der angehenden Componisten, die bei mir „in die Lehre“ gingen, fragten zuerst und vor allem nach „dem System“. Ich glaubte damals und glaube auch heute nicht, daß es darauf wirklich ankommt, wenn ich auch den Wunsch verstehe, ein Wundermittel, ein Rezept, einen „Stein der Weisen“ zu suchen und zu finden. Man ist offenbar dazu geneigt, die Grundidee unseres Zeitalters, nämlich die Herrschaft des Menschen über die Technik, auch auf das Gebiet des künstlerischen Schaffens, auf die Composition zu übertragen. Die Befreiung von tonalen, melodischen, harmonischen und metrischen Konventionen hat offenbar zu einer Unsicherheit geführt, und der Componist, dem solche Freiheit eingeräumt ist, wird plötzlich von Angst gepackt. Er will Halt finden. Sein Bedürfnis nach einem System, das ihn wieder zu Regelhaftigkeit zwingt, ist also psychologischer Natur.

Das widerspruchsvolle Verhältnis von Regelhaftigkeit und Freiheit erlebt man als Componist mehr als einmal. Ich selbst habe die Erfahrung gemacht, daß ich bei meinen eigenen Arbeiten zuletzt fast immer vom ursprünglichen Konzept abweiche, das heißt, daß zuletzt etwas anderes herauskommt, als ich zu Beginn der Composition annehmen wollte. Das ist jedoch ein Phänomen der individuellen Schaffensweise, der individuellen Schaffenspsychologie und hat nichts unmittelbar mit dem Verhältnis von Freiheit und Gesetz zu tun.

Freiheit ist nur im Rahmen einer klanglich festgelegten Konvention denkbar. Wenn alles erlaubt, ermöglicht ist, dann wird nichts als Manifestation der Freiheit empfunden. Kühn und neu kann ein Klangphänomen nur dann sein, wenn es sich vom Hintergrund einer klanglichen Konvention abhebt. Das Kühne, Originelle ist im Grunde das Unerwartete, und soll es unerwartet wirken, dann setzt es ein Bezugssystem von Erwartungen voraus. Der Stil eines Componisten, die persönliche, originelle Handschrift bedarf eines Hintergrundes der Regelhaftigkeit, von dem sich also solche Originalität abheben kann, um verständlich zu sein. Bei meinen Schülern kam es mir immer darauf an, auf diese Verbindung zwischen Konvention und Personalstil hinzuweisen. In unserem Jahrhundert stellt sich jedoch die Frage, wie sich denn ein Personalstil manifestieren läßt, wenn der Hintergrund eines allgemein verbindlichen Zeitstils verloren gegangen ist.

Einige Componisten haben höchst persönliche Auswege aus diesem Dilemma gefunden, indem sie ihrem Schaffen einige stilistische Prinzipien zugrundelegten, die den mangelnden Zeitstil ersetzten und von denen sich der

Personalstil abheben kann. Bei meinem Lehrer Boris Blacher ist es der asymmetrische Aufbau der melodischen Linien, rhythmischen Modelle und musikalischen Formen, die diese Stilisierung schafft. Bei Igor Strawinsky ist es oft eine Tonalität, die mit der Synchronisierung von Dissonanz und Auflösung arbeitet. Bei Carl Orff wiederum sind es rhythmische Orgelpunkte und psalmodierende Kantilenen, von denen sich die kühnsten melodischen Sprünge abheben, und bei Hindemith ist es die Quartenharmonik, die Rhythmik der „neuen Sachlichkeit" und die Befreiung des Kontrapunktes von jenen Regeln, die eigentlich den Kontrapunkt ausmachen. Sogar bei Benjamin Britten kann ich einen solchen artifiziellen Stil entdecken, der den verlorenen Zeitstil glücklich ersetzt und von dem sich die persönliche Handschrift des Meisters abhebt, wenn ich auch nicht anzugeben vermag, worin dieser eigentlich besteht. Möglicherweise sind es national-englische Charakteristika der Melodik.

Ich selbst habe mein Leben lang das Schwanken zwischen dem Dilettanten und dem Fachmann in mir gefühlt. Ich weiß, ich kann sehr viel, zugleich aber sind mir manche Dinge noch immer unfaßbar, auch wenn ich sie praktisch beherrsche. Ich weiß z.B., überspitzt ausgedrückt, noch heute nicht in der Theorie, wie ich von C-Dur nach B-Dur komme, obwohl ich es praktisch kann. Und Blacher dachte wirklich, ich wüßte bereits alles, dabei habe ich in ihm ja vor allem meinen Vater gesucht und bin ihm dadurch wohl ungeheuer auf die Nerven gefallen. Ich habe daher auch fast nie in meinem Leben, außer im „Danton", eine Fuge geschrieben, da ist eine Barriere in mir.

Eine wesentliche Erfahrung, die ich an meine Schüler weitergeben wollte, ist die Behandlung eines musikalischen Einfalls. Der Einfall ist für mich etwas Schreckliches, Erschreckendes, das ist ein erratischer Block, den ich zu bewältigen habe. Das ist so, wie wenn auf ein Dach ein Meteorit herunterfällt. Man muß diesen Einfall, auch mitten in der Nacht, sofort aufschreiben. Wenn es ein echter Einfall ist, dann handelt es sich um eine Formation in einer Struktur, die man zunächst gar nicht beurteilen kann. Der Einfall zwingt einen zu Überlegungen, auf die man sonst gar nicht gekommen wäre, und dann muß man abwägen, ob diese Geschichte in Noten ausdrückbar ist.

Ich erinnere mich an etwas Merkwürdiges: Ich wollte vor vielen Jahren in Zürich ein Stück für Dietrich Fischer-Dieskau schreiben, basierend auf Texten von H.C. Artmann. Mir war das als Aufgabe klar, aber es fiel mir nichts ein. Eines Nachts wachte ich auf, mir war nicht sehr wohl zumute, aber es stand etwas vollständig klar vor mir: Fünf Takte Musik. Ich schrieb sie auf und schlief weiter. Viel später sah ich sie mir an und nahm schließlich diese fünf Takte als Motto für das ganze Stück. Manchmal habe ich Einfälle, die sind einfach nicht „behaubar", andere wieder, sie kommen mir oft in der Nacht, die lassen sich weiterbearbeiten. Konstruieren kann man fast alles, aber Einfälle sind etwas grundverschieden anderes. Mit dem Einfall läßt sich nicht spaßen, und die Kraft des Einfalles kann zum Fürchten sein, wie man bei Anton Bruckner sehen kann, dem Ungeheures eingefallen ist und der seinen Einfällen nur zum Teil gerecht werden konnte. Trotzdem ist seine Musik natürlich wunderbar und übt, von der Faszination her, eine geradezu radioaktive Strahlkraft auf mich aus, auch seine Harmonik.

Die Basis des Einfalls sind die vorgestellten Klänge, nicht die akustisch gegenwärtigen. Diese haben eine Anziehungskraft ohnegleichen. Sie bewirken bei mir, daß ich in so etwas wie in ein magnetisches Klangfeld hineingerate, so daß mir tatsächlich von Takt zu Takt etwas einfällt. Aus einem genuinen Einfall –, man kann ihn Thema oder auch Motiv nennen, das kommt auf die Länge an –, läßt sich die Form eines Stückes ableiten, so wie das Sandkorn für die Bildung einer Perle wesentlich ist. Der Einfall kann so etwas wie die Zelle für eine mögliche Krebswucherung sein. In Form von Metastasen setzt sich das im Körper eines Klanges und eines Zeitablaufes von größerer Dauer um. Es kann aber auch sein, daß der Einfall gleich Null ist, das etwa eine rhythmische Bewegung, die im harmonischen oder melodischen Sinn gar nicht signifikant wäre, den gesamten Formablauf bestimmt und ein grandioses Werk zutage fördert. Das ist z.B. im berühmten ersten Satz von Beethovens Fünfter der Fall. Da ist der Einfall ja gleich Null, eine rhythmische Figur; der Mangel wird sozusagen zum Gesetz erhoben.

Wie ein Componist mit dem Material seines Einfalls umgeht, wie er damit haushält, hängt von der Persönlichkeit ab. Bei mir ergibt sich die Entwicklung, das Strukturprinzip des Themas immer aus der Spannung zwischen Intervallen. Über diese Intervalle komme ich zur Harmonik. Die Intervalle, und zwar gesungene, sind für mich jene Instanzen, die gültig sind. Ich kann mir nicht vorstellen, daß ich ohne diese Kriterien, nämlich die Singbarkeit, schreiben könnte. Natürlich kann ich abstrahieren, soweit es formale Notwendigkeiten sind, aber ich habe überhaupt keinen Sinn für eine Technik, die das Spannungsverhältnis der menschlichen Stimme nicht berücksichtigt.

Ich finde es hinreißend, wie Bruckner einen Einfall immer wieder, aber mit immer kleinen Veränderungen, in einer Umkehrung oder in einem Kontrapunkt etwa, wiederholt und steigert. Das mag formal gesehen dürftig sein, aber die Wirkung ist großartig. Bei Mahler wiederum zeigt sich eine sehr raffinierte Umsetzung, diese war für ihn genauso wichtig wie der ordinäre Einfall. Mozart habe ich in dieser Hinsicht nie durchschaut. Seine Instrumentierkunst ist ungeheuerlich. Die Klänge hängen nicht nur formal zusammen, sondern auch auf irgendwie andere Weise, die mir nicht bekannt ist. Es läßt sich nicht erklären, warum bei ihm alles so wunderbar balanciert ist, sogar im formalen Bereich. Ich liebe Mozart über alles, und trotz aller Beschäftigung mit ihm bleibt ein Rätsel, ist seine Orchestrierung verschlüsselt. Da gibt es Färbungen, die sich nirgends, außer in der Phantasie Mozarts, nachvollziehen lassen. Die Meinung, daß man von den Meistern lernen könnte, ist Unsinn. Die meisten sind gerade deshalb Meister, weil ihr Werk nicht nachvollziehbar ist.

Lernen läßt sich von den Anfängern und von den reinen Theoretikern. Nicht umsonst ist der junge Mozart nach Bologna zum Padre Martini gefahren. Früher war ich der Meinung, und habe es meinen Schülern auch geraten – allerdings meist ohne Erfolg –, man sollte in Proben gehen, auf Schattierungen und Kombinationsmöglichkeiten achten. Inzwischen bin ich von dieser Ansicht abgekommen. Ich glaube mittlerweile, daß man, wenn man für Klänge begabt ist, eine prästabilisierte Vorstellung davon hat, eine Sicherheit, auf die man draufkommen muß. Ich glaube daher durchaus, daß es besser ist, überhaupt nichts zu hören, sondern im Keller zu sitzen und Partituren zu studieren. Eine Partitur ist nämlich kein theoretisches, sondern praktisches Anschauungsmaterial. Dort gibt es niedergelegte Zeichen für Klänge, mit deren Hilfe man seine eigene Vorstellungswelt erweitern kann.

Ich lese Musik wie Romane. Ich lese sie mit ungeheurem Vergnügen, und zwar immer wieder neu. Ich kenne die F-Moll-Sonate von Beethoven wirklich gut, und doch entdecke ich sie bei der Lektüre immer wieder von neuem. Ich habe keine plastische, akustische Erinnerung. Der reale Zeitablauf ist mir nie präsent. Wenn ich Musik lese, dann kommt es darauf an etwas zu betasten, leicht zu berühren, nicht zuzupacken. Was sich nicht sozusagen durch ein ätherisches Öl überträgt, ist für mich nicht vorhanden. Auch geht es mir nicht darum, Formen zu studieren. Es hat mich zwar interessiert, aber nur so, wie wenn ich einen schönen Stoff anfasse, dabei muß ich nicht wissen, wie er fabriziert ist. Wenn ich zu genau hinsehe, könnte ja etwas hängenbleiben oder mich beeinflussen.

Zum Schluß dieser Ausführungen über das Vermitteln des Compositionsunterrichtes, möchte ich noch etwas über die Linie sagen. Für mich ist die Linie das Korrektiv jeder meiner Compositionen. Es kommt mir darauf an, daß ich mir meine Klangvorstellungen gesanglich vorstellen kann. Ich war jahrelang Korrepetitor und habe dabei viele Meisterwerke gemeinsam mit den Sängern durchgenommen. Ich weiß, wo die Schwierigkeiten für die menschliche Stimme liegen und welche Registerschwellen es gibt. Ich habe auch bei einem Gesangspädagogen in Bayreuth hunderte Mal korrepetiert und dadurch einen gewissen Sinn dafür entwickelt, was ohne exaltierte und wirklich schmerzende Anstrengung mit der menschlichen Stimme anzustellen ist. Natürlich gehört dazu auch das Wissen vom geheimnisvollen System des Atmens. Der Atem ist die Grundlage des Gesanges, denn ohne Atem gibt es keine Phrasierung. Das bezieht sich nicht nur auf die Gesangskunst, sondern auch auf die Kunst des Componierens überhaupt. Wenn ich für die menschliche Stimme schreibe, dann componiere ich sozusagen „unter einem Atem". Große Dirigenten wissen das, und dirigieren nicht Takte, sondern Phrasen. Herbert von Karajan wurde von Sängern und Musikern gerade deshalb so geschätzt, weil er das Geheimnis des Atems kannte. Unter Richard Strauss bin ich ebenfalls auf dieses Geheimnis gestoßen. Das Wunderbare war, wie er beim Dirigieren mitatmete, wie Strauss den Sängern nach dem Sinn der Phrase das Atmen mit dem Taktstock anzeigte.

Zu meinem Abgang von der Hochschule möchte ich noch eine kleine Episode erzählen, die erklärt, warum es mir auf die Dauer unmöglich war, dort zu verbleiben. Bei einer Abschlußprüfung, bei der ich auch in der Prüfungskommission saß, kam eine junge Dame an die Reihe, die aus Schweden stammte. Schon früh hatte ich mich über die absonderlichen Fragen meiner verehrten Professorenkollegen gewundert. Oft ging es mir dabei so, daß auch ich selbst kaum eine Antwort zu geben vermocht hätte. Diese bedauernswerte und gar nicht untalentierte Frau wurde also erbarmungslos ausgefragt. Die letzte Frage war: „Nennen Sie mir eine bedeutende Oper, die von Es-Moll auf C-Moll endet." Ich selbst hatte keinen blassen Schimmer und dachte mir, nur ein Wahnsinniger könnte das beantworten. Die Studentin wußte es unerklärlicherweise. Es war die „Elektra" von Richard Strauss. Und die Frage betraf nur die zwei Schlußakkorde! Ich erklärte dem Vorsitzenden der Prüfungskommission, daß ich bei der Prüfung durchgefallen wäre, und daß ich in Hinkunft an keiner Prüfung mehr teilnehmen würde.

„Jesu Hochzeit"
Ein veritabler Skandal

Meine Beschäftigung mit geistlichen Themen hat schon sehr früh eingesetzt. Das erste Konzert, das ich in Hamburg hörte, war die „Matthäuspassion", aufgeführt vom Hamburger Orchester unter Karl Ernst. Ich war von der Aufführung fasziniert und hatte die ganze Nacht kein Auge zugemacht. Ich hatte selbst Texte aus der „Matthäuspassion" genommen und zu componieren versucht. Auch später tauchte immer wieder die Idee auf, es mit einem geistigen Stoff zu versuchen, und ganz besonders nach der Arbeit am „Prozeß". Als ich Blacher da-

von erzählte, meinte er, das wäre ein alter Hut, und die Opern seien meistens äußerst langweilig, höchstens Oratorien wären heute noch möglich.
Ich wollte immer etwas über Jesus Christus schreiben, nichts Doktrinäres, sondern eine Anwendung seiner Lehre aus der Bergpredigt, einem der gigantischen Dokumente der Menschheit. Dieser Mann faszinierte mich. Es ist ja kein Zufall, daß das, was von ihm stammen soll, einen so großen Einfluß auf das Abendland hatte, und nicht nur auf dieses. Auf der Suche nach einem geeigneten Stoff hatte ich mich sehr viel herumgesehen. Sehr konkret wurde auch einmal der Plan, Alexander Solschenizyn zur Mitarbeit zu bewegen. Wobisch kümmerte sich darum, es gelang aber nicht zu einer Vereinbarung zu kommen. Nachdem alle Bemühungen nichts gefruchtet hatten, bat ich meine Ehefrau meine Ehefrau Lotte einzuspringen. Ich hielt es für notwendig, sie vor einer Zusammenarbeit mit mir zu warnen, denn beim Arbeiten bin ich ein unerträglicher Mensch. Die Arbeit an „Jesu Hochzeit" war dann unser erstes größeres, gemeinsames Projekt, was eigentlich verwunderlich ist, weil ich ja von Anfang an gewußt hatte, was für ein hervorragendes dramaturgisches Talent sie ist. Das war überhaupt der Grund für unser Kennenlernen. Ich hatte ja nie vorgehabt, sie zu heiraten. Ich hatte sie wegen der Operntexte kennengelernt. Dann kam die Bearbeitung von Schillers „Kabale und Liebe", die sie gemeinsam mit Boris Blacher übernommen hatte. Ich zeigte ihr den Text der Bergpredigt und meinte, davon würde ich gerne eine Basis für eine Oper haben. Sie erkundigte sich eingehend, was ich genau haben wollte, und schrieb dann das Libretto. Das einzige, was ich ihr riet, war die Einfügung einer Tanzszene. Lotte ist keine Musikerin und hielt sich an meine Anweisung. Sie hat ein besonders sensibles Gefühl für dramatische Formen. Ich aber hatte ein eher ungutes Gefühl dabei, denn ich dachte immer, die Zusam-

menarbeit würde das Ende unserer Ehe herbeiführen, schließlich war jedoch gerade das Gegenteil der Fall!
Das Gute an unserer Zusammenarbeit war die Möglichkeit, daß ich in direkter Absprache mit ihr eine Zeile oder einen Absatz streichen oder sie auffordern konnte, etwas Passendes einzufügen. Nach vielen Ärgernissen war das Stück fertig. Das war eine fast ideale Zusammenarbeit. Jemand, der das Thema gern hat, ein Autor, arbeitet mit jemandem zusammen, der das Thema liebt, nämlich dem Componisten. Die Zusammenarbeit ist ja das eigentliche Geheimnis.
Der Stoff interessierte mich, wie bereits gesagt, schon seit Jahrzehnten. Natürlich hatte ich mich eingehend mit der Person Jesus Christus beschäftigt und versucht mir klarzumachen, wer oder was er war. Ob ich das erfaßt habe und ob es mir gelungen ist, weiß ich nicht, aber ich hatte das dringende Bedürfnis, mir selbst diesen großartigen Stoff klarzumachen. Ich hatte diese Auseinandersetzung persönlich nötig.
Bei der Composition dieses Werkes wurde ich von der religiösen musikalischen Tradition nicht beeinflußt. Weder die Passionsmusik von Schütz noch die von Bach hatte ihre Spuren hinterlassen. In der Partitur zu „Jesu Hochzeit" tauchen zum ersten Male Wünsche der Autoren auf, die sich auf die Farbe der Kostüme und den Einsatz von Licht beziehen. Das ist von Lotte und mir recht genau beschrieben, ebenso gibt es detaillierte Angaben über die Beschaffenheit der Bühne. Das hängt nicht damit zusammen, daß ich etwa nicht mehr darauf vertrauen wollte, daß ein Uraufführungsteam für die Nachwelt geeignete Orientierungsmaßstäbe hinterlassen könnte. Die christliche Religion hat vielmehr im Laufe von Jahrhunderten Farbe mit Symbolkraft belegt, und diese wollten wir nutzten. Die Farben der Gewänder der Protagonisten verändern sich mit deren fortschreitendem Lebensalter. Bei der Uraufführung mußten wir jedoch er-

kennen, daß sich Regisseur und Ausstatter über unsere Anweisungen hinweggesetzt hatten.
Ich wollte, daß diese Oper in der kleinen Form geschrieben ist. Ich war von der Idee beseelt, ein intimes kammermusikalisch konzipiertes Werk zu schreiben, für das sich die Menschen persönlich interessieren könnten. Die Erfahrungen haben leider gezeigt, daß sie das gar nicht wollten.
Als der Text fertig war, gab ich ihn Helmut Wobisch, dem Gründer des Carinthischen Sommers, der an mich mit der Idee herangetreten war, eine Kirchenoper für Ossiach zu schreiben. Er fand das Buch sehr gut, war aber offenbar doch etwas verunsichert und fragte mich, ob ich etwas dagegen hätte, wenn er es Manfred Mautner Markhof zeigen würde. Nun geschah etwas Unerhörtes. Mautner, mit dem ich seit Jahrzehnten bestens befreundet war, und der in der Konzerthausgesellschaft viele meiner Stücke durchgesetzt und manche auch beauftragt hatte, schrieb mir einen unglaublichen Brief. Die Kernaussage daraus wurde sogar in der Wochenzeitschrift „Profil" vom 19.5.1980 abgedruckt:
„Etwas von niedrigerem Niveau und absolut unqualifizierbaren Inhalts habe ich in meinem Leben nicht gesehen. Daß Gottfried auch nur daran denken kann, einen so tiefgehenden Mist wie das oben erwähnte Machwerk darstellt, in Töne umzusetzen, ist mir völlig unfaßbar. Quo vadis, amice?"
Daraufhin kündigte er mir die Freundschaft. Ich aber schickte ihm den Brief zurück, steckte ihn in ein Kuvert und schrieb dazu: „Ich wünsche diesen Brief nicht erhalten zu haben!"
Manfred Mautner Markhof, Präsident der Konzerthausgesellschaft, war ein sehr belesener Mann, aber so etwas durfte er sich wohl nicht herausnehmen. Er hätte sich doch denken können, daß ich mir, gerade weil ich die anderen Autoren vertont hatte, sehr genau überlegte,

warum ich dieses Buch so und nicht anders haben wollte, und warum ich gerade Lotte damit beauftragt hatte. Damit aber war die beabsichtigte Aufführung des Werkes in der Ossiacher Stiftskirche gestorben. Helmut Wobisch hatte offenbar aufgrund dieser unerwartet vehementen Reaktionen kalte Füße bekommen, denn er fürchtete das Veto der kirchlichen Stellen. Damals gab es nämlich noch kein Festspielhaus in Villach, sondern es stand nur der sakrale Raum in Ossiach zur Verfügung.
Das Stück wurde dann vom damaligen Intendanten Gerhard Freund, dem früheren Fernsehdirektor, für die Wiener Festwochen angenommen. Diese Festwochenproduktion wurde nicht zuletzt auch von Franz Häussler, dem geschätzten Direktor des Theaters an der Wien, einem mutigem Mann und altem Freund, gefördert. Als jedoch Gerhard Freund plötzlich verstarb, war auch diese Festwochenproduktion im Auftrag der Stadt Wien wieder unsicher geworden, denn das Textbuch hatte inzwischen Wogen der Empörung ausgelöst. Da die Vorbereitungen aber schon sehr weit gediehen, und eine Reihe von vertraglichen Vereinbarungen getroffen worden waren, mußte der zuständige Kulturstadtrat Helmut Zilk das Stück wohl oder übel doch übernehmen.
Auch das Fernsehen hatte eine Aufzeichnung der Festwochenpremiere beschlossen. Diese Aufführung im ORF war einzig und allein Ernst Wolfram Marboe zu verdanken. Zilk rief an und sagte daß, uns Kardinal Franz König in der Angelegenheit unbedingt sehen wollte. Wir gingen also zu ihm hin, er hatte das Textbuch gelesen und meinte, er fände es wunderschön. Zwei Tage später lasen wir in der Zeitung, daß der Kardinal an der Spitze von achthundert Religionslehrern gesprochen, das Stück als „Verhöhnung des Christentums" verdammt und seine Absetzung verlangt hätte. Einige Religionslehrer riefen bei uns an, entschuldigten sich und erklärten, man hätte ihnen mit Entlassung gedroht, falls sie nicht protestier-

ten.Das hatte mich nun doch überrascht und war wohl auf den unseligen Einfluß aus Rom zurückzuführen. Die meisten Personen, die sich in Leserbriefen und Leitartikeln sowie in Drohanrufen gegen eine Aufführung des Stückes aussprachen, hatten den Text jedoch kaum gelesen. In der „Wiener Kirchenzeitung" wurde ein Aufruf des leitenden Redakteurs Josef Bauer veröffentlicht: „Wenn Sie die Aufführung im Fernsehen sehen und Sie fühlen sich in Ihren religiösen Gefühlen verletzt, versäumen Sie nicht zu protestieren (im ORF, bei der Leitung der Wiener Festwochen, in Leserbriefen)."

Eine Frau Dr. Elisabeth Schmitz von der „Liga für Sozialhygiene" berief sich auf 55.000 Unterschriften und apellierte als „katholische Politikerin" an Justizminister Broda, Bundeskanzler Kreisky und Bundespräsident Kirchschläger, diese „Gotteslästerung" zu verhindern. Sie erstattete auch eine Anzeige wegen „Herabwürdigung religiöser Lehren". Diese Kontroversen waren einfach grotesk und beruhten auf schrecklichen Mißverständnissen. Es war vermutlich vor allem der Titel, ein Zitat des Hl. Augustin, der unberechtigterweise zum Anstoß effektiven Ärgernisses wurde. Alle Versuche besonnener Fachleute, die Wogen zu glätten, und die mutwilligen Fehlinterpretationen aufzuklären, waren vergeblich. Erwin Ringel sprach im Rückblick von einer „psychopathologischen Massenreaktion", die sich offenbar nicht mehr einbremsen ließ. Es wurde eine grauenhafte Hetze gegen mich und Lotte veranstaltet, es gab Flugblätter, am Tag der Uraufführung eine Lichterprozession auf dem Karlsplatz und Transparente mit der Aufschrift „Freimaurer und Marxisten feiern Jesu Hochzeit in Wien". Wir wurden brieflich und telefonisch mit dem Leben bedroht.

Unter diesen Voraussetzungen wurde die Premiere im Theater an der Wien unter der Leitung von Giancarlo del Monaco, zu einem großen Theaterskandal. Die Aufführung wurde durch organisiertes Schreien gestört, es wur-

BETRIFFT: LOTTE INGRISCH!!!!

JH 215/79

EINGELANGT BEI F/1 2
21. MAI 1979
Arl.:
Weiter an:

Wien,am 19.Mai'80

An den ORF-Kundendienst

Ich bin 13 Jahre alt.
Ich habe den Film "Jesu Hochzeit" gesehen und kann nur sagen,daß dies eine Herausforderung höchsten Grades an den christlichen Menschen ist.Schon allein die grundfalsche Auffassung der Heiligen Sc hrift,welche die Schriftstellerin während der Diskussion zeigte, ließ mir die Haare einzeln zu Berge stehen!!!
Außerdem heißt die Schwester Lazarus' n i c h t Maria Magdalena!!!
Durch solche udn andere Fehler wird die gesamte Christenheit,welche nicht fest genug in ihrem Glauben ist,verunsichert!!!
Kann man so etwas verantworten???
Wer ist überhaupt auf die gestörte Idee gekommen,dieses unzusammenhängende T e u f e l s w e r k als Festwochenprogramm aufzustellen???
Ich bitte nun,mir zurückzuschreiben,was bis jetzt immer geschehen ist!
Bitte schicken Sie mir die Adresse von lotte ingrisch!!!!!!!!!!!!!!!!!!!
DANKE!!!!!

Auf Antwort wartend!

Schmähbriefe

den Stinkbomben und Tomaten geworfen. Der ORF registrierte 1011 negative Schreiben und Anrufe, einen absoluten Rekord, und es gab nur 14 positive Äußerungen. Es ist klar, daß in dieser aufgeheizten, emotionsgeladenen Atmosphäre es zu keiner fairen Auseinandersetzung mit dem Stück kommen konnte. Da halfen auch Lotte Ingrischs sachliche und aufklärende Worte im Programmheft nichts:
„Jesu Hochzeit" ist eine Mysterienoper, darstellend die Erlösungsgeschichte und Passion. Die heiligen Texte wurden nicht verändert. Der Titel bezieht sich auf Jesu Hochzeit mit dem Tod, der hier - wie im Hebräischen und allen romanischen Sprachen - als Tödin erscheint. Es ist die chymische Hochzeit, die Vereinigung von Liebe und Tod, die den Menschen aus seiner Endlichkeit erlöst."

Offener Brief — Linz, am 19. Mai 1980

Sehr geehrte Frau Ingrisch!

Da uns der ORF am Sonntagabend "Jesu Hochzeit, Mysterienoper von Lotte Ingrisch, Musik Gottfried vom Einem" zur Gänze ins Haus geliefert hat, kann uns der unter anderem von Ihnen den Kritikern gemachte Vorwurf nicht treffen, wir urteilen über etwas, das wir nicht oder nicht zur Gänze kennen. Oberhaupt sollen diese Zeilen kein Urteil darstellen, das steht letztlich uns nicht zu; aber unsere Eindrücke dürfen wir wohl zu Papier bringen, so wie Sie und Ihre Anhänger mehr als sonst üblich die Möglichkeit zur Stellungnahme in den Medien hatten und vermutlich in Zukunft noch haben werden.

Zunächst ein Kompliment der Gesamtregie, besser war es wohl kaum machbar: Zur psychischen Einstimmung der Fernseher vor der Live-Obertragung der Uraufführung des Opus eine Reportage über den "Erfolgreichen", dem Sie als Gattin mit IhremLibretto nur dienstbar sein wollten, so Ihre eigene Aussage. Also ein biblischer Stoff nur als Mittel zum Zweck, nämlich zur Musik. Dann eine Zwischenpausendiskussion, in welcher der Teilnehmende, offenbar sorgsam dafür ausgewählte Theologe außer zustimmendem Kopfnicken nureine wesentliche Feststellung zu treffen hatte, nämlich daß der Diskussionsleiter, Herr Löbl, die Empfängnis Jesu mit der unbefleckten Empfängnis der Gottesmutter verwechselt hatte. Nur ein Versprecher oder der Mangel an Beschäftigung mit der Offenbarung? Von diesem kleinen Betriebsunfall ab-

Die negative Aufnahme hatte allerdings tiefgreifende Folgen für die weitere Rezeption des Werkes. Es bekam nur mit Mühe zwei weitere Bühnen. Opus Dei ist rachsüchtig und hat einen langen Arm. Albrecht, der Generalmusikdirektor der Staatsoper in Hannover, setzte im November 1980 das Stück an. Vorher gab es zwei Pressekonferenzen. Es kamen jeweils rund 500 Menschen. Das zeugte nicht nur von Interesse, sondern auch von Angst. Schon im Vorfeld gab es Protestschreiben an den Ministerpräsidenten von Niedersachsen und an die Staatsoperndirektion in Hannover. Bei der Aufführung passierte dem Opus Dei allerdings ein peinlicher Regiefehler. Es wurden massenweise Personen aus dem Umland mit Omnibussen in die Stadt gekarrt, um die Aufführung nachhaltig zu stören. Sie hatten sich allerdings in der Adresse geirrt und wurden zu einem Theater gefahren, in dem ausgerechnet Bertolt Brechts „Arturo Ui" an jenem Abend auf dem Programm stand und ausgebuht wurde.
Die Diskussion in Hannover bewegte sich allerdings auf einem höheren Niveau als in Wien. Die Leute waren meist gut informiert und hatten zum Großteil auch das Textbuch gelesen.
Zur nächsten Aufführung des Stückes sollte es erst mehr als zehn Jahre später, und zwar in Mainz, kommen. Auch diese Geschichte lief nicht ohne Schwierigkeiten ab. Wir wurden vom Intendanten Taube zur Premiere eingeladen und reisten nach Mainz. Vor dem Theater trafen wir zwei Herren, die uns empfangen sollten. Ich fragte sie, ob die Generalprobe nicht schon längst angefangen hätte. Sie erklärten, daß gerade der Dirigent wegen Trunkenheit fristlos entlassen worden wäre. Lotte und ich gingen zum Intendanten hinauf, und ich schlug vor, den Hauptkorrepetitor, der das Stück einstudiert hatte, die Aufführung leiten zu lassen. Das geschah dann schließlich auch. Erzbischof Lehmann, der sich zuvor für das Stück positiv ausgespro-

chen hatte, hielt eine Aufführung plötzlich nicht mehr für wünschenswert, er konnte sie aber nicht mehr verhindern. Nach der Premiere gab es wieder eine Pressekonferenz, an der interessanterweise auch einige Priester, die sich für das Stück erklärten, beteiligt waren. Sie meinten, es würde viel stärker für den Glauben sprechen als andere Werke. Daß sich diese Meinung auch bis in erzbischöfliche Ordinariate herumsprechen sollte, war aber nicht zu erwarten. Dafür jedoch saß auch ein unsäglicher Mann vom ZDF dabei und hielt dümmste Reden gegen uns. Leider aber ging es dann in weiterer Folge nur noch um die Umstände des Zustandekommens der Aufführung und um die Repressalien, denen sie ausgesetzt war. Das Stück ist daneben verblichen, und das ist bedauerlich.

Wenn Oper für einen Kreis auf sie Eingeschworener componiert und von diesem Kreis auch getragen und aufgeführt wird, wie es etwa in Salzburg der Fall war, dann erhält sie eine bedeutende Möglichkeit der Ausstrahlung und Anregung für andere. Fast nur solche Opern, die eine ihnen entsprechende Uraufführung gehabt haben, sind auch weitergegangen. Die wesentliche Aufführung und damit die Bewährung einer Oper ergibt sich eigentlich erst durch die zweite Bühne. Was „Jesu Hochzeit" betrifft, darf ich wohl mit Recht behaupten, daß dieses Stück diese Chance in der Bewährung und unvoreingenommenen Beurteilung bisher noch nicht gehabt hat. Dazu muß es wohl zuerst zu einem Umschwung in der Generaldirektion der Kirche im Vatikan kommen. Lotte Ingrischs leidenschaftliche Anklage, „das Elend, das sie in Deinem Namen in die Welt bringen, wird größer als alles andere Elend sein", wird bis dahin leider weiterhin Gültigkeit behalten.

„Man muß lernen, mit den Toten zu sprechen – und mit den Lebenden zu schweigen ...“ Paranormale Erlebnisse

Diesen Satz sagte ich zu Lotte, als wir, am Kamin unseres Waldviertler Refugiums sitzend, den ersten Todestag Jörg Mauthes feierten, und sie hat ihn, wie viele meiner Aussprüche und Erlebnisse, dankenswerterweise aufgezeichnet und in ihrem wunderbaren Buch „Kapelle der Gefahren“ dokumentiert. Darin finden sich viele Erfahrungen, die man als „paranormal“ bezeichnen würde, aber was ist schon normal? Jedenfalls bin ich im Laufe meines Lebens in vieler Hinsicht wenn schon nicht weise, so immerhin hellsichtig geworden. Nachstehend möchte ich aus den Protokollen meiner zuweilen durchaus merkwürdigen Erfahrungen, wie sie meine Frau Lotte jeweils spontan notiert, unkommentiert einige Episoden zitieren.

Rindlberg, 7. Jänner 1986
Eben, 17 Uhr 50, geht Gottfried in die Stube - und da entsteht vor ihm eine kleine schwarze Katze und läuft zum Kachelofen. „Wui Wui?“ frage ich. „Nein“, sagt er. „Kleiner.“

Rindlberg, 3. Februar 1986
Soeben, um 16 Uhr 10, kommt Gottfried in mein Schreibzimmer, wo ich gerade das Nächtebuch korrigiere, exakt die Stelle, wo Gottfried die jenseitige Musik hört, Text: „... nicht ohne Entsetzen hörte ich einen Ablauf eines Musikstückes, von dem ich nicht wußte, daß es es geben kann. Denn diese Schönheit war so, daß sie den, der sie hört, verbrennt. Dieses Verbrennen aber war die höchste Gnade.“ Also - gerade da kommt Gottfried zu mir und sagt...
Gottfried: „Hast du Besuch?“
Ich: „Nein. Wieso?“

Gottfried: „Da ist doch eben ein Mann gekommen."
Ich: „?"
Gottfried: „Ich hab ihn vom Fenster aus gesehen. Er ging ins Haus."
Ich: „Die Tür ist ja zugesperrt."
Gottfried: „Nein, an der Tür vorbei. Direkt in dein Zimmer."
(Zeigt auf die ins Freie führende, zur Zeit aber ebenfalls verschlossene Südtür meines Schreibzimmers.)
Ich: (alarmiert) „Wie sah er aus?"
Gottfried: „Mittelgroß, kurzer, dunkler, warmer Überrock. Ging langsam die Hausfront entlang und zu dir hinein ..."
Gottfried und ich: (gleichzeitig) „Mauthe!"
Gottfried: „Zünd eine Kerze an."
Ich: „Ja. Er hat es versprochen. Und jetzt ist er wirklich da!"
(Ich zünde eine Kerze an, sehr glücklich.)
Da läutet das Telefon. Eine erregte Frauenstimme: „Ist dir etwas geschehen?"
Ich: „Wieso?"
Stimme: „ Ich hab so eine Angst um dich gehabt..."
(Jetzt erkenne ich die Stimme, es ist Martha Sills-Fuchs.)
Ich: „Nein, es geht mir gut. Wir haben gerade Besuch. Ein Toter ist bei uns."
Martha: „Ein Toter ... Jörg Mauthe?"
Ich: „Ja."
Martha: „Aber du warst in meinem Zimmer. In den letzten drei Stunden. Dreimal. Du kamst durch das Fenster, wo mein Schreibtisch steht. Und jedes Mal hast du deine Hand nach mir ausgestreckt. Ich hab sie auch immer genommen."
Ich: „Wie hat sie sich angefühlt?"
Martha: „Ganz normal. Du hast überhaupt sehr gut ausgeschaut."

Rindlberg, 27. August 1986
*Fuhren heute, den Carinthischen Sommer verlassend, mit der Eisenbahn von Villach nach Linz. Nahmen, da der Zug voll war, ein Abteil erster Klasse. Es war leer, aber plötzlich sah ich schräg gegenüber von mir in der Ecke ein großes, dunkles, junges Mädchen sitzen. Ihr Gesicht war ein Schatten. Und schon war sie überhaupt ganz verschwunden. Dann redeten Gottfried und ich über den Tod, aber heiter, und erzählten einander, wem wir am liebsten begegnen möchten. Ich nannte William Blake, Giordano Bruno und Heraklit. Gottfried sagte, weil er ihn so liebt, Edvard Munch. Die Fahrt dauerte fünf Stunden. Wir waren schon in Wels und hatten längst das Thema gewechselt, als Gottfried auf einmal sagte: „Wieso sitzt seit einer Stunde dieser Mann neben mir?" Nach und nach erzählte er mir, er hätte den Fremden zuerst für einen gewöhnlichen Fahrgast gehalten, obwohl er nicht bemerkte, daß jemand zustieg. Erst zu*letzt begriff er, daß irgend etwas *nicht stimmte.*
Der Fremde saß auf einem Platz (dem neben dem Mädchen, das aber nur ich gesehen habe und viel früher), der mit Zeitungen und Krimskrams belegt war, als wäre das gar nicht vorhanden. Gottfried schaute ihn mehrmals an, und der Fremde schaute zurück, aber durch Gottfried hindurch. Er nahm ihn nicht wahr. Gottfried beschrieb ihn: etwa 35 Jahre, groß, schlank, blondes Haar, kleines Bärtchen, blaue, sehr stille Augen, nachdenkliches Gesicht mit tief eingekerbten Linien. Hose (keine Jeans), bläuliche Cordjacke mit drei blonden Hornknöpfen. Und während Gottfried ihn beschrieb, sah er ihn immerzu an, las von ihm ab, was er beschrieb. Ich stand auf und tastete mit den Händen vorsichtig die Luft um die für mich unsichtbare Gestalt ab. Dort, wo er sitzen mußte, spürte ich Kälte in meinen Handflächen. Wir sprachen zu

ihm, wünschten ihm Gutes, luden ihn ein. Und gleich darauf war er verschwunden. Gottfried sagt, er hatte tote Hände, wäre aber lebendig gewesen, und Gottfried hätte uns beide verglichen, sich fragend, wer von uns beiden wirklicher war?
Wir verließen den Zug. Vor dem Bahnhof sagte Gottfried plötzlich: „Munch. Das war Edvard Munch." Wir fuhren mit dem Auto nach Rindlberg. Unterwegs sagte Gottfried, er sähe mich manchmal am späten Abend an meinem Schreibtisch sitzen. (Realiter, er riecht so gern die Nachtluft auf unserer Wiese.) Aber ich wäre, auch wenn ich am Schreibtisch säße, nicht immer da. Und er merkt jedes Mal, ob nur meine Gestalt da sitzt oder ich selbst. (Wahr ist, daß mir oft große Stücke aus der Zeit fehlen, als wären sie einfach herausgefallen aus dem Kontinuum.)

Rindlberg, 30. August 1986
Nahm heute Edvard Munch (DuMont) aus der Bibliothek und blätterte das Buch mit Gottfried durch. Beim Selbstportrait 1895 mit der Totenhand sagt er: „Ja. Das war der Mann im Zug neben mir. Nur die Kleidung war eine andere." Ich lese den Text: „Ein Selbstportrait .... verwandelt die grüblerische Selbstverlorenheit ... in eine Vision des Todes." In der Eisenbahn sprachen Gottfried und ich davon, welchen Toten wir im jenseitigen Zustand begegnen möchten. Andererseits kannte Gottfried natürlich Buch und Lithographie. Gibt es eine Möglichkeit, festzustellen, ob Munch eine bläuliche Cordjacke mit drei blonden Hornknöpfen besaß? Und ich sah zwar nicht ihn, aber lang vorher dieses dunkle Mädchen. Ich vermute, die Welten durchdringen sich wirklich. Die Zeiten. Die Zustände.

Rindlberg, 22. September 1986
Gestern erzählte mir Gottfried abends am Kamin, daß

er zwei Tage zuvor in Wien auf der Straße Leute gehen sah, die offenbar gar nicht da gingen. Denn er schritt mühelos durch sie hindurch, als wären sie Luft. Und in die Luft hinein, also in den Himmel, spazierte auch ein elegant gekleideter schlanker Herr mit Hut.

Rindlberg, 24. Oktober 1986
Heute gegen zwei Uhr nachmittag sagt Gottfried plötzlich: „Wer ist da oben in meinem Zimmer?" Da kam er gerade aus seiner Schlafkammer, die direkt darunter liegt. Er ging die Treppe hinauf und schaute nach. Nichts. Wäre ja auch sonderbar gewesen, wenn jemand durch die versperrte Tür ins Haus gelangt wäre. „Katzen", frage ich, „Siebenschläfer?" „Aber nein", sagte Gottfried und war ein bißchen verstört. Es waren drei Doppelschritte, ganz fest aufgetretene, und er machte sie mir vor. Naja, die üblichen Gespenster.
Rindlberg, 4. Jänner 1987
Heute um drei Uhr nachmittags, wir tranken gerade Tee in der Küche, sah Gottfried eine weiße Katze mit schwarzen Flecken und weißem Schwanz. Sie lief an ihm vorüber ins Vorhaus und ohrfeigte unterwegs geschwind noch das vor dem grünen Herd sitzende Mea Mea. Gottfried schimpfte deshalb mit Schneeflöckchen; da merkten wir, daß Schneeflöckchen hinter dem Küchenherd im Körbchen schlief. Dudelinchen, das auch weiß und schwarz ist, obwohl rot dazu, schlief in einem anderen Körbchen auf dem Schrank. Alle unsere anderen Katzen schauen ganz anders aus. Wir waren verblüfft. Eine Geisterkatze, die einen lebendigen Kater abfotzt? Eine ganz neue Perspektive ...

Rindlberg, 25. Jänner 1987
Heute abend saß ich mit Gottfried am Kamin. Da erzählte er mir, er hätte in der letzten Nacht, im halbwachen Zustand, gesehen, wie ich von einer von unserem

Dach fallenden Schneelawine begraben wurde, und zwar neben der Haustür, wo die Heckenrose wächst. Er wäre sofort zu unserer Nachbarin, dem Deidei, gelaufen, die auch den anderen Nachbarn, Herrn Klein, verständigen sollte, damit man mich ausgräbt. Nicht ohne Entsetzen erwachte er aus diesem Halbtraum. Und heute nachmittag, etwa um fünf Uhr, sah er wach und ganz deutlich an der Haustür eine Schneestaublawine wie einen Blitz von oben herabkommen. Er öffnete sofort die Tür, um den neuen Schnee vom Eingang zu fegen. Aber da lag kein neuer Schnee, und es hat keine Lawine gegeben.

Rindlberg, 4. März 1987
Gestern abend mit Gottfried am Kamin. Ich hatte immer wieder das Gefühl seiner Abwesenheit und schaute nach, ob er vielleicht eingeschlafen wäre? Nein, war er nicht. Doch sprach er sonderbar schleppend und mit abwärts gerichteten, fast geschlossenen Augen. Plötzlich sagte er:
„Ich bin in den letzten fünfzig Minuten an einem anderen Kamin gesessen. In Irland. Ein alter Gasthof mit von der Zeit blankgeriebenen Holztischen, an denen Männer und Frauen saßen und etwas Heißes tranken, vielleicht Punsch. Sie sprachen Gälisch und Englisch. Ich sah sie nicht verschwommen, sondern sehr deutlich. Gesichter mit Schnurrbärten, Vollbärten. Keine jungen Leute. So zwischen fünfzig und sechzig. Ich saß mitten unter ihnen und hörte zu. Das Klima war sehr freundlich, wie von einer Seelensonne durchwärmt. Da war eine merkwürdige Frau, etwa sechzig, sehr gut aussehend von Gesicht und Gestalt. Mir schien, als ob es ewig so sein könnte. Dies war kein zufälliges oder absichtsvolles Treffen, sondern ein freundlicher Zustand des Austauschs. Es hätten auch Tage vergangen sein können ...“

Das war abends zwischen zehn und elf. Dann, schon in der Tür seiner Schlafkammer: „Nachher war ich auf Kreta. Obwohl ich in Wirklichkeit nie dort gewesen bin. Ich sah die Augen des Meeres. Diesmal nur kurze Zeit. Zehn Minuten? Die Landschaft, das Meer, die Luft. Die Helligkeit! Ganz woanders. Wenig Menschen. Tiere. Schafe, Hirten, ein weißer großer zotteliger Hirtenhund. Schön war vor allem das Licht! Sehr hell, aber nicht blendend."
Und heute beim Frühstück, als ich ihn nochmals befragte: „Solche Zustände kommen immer häufiger, auch am Tag. Als ob die Zeit porös würde, durchlässig. Manchmal fasse ich mich an und frage, gibt es das noch, diese Materie? Ich gibt es ja nicht."

Rindlberg, 18. Mai 1987
Gottfried sieht wieder so viele Geistertiere. In seiner Schlafkammer und auch auf der Wiese. Katzen. Und Kreuztiere. Tiere, die nur aus ineinanderhängenden schwarzen Kreuzen bestehen, durch deren Zwischenräume man hindurchsehen kann. Katzen- bis hundegroß. Und so viele. Sie sind lebendig. Doch gehen sie nicht auf ihren vier Kreuzpfoten. Sie schweben über dem Boden.
Dies erzählte mir Gottfried letzte Nacht nach einem Traum, aus dem er in Panik erwachte. In seinem früheren Haus in der Ramsau war Feuer ausgebrochen, und zwar in den Pedalen der Orgel. (Es gibt dort gar keine.) Gottfried hat immer wieder diese schrecklichen Feuerträume. Nach meiner Erfahrung kündigen sie eine Krise an und eine Transformation.

Zemling, 23. Dezember 1987
Heute morgen hat mir Gottfried etwas Merkwürdiges erzählt. Nachts um halb eins kratzte das kleine Schakalettchen (Tüpferl und Schnäuzchen sind unsere

Tigerkater, genannt auch das große und das kleine Schakalettchen) an seiner Tür. Er ließ es ein und setzte sich mit dem Kater im Arm auf die Bettkante. Mensch und Tier guckten sich in die Augen und hatten einander lieb. Dann sah Gottfried auf die Uhr; es war halb acht Uhr am Morgen. Er saß noch immer auf der Bettkante, den schnurrenden Kater im Arm. Alles war unverändert. Er schwört, nicht geschlafen zu haben. Er fror auch nicht, obwohl die Nacht kalt war und er nur seinen Pyjama anhatte. „Was ist da", fragte er immer wieder, „passiert? Ein Zeitsprung? Oder geriet ich in eine andere Welt? In die Welt der Tiere vielleicht? Aber wo ist das kleine Schakalettchen während der fehlenden sieben Stunden gewesen?"
Ich weiß es auch nicht.

„Tulifant"
Meine „grüne" Oper

Der Anstoß zur Oper „Tulifant" kam von Franz Häussler, dem kaufmännischen Direktor des Theaters an der Wien bzw. der Vereinigten Bühnen Wien. Meine Frau und ich wurden von ihm und Peter Weck beauftragt, für sie eine Oper zu schreiben. Das schien uns zuerst etwas befremdlich, denn das Repertoire ihrer Häuser besteht fast ausschließlich aus Musicalproduktionen. Sie überzeugten uns jedoch davon, daß man wirklich ein Stück von mir spielen wollte. Ich schlug also eine Kammeroper vor, eine kleine Besetzung - das normale Gesangsquartett, ein Orchester von etwa 20 Spielern, und einen kleinen Chor von ebenfalls 20 Sängern. Das Stück wurde geschrieben, dann kam die Aufführung des Musicals „Cats" dazwischen, eine Aufführung kam bei diesem Dauerbrenner folglich nicht mehr in Frage. Dann interessierte sich das niederösterreichische Donaufestival für die Uraufführung, aber auch das kam aus finanziellen und organisatorischen Gründen nicht zustande. Schließlich wurde die Oper Tulifant im Ronacher in Wien uraufgeführt.

Der Stoff basiert auf der Figur Giordano Brunos, der als Ketzer verbrannt wurde. Lotte behandelt jedoch nicht nur die philosophischen Auseinandersetzungen um diese Figur und ihr Schaffen, sondern vor allem das Verhältnis zwischen Mensch und Erde. Es ist sozusagen eine „grüne" Oper. Das Libretto stammt von meiner Frau Lotte Ingrisch, die den Text sehr geschickt für Ensemble und kleinen Chor aufbereitet und so eine ideale Grundlage für ein kammermusikalisches Opernwerk geschaffen hat. Die Musik vermag es, Texte übereinander zu schichten. Man kann verschiedene Personen sich gleichzeitig ausdrücken lassen. Obgleich diese Äußerungen „übereinander" erfolgen, kann der Zuseher sie wahrnehmen und verstehen, was geschieht. Das gibt es im Sprechtheater nicht, denn reden da drei Spieler gleichzeitig, entsteht ein Durcheinander, das ein konzentriertes Zuhören beinahe unmöglich macht. Es ist einzig und allein bei der Oper möglich.

Da der „Tulifant" unwiderruflich meine letzte Oper ist, möchte ich die Gelegenheit wahrnehmen, in diesem Zusammenhang rückblickend auf die Bedeutung der Oper für mich und mein Schaffen zu sprechen zu kommen. Oper ist für mich Leben, wobei der Text allerdings mit Verstand und Geschmack eingerichtet werden muß, weil er immer die Voraussetzung einer erträglichen Oper darstellt. Eine Oper ist so gut wie ihr Text. Oper ist für mich die Möglichkeit, all das, was mich bedrückt und was ich aussagen möchte, je nach der Gestaltung des Textes auch unverblümt von mir zu geben.

Wer die Libretti meiner sieben Opern liest, kann daraus ablesen, wer ich bin. Das ist aber nicht das Wesentliche, denn ich bin nicht so eitel, daß ich überall durchschei-

nen muß. Das Libretto ist eine Formfrage, ob man etwa eine Szenenoper oder eine Nummernoper machen will. Ich habe alle Möglichkeiten durchgespielt, weil ich Doubletten nicht mag. Eine Wiederholung, vor allem von großen Formen, kommt für mich nicht in Frage. Ich hatte nie angestrebt, wie etwa Strauß mit Hofmannsthal, durch die „Arabella" den Erfolg des „Rosenkavaliers" zu wiederholen. Das funktioniert meiner Meinung nach nicht. Entweder macht man etwas Neues, oder man läßt es sein. Ich habe ja Opern, vor allem in meiner Berliner Korrepetitorzeit, reichlich gehört und studiert. Angeregt durch das, was ich in meinen jungen Jahren erlebt und gesehen habe, habe ich diese Form sehr lieb gewonnen. Die oft totgesagte Oper ist daher immer noch äußerst lebendig. Meine Aufgabe in Salzburg sah ich seinerzeit darin, die Verbindung zwischen der neuen und der alten Oper herzustellen, und dadurch Anregungen zu schaffen. Daß man sich auch später noch des großartigen Opernschaffens von Claudio Monteverdi erinnert hat, finde ich großartig.
Für junge Componisten, die sich heute an eine Oper heranwagen, ist die Situation heute allerdings nicht einfacher geworden. Es gibt heute kaum mehr Librettisten. Einer der letzten in unserem Jahrhundert war Hugo von Hofmannsthal, ein sehr großer Dichter, der in der Zusammenarbeit mit Richard Strauss wirklich Bahnbrechendes geleistet hatte. Ein Componist wird sich heute schwer tun, einen geeigneten Partner zu finden. Weiters ist die Aufführungspraxis für neue Opern äußerst ungünstig. Es gelingt zwar oft noch, eine Uraufführung durchzusetzen, weil die Intendanten mit dem großen Presseecho in den Feuilletons spekulieren. Eine zweite Bühne bekommt man dann aber fast nicht mehr. Ich kann daher Componisten bezüglich des Opernschaffens nicht raten, denn wer raten will, muß sich selbst die Verantwortung dafür auferlegen. Das kann ich nicht. Und

ich kann ihnen auch nicht den Rat geben, was und wie sie sich in ihrem Werk ausdrücken sollen, weil ich ja nicht weiß, was sie wollen und was sie bewegt. Außerdem muß man jungen Componisten gar nicht raten, denn sie werden immer Opern schreiben, weil sie ehrgeizig genug sind! Ich finde diesen Ehrgeiz auch durchaus angemessen, freilich sollten sie dabei wissen, worauf sie sich einlassen. Darin, daß das meistens nicht der Fall ist, liegt die Gefahr. Die Oper ist ja etwas, das mit keiner anderen Art des Theaters zu vergleichen ist. Man muß vieles bedenken und einkalkulieren: Das Bühnenbild, den Gesang, die Beleuchtung, das Orchester und vieles andere. Wer sich da nicht auskennt, ist rettungslos verloren. Wenn es z.B. einen Themenwechsel oder einen Umzug gibt, dann kann dies zu allen möglichen Komplikationen führen, wenn man sich damit nicht eingehend beschäftigt hat. Wenn es notwendig ist, sollte man eigentlich wissen, wie man derartige Probleme löst, etwa durch ein Zwischenspiel. Das sind sowohl praktische als auch ästhetische Bedürfnisse, die befriedigt werden müssen, und das kann man eigentlich nur durch die Praxis lernen. Es war mein Glück, ich sage das immer wieder, daß ich nicht, wie vorgesehen, bei Paul Hindemith studieren konnte, weil dieser von den Nazis suspendiert worden war, sondern statt dessen an die Berliner Staatsoper kam.

Neben meinen Opern habe ich mich auch mehrmals mit Bühnenmusik beschäftigt. Gleich nach dem Krieg wurde ich von Raoul Aslan, dem damaligen Burgtheaterdirektor, mit einer Bühnenmusik zu Lope de Vega beauftragt. Ich schrieb, wie ich glaubte, eine „bedeutende" Musik für großes Orchester. Bei den Proben hatte man dann allerdings kein Wort auf der Bühne verstanden, es war alles viel zu laut. Bei der Hauptprobe schließlich war da ein Herr, der erregt aufsprang und die Musik als Blödsinn beschimpfte. Wie ich erfuhr, war es der Burgthea-

terdirektor höchstpersönlich. Meine erste Bühnenmusik war also eine Pleite ohnegleichen, aber ich habe daraus gelernt und die Konsequenzen gezogen.
Später in Salzburg habe ich Bühnenmusik zu Hölderlin gemacht, mit Curd Jürgens, dann auch zu einem Grillparzerstück mit Ernst Lothar. Auf Wunsch Berthold Viertels schrieb ich die Musik zu Kleists „Der zerbrochene Krug“ und für Gustav Gründgens machte ich Shakespeares „Wie es euch gefällt“. Diese angewandte Musik interessierte mich sehr, und ich hatte bald gelernt, mich bei der Besetzung der Instrumente zu bescheiden, um die Stimme nicht zuzudecken. Es war auch für eine Bühnenmusik, daß ich das einzige Mal elektronische Musik einsetzte, und zwar für eine „Macbeth“-Aufführung am Burgtheater.
Filmmusik habe ich nur ein einziges Mal geschrieben, ich glaube, das war nichts Besonderes. Der Film hieß „Das Mädchen und der Gigant“. Das war nichts für mich, obwohl ich aus Hollywood einige Anfragen bekommen hatte. Ich wurde einmal von der Firma MGM eingeladen, dabei sprachen wir über einige konkrete Projekte, nur über Geld wurde kein Wort verloren. Ich erkundigte mich anschließend bei meinem Freund Igor Strawinsky und anderen Kollegen, und man sagte mir, um wirklich ins Geschäft einzusteigen, müßte ich eine Villa in Pacific Palisades, ein neues Auto jedes Jahr und eine Freundin haben, sowie mindestens eine Einstandparty nicht unter 10.000 Dollar Kosten geben. Da wurden erste Zweifel laut. Dann gab MGM für mich einen Empfang, und nach dem Essen kamen die üblichen Tischreden. Als ich an der Reihe war, stand ich auf und sagte, es würde mich zwar ehren, für eine so berühmte Filmfirma arbeiten zu dürfen, aber ich würde es doch nicht machen wollen. Die Herrschaften standen dann vom Tisch auf, gingen weg, das war es dann wohl. Es tat mir aber nie leid darum.

Trinken aus Leidenschaft

Bezüglich meiner Leidenschaft für das Trinken habe ich nichts zu verstecken. Meine Bekanntschaft mit dem Alkohol, die mich ein Leben lang begleiten sollte, begann mit einem Zahnarztbesuch bei Dr. Ochs in Kiel. Nachdem er meine beiden oberen Schneidezähne mit einer merkwürdigen Maschinerie verschoben hatte, weil meine Zähne seitlich kariös gewesen waren, litt ich an fürchterlichen Schmerzen und Gott sei Dank wurde ich von unserem Chauffeur rasch nach Hause gefahren. Zu Hause angekommen, entdeckte ich in meiner Verzweiflung eine Flasche Asbach Uralt, diese wurde, wenn ich mich recht erinnere, innerhalb einer Stunde ausgetrunken. Das war also ein recht kräftiger Beginn meiner Karriere als passionierter Trinker. Danach mußte ich erst einmal meinen ersten Rausch ausschlafen und wachte mit einem dicken Kopf wieder auf. Die Zähne rückten allmählich wieder zusammen, der schauderhafte Dr. Ochs aber sah mich nie mehr wieder. Mit dem Trinken aber ging es von nun an weiter, konsistent und mit Überzeugung.

Von meinem „Leichenschnaps-Ritual" beim Unterricht mit Boris Blacher in Berlin während des Krieges habe ich an anderer Stelle bereits ausführlich berichtet.

Es war im Jahr 1962, Eva-Maria bat mich, nicht so viel zu trinken. Ich sagte nichts darauf, hatte aber im Koffer schon eine Flasche Dornkaat nach Berlin mitgebracht, ich hatte immer eine Flasche im Koffer. Die hatte ich vorher schon ausgetrunken, und gab sie Blachers Kindermädchen, seiner Ute, mit der Bitte, sie wegzuwerfen. Blacher sah das, ich war gerade nicht zu Hause. Er wollte mich ein wenig ärgern, ließ Wasser hineinfüllen und die Flasche wieder in den Koffer legen. Ich dachte nicht weiter daran, und eines Morgens, beim Frühstück, fragte mich Blacher, ob ich etwas zu trinken hätte, ich sah in meinen Koffer und zu meinem Erstaunen war die Flasche voll. Ich brachte sie schnell und goß Blacher ein Glas ein. Er kostete kurz, stellte das Glas traurig wieder hin und meinte: das ist doch Wasser! Dann hat er mir die Geschichte erzählt.

Beim Verschleiern meines Alkoholkonsums, der manchmal ungeheure Ausmaße annahm, mußte ich immer wieder neue Techniken entwickeln. Das Verstecken von Flaschen habe ich zur Perfektion entwickelt, dennoch fallen immer wieder ein paar davon meiner überaus eifrigen Kontrollorin Lotte in die Hände.

Es gab jedoch durchaus auch subtilere Formen, wie ich mit vermeintlicher List bei meiner Lotte zu den mir zustehenden Alkoholmengen kommen konnte. Wie ich ihrem höchst aufschlußreichen Buch „Kapelle der Gefahren" entnehmen mußte, ist sie mir aber auch dabei auf die Schliche gekommen, wenn sie auch die Spielchen wohl oder übel mitgespielt hat. „Gestern abend", schreibt sie am 14. Februar 1987 „mit Gottfried am Kamin. Wir tranken je eine Flasche Opernballwein und den roten Ochs von Lerchenau. Wenn Gottfried will, daß ich eine neue Flasche hole, gibt er dem Gespräch jedes Mal eine mystische oder wenigstens übersinnliche Wendung. Dann kann ich, das weiß er natürlich, nicht widerstehen und öffne den verbotenen Schrank." Überhaupt hat mich Lotte wohl einigermaßen durchschaut, was meine Leidenschaft für den Alkohol betrifft. In einer Eintragung vom 12. Dezember 1987, im selben Buch, analysierte sie haargenau: „Kamen gestern aus Wien. Gottfried war in einem schrecklichen Zustand. 'Dieser Mensch wird heute nacht ausgelöscht', sagte er und meinte sich selbst. 'Schluß!' - Ich kenne diese Krisen, sie treten auf, wenn Gottfried längere Zeit nicht componiert hat. Sie beginnen als Alkoholexzesse. Gottfried wird immer aggressiver, und zuletzt richtet sich sein ganzer Haß auf sich selbst. Ein Strick. Ein Messer. Das sind

schlimme Zeiten. Gehen sie vorüber, schreibt Gottfried eins seiner schönsten Stücke." In der Tat componierte ich kaum drei Wochen später innerhalb einer einzigen Woche meine Zwettler-Messe!
Allerdings bin ich mir über das Wesen meiner Trunksucht durchaus auch selbst im Klaren, wie die drei folgenden Selbstanalysen, entstanden im selben Zeitraum wie Lottes eben angeführte Beobachtungen, belegen:

21.12.1987
Ich bin draufgekommen, was es mit dem Saufen auf sich hat. Es ist das Auf- und Zerbrechen der Vernunft und die entsetzungsvolle Wahrnehmung des Magma, des Sprunges der Erdrinde, sprich Vernunft, Bewußtsein, Erziehung. Es ist nicht der Wunsch ausgelöscht zu werden, sondern die unbewältigbare Wut, das Feuer zu sehen, den infernalischen Kräften sich auszuliefern. Wie die Pubertät gedanklich nicht zu bewältigen ist, so dieses ihr verwandte Phänomen bei mir. Ein unheilbarer Bruch in der Struktur der Persönlichkeit und in ihrer Entwicklung. Der unheilige Blick ins Entsetzen.

29.12.87
Mein Leben zwischen Kon- und Destruktion gleicht musikalischen Stufen der Dynamik. Früh Saufen, ab musikalischer Müdigkeit ohne Trinken. Ab „Prozeß" Perioden von beiden. „Zerrissener" heftige Trinkeinbrüche. Später Abstinenzphasen, abgelöst von Alkohol. Totschlag. „Jesu Hochzeit" in beiden gleichzeitig. Nach „Tulifant" Dominanz des Trinkens und kleine Abstinenzphasen. Danach Wille zum Ende. Mit Wut, Gewalt und Verzweiflung. Je ärger das Gewissen Ratt-chen gegenüber, desto wilder das Trinken. Seit Eva-Marias Tod-Leben-Anruf Versuch, die Gegebenheiten Destruktion-Konstruktion als Einheit anzunehmen. Die Missa wird das Ergebnis sein. Damit Annahme

der gräßlich desperaten Kräfte ohne Dopen. Tod als Leben, Leben als Tod.
Durchschaut habe ich die psychischen Mechanismen früh, die Einsichten gerieten aber sehr schnell in den Zerreißwolf. Und jeder Beginn mußte von tieferen Schichten erstickenden Morastes unternommen werden. Die verschlossenen Türen und Fenster sind Geburts- und Sterbehöhlen. Ratte gewann aus ihrer Aggression langsam Schweigen, dann Mut, daraus Einsicht. Ich habe einen klugen Körper, der mir Stütze ist, wenn der tellurische Geist ihn nicht verstört; selbst dann filtert er Einsicht."

In der letzten Passage, in der ich auf die Entwicklung meiner Leidenschaft für den Alkohol im Laufe meines Lebens zu sprechen komme, verweise ich auf den Zusammenhang mit Schaffensperioden in meinem Werk – auf die Entstehungszeit meiner Opern „Prozeß", „Jesu Hochzeit" und „Tulifant". Mit „Rattchen" und „Ratte" ist natürlich Lotte gemeint, das neun- oder elfschwänzige Fabelwesen an meiner Seite!
Bewährt hatte sich auch meine Tee-Methode. Ich füllte die Flaschen mit Tee, dann sieht man nicht, ob Whisky oder etwas anderes darin ist, denn es ist immer gleich dunkelbraun. So habe ich ungeheure Mengen Alkohol genossen. Besonders schlimm war es in den 50er Jahren. Da gab es zwar keinen Wein, dafür aber Wermut, ein gräßliches Gesöff, das bei Frauen, Männern und Herren in Mode kam.
Ich componiere meist unter etwas Alkoholeinfluß. Richtige Betrunkenheit ist mir allerdings verhaßt, denn er demoliert geistige, wie auch sexuelle Fähigkeiten. Ich schätze jedoch das Maß einer gewissen Ausgelassenheit. Ich habe durch die Einnahme von Alkohol Hemmungen gelöst und Barrieren beseitigt und konnte mich so auf etwas konzentrieren, mit dem ich gerade beschäftigt war.

Das war eine wichtige Entdeckung, die man allerdings sehr leicht mißbrauchen kann, wie das etwa Modest Mussorgskis Schicksal zeigt. Ich trinke Alkohol nicht, um mich zu betrinken, sondern weil der Alkohol auf den Geist einwirkt, entweder betäubend oder aufheiternd und aufmunternd.
Mit Drogen habe ich nie experimentiert, die waren mir immer gleichgültig. Ich sehe auch im Alkohol eigentlich keine Droge für mich. Er ist einerseits eine Anregung, andererseits ein Abscheu-Mittel, das mich warnt. Mehrmals war ich auf Entziehungskuren, besonders dann, wenn mein körperliches Wohlbefinden zu sehr Schaden gelitten hatte. Vom Alkohol bin ich aber nie los gekommen, und es wäre wohl vergebliche Mühe, einem fast 78jährigen das Trinken abgewöhnen zu wollen.

Meine ungeschriebenen Opern

In einem langen Componistenleben werden selbstverständlich immer wieder viele Projekte erwogen, die aus dem einen oder anderen Grund dann nicht zur Ausführung kommen. Meist ging das bei mir über ein paar grundlegende Gedanken und einige flüchtige Skizzen nicht hinaus. Anders ist es mit den Opernplänen, hier war in jedem Fall die Beschäftigung mit dem möglichen Stoff und seiner Gestaltung naturgemäß von Anfang an aufwendiger: Welches Thema, welche Literatur, welcher Librettist? Das sind die Fragen, die sich sofort stellen. Und dann kommt immer auch die Frage nach den Rechten hinzu: Wer besitzt bzw. verwaltet das Urheberrecht am Stoff oder Text, wie kommt man an ihn heran? Deshalb haben auch meine ungeschriebenen Opern meist eine kleine Geschichte. Einige davon will ich erzählen.

„Romeo“
Boris Blacher

Wichtige Anregungen erhielt ich durch Boris Blacher, bei dem ich von 1941 bis 1943 Compositionsunterricht nahm. Blacher litt damals schwer an Tuberkulose und weilte 1943 über ein halbes Jahr lang bei uns in der Ramsau. Ich kannte seine dramatischen Stücke genau und hatte bemerkt, mit welchem Raffinement die Texte gezimmert waren. Daher bat ich ihn um Mitarbeit am Libretto zu einem „Romeo“, den ich, angeregt durch den „Romeo“ von Heinrich Suttermeister - ich spielte in der Aufführung Celesta -, vertonen wollte.
Blacher hatte ursprünglich nicht die Absicht, für andere Operntexte zu arrangieren. Bei Weinen und Schnäpsen gelang es mir jedoch, ihn zu überzeugen. Nun war die Zeit rein äußerlich günstig, da er durch die Krankheit ziemlich kaserniert war. Es gab dort kaum Ablenkung, höchstens das Radio. Und so kam es zu einer Zusammenarbeit, die tatsächlich bis zu seinem Tode im Jahr 1975 währen sollte. Insgesamt entstanden mit seiner Hilfe vier Opern. Ich war geradezu vom Glück „befallen“, daß mein früherer Lehrer eine so ungeheure dramaturgische Begabung besaß und aus purer Freundschaft diese Aufgabe auf sich nahm. Mit Blacher ging es also zuerst um einen „Romeo“. Gemeinsam bauten wir den Text. In der Nacht darauf componierte Blacher selbst das große Liebesduett. Damit war es aus mit meinem „Romeo“, denn ich schreibe kein Stück, von dem ich sehe, daß in einer Nacht von einem anderen ein offenbar wunderbares Duett entstanden ist.

„Von den Freuden und Leiden der größeren und kleineren Seeräuber“
Bertolt Brecht

Im Sommer 1948 - oder war's 49? - wohnte Brecht in Salzburg bei mir. Ich hatte die Absicht, mit ihm zusammen eine Oper zu machen. Er erzählte mir einen Stoff, den ich inzwischen vergessen habe. Oder vielmehr, ich vermische ihn in meiner Erinnerung mit der „Dreigroschenoper“, der er sehr ähnlich war. Übrig blieb nichts als der Titel: „Von den Freuden und Leiden der größeren und kleineren Seeräuber“. Nur dieser hübsche Titel blieb von unserem Opernprojekt. Ich wußte damals auch nicht, daß er den schon vorher hatte, wie er einen ja oft anschwindelte ...
Warum ich diese Oper nie schrieb? Ein uralter Streit lebte zwischen Brecht und mir noch einmal auf. Brecht bestand hartnäckig darauf, das Publikum müßte jedes einzelne Wort deutlich verstehen. Ich entgegnete, dies wäre nur bei fortschreitender Handlung notwendig. An allen übrigen Stellen bliebe es der Kunstfertigkeit der Sänger überlassen. Um so mehr, als die Musik ohnehin die Funktion des Worts übernimmt. Brecht war böse. Statt einer Oper schrieb er dann einen Passionstext für mich: „Das Stundenlied“. Da es sich um ein Chorwerk ohne Solisten handelt, wird hier der Text durch Wiederholungen verständlich. Daß ausgerechnet Brecht eine Passion schrieb, hatte aber viele überrascht.

„Die Nashörner“
Eugene Ionesco

Wie man an die Rechte eines bestimmten Stückes kommt, ist genauso wichtig wie das Componieren selbst. Ich merkte es vor allem dann, wenn ich es einmal nicht

geschafft hatte, wie im Fall „Rhinozeros". Das ist ja wohl eine der widerlichsten Geschichten, die ich je erlebt habe.
Ich wollte „Die Nashörner" von Ionesco machen, und zwar kam ich durch - wen sonst - Blacher darauf, der mich auch gleich vor den Problemen mit den Rechten gewarnt hatte. Mir war das egal. Es begann ein Briefwechsel mit Gallimard, dem Verleger von Eugene Ionesco, und der lehnte ab. Damals war Herr von Bielka, der spätere Außenminister, österreichischer Botschafter in Paris. Ich hatte ihm davon erzählt, und er wollte sich darum kümmern, da er im Gegensatz zu mir perfekt Französisch sprach. Wir gingen mit Ionesco essen. Auch der hatte nichts dagegen, daß ich sein Stück bearbeiten wollte. Die Rechte allerdings, so sagte er, hätte eine Frau Collins in London. Ich fuhr also nach London, es gab eine große Party für Mrs. Collins. Als ich sie auf die Rechte für die „Nashörner" ansprach, stellte sich heraus, daß sie diese gar nicht kontrollierte, sondern ein Mensch vom Film. Als dieser angerufen wurde, verwies er weiter an eine Dame in New York. Ich machte mich auf den Weg nach New York. Die betreffende Dame hatte die Rechte auch nicht und verwies mich weiter an Frau Karlweis, die in New York eine Agentur betrieb. Ich rief sie an, da ich sie recht gut kannte. Sie hatte die Rechte natürlich auch nicht. Dann hörte ich gerüchteweise davon, daß jemand in San Francisco im Besitz der Rechte sein sollte. Ich flog hin und traf dort zufälligerweise meinen Londoner Verleger. Der zeigte mir einen Artikel aus der „Herald Tribune": Ein Mr. Koos oder so ähnlich würde die „Nashörner" vertonen, war darin zu lesen. Zwei meiner früheren Schüler in San Francisco sagten mir, daß besagter Herr Koos Lehrer in Los Angeles sei. Ich kam dort an und traf Koos über einen gemeinsamen Bekannten. Er sagte mir zu meinem großen Erstaunen, daß er die Rechte von Ionesco direkt

bekommen hätte, und daß sein Stück bei einem Kammermusikabend an der Universität aufgeführt werden sollte.
Zurück in Paris, erzählte ich dies alles Bielka. Ich war mit Ionesco wieder zum Mittagessen verabredet und hätte ihm am liebsten den Hals umgedreht, doch er war völlig betrunken. Nach dem Essen machte ich ihm Vorhaltungen. Er bestritt zunächst, räumte dann aber ein, es wohl vergessen zu haben. Er wüßte im übrigen selbst gar nicht, wer seine Rechte kontrollierte. Später fand ich es heraus: Es war der Filmemacher Eli Landau.
Was mich vor allem an der „Rhinozeros"-Geschichte geärgert hatte, war, daß Blacher und ich den Text schon fertig hatten. Das ist die Pest des Urheberrechts. Die „Entführung" gäbe es nicht, wenn es damals die GEMA und die AKM gegeben hätte. Man verfängt sich in tausendundein Fäden, aus denen man nicht mehr herauskommt.

„Der Drache"
Jewgenij Schwarz

Einmal war ich in Polen zu Besuch und traf dort einen Sowjetrussen namens Schwarz. Ich hatte durch den Theaterzirkel davon gehört, daß er mit einem seiner Werke große Schwierigkeiten hatte. Das war noch zur Zeit Stalins. Ich erfuhr also von der Geschichte und las dieses Buch, es war zauberhaft. Erst nachdem Blacher und ich uns darüber klar geworden waren, daß das eine herrliche Oper sei, erfuhren wir, daß Paul Dessau die Rechte dafür hatte und bereits plante, eine Oper zu componieren. Dessau, der viel für Bertolt Brecht geschrieben hatte, verzichtete dann auf seine Rechte und meinte, wenn ich das schreiben wolle, trete er natürlich zurück. Blacher und ich kamen mit dem Text dann recht gut zurande, aber der Schluß war wirklich Nonsens. Darüber kamen wir nicht hinweg. Ich kann nicht einfach einen Schwan erscheinen lassen! So etwas kann ich nicht componieren, kann es mir nicht einmal vorstellen, Daran scheiterte dieses Projekt.

Die Geschichte ist folgende: Ein junger Mann von besonderen Gnaden verliebt sich in eine Dame. Bevor es zur Ehe kommt,erfährt er, daß vor der Stadt ein Drache lebt, der pro Jahr die Konsumation einiger Mädchens verlangt. Diese werden also ausgewählt, und man überlegt, wie man den Drachen loswerden könnte. Und nun ergibt sich die Situation mit dem Schwan, die an „Lohengrin" erinnert. Wagner hatte da den Schluß sehr schön componiert, ich konnte es nicht besser machen.

Ich habe immer vermieden, daß ich von Stücken bzw. Stoffen, an denen ich gerade componierte, szenische Aufführungen sah. Ich wollte das immer der Phantasie überlassen. Nun geschah es aber, daß es im Fernsehen eine Aufführung des Stücks, in der Inszenierung von Giorgio Strehler gab, mit Andrea Jonasson. Nun konnte ich zwar erst einmal feststellen, daß Lottes Bearbeitung nicht schlecht war, doch was mir gefehlt hatte, warder Schluß, und der ließ sich musikalisch nicht hinkriegen. Der Schluß einer Oper aber ist für mich wichtiger als die Ouvertüre!

Übrigens sollte ich vor einigen Jahren mit Paul Dessaus Witwe, der Schauspielerin und Regisseurin Ruth Berghaus, und dem Bildhauer Alfred Hrdlicka im ORF ein Streitgespräch über Brecht machen. Ich meinte, mit diesen Herrschaften würde ich kein Streitgespräch führen, denn sie seien für mich nicht kompetent, schon gar nicht für Brecht. Die ORF-Dame ließ nicht locker und meinte, die hätten ihn aber doch gekannt. Ich aber sagte, Hrdlicka hätte von ihm allenfalls einmal ein Gedicht gelesen, und die Berghaus kannte ihn, weil sie die Frau von Paul Dessau war!

„Bellmann“ und „Der Rattenfänger von Hameln“ Carl Zuckmayer

Den Dramatiker Carl Zuckmayer hatte ich 1946 in Salzburg kennengelernt. Er kam gerade aus Amerika, war im Rang eines Offiziers, und war gebeten worden, zu überprüfen, wie es denn nun mit den Nazis stünde. Ich wurde ihm durch Ernst Lothar vorgestellt, wir fanden uns jedenfalls sehr schnell beim Whisky und sahen uns oft. Er war ein Schatz, gescheit, aufgeschlossen. Man merkte, daß er seinen Unterhalt mit körperlicher Arbeit, nicht nur mit Schriftstellerei verdient hatte. Auch Alice Herdan, seine Frau, war ein wunderbarer Mensch. Dann wollten wir eine Oper zusammen machen, das wurde von Alice allerdings verhindert. Ich wollte ein Singspiel, eine mit Gesprochenem gemischte Form, das war auch seine Meinung. Wir einigten uns auf einen Stoff, den er schon bearbeitet hatte, der allerdings noch nicht ganz fertig war, über den schwedischen Sänger Bellmann. Der hatte in der Geschichte eine künstlerische und auch eine politische Rolle gespielt, und beides ging schief. Jedoch meinte Zuckmayers Frau Alice, es wäre doch wohl weiser, das Stück als Schauspiel in Göttingen aufführen zu lassen. Er hatte diesen Stoff dann mit zwei großen Staatshandlungen und entsprechenden Texten belastet, und das Ganze war dann der größte Reinfall, den Zuckmayer je erlebt hatte.

Kein Mensch spielte es je nach. Ich hatte auf einem Singspiel im Stil der„Entführung“ bestanden, doch Alice vereitelte alle Pläne, was ein großer Fehler war. Die Originalfassung des „Bellmann“, die es nicht mehr gibt, war im Vergleich zum Drama einfach zauberhaft.

Später wollte wir auch wieder etwas machen. Er schlug vor, daß ich aus seinem Stück der „Rattenfänger von Hameln“ eine Oper machen sollte. Das wollte ich allerdings nicht, denn das war auf der Basis dessen, was er sich vorstellte, nicht möglich. Ich componierte ihm dann die Bühnenmusik für die Aufführung in Zürich, mit Helmut Lohner in der Hauptrolle. Später erlebte ich etwas Herrliches: Das Volkstheater in Wien spielte das Stück nach, ein sehr beachtlicher tschechischer Regisseur führte Regie. Wir besprachen uns wegen der Musik, ich kam mit Alice Zuckmayer zur Generalprobe, das Stück begann, aber ich hörte nicht eine einzige Note von meinem Stück. Der Regisseur hatte alles herausgeschnitten! Das Zauberhafte aber war, daß die Abrechnung stimmte.

Neher ist vor einer Stunde gestorben;

GOTTFRIED VON EINEM

WIEN III, DANNEBERGPLATZ 14

29. VI. 62.

Geliebte,

es ist ein Uhr nachts. Ich bin bei zer-
nichtet von dem Sterben Caspar Nehers. Wofür diese
ungeheure Qual? War Neher ein Mensch, der mit einem
derartigen Ende bestraft wird? Er war bereits völlig
ohne Bewusstsein und das fiebrige, schmerzbedingte
Röcheln so schauerlich weil das Leben, das in ihm steck-
te nur durch stärkste Spritzen hervorgerufen wor-
den war und nur mehr Stunden andauern konnte. Ich
habe Angst vor dem Tod, wenn er mit Schmerzen ein-
tritt; Caspar Neher hatte ungeheuerliche Schmerzen.
Liebes, denk nächstens einmal über Deinen eigenen
Tod nach. Hast Du eigentlich Tolstois Erzählung
gelesen?

Tod und Liebe, Liebe und Tod, beides übersteigt
meine Einsicht und beides muss ich erleiden. Weshalb

Kollegen, Freunde, Zeitgenossen
Begegnungen

Johann Sebastian Bach

Johann Sebastian Bach gehört für mich, seitdem ich in der Kindheit seine „Matthäus-Passion" erstmalig gehört habe, zu den großen Componisten unserer Geschichte. Ich habe ein herrliches Manuskript von Bach, die Faksimile-Ausgabe der „Kunst der Fuge". Das ist ein unbeschreibliches Werk. Das Thema, dieser d-Moll-Dreiklang ist ganz einfach, und doch entwickelt sich daraus ein monumentales Werk, mit Präludien und allem, was dazugehört. Und als Höhepunkt führt er im Thema dann seinen Namen - b a c h - ein. Bach ist für mich ein gestischer Componist par excellence. Diese Begabung zeigt sich auch in seiner Schrift. Dank Hindemith habe ich in Amerika an der Yale Universität sein Notenbüchlein für Anna Magdalena Bach gesehen. Das Büchlein ist nicht beendet. Bach hat es selbst rastriert und in Leder gebunden. Die letzten vier, fünf Seiten sind Skizzen. Ich hatte bis dahin immer geglaubt, daß Beethoven eine besonders wüste Schrift gehabt hätte, aber Bachs Notenzeichen sind ärger. Man versteht, wenn man das gesehen hat, die Prügelei auf dem Marktplatz von Eisenach und seine heftigen Ausbrüche in Leipzig wegen einer Frau. Bach war zwar klein von Gestalt, aber sehr stämmig. Seine Handschrift zeugt von einem phänomenalen Temperament, das sich auch in seiner Musik empfinden läßt. Eine ungeheure gestische Gewalt.

Wolfgang Amadeus Mozart

Ich lernte Mozart durch ein Konzert von Richard Strauss kennen, der in Salzburg nur Mozart-Stücke dirigiert hatte, die zwei großen Symphonien. Ich war damals 13 Jahre alt und langweilte mich tödlich. Heute weiß ich, wie großartig das war, inklusive das Dirigat des Meisters von Berchtesgaden. Es ist ja so, daß man dabei nicht nur etwas hört, sondern es vollzieht sich etwas Seelisches, etwas sehr Bedeutsames. Je stärker der Componist ist, desto eindringlicher wirken die Impulse, die von seiner Musik ausgehen. Diese Impulse Mozarts wurden im Laufe meines Lebens immer stärker. Heute halte ich Mozart tatsächlich für den größten Componisten aller Zeiten. Im Juni 1991 schrieb ich in einer Widmung: „Mozart? Wer sonst! Mozart, das Genie der präzisen Aussage. Mit Witz, Herz und tieferer Bedeutung. Der große Musiker mit den Röntgenohren. Unbestechlich und liebevoll. Ich liebe ihn."
Es gibt natürlich auch Nebengrößen, die auf mein Schaffen Einfluß genommen haben, auch die Alpen bestehen nicht nur aus dem Großglockner, aber es war vor allem dieser Meister, der mich durch seine Phantasie inspiriert hat, über ein Leben hinweg. Als ich an der Staatsoper in Berlin war, 1938, dirigierte Herbert von Karajan Mozarts Divertimento in b-Dur und ein anderes Werk für Streicher und zwei Hörner. Ich staunte, welch großartige Musik das ist. Daß man versucht, dem nachzustreben, ist klar, daß es nicht gelingt, auch. Es sind wunderbare Mosaike, die sich bei Mozart zu etwas fügen, das ein großes Meisterwerk ergibt, einem Dom vergleichbar.
Das Opernschaffen Mozarts habe ich allerdings erst spät kennengelernt. In meinen Jahren an der Berliner Staatsoper wurde von Tietjen zunächst nur eine einzige Mozart-Oper, „Die Entführung", einstudiert. Das ist allerdings ein grandioses Zauberstück, und ich schluchzte aus allen

Mozart?
Wer Sonst!
Mozart, das Genie der präzisen Aussage. Mit Witz, Scherz und tieferer Bedeutung. Der grosse Musiker mit den Röntgenohren. Unbestechlich und liebevoll.
22/6/91 Ich liebe ihn.
1991 Für [illegible] [illegible]

Poren. Ich versuchte dann, der Dramaturgie dieses Werkes nachzuspüren, dem Geheimnis seines Aufbaus. Das ist wirklich sehr raffiniert gemacht, sowohl von Mozart als auch von seinem herrlichen Librettisten Lorenzo da Ponte. Die von ihnen erreichte Schönheit ist das, was sich bis heute auf die Menschen überträgt. Schönheit ist meiner Meinung nach das, was der Mensch als Trost braucht, nicht nur vor den Unbilden des Lebens, sondern vor sich selbst. Das war damals mein erster Eindruck, und ich wünsche mir, daß es auch mir manchmal gelungen sein mag, so eine Musik zu schreiben. Nicht in der Art von Mozart, sondern im Sinne seiner Absicht. Dabei ist es gar nicht wichtig zu wissen, ob Mozart überhaupt die Absicht verfolgte, mit seiner Musik jemanden zu trösten. Das Faktum ist: Er hat!
Wenig später kam dann meine Begegnung mit der „Zauberflöte“, einem äußerst hellen und spirituellen Stück, ebenfalls an der Berliner Staatsoper mit Karajan als Dirigenten und Gustav Gründgens als Regisseur. Das Stück beeindruckte mich tief in meinem Innersten. Alle Figuren, Tamina, Tamino, Papageno, Papagena, Monostatos,

sind sehr nah empfundene, menschliche und deutlich erfahrbare Figuren - was, glaube ich, überhaupt das Geheimnis der Oper ist. Was man schreibt, sollte wirklich erlebt und erlebbar sein.
Da mich die persönliche Handschrift eines jeden Menschen interessiert, besitze ich auch einige Autographen von Mozart. Seine Notenschrift zeugt von einer Intelligenz ohnegleichen. Die graphische Art, wie er geschrieben hat, drückt äußerste Geistigkeit aus. Außerdem kenne ich keinen Componisten, der so schnell eine Partitur niederschrieb. Der Druck hatte ihn unheimlich beflügelt.

Franz Schubert

Wie Mozart hat auch Franz Schubert in seiner kurzen Lebenszeit ungeheuer viel geschrieben. Es gibt wahrscheinlich eine gewisse Vorahnung, die die Betreffenden genau spüren läßt, daß ihre Zeit ausläuft. Die späten Werke Schuberts sind von einer unglaublichen Dichte „Die Unvollendete" ist ja gar nicht unvollendet. Er hatte bereits das Scherzo skizziert und auch einen Teil des Finales. Warum er es liegen ließ, weiß keiner. Oft jedoch mangelte es Schubert an einem Gespür für Texte, und er hatte vor allem keinen Sinn für die dramatische große Form. Deshalb ist aus seinen Opern nichts geworden.
Die Texte für seine Lieder sind allerdings meist kongenial, besonders die Heinrich Heine-Gedichte, obwohl auch bei Schuberts Liedtexten, besonders wenn sie von seinen Freunden stammten, einige dabei sind, die dem hohen Anspruch eigentlich nicht genügen dürften. Umgekehrt hat bekanntlich auch Goethe Schuberts Vertonungen seiner Lyrik nicht geschätzt und gar nicht zur Kenntnis genommen, sondern seinen Freund Friedrich Zelter vorgezogen!

Eine besondere Geschichte meiner Beziehung zu Franz Schubert ist meine Bearbeitung seines „Kupelwieser"-Walzers. Franz Schubert spielte ihn anläßlich der Hochzeitsfeier seines Freundes Franz Kupelwieser auf dem Klavier. Er wurde von der Familie Kupelwieser in Ehren gehalten und hat sich auf diese Weise bis in die Gegenwart hinein erhalten. Er wurde von den Kindern an die Enkelkinder von Generation zu Generation weitergegeben. Maria Mautner-Markhof, eine geborene Kupelwieser, spielte den Walzer Richard Strauss vor, der ihn erstmalig zu Papier brachte. Das war im Jahr 1943. Für den Philharmonikerball 1960 instrumentierte ich dieses Stück für Orchester. Als ich 15 Jahre später mein erstes Streichquartett schrieb - ich wandte mich dieser Gattung ja erst spät zu - nahm ich dieses Thema wieder auf und widmete das Streichquartett Maria Mautner-Markhof.

Carl Maria von Weber

Carl Maria von Weber wurde in Eutin geboren, ganz in der Nähe von Malente in Schleswig-Holstein, wo ich fünfzehn Jahre meiner Kindheit verbracht habe. Auch er scheiterte - wie Schubert - bei vielen seiner Opernprojekten an den Mängeln der Textbücher. Mit Ausnahme des „Freischütz", der wirklich ein rundum gelungenes Werk ist, sind seine übrigen Opern musikalische Kostbarkeiten, aber als Musikdramen Totgeburten. Für den Operncomponisten ist es ja das Wesentliche, daß er jemanden findet, der ihn versteht und der es ihm ermöglicht, seine Empfindungen und Gedanken in einen Text zu binden, der dann in einen Klang mündet, und zwar in eine Art von Klang, der absolut persönlich sein muß und dem Text adäquat. Das Zentrale ist und bleibt: Der Text ist die Basis für den Erfolg einer Oper. Eine Oper ist diese geheimnisvolle Mischform aus Wort, Wortsinn, Wortklang und dem, was der Componist heraushört. Daraus ergibt sich erst die Form als solche und die Form des Ganzen. Die Form ist eben der dramatische Ausdruck der Leidenschaft beziehungsweise der Sehnsucht, etwas mitzuteilen, das fast nicht mitteilbar ist. Die Oper ist für mich die einzige Art, die mir zur Verfügung steht, mit dem eigenen Schicksal und den Klängen fertig zu werden.

Gustav Mahler

Mahler habe ich in den 30er Jahren durch die Berliner Philharmoniker kennengelernt, den richtigen Eindruck von seiner Musik erhielt ich aber erst viel später, vor allem nach dem Krieg. Nach der Machtübernahme durch die Nazis war seine Musik als „artfremd" verboten. Ich konnte daher nur die „Vierte Symphonie" in einem Konzert kennenlernen. Alles andere war damals nur über das Radio möglich, durch das Hören der sogenannten „Feindsender" wie BBC London, die ich und mein Lehrer Boris Blacher während des Krieges regelmäßig abgehört habe.
Dadurch wurde in mir die Sehnsucht wach, Mahlers Musik direkt zu erleben, aber das war damals aus den genannten Gründen leider nicht möglich. Etwas aber, das man nicht bekommen kann, beschäftigt einen gewöhnlich mehr als etwas, zu dem man problemlos Zugang bekommt. Das war für mich nicht nur beim Jazz so, sondern auch im Falle Mahlers. Bei Mahler fasziniert mich heute noch das Geheimnisvolle und Facettenreiche an ihm.
Seltsamerweise gelangte ich später in eine ziemlich direkte Verbindung mit der Familie Gustav Mahlers. Durch die Vermittlung Trudi Goths lernte ich seine Frau Alma Mahler in New York 1953 kennen. Erst später habe ich erfahren, daß sie in den 20er Jahren meine Mutter sehr

gut gekannt hatte, als Alma ihr großes Haus in Döbling geführt hatte. Am ersten Abend improvisierte ich etwas auf ihrem wunderbaren Steinway-Flügel, das schien ihr gefallen zu haben. Sie componierte ja bekanntlich selbst, hatte sich dies jedoch von ihrem Mann Gustav Mahler verbieten lassen. Von meiner Seite war es eine Liebe auf den ersten Blick. Zu meiner Abreise gab es ein Fest für mich, zu dem auch Alma eingeladen worden war. Sie sagte ab, schickte aber ein großes Paket, in dem sich das Manuskript des Anfangs der „Zehnten Symphonie" ihres Mannes befand. Das war ein ungeheuerliches Geschenk und gehört zu meinen größten Kostbarkeiten. Als kleinen Dank widmete ich ihr mein Klavierkonzert, das von Dimitri Mitropoulos aufgeführt wurde.
Die legendäre Witwe Gustav Mahlers, die bekanntlich auf verschiedenste Männer stärkste Faszination ausgeübt hatte, war damals schon über 70 Jahre alt. Sie war unglaublich charmant und wohnte in einem zauberhaften Haus im Zentrum von New York, in dem ich die wunderbarsten Dinge zu sehen bekam, unter anderem den berühmten Fächer von Oskar Kokoschka, die „Windsbraut", den sie später dem Metropolitan Museum vermacht hatte, sowie Manuskripte von Hans Pfitzner, der auch einer ihrer zahlreichen Liebhaber war. Als ich sie nach ihrer geheimnisvollen Beziehung zu Bruno Walter fragte, beteuerte sie, daß es sich dabei nur um eine schöpferische Beziehung gehandelt habe. Sie kam auch zu einigen der Proben zur New Yorker Aufführung meiner Oper „Der Prozeß", unter der Regie Otto Premingers. Der Dirigent Rosenstock war davon gar nicht begeistert. Ich habe sie als eine großartige, geradezu lebensgefährliche Frau in Erinnerung, mit faszinierenden blauen, radianten Augen. Ich bin nicht überrascht, daß auch mein Freund, der Bildhauer Fritz Wotruba, sich in sie verliebt hatte, obwohl sie Jahrzehnte älter war als er. Es gibt eben Menschen, die ein erotisches Flair haben,

bei dem der Jahrgang überhaupt keine Rolle spielt.
Auch ihre Tochter Anna lernte ich kennen, ich sah sie jedoch höchstens zweimal in meinem Leben. Sie lebte die meiste Zeit in Spoleto, in einem prunkvollen Palazzo. Mit Annas Tochter, die in Wien lebt, bin ich gut befreundet. Sie war mit einem Bildhauer verheiratet und sieht ihrem Großvater Gustav unglaublich ähnlich.
Als ich Präsident der Mahler-Gesellschaft wurde, bekam ich auch ein besonderes Präsent, einen Bechstein-Flügel von Alma. Damals kümmerte ich mich auch um den Erhalt des zauberhaften „Componierhäuschens" von Gustav Mahler am Attersee. Ich hatte von Leonard Bernstein, der sich nach dem Krieg besonders stark um die Mahler-Renaissance verdient gemacht hatte, erfahren, daß es für den Fremdenverkehr erweitert und ausgebaut werden sollte. Zum Glück gelang es mir., dieses Sakrileg zu verhindern.

Richard Strauss

Richard Strauss hörte ich ziemlich früh in Salzburg bei den Festspielen und lernte ihn auch als hervorragenden Dirigenten kennen. Besonders schätze ich seine frühen Opern „Elektra" und „Salome", sehr konzise Werke. Die „Frau ohne Schatten" ist nicht so sehr mein Fall, weil diese Oper zu diffus scheint, auch vom Text her, obwohl er vom genialen Hofmannsthal stammt. Das „Capriccio" hingegen, nach einem Text von Clemens Krauss, ist eine meisterhafte, ganz bescheidene Komödie, durchaus pianissimo. Die dramaturgische Anlage war natürlich zwischen Krauss und Strauss sehr genau abgesprochen, denn Strauss achtete immer auf die Kongruenz zwischen Text und Form.
Ich hatte es immer abgelehnt, Richard Strauss persönlich kennen zu lernen, weil ich seinen Charakter nicht

sehr schätzte. Er war, bei aller Genialität, ein Opportunist durch und durch, vor allem aber konnte ich nicht verstehen, daß er eine Gratulation zum Verbot Hindemiths durch die Nazis schickte. Das sollte ihn allerdings viel Geld kosten. Als ich nämlich in die Direktion der Salzburger Festspiele berufen wurde, erließ ich ein Verbot, daß Strauss aufgeführt würde. Er ließ sich dann heftig über mich aus und meinte, so lange solche Schufte wie ich in Salzburg wirkten, würde er die Festspiele ohnedies nicht mehr betreten. Das Strauss-Verbot war natürlich schwer durchzusetzen, weil er, an der Seite Hofmannsthals und Reinhardts in der Öffentlichkeit als Gründer der Festspiele galt, was so jedoch nicht der Fall war. Strauss schrieb auch einen empörten Brief an Baron Puthon, der aber zu meiner Entscheidung stand.

Igor Strawinsky

Kurz nach Kriegsende traf ich Igor Strawinsky zum ersten mal in Paris, später sah ich ihn dann in New York und war auch bei ihm in Hollywood, als ich dort wegen Verhandlungen für eine Filmmusik weilte. Ich schätze seine Musik sehr, er hat einen unverwechselbaren Personalstil entwickelt. Leider geriet er im Alter in die Hände des gerissenen Geschäftemachers Robert Craft. Dieser Mister Craft hatte in New York ein Stück von ihm aufgeführt. Er fuhr dann nach Hollywood, traf Strawinsky, und das Verhängnis, das zu einer gräßlichen Dreierbeziehung führen sollte, nahm seinen Verlauf. Strawinskys Frau Vera fand ungeheures Wohlgefallen an jenem Kerl, der sehr arrogant war und es schließlich soweit brachte, daß Igor impotent wurde, nämlich geistig und schöpferisch.
Strawinsky wurde durch Craft auf die schreckliche Technik des Zwölfton-Componierens gebracht. Was für den Entdecker dieser Technik, Arnold Schönberg, gewiß gut

war, weil er von Wagners „Tristan" loskommen wollte, erwies sich im Falle Strawinskys als ein Verhängnis. Indem er sich darauf einließ, amputierte er seine Schöpferkraft, und die betreffenden Werke sind für meinen Geschmack völlig dürr und jenseits der Imagination, zu der dieser große Meister in seinen besten Werken fähig war. Herr Craft brachte Igor Strawinsky sogar so weit, daß auch er bei jedem Konzert, in dem ein Strawinsky-Werk zur Aufführung gelangte, einen Dirigierauftrag erhielt. So erlebte ich ihn einmal im Konzerthaus in Wien, wo er Haydns „Die Uhr" zu einer erbärmlichen Aufführung brachte.
Robert Craft übernahm im Haus Strawinsky die finanziellen Agenden. Als wir einmal in Venedig im La Felice-Theater waren, und ich nachher mit Strawinsky im Restaurant dinierte, waren natürlich Vera und Craft dabei. Es war eine ziemlich große Gesellschaft und Herr Craft saß weiter weg. Als er hörte, wie Strawinsky mit Nabokov, dem Chef der Pariser Festspiele, über ein Engagement verhandelte, brüllte er unverschämt über den Tisch: „You shut up! This is my business."

Giuseppe Verdi

Verdi ist, wie Mozart, für mich einer der großen und mit jedem seiner Werke verschieden gearteten Componisten. Er hatte einen dramaturgischen Sinn, der untrügbar war. Für die kleine Besetzung hat Verdi – im Unterschied zu Mozart – nur wenig geschrieben, nämlich nur ein Streichquartett. Auch seine schriftlichen Aufzeichnungen sind hochinteressant, besonders der Briefwechsel mit Arrigo Boito, seinem Librettisten, über den „Othello". Das ist etwas vom Schönsten, das ich je gesehen habe, und erinnert mich an die Gewalt der Natur. Verdi war ein unbestechlicher Mann und ließ sich nichts

vormachen. Er hatte ein schweres Leben, seine erste Frau war die Tochter seines Gönners, sie hatten zwei Kinder, alle drei starben sie im selben Jahr. Er war vollkommen fertig und verzweifelt, aber sein Gönner zwang ihn, seine Oper fertigzustellen. Das war wahrscheinlich seine Rettung.
Seine Formen sind von großer Phantasie. Er war ein eher verschlossener, aber klarer Geist, der seine Librettisten mit Bestimmtheit dazu führte, das zu machen, was er wollte. Wenn man sich etwa das Textbuch zum „Rigoletto" ansieht, - das ist ein einziges Meisterwerk.

Béla Bartók

Ich bin fast versucht zu sagen, daß ich Bartók, den ich schon 1938 bei der ersten Aufführung der „Saiteninstrumenten-Musik" durch Furtwängler kennenlernte, liebe. Aber ich nehme das Wort Liebe gleich wieder zurück, denn ich habe zu ihm ein eher gebrochenes Verhältnis, denn ich kann seine ungarische Sentimentalität nicht leiden, wahrscheinlich weil ich - dank meines ungarischen Vaters - selber von ihr nicht frei bin. Ich sage lieber, ich verehre ihn, und das steht ihm auch zu.
Es gibt Stellen und einzelne Sätze in seinen Werken, die er besser nicht geschrieben hätte. Egal, ob im „Divertimento" oder in der „Saiteninstrumenten-Musik", der erste Satz ist wunderbar, die Fuge ein richtiges Meisterwerk, aber schon den zweiten Satz finde ich unerträglich - den Rest leider auch. Es geht für meinen Geschmack nicht an, daß man unkontrolliert die Zügel schießen läßt, wie das auch im „Orchesterkonzert" der Fall ist. Diesbezüglich geriet ich mit Furtwängler heftig aneinander. Ich hörte Bartóks „Orchesterkonzert" wieder in Salzburg, hatte vorher die Partitur studiert und fand das Stück gräßlich. Furtwängler, der es anschlie-

ßend in Wien dirigierte, war überzeugt, daß ich seine Aufführung besser finden würde. Ich konnte dem Stück jedoch auch beim zweiten Anhören nichts abgewinnen, weil es die Gesten der Klassiker auf penetrante und nicht genügend gekonnte Weise wiederholt. Es ist vor allem die Geste der symphonischen Sonatenform-Durchführung. Das Stück wirkt wie eine Zusammenstellung sämtlicher Merkmale von Kunstwerken, die als Kunstwerke autonom sein müßten, hier aber nur Merkmale sind. Es ist ein Stück, das mich an vorgestern erinnert, an etwas, das ich nicht wissen möchte. Und schließlich erinnert es mich in besonders penetranter Weise an Bartók selbst, denn zu allem Überfluß wiederholt er in diesem Stück auch noch seine eigenen Gesten. Und die, kombiniert mit denen von Beethoven etwa, finde ich einfach ekelhaft.

Daß Bartók ein großer Componist ist, wird durch diese kritischen Anmerkungen natürlich nicht in Abrede gestellt. Vor allem von der strengen Satzweise seines vierten oder fünften Streichquartetts bin ich besonders beeindruckt. Besonders das vierte Streichquartett ist eines der dichtesten und auch gescheitesten Kammermusikwerke, die ich kenne. Die Behandlung des Tonintervall-Schrittes der Sekunde ist genial und die Ausnützung der Möglichkeiten der vier Streichinstrumente ebenfalls. Wie immer fasziniert mich daran die zeitliche Dimension. Die Grenzen der Erlebbarkeit eines Zuhörers hängen mit der Zeit zusammen. Was Bartók in der konzentriertesten Form in seiner Behandlung der Sekunde, gemessen an der Zeit des Ablaufes dieses Stückes, geleistet hat, ist schlicht und einfach großartig.

Der Behauptung, daß bei Bartók vieles rein konstruiert sei, vermag ich nicht zuzustimmen, das ist ihm alles so eingefallen, auf Takte genau.

Paul Hindemith

Paul Hindemith, dieser Vollblutmusiker, wurde bedeutend für mich dadurch, daß ich - entgegen meinem ursprünglichen Wunsch - nicht bei ihm als Componist „in die Lehre“ gehen konnte. Ich lernte ihn durch meinen Musiklehrer in Plön, der mit ihm befreundet war, kennen. Er war Bratschist und spielte im Jahr 1932 unter Furtwängler in Kiel den großen Solopart in Berlioz' „Harold in Italien“. Er kam auch nach Plön an unsere Schule und schrieb anläßlich der „Plöner Musiktage“ eine Reihe von Stücken. Ich mußte bei der Aufführung mitsingen und haßte sie wie die Pest, aber nicht wegen der Musik, sondern weil die Stimmlage für mich zu hoch war.

Viele Jahre später lernte ich ihn dadurch näher kennen, daß wir beide Mitglieder der Akademie der Künste in Berlin wurden. Dort trafen wir einander öfters zu einem gemütlichen Stelldichein. Unsere beiden Frauen, die meistens dabei waren, wollten uns den Alkoholkonsum verbieten. Ich hatte immer ein kleines Fläschchen bei mir. Er fragte dann immer: „Haben Sie etwas dabei?“ Und ich antwortete: „Ja, ich habe etwas, und Sie?“ Er: „Nein, ich darf nicht!“ Ich nahm ihn dann beiseite und wir zogen uns in Nebenräume auf ein paar Schlückchen zurück. In dieser Konstellation hatte er bei mir einen Konkurrenten, nämlich Igor Strawinsky, dieser stand auch unter der Kuratel seiner Frau Vera. Der trank ebenfalls am Klo und fragte mich immer, ob ich etwas dabei hätte, und ich hatte immer!

Mit meinem Unterricht bei Hindemith klappte es nicht, weil er unter den Nazis verboten wurde und schließlich auswandern mußte. Seine Frau Gertrud war eine Jüdin, und sie emigrierten über die Schweiz in die Türkei, nach Ankara. Er war ein recht guter Dirigent, etwas korpulent und klein, und hatte einen Buckel. Er schrieb immer

wahnsinnig schnell und hatte seine Stücke im Nu fertig. Bei meinem ersten Amerikabesuch wollte ich ihm beim Dirigieren zusehen, er aber riet mir, stattdessen in der Bibliothek der Universität das dort vorhandene Originalmanuskript eines Bach-Werkes anzusehen, das Notenbüchlein für Anna Magdalena Bach. Das war ein vorzüglicher Rat.
Daß ich nicht bei ihm landete, war mein Glück. Ich halte ihn für einen genialen Componisten, aber für einen eher schlechten Lehrer, und es blieb von seinen Schülern eigentlich auch nur Harald Genzmer übrig.

Ernst Krenek

Ernst Krenek, der in der Zwischenkriegszeit mit einigen Werken recht erfolgreich gewesen war, lernte ich erst nach dem Krieg persönlich kennen. Er war ein ungeheuer verbitterter Mensch, nicht ohne Grund, aber Gründe mildern ja nicht die Verbitterung. Der Hauptgrund war, was ich damals nicht wußte, daß Clemens Krauss ein Stück von ihm für die Staatsoper angenommen hatte, aber es dann nicht zur Aufführung brachte. Er war kein Jude, aber ich nehme an, daß er verboten wurde, weil er sich manchmal auch der Zwölfton-Technik von Schönberg bedient hatte. Und natürlich war der Jazz in seiner Oper „Johnny spielt auf“ damals verpönt.
Anläßlich eines gemeinsamen Aufenthaltes in Kärnten erteilte ich ihm, angeregt durch meine Frau Lotte, im Auftrag der Alban-Berg-Stiftung den Auftrag für ein Streich-Trio. Die Form des Streich-Trios ist leider äußerst selten, und ich hatte mir in den Kopf gesetzt, daß man diese Tradition fortsetzen sollte, im übrigen habe ich auch selbst eines gemacht. Das Streich-Trio des greisen Krenek ist ein wunderbares Stück.

Benjamin Britten

Benjamin Britten, der bei uns leider noch immer sträflich unterschätzt wird, habe ich gemeinsam mit seinem Freund, dem Tenor Peter Pears, kennengelernt. Sie bildeten ein ideales Paar bei Liederabenden, Benjamin Britten war ein kongenialer Begleiter auf dem Klavier, und das nicht nur bei seinen eigenen Werken. Einmal konnte ich einen Abend der beiden, nur mit Musik von Britten, bei Egon Seefehlner durchsetzen. Es waren vor allem Bearbeitungen alter schottischer und walisischer Volksweisen. Die Bescheidenheit der Mittel hat auf mich großen Eindruck gemacht. Es war ein durch und durch beseeltes Musikerlebnis. Durch ihn habe ich auch viel über die englische Musik erfahren, und ich bin sehr glücklich darüber. Man weiß leider in Mitteleuropa viel zu wenig von dieser Musik, vor allem aus der Renaissancezeit und aus dem Barock. Die Lautenmusik ist wirklich großartig.

Wilhelm Furtwängler

Ich lernte Wilhelm Furtwängler 1940 durch Friedelind Wagner kennen. Sie gab mir einen Brief für ihn mit und bat mich, ihm diesen zu überbringen. Ich rief ihn an, und er meinte, ich sollte am nächsten Tag damit vorstellig werden. Er war damals Chef der Berliner Philharmoniker und ein sehr wachsamer Mann, der sich nicht überrumpeln lassen wollte, vor allem nicht von den Nazis. Viele seiner Dirigentenkollegen waren damals schon vertrieben worden, geblieben waren neben Furtwängler Karl Böhm und Knappertsbusch. Karajan stand damals noch am Anfang seiner Karriere.

Furtwängler sah sofort, daß ich nicht von der Partei war, und aus unserer Beziehung entwickelte sich alsbald eine Freundschaft. Ich besuchte ihn mehrere Male in Potsdam,

wo er in einem wunderschönen Gartenhaus wohnte. Gemeinsam fuhren wir dann oft auch zu Konzerten. Er hatte einen kleinen PKW, fuhr bemerkenswert schlecht, aber mit Verve. Eines Tages standen wir an einer Kreuzung, und ein Riesenlastwagen hielt neben uns. Ich weiß nicht, was Furtwängler gerade angestellt hatte, aber der Chauffeur kurbelte das Wagenfenster herunter, lehnte sich heraus und fragte zu uns herüber: „Nimmt der Kleene noch Milch?“ Irgendwie gelangten wir aber dann heil in die Philharmonie, die da noch stand, wenige Monate später aber den Bombenangriffen zum Opfer fallen sollte.
Nach dem Krieg, als Mitglied des Festspieldirektoriums, versuchte ich natürlich sofort, Furtwängler für Salzburg zu interessieren. Er reiste auch an, wurde aber von den Franzosen in Innsbruck verhaftet. Man war wohl der irrigen Meinung, daß so eine Berühmtheit unter den Nazis selbst auch ein Nazi gewesen sein muß, was er aber weiß Gott nicht war. Ich erreichte, daß er aus der Haft entlassen wurde und seine Reise fortsetzen konnte. Dank seiner großen Persönlichkeit und künstlerischen Erfahrung nahm er natürlich maßgeblichen Einfluß auf die Festspiele. Er war es z.B., der mir geraten hatte, Oskar Kokoschka, seinen Nachbar in seinem Haus am Genfer See, nach Salzburg einzuladen. So kam es zu seiner genialen Ausstattung der „Zauberflöten“-Premiere und zur „Schule des Sehens“ auf der Festung Hohensalzburg. Beides wurde ein großer Erfolg.
Furtwängler war auch ein überaus begabter Componist. Ich kenne seine Violinsonate, das Klavierkonzert, sowie seine drei Symphonien, von denen die beiden letzten erst nach seinem Tod herausgegeben wurden. Es war keine Kapellmeistermusik, sondern merkwürdige und eigenständige Stücke. Er war jedenfalls das, was ich liebe, ein echter Musiker, und als Musiker ein Künstler. Er hatte Lebensstil und umwerfenden Charme.
Ich bewog ihn dazu, in Salzburg den „Don Giovanni“ zu

dirigieren. Er lehnte zunächst ab, weil er meinte, er hätte das Stück schon vor Jahren dirigiert, und wollte es lieber mit dem „Fidelio" versuchen. Ich aber überredete ihn dazu, und nach der Premiere dankte er mir überschwenglich dafür.

In der leidigen Brecht-Affäre stand er voll auf meiner Seite. Er war zwar kein Verehrer Brechts und hatte sich für dessen Einbürgerung nicht stark gemacht. Als es aber zu den unmöglichen Angriffen gegen meine Person kam, hatte er sich vehement dagegen ausgesprochen. Den ersten Brief, den ich an den involvierten Landeshauptmann Josef Klaus schrieb, hatte er handschriftlich aufgesetzt. Furtwängler erfuhr die Geschichte durch die Zeitungen und rief mich an. Er war es, der mir zuredete, mich gegen die Diffamierung als Kommunist entschieden zur Wehr zu setzen.

Es war mir ein Anliegen, Furtwängler und Oscar Fritz Schuh, diese beiden großen Künstlerpersönlichkeiten, zusammenzubringen. Leider ergab sich zwischen ihnen kaum ein Konsens, und zwar deshalb nicht, weil beide einander nicht zuhören konnten oder wollten. Ihre Zusammenarbeit beim „Figaro" war von Anfang an dadurch getrübt, daß beide diametral entgegengesetzte Vorstellungen vom Theater hatten. Furtwängler sagte mir eines Tages: „Herr Schuh ist ein hinreißender Theaterschriftsteller, aber ich verstehe nicht ganz, was er mit der Musik anfangen möchte. Ich glaube, er würde sie am liebsten weglassen." Überhaupt hatte Furtwängler wenig Glück mit seinen Regisseuren und Bühnenausstattern. Auch mit Caspar Neher wollte es nicht klappen, ebensowenig wie mit Günther Rennert. Eine schlechte Hand bewies er schließlich durch seine Wahl Herbert Grafs, diesen Schatten jeder Nicht-Regie in Europa. Ich versuchte, ihm Rennert näherzubringen, Furtwängler aber schrieb einen bitterbösen Brief, in dem er sich dagegen verwehrte, von mir bevormundet zu werden. Wir trafen einander kurz darauf in Zürich, und ich versuchte, ihm zu erklären, warum ich Rennert für besser und adäquater hielt. Es ging damals um eine „Othello"-Aufführung. Auch zu dieser mußte ich ihn mühsam überreden, weil er nach Toscaninis „Falstaff" in Salzburg eigentlich keinen Verdi mehr dirigieren wollte.

Ein Regisseur, darin gebe ich aufgrund meiner Erfahrungen dem großen Furtwängler recht, denkt sicher zu allererst an das „In-Szene-Setzen" und nicht an den Klang. Ich verstehe das, doch ich mag es trotzdem nicht, denn ich finde, daß das Regiekonzept aus der Klanggeste entstehen müßte. Es stimmt, fast jeder Opernregisseur haßt die Musik in der Oper, und ich habe das oft erlebt. Schuh z.B. stellte immer die Haare auf, wenn es um Musik ging. Trotzdem läßt sich ein Mozart wohl kaum musikalischer inszenieren, als er das gemacht hatte. Was für ein „Geisteskind" hingegen war der unsägliche Herbert Graf! Er führte die Regie bei Furtwänglers „Don Giovanni"-Film. Ich war bei den Proben dabei und sah, daß die Mönche in großen Kutten auftreten mußten. Als ich ihn fragte, warum er sich dafür entschieden hätte, meinte er: „Wissen Sie nicht, daß es in Salzburg meistens regnet?"

Der Unterschied in der Auffassung zwischen Furtwängler und Schuh lag in ihren entgegengesetzten Temperamenten und war sicher auch eine Sache des Anhörens. Furtwängler hatte eine ungeheuer präzise Vorstellung von Klängen, während Schuh die dramaturgische Linie wichtiger war. Schuh erkannte wohl auch die Bedeutung Furtwänglers nicht richtig, während Neher ihr sehr wohl die gebührende Anerkennung zollte.

Ich hatte Schuh bei Dr. Hanns Lechner, dem späteren Landeshauptmann von Salzburg, untergebracht, bei dem auch ich zwei, drei Jahre lang während der Festspielzeit immer ein Zimmer gemietet hatte. Einmal brachte ich Blacher zu ihm, und Schuh fragte ziemlich überheblich, was ich in Berlin eigentlich tue. Blacher machte ihm das Angebot, einmal in Berlin etwas zu inszenieren. Schuh lehnte kühl ab: „Berlin? Das ist doch außerhalb der Zivilisation, Berlin trägt mich nicht!" Für ihn war das große Wien schöner und Salzburg überhaupt der Nabel der Welt. Diese Unverschämtheit mußte er allerdings büßen. Er wurde schließlich doch Chef des Berliner Theaters, und ausgerechnet dort fing seine eigene Pleite an.

Toscanini behinderte Furtwängler, wo er nur konnte. Kurz vor seinem Tod rief mich Furtwängler aus Amerika an, wo er mit den Berliner Philharmonikern auf Tournee weilte. Er wollte mir wohl eine Freude machen und informierte mich davon, daß er Boris Blachers „Konzertante Musik" auf das Programm gesetzt hatte. Ich fand das großartig. Er hatte ein wahres Verantwortungsgefühl, wer weiß denn heute noch, daß es niemand anderer als Furtwängler war, der das berühmteste Stück Arnold Schönbergs, „Die Variationen" im Jahr 1931 uraufgeführt hatte. Ebensowenig ist es bekannt, daß er Bartóks „Musik für Saiteninstrumente" erstmals in Deutschland zur Aufführung gebracht hatte.

Der Salzburger Kunstrat, zu dessen Vorsitzenden ich gewählt wurde, wurde 1954 installiert. Ende dieses Jahres starb Wilhelm Furtwängler. Karajan stand in Salzburg ante portas. Oskar Kokoschka jedoch, der die „Zauberflöte" ausgestattet hatte, erklärte, er würde alles zurückziehen, wenn mit Karajan ein Dirigent nach Salzburg berufen würde, der sich gegenüber Furtwängler feig und unaufrichtig benommen hätte.

Caspar Neher

Neben Boris Blacher war für mich die Beziehung zu Caspar Neher die tiefste und schöpferischste Freundschaft meines Lebens. Sie dauerte bis zu seinem Tod im

Caspar Nehers Skizze zum Salon (oben), Figurinen

Jahr 1962. Dieser großartige Bühnenbildner schuf die Ausstattung für meine drei Opern „Danton", „Der Prozeß" und „Der Zerrissene". Seine Berufung nach Salzburg war eine meiner ersten wichtigen Taten. Ich hatte sein Engagement bereits durchgesetzt, aber es gab noch keinen Vertrag, und er war unauffindbar. Ich ließ ihn polizeilich suchen und dann über meine „St. Föttinger-Connection" von der amerikanischen Polizei verhaften und über die Grenze bringen. Er wohnte dann bei mir in meinem Turm in St. Jakob, und wir verstanden uns künstlerisch auf Anhieb. Man mußte ihm nicht viel erzählen, drei, vier Stichworte genügten, und er verstand.

Unsere wohnlichen Verhältnisse waren damals äußerst beengt, meiner Frau und mir standen nur zwei kärgliche Zimmer zur Verfügung. Caspar schlief zunächst bei mir in meinem Bett, dann auf einer Matratze auf dem Boden. Da er äußerst laut schnarchte, zog er schließlich mit seiner Matratze hinaus auf den Flur.

Wir hatten auch vor, gemeinsam eine Oper zu schreiben. Eines Tages schlug er mir als Stoff „Agamemnon" vor und begann darauflloszuschreiben. Als er mir den Text zeigte, fand ich ihn schrecklich, furchtbar pathetisch. „Die Gedanken schwammen wie tote Katzen im Meer des Vergessens", oder so ähnlich habe ich es in Erinnerung. Ich konnte fast nicht glauben, daß er das ernst meinte, und nannte es einen Schmarrn. Er aber erklärte es zu großer Dichtung und berief sich darauf, daß ihn auch Brecht für einen Sprachschöpfer gehalten hätte. So kam es, daß Neher und ich nie eine gemeinsame Oper zustande brachten, unserer guten Beziehung tat es jedoch keinen Abbruch.

Caspar machte sich in Salzburg alsbald unentbehrlich und nahm auf die Gestaltung des Orchesterraums wesentlichen Einfluß. Er hatte sich die Relikte der Reinhardt'schen Bühne in der Felsenreitschule angesehen. Er meinte, daß sich das auf eigene Faust wieder herrichten

ließe, und machte sich selbst hemdsärmelig an die Arbeit. Es mußten auch einige Sprengungen durchgeführt werden. Der Besitz von Dynamit war damals in Österreich verboten. Wieder einmal sprang mein amerikanischer Freund Gale Hoffman in die Presche. Die Sprengung wurde durchgeführt, und Caspar baute diesen schönen Orchesterraum eigenhändig wieder auf. Ich mußte Zement auftreiben, aber auch Bohrmaschinen, die ich schließlich von der Feuerwehr bekam.
Im Mai 1962 kam ich nach Wien, um die neue Wohnung am Dannebergplatz zu besichtigen. Mein teurer Freund „Cas" lag damals in einem Wiener Krankenhaus, unheilbar an Krebs erkrankt. Bis zuletzt war er mit den Skizzen zu meiner Oper „Der Zerrissene" beschäftigt. Das sollte seine letzte Arbeit werden. Ich saß bei ihm, als es mit ihm zu Ende ging. Er war bewußtlos, öffnete noch einmal die Augen und sagte: „Lieber". Das war sein letztes Wort, und er verstarb in meinen Armen.
Später gelang es mir zu bewirken, daß im österreichischen Theatermuseum ein eigener Raum meinem teuren Freund gewidmet wurde, in dem viele seiner kostbaren Bühnenbildentwürfe ausgestellt sind. Meine Bilder seiner Entwürfe sind ein gut behüteter Schatz.
Eine Stunde nach Caspar Nehers Tod, um ein Uhr nachts, schrieb ich einen verzweifelten Brief an meine geliebte Andrea:
„Ich bin vernichtet von dem Sterben Caspar Nehers. Wofür diese ungeheure Qual? Was kann ein Mensch tun, daß er mit einem derartigen Ende bestraft wird? Er war bereits völlig ohne Bewußtsein und das fiebrige, schmerzbedingte Röcheln so schauerlich, weil das Leben, das in ihm steckte, nur durch stärkste Spritzen hervorgerufen worden war. Ich habe Angst vor dem Tod, wenn er mit Schmerzen eintritt – Caspar Neher hatte ungeheuerliche Schmerzen. Du Liebes, denk nächstens einmal über Deinen eigenen Tod nach. Hast

Du eigentlich Tolstojs Erzählungen gelesen? - Tod und Liebe, Liebe und Tod, beides übersteigt meine Einsicht, und beides muß ich erleiden. Weshalb?"

Herbert von Karajan

Ich kannte Herbert von Karajan seit 1938. Damals wurden wir beide von Tietjen an die Berliner Staatsoper engagiert, natürlich aus vollkommen verschiedenen Gründen. Ich kam durch die Protektion einer Tante, Olga Rigele hinein, er durch die Fürsprache von Richard Strauss. Er war etwa zehn Jahre älter als ich und hatte mit seiner ersten Premiere an der Berliner Staatsoper einen Riesenerfolg. Das „Wunder Karajan" war geboren! Er war ein faszinierender Musiker und ein merkwürdig kühler, sehr beherrschter und ausgezeichneter Probierer, was ja Dreiviertel des guten Dirigenten ausmacht. Ich hatte ihn eigentlich gern, er mich wohl nicht, aber unser Verhältnis war nie feindlich.
Er führte in seiner Berliner Zeit nur zwei moderne Stücke zur Uraufführung. Eines war die Orchestermusik eines sehr begabten Componisten, der leider für „Führer und Vaterland" im Krieg fiel. Das andere war mein „Concerto". Das war das erste Stück innerhalb von sieben Jahren, das er nicht auswendig dirigiert hatte! Dafür haßte er mich, noch mehr aber für die Pressestimmen, die vernichtend für uns beide waren.
Herbert von Karajan konnte das, was einen guten Kapellmeister ausmacht, nämlich mit den Sängern atmen. Nie hat er sie diktiert und nie durch sein Dirigieren überrollt. Und die Sänger haben es ihm gedankt und ihn bis zum Schluß überaus geliebt. Auch ich verdanke ihm viel und habe einiges von ihm gelernt. Ich war fast bei jeder seiner Proben dabei, es dürften so an die 200 gewesen sein. Heinz Tietjen, der ihn gewissermaßen gegen

Furtwängler aufbauen und ausspielen wollte, gab ihm sechs Konzerte pro Saison und für jedes Konzert großzügige vier Stunden Probezeit. Das war damals durchaus unüblich, allerdings machte er Programme, wofür eigentlich auch eine Viertelstunde Proben gereicht hätte, denn das Orchester kannte die Stücke, die er ansetzte, etwa Tschaikowsky, in- und auswendig. Er war damals ein echter Kapellmeister, der auch dirigierte, später hat er leider Gottes den Dirigenten zu sehr hervorgekehrt, das tat der Sache dann weniger gut. Karajan war ein mißtrauischer, zynischer Mensch, aber wenn man sein Vertrauen besaß, konnte er auch sehr freundlich sein. Karajans Karriere war ziemlich geradlinig.
Die großen Erfolge stellte sich nicht durch die Konzerte, sondern durch seine Opernaufführungen ein. Sein erster „Tristan" ist mir grandios in Erinnerung. Einmal mußte er die Uraufführung „der Bürger von Calais" von Rudolf Wagner-Régeny dirigieren. Zur zeitgenössischen Musik hatte er von Anfang an ein zwiespältiges Verhältnis, und dieser Auftrag wird ihn sicher nicht gefreut haben, aber er hat es gut gemacht. Er hatte Sinn für Dramatik, und das ist bei Opern entscheidend. Hervorragend war seine Aufführung der „Zauberflöte" in der Inszenierung von Gustav Gründgens. Später dirigierte er dann „Elektra" von Richard Strauss. Schon beim ersten Takt wußte man, wer der Herr im Hause ist. Dann allerdings wurde Karajan von Tietjen für das Militär freigestellt, es wäre ungeheuerlich gewesen, wenn man ihn tatsächlich eingezogen hätte. Wie es ihm gelungen ist, dieser Gefahr zu entrinnen, weiß ich nicht, jedenfalls aber kam er heraus. Als ich aber zu Karajan ging, um ihn zu fragen, ob er nicht etwas für meinen Freund und Componistenkollegen Wagner-Régény tun könnte, damit dieser nicht zum Frontdienst eingezogen würde, meinte er allerdings, daß ihm ein Fronterlebnis gut tun würde. Das fand ich ungeheuerlich. Eine andere Geschichte, die mir eine damali-

ge bedeutende Sängeragentin überliefert hat, handelte während eines Gastspiels in Rom. Er warf sich in der Pause aufs Sofa und sagte: „Jetzt möchte ich an der Ostfront sein!“ Sie, die dabei war, meinte darauf, daß könnte er jeden Tag ohne weiteres haben …

Karajan war ein furchtsamer, merkwürdig schwankender Charakter, aber von unendlicher Energie beseelt. Ich brachte ihn nach dem Krieg nach Salzburg, indem ich mich dafür verbürgte, daß er seine Parteimitgliedschaft nie benutzt und schon gar nicht mißbraucht hatte. Er war schon 1932 PG geworden, da er aber immer schon geizig war und die Beiträge nicht zahlte, wurde er ausgeschlossen und erst in Ulm trat er neuerlich der Partei bei. Aber er war alles andere als ein Nazi. Als ich ihn nach Salzburg holte, wurde er sofort zur Mitarbeit eingeladen, obwohl er noch Auftrittsverbot hatte. So dirigierte Svarovsky den „Rosenkavalier“, und Karajan saß im Souffleurkasten, soufflierte, dirigierte mit und gab die entscheidenden Einsätze. Er hatte einen merkwürdigen, skurrilen Humor, den ich sehr schätzte. Er konnte oft verletzend sein, aber er war ein genialer, echter Musiker. Mir gegenüber verhielt er sich mehrmals äußerst unkollegial. So war er z.B. gegen die Aufführung meines „Dantons“ und marschierte zu Baron Puthon, weil er meinte, daß die Aufführung eine Schädigung der Salzburger Festspiele wäre. Puthon informierte mich von seinem Vorstoß, daraufhin rief ich meinen „Busenfreund“ Karajan an, der gerne von meinen Lebensmittelpaketen naschte, vor allem vom Kaffee, die ich vom KZ-Verband erhalten hatte. Ich fragte ihn, warum er sich eingemischt habe. Er aber stand zu seiner Meinung und meinte, er fände es eben falsch.

Die erste Bewährung des von Neher wieder aufgebauten Orchesterraums in der Felsenreitschule war die Aufführung des „Orpheus“, und das war zugleich Karajans erstes offizielles Auftreten in Salzburg. Es gibt ein Foto, auf dem Furtwängler, Karajan, Schuh und ich in der Felsenreitschule zusammen zu sehen sind. Es war eine wunderbare Aufführung. Für das Inferno mußte Orpheus von oben hinunter in die Hölle steigen. Unten stand der Chor, alle hatten graubraune Mäntel, in der Farbe des Steines, an. Als es zur Höllenszene kam, ließen sie die Mäntel fallen, und standen auf einmal rot angezogen da. Ein ungeheurer Eindruck. In weiterer Folge stand dauernd in den höchst bewundernden Tönen vom „Team Karajan-Schuh-Neher" in der Presse, das wurde von mir ein bißchen gesteuert. Karajan erklärte mir prompt, es gäbe kein Team!

Karajan war auch dafür verantwortlich, daß der unsägliche Regisseur Leopold Hager nach Salzburg geholt wurde. Auch hier war Geld im Spiel, und Geld hatte Karajan immer imponiert. Hager nämlich hatte eine reiche Frau, war Oberspielleiter in Frankfurt und hatte auch in Stuttgart einiges inszeniert. Ich hatte mir unglückseligerweise in den Kopf gesetzt, ein Werk Heimo Erbses in Salzburg uraufführen zu lassen. Aus dem Direktorium der Festspiele war ich zwar damals längst rausgeflogen, aber noch immer Vorsitzender des Kunstrates. Eines Tages rief mich Erbse ganz entsetzt an und informierte mich davon, daß man Hager mit der Regie betrauen wollte. Ich kannte ihn schon lange, noch aus seiner Zeit als Tänzer, als er einmal einen der Totengräber in Blachers „Hamlet" in München getanzt hatte. Ich schrieb sofort an die Direktion, daß Herr Hager überhaupt nicht in Frage käme und unterbreitete einen eigenen Vorschlag. Er wurde aber trotzdem mit der Aufgabe betraut und sprach mich einmal auf der Straße in Salzburg an. Karajan hätte ihm gesagt, daß ich wegen der Erbse-Aufführung gegen ihn opponiert hätte. Er wollte mich damit ködern, indem er versprach, in Frankfurt und in San Franzisko meinen „Danton" aufführen zu wollen. Ich sagte zu ihm: „Ich bin zwar bestechlich, aber soviel Geld haben Sie nicht, daß Sie mich kaufen können", und ließ ihn sitzen, nicht ohne hinzuzufügen: „Teilen Sie das bitte auch Herrn von Karajan mit." Daß er dann durch Karajan der „große" Spielleiter der Wiener Staatsoper wurde, ist kaum zu glauben.

Egon Hilbert

Egon Hilbert war mir ein treuer, väterlicher Freund, ein großer Musikkenner und ein ungeheures Organisationstalent. Er war es, der an meiner „Danton"-Premiere in Salzburg wesentlichen Anteil hatte, und er hat sowohl als Generalsekretär der Konzerthausgesellschaft, als auch als Bundestheatergeneral und Operndirektor in Wien Hervorragendes geleistet. An der Staatsoper war er Co-Direktor Herbert von Karajans, der ihm das Leben schwer machte und ihn loswerden wollte. Eines Tages richtete Karajan an den zuständigen Minister Theodor Piffl-Percevic ein Ultimatum: entweder er oder Hilbert. Die Opernkrise war perfekt. Leider spielte auch mein Freund Schuh eine unrühmliche Rolle in dieser Affäre, weil ihm versprochen worden war, anstelle Hilberts zum Operndirektor berufen zu werden. Piffl-Percevic war erst seit wenigen Tagen im Amt. Ich rief seine Sekretärin, Frau Dr. Koch, die ich schon von seinem Vorgänger her kannte, an und bat um ein kurzes Gespräch. Mit Nachdruck gab ich zu verstehen, daß die Angelegenheit eilte. Der Minister ließ mich am kommenden Tag um 7.30 Uhr zu sich kommen. Als ich ihm gegenüberstand, sagte ich: „Ich werde Ihre Zeit nicht mehr als drei Minuten in Anspruch nehmen, Herr Minister." – „Aber ich bitte Sie", gab er verbindlich zurück. Ich aber kam ohne Umschweife zur Sache. „Ich habe nur zwei Fragen vorzubringen. Die erste ist: Gibt es in diesem Land auch noch Herren oder nur mehr Portiers?" Der Minister schien überrascht: „Herren? Ja doch, ganz gewiß. Ich glaube schon." – „Dann ist meine zweite Frage bereits beantwortet. Hilbert bleibt, Herr Minister; ich empfehle mich!"

Hilbert blieb tatsächlich, und Karajan demissionierte. Der Minister erwies sich wirklich als ein Herr. Später, als er sich einmal in einer Angelegenheit nicht durchsetzen konnte, trat er sogar freiwillig zurück, ein heute äußerst seltener und beispielgebender Vorfall. Karajan aber ließ verlauten, daß er in Hinkunft nur mehr im Ausland tätig sein werde, sich also auch von den Salzburger Festspielen zurückzuziehen denke. Gerade in Salzburg jedoch wurde er umsomehr „einzementiert" und eingeladen, in das Direktorium der Festspiele einzutreten. Ich gab im Fernsehen eine Erklärung ab, in der ich eine Ablöse des Direktoriums empfahl. Oscar Fritz Schuh war darob äußerst verstimmt, sah er sich doch Karajan verpflichtet, der ihn für Wien an die Staatsoper ködern wollte. Schuh wäre sogar bereit gewesen, für diese Stelle seinen Vertrag mit dem Schauspielhaus in Hamburg zu brechen. Ich aber hatte nicht verabsäumt, in Wien bei den geeigneten Stellen die Frage aufzuwerfen, ob man wirklich jemanden aufnehmen sollte, der so leicht Verträge bricht …

Schließlich wurde Egon Hilbert jedoch endgültig aus Österreich verdrängt und starb im Januar 1968, nach einem erbarmungslosen Kesseltreiben einiger Wiener Journalisten.

Arturo Toscanini

Österreichs erster Bundeskanzler der Zweiten Republik, Leopold Figl, hatte Toscanini zu den Festspielen nach Salzburg eingeladen. Er kam nicht und antwortete auch nicht auf die zahlreichen Einladungen. Ich besuchte auf

Wunsch Baron Puthons den greisen Maestro in Mailand und wollte ihn ebenfalls zu einem Besuch Salzburgs überreden. Ich hatte ihn schon als Kind kennengelernt. Nach einem Konzert in der Scala sprach ich mit ihm über die Angelegenheit. Ich fragte ihn direkt, ob er für uns dirigieren würde. Er aber meinte: „Nein, sehen Sie mich an, ich bin ein alter, kranker Mann." Er war es tatsächlich, aber eben hatte ich ihn noch in einem fulminanten Konzert dirigieren gesehen! Ich ließ nicht locker und bat ihn noch ein zweites und drittes Mal, doch dann reichte es mir, und ich sagte: „Ich will Ihnen sagen, warum Sie nicht kommen wollen. Wegen Furtwängler!" Ich hatte tatsächlich seinen wunden Punkt getroffen. Er sprang auf - und weg war er!

Karl Böhm

Es war ein großer Fehler meines Freundes Manfred Mautner-Markhof zu verhindern, daß Clemens Krauss Direktor der Wiener Staatsoper wurde. Minister Kolb hatte den Vertrag bereits unterschriftsreif ausgefertigt. Die Weichen für das berühmte Dreieck Wien-München-Salzburg waren gelegt. Damals war Leopold Ludwig kommissarischer Chef der Oper und dirigierte auch meistens. Schuh war damals Oberspielleiter, und der großartige Walter Jarosch wirkte als Dramaturg.
Schuh und Neher, die Krauss wegen seiner Affinität zu Richard Strauss nicht leiden konnten, und Mautner-Markhof intervenierten so lange beim Minister, bis er den Vertrag zerriß. Daraufhin kam die Sache mit Karl Böhm in Gang. Unser Plan war ursprünglich, daß Seefehlner Direktor und Böhm musikalischer Leiter werden sollten. Ernst Marboe, Chef der Bundestheater, fuhr jedoch zu Böhm nach Berlin und bot ihm das ganze Haus an. Böhm wurde tatsächlich nach Wien berufen. Seine

erste Staatsoperndirektion, an deren Zustandekommen auch ich nicht unbeteiligt war, war eine Katastrophe. Er hatte für die neuere Musik überhaupt keinen Finger gerührt und als erstes schaffte er die schönen zeitgenössischen Stücke, die Schuh und Jarosch herausbringen wollten, ab und setzte statt dessen die Mozart-Renaissance in Gang. Hauptbeteiligt daran, z.B. an der berühmten „Figaro"-Aufführung im Redoutensaal, waren aber Schuh, Neher und Jarosch, während Böhm „nur" dirigierte. Und wenn er später behauptete, er hätten den neuen Mozart-Stil entwickelt, dann ist das glatt gelogen. Er war ein guter Dirigent, aber vom Szenischen hatte er keine Ahnung und konnte natürlich diese neue Mozartauffassung weder entwicklen noch durchsetzen.
Clemens Krauss hatte mir den unglücklichen Ausgang seiner Bewerbung mit Recht übel genommen. Er fuhr nach Mexiko, wo er gebrochenen Herzens verschied.

Eugene Ormandy

Ormandy, der Chefdirigent des Philadelphischen Symphonieorchesters, beauftragte mich mit der Composition der „Philadelphia Symphony". Er erlitt einen schweren Autounfall und konnte die Uraufführung nicht vornehmen. Großzügig gab er das Werk frei. Ich bot es dann Helmut Wobisch, dem Chef der Wiener Philharmoniker an, mit dem ich befreundet war, und er war einverstanden. Als er von mir wissen wollte, wen ich mir als Dirigenten wünschte, schlug ich ihm Rafael Kubelik vor. Er erhielt die Partitur zugeschickt, sandte sie jedoch mit einem Brief zurück, in dem stand, daß er das Stück schlecht fände und es nicht zu machen gedenke. Das war echte Freundschaft! Wobisch ließ sich jedoch von dieser abschlägigen Nachricht nicht beirren und erbat von mir einen weiteren Vorschlag. Ich tippte auf Georg

Solti, der es dann auch machte, und zwar sehr gut.

Anläßlich eines Aufenthaltes in Philadelphia erzählte mir Ormandy auch von einem Mr. Edwards, einem sehr begüterten Mann aus den Südstaaten, der sich von mir ein Stück in „pianissimo“ gewünscht hätte. Ich sagte, daß ich dies nicht ganz versprechen könnte, nahm den Auftrag aber an, und das Werk, das „Nachtstück“, wurde unter Ormandys Leitung auch aufgeführt. Anschließend traf ich Mr. Edwards im „Savoy“ in London. Ich fragte ihn, wie ihm „sein“ Stück gefallen habe. Er meinte, daß ich mich nicht ganz an seine Vorschriften gehalten hätte. Das Stück fängt nämlich boshafterweise laut an und endet auch laut. „Nein“, gab ich zur Antwort, „manchmal muß man das auch durchbrechen!“

Ich habe Aufträge stets erfüllt, aber ohne Vorgaben. Ich wollte nicht, daß man mir vorschreibt, was ich schreiben soll. Natürlich konnte man etwa sagen, daß es für ein Orchester oder ein Streichquartett sein sollte. Die Auftraggeber waren sehr einsichtsvoll mit mir und ließen mich das schreiben, das sie bestimmt brauchen konnten, je nach Maßgabe des Ensembles. Das war natürlich sehr interessant, ich schrieb für fast alle großen Orchester Amerikas, Cleveland, Philadelphia, Boston, New York, Los Angeles. Ich habe es gerne, wenn ich weiß, für wen es ist. Nicht den Auftraggeber, sondern das Ensemble. Die Klangart der Orchester ist ja ungeheuer verschieden, das von Philadelphia klingt ganz anders als das von Los Angeles.

Beide sind gut, aber man muß es wissen. Ich kannte sie natürlich, ich kannte immer diejenigen, die die Stücke, die beauftragt wurden, spielen sollten. Das gleiche gilt für die Sänger. Ich liebte etwa Christa Ludwig und liebe sie noch. Da ich durch die Berliner Staatsoper ein „Gelernter“ bin, liebe ich Kenntnis, die Kenntnis des Ensembles oder der Solisten. Das scheint mir sogar für mein Componieren fast eine Voraussetzung zu sein. Ich habe ja sehr viel geschrieben, nicht unter Pression, aber ohne Pression geht es bei mir auch nicht, ich bin von Natur aus nicht gerade der Fleißigste, und mit einem Termin geht es für mich besser als ohne. Ich bat deshalb immer um einen Ablieferungstermin.

Friedrich Cerha

Unterrichtsminister Heinrich Drimmel regte in den 60er Jahren die Gründung des österreichischen Kunstsenats an. Ich wurde sofort als Mitglied hineingewählt, Rudolf Henz war der erste Präsident. Der Kunstsenat ist kein offizielles Organ, aber mit offiziösem Charakter. Er berät das Ministerium in Fragen der Malerei, Musik und Dichtkunst. Unter meinen Kollegen befanden sich der Bildhauer Fritz Wotruba und der Maler Max Weiler, sowie der Stadtplaner Ronald Rainer. Ich verließ den Kunstsenat in dem Moment, als der Componist Friedrich Cerha in ihn eintrat. Ich beschloß, das Haus, in dem dieser Mensch wirken sollte, nicht mehr zu betreten. Was war geschehen?
Alban Bergs Oper „Lulu" blieb unvollendet. Die zweiaktige Fassung aus seiner Hand wurde mit großem Erfolg auf vielen Bühnen der Welt aufgeführt. Geschäftemacher jedoch faßten den Plan, das Werk „zu vervollständigen", was nur einem Sakrileg gleichkommen kann. Alban Berg hatte zu Lebzeiten deutlich gemacht, daß er gegen alle Pläne war, sein Stück nach seinem Tode zu vollenden. Er hatte auch das Manuskript mit dem begonnenen dritten Akt niemandem gezeigt. Alfred Schlee, der Leiter der Universal-Edition in Wien, setzte sich über diesen Wunsch hinweg und spielte das Manuskript Cerha zu. Die Motive waren eindeutig. Wenn Cerha das Stück beendet, dann ist es auf weitere 70 Jahre geschützt, und die Tantiemen fließen länger.

Als Präsident der Alban-Berg-Stiftung versuchte ich alles Mögliche gegen diese Verfälschung zu unternehmen. Immerhin ist bis zum Takt 260 die Reinschrift der Partitur des dritten Aktes komplett von Berg, mit Bleistift wunderbar geschrieben. Ich konnte in das Manuskript Einsicht nehmen, und es war mir sofort klar, daß man so etwas nicht fertigschreiben kann. Es findet sich z.B. über einer Passage die Anmerkung: Hier sind 23 Takte einzuschieben! Er kam nicht mehr dazu, diese wichtigen, leer gebliebenen Takte auszufüllen. Cerha aber erdreistete sich, in diese „Lücke" Eigenes hineinzuschreiben! Die Geschäftemacher Pierre Boulez und Rolf Liebermann waren sich nicht zu schade, diese Fassung von Cerha zur Aufführung zu bringen, was mich furchtbar erbost hatte. Es kam zu einem Prozeß. Als ich erfuhr, wer den Vorsitz führte, nämlich ein schrecklicher Presserichter, wußte ich, aus leidvoller Erfahrung, daß es schlecht um unsere Sache stünde. Ich zog es dann vor, einen Vergleich zu schließen, bei dem Cerha der Berg-Stiftung einen großen Prozentanteil des Honorars abtreten mußte.

Nathan Milstein

Nachdem der große amerikanische Geiger Nathan Milstein irgend etwas von mir im Konzerthaus gehört hatte, ich glaube, es handelte sich um Szenen aus dem „Danton", schrieb er mir einen Brief. Er berichtete mir vom guten Eindruck, den er von meinem Konzert bekommen hatte und wollte ein Violinkonzert von mir haben. In meiner Antwort lehnte ich dankend ab und gab zu verstehen, daß ich nicht im Traum daran dächte, weil ich viel zuwenig über die Solovioline wüßte und mir das einfach zu schwer wäre. Er ließ jedoch nicht locker und bedrängte mich mit fünf oder sechs weiteren, sehr ausführlichen Briefen. Schließlich willigte ich ein und machte mich an die Arbeit. Er machte allerdings noch eine Auflage: Er wollte ein Stück haben, daß unbedingt länger als das Violin-Konzert von Brahms sei, und das ist ohnehin lang genug. Ich überlegte lange hin und her, machte vier, statt der üblichen drei Sätze, dann war das Stück fertig componiert. Die Instrumentierung sollte noch etwas länger dauern. Ich traf ihn in Paris in seiner zauberhaften Wohnung oberhalb der Seine, die voll mit seinen Bildern war. Er malte nämlich auch herrlich. Wir gingen das Stück gemeinsam durch und besprachen dies und jenes. Er schlug mir einige Änderungen vor, die mir technisch sehr schwierig schienen. Er aber meinte, daß er das gerade erreichen wollte, daß nämlich niemand anderer das Stück nachspielen könnte. Typisch Solist!

Bis das Stück endlich fertig war, sollte es noch eine Weile dauern. In einem Brief an meinen Freund Rudolf Wagner-Régény schrieb ich damals: „Ich sitze immer noch mehr oder weniger erfolgreich am Violin-Konzert und wünsche manchmal, einen normaleren Beruf zu haben!" Die fertiggestellte Partitur besprach ich dann mit Eugene Ormandy, der mir klipp und klar sagte, daß Milstein das nie spielen würde, weil er es immer so mit seinen Auftragswerken machte. Und tatsächlich sollte er es nie anfassen, weder unter Ormandy, noch mit irgendeinem anderen Dirigenten. Als ich ihm das Werk in London endlich überreichte, ich telefonierte ihm in der ganzen Welt nach, sah er es kurz an und meinte, es sei einfach zu lange! Ich erinnerte ihn daran, daß er mir eindeutig den Auftrag gegeben hatte, daß es mindestens 50 Minuten lang dauern sollte, länger als Brahms. Er aber wollte nichts davon wissen und meinte, bei dieser Länge sei ja die Form kaputt. Ich war am Rande eines Nervenzusammenbruchs.

Da saß ich nun mit einem Violinkonzert und erinnerte mich an die Warnung Ormandys, den Auftrag ohne ein

Vorschußhonorar auf keinen Fall anzunehmen. Glücklicherweise traf es sich, daß damals irgendein Jubiläum des Musikvereins anstand. Gamsjäger, der Chef des Musikvereins, eigentlich kein Freund von mir, fragte mich, ob ich nicht ein Stück für diesen Anlaß schreiben könnte. Ich erzählte ihm von meinem Violinkonzert und von der ganzen verdrießlichen Geschichte. Er nahm die Idee sofort begeistert auf und wollte von mir wissen, welchen Geiger ich für die Uraufführung vorschlagen wollte. Da ich kaum Violinsolisten kannte, empfahl er mir Ricardo Ricci, einen Italo-Amerikaner, der auch mir schon ein Begriff war.

Als Dirigenten schlug ich Seiji Ozawa vor, von dem ich damals leider noch nicht wußte, wie kapriziös er war. Er kam zur ersten Probe mit den Philharmonikern, und ich merkte sogleich, daß er vom Stück keine Ahnung hatte. In der Pause sagte ich es ihm auf den Kopf zu, daß er sich die Partitur vor seiner Abreise aus Rom nach Wien wohl nie angesehen hätte. Als er bejahte, fragte ich ihn, ob er sich nicht schämen würde, so vor die Philharmoniker zu treten. Es ist nämlich ein schwieriges Stück, jeder Takt ist anders. Ich beschimpfte ihn, auch vor dem Orchester, dessen Mitglieder ohnehin sofort bemerkt hatten, daß er keinen Schimmer hatte. Daß wir einander seitdem lieben, läßt sich gut vorstellen. Ozawa hatte die Aufführung trotzdem übernommen, eigentlich aber war es Ricci, der dirigiert hat.

Helmut Wobisch

Helmut Wobisch, der langjährige Orchestervorstand der Wiener Philharmoniker, war ein großartiger Musiker. Er wurde wegen seiner SS-Vergangenheit oft angegriffen, war aber wirklich nie ein Nazi. Er ließ jedes Jahr ein Stück von mir aufführen, und ich hatte ihm das wirklich

nie eingeredet. Als es nach 17 Jahren Zugehörigkeit bei den Philharmonikern zu Reibereien kam, war er mit seiner Frau bei uns in der Marokkanergasse zum Essen eingeladen. Ich riet ihm, daß er doch etwas eigenes beginnen sollte. Er besaß ein wunderschönes Haus am Ossiacher See in Kärnten. Ich bilde mir nicht ein, daß ich den „Carinthischen Sommer" erfunden hätte, aber am Anfang stand meine Anregung. Er war ein großartiger Organisator und konnte gerade für dieses Festival im Süden Österreichs Bedeutungsvolles leisten. Auch in Kärnten sind einige meiner Werke uraufgeführt worden, darunter mein erstes Streichquartett. Wenn er sich etwas in den Kopf gesetzt hatte, da wurde es von ihm auch eisern durchgeführt, weshalb er vom Orchester und von der Presse oft genug angefeindet wurde.
Leider ist er allzufrüh gestorben. Seine Nachfolgerin, Gerda Fröhlich, die schon zu seinen Lebzeiten seine engste Mitarbeiterin war, hat die Arbeit seitdem jedoch großartig weitergeführt. Leider gibt es dort immer wieder Probleme mit den räumlichen Verhältnissen, wegen der leidigen Vermietung des Stiftes, aber auch Zwistigkeiten mit der Politik und der Kirche. Meiner Ansicht nach ist das Ganze vielleicht ein bißchen zu groß geworden. Das habe ich schon zu Wobisch gesagt, und er wollte auch reduzieren. Das aber ist schwer, denn so etwas entwickelt eine Eigendynamik. Aufbauen ist leichter als abbauen, ohne dabei etwas zu zerstören. Das war eine einzigartige Konstellation, und ich habe mich mit Helmut Wobisch immer ohne viele Worte verstanden, auch was das Programm betraf.

Jürgen Fehling

In den Kriegsjahren lebte Jürgen Fehling, so wie ich, in Berlin. Mein Freund Carl Orff wollte einmal, daß ich ihm den „Sommernachtstraum" vorspielte. Ich hatte schon vorher eine seiner Aufführungen gesehen, den großartigen „Richard III." mit Werner Krauss. Bei den Nazis war er verhaßt, aber Gründgens hatte ihn eisern gehalten, auch wenn sie einander persönlich nicht sehr leiden konnten. Fehling war immer eine Art Berserker, und viele Geschichten rankten sich um seine gefürchteten Auftritte. Als ich anfing, an meinem „Danton" zu schreiben, fragte ich ihn, ob er ihn nicht an der Staatsoper in Dresden inszenieren wollte. Er war prinzipiell damit einverstanden, wollte aber zuerst das Einverständnis von Karl Elmendorff, dem Chef des Hauses, einholen. Er weigerte sich jedoch, in einen der überfüllten Soldatenzüge einzusteigen. Meine Mutter jedoch bestach den Bahnhofsvorstand mit einem großzügigen Zigarrengeschenk, und ein Coupé 1.Klasse wurde einfach für uns abgesperrt. So reisten wir nach Dresden, Fehling sprach mit Elmendorff und sah sich auch eine Aufführung meines Balletts „Turandot" an. Seine Inszenierung war beschlossene Sache, aber infolge des Kriegsendes wurde nichts aus dem Dresdner Vorhaben. Später habe ich ihn noch in München gesehen, als er Hebbels „Maria Magdalena" inszenierte. Zuletzt sah ich ihn, gemeinsam mit Thornton Wilder, im Züricher Schauspielhaus. Es wurde Strindbergs „Der Vater" gegeben, und Fehling saß vor mir. Mit seinem tollen Löwenkopf sah er phänomenal aus.

Ingmar Bergman

Diesem genialen schwedischen Regisseur verdanke ich einen total neuen Zugang zu Mozarts „Zauberflöte". Ich verstehe, daß der große Mozartkenner Wolfgang Hildesheimer von diesem Stück nicht sonderlich begeistert war. Die gebrochene Form, die Hildesheimer monierte, ist tatsächlich vorhanden. Bei meiner ersten Aufführung

der Oper durch Toscanini in Salzburg war ich vom Stück nicht sonderlich begeistert, doch als ich den Film von Bergman sah, weinte ich, nicht zuletzt auch aus Entsetzen vor dem, was ich alles bis dahin nicht konnte und auch bis heute noch nicht kann!
In Hamburg lernte ich ihn persönlich kennen. Er erwies sich als ein sehr zugänglicher Mensch. Wir wollten zusammen den „Prozeß“ machen. Leider wurde daraus nichts.

Otto Preminger

Ich hatte das Glück, mit vielen bedeutenden Regisseuren zusammenzuarbeiten, allen voran Schuh und Rennert, sehr gebildete, belesene und musikalische Menschen. Ein besonderes Erlebnis war für mich die Zusammenarbeit mit dem aus Wien gebürtigen Filmregisseur Otto Preminger, der meinen „Prozeß“ in New York inszeniert hatte. Er war ein Meister der Präzision und hatte alles mögliche vorauszusehen versucht. Dennoch kam es zu unglaublichen Dingen. Der Darsteller des Josef K. hatte vor der Premiere in einem Konzert von Strawinsky gesungen. Schon nach der ersten Szene am Abend der Premiere war er heiser und ließ bis zum Schluß eigentlich fast keinen Ton mehr vernehmen. Ich bin fast gestorben, aber es kam noch schlimmer. Der Bühnenbildner hatte eine Versenkung vorgesehen, aus der Josef K. hervorkommen sollte. Die Mechanik versagte, und so tauchte er nur bis zum Bauch aus der Bühne hervor. Zu allem Überdruß hatte sich der Bühnenbildner und der Regisseur für ein stählernes Fensterkreuz entschieden. Das blieb hängen und hing während der ganzen Vorstellung schief hinunter. Als ich dann zum Schlußapplaus auf die Bühne kam, stand der Dirigent in Auflösung und fassungslos da. Auch das sind Überraschungen in einem Componistenleben!

Rolf Liebermann

Liebermann war ein großes dramatisches Talent und mit einer bedeutenden musikalischen Begabung ausgestattet. Ich half ihm bei vielen seiner Compositionen, vor allem bei der Instrumentation. Wir waren über viele Jahre hindurch in engem, freundschaftlichem und künstlerischem Kontakt, leider hat er sich schließlich mir gegenüber sehr miserabel verhalten, obgleich ich zwei seiner Opern, „Penelope" und „Schule der Weiber" in Salzburg ansetzen ließ. Ich bin immer davon ausgegangen, daß eine dauerhafte Verbundenheit zwischen halbwegs talentierten Menschen bestehen könnte, darin habe ich mich jedoch gründlich geirrt. Ich gab ihm leider Gottes die Uraufführung des „Zerrissenen" für seine Hamburger Bühne, obwohl mir Sellner auch für Berlin einen Auftrag erteilt hätte. Diese Entscheidung, ich habe davon schon berichtet, mußte ich doch einigermaßen bereuen.

Seine Frau Göndi Liebermann schreibt in ihrer Autobiographie „Spannungen" über den Beginn unserer Bekanntschaft im Jahre 1947: „Nun kamen auch die ersten Besucher aus Deutschland und Österreich in die Schweiz. Frau Wotruba, die Frau des berühmten Bildhauers, brachte Gottfried von Einem aus Wien mit und stellte ihn ihrem Bekannten Rolf Liebermann vor. Der junge erfolgreiche Componist, schlank, englisch aussehend, mit schwarzem Haarschopf, sehr lustig und amüsant, konnte sehr gut und schnell denken. Und ziemlich bald wurden zwischen ihm und Rolf wilde Intrigen ausgeheckt, d.h., nachdem Rolf verstanden hatte, daß es in Berlin einen Componisten Boris Blacher gab, den man ruhig einmal im Schweizer Radio hören könnte. Gottfried von Einem machte aus seiner Begeisterung für seinen Freund und Lehrer nie ein Hehl. Gottfried hat nie für sich Geschäfte gemacht, sondern nur jahrelang 'Blachles' geredet, wie

Rolf es nannte." Kurios und recht treffend geschildert wurde von Göndi auch ihr erstes Zusammentreffen mit meiner Mutter, Gerta Louise von Einem, im Jahr 1954, im Jahr der Uraufführung von Rolf Liebermanns Oper „Penelope": „In diesem Sommer lernten wir 'Mamachen', Gottfried von Einems Mutter, kennen. Eine blitzgescheite alte Dame, äußerlich ganz aus dem letzten Jahrhundert, mit langen, schwarzen, undefinierbaren Kleidern. Bis zum Hals vermummelt. Sie wirkte eher unheimlich und ein wenig hexenhaft, mit ihren Bosheit schießenden, dunklen Augen. Im 'Entertaining' war sie perfekt ... Die Menüs, die sie zusammenstellte, waren jedesmal ein Vergnügen für verwöhnte Gaumen."

Fritz Wotruba

Die bildende Kunst ist neben dem Ballett das schönste für mich, und zwar deshalb, weil nicht gesprochen wird. Die Körper, bzw. die Darstellungen sprechen für sich, es wird nicht zusätzlich illustriert. Die Affinität zur bildenden Kunst war eigentlich wesentlich durch Fritz Wotruba bestimmt, der mir einige sehr schöne Zeichnungen geschenkt hatte, einen Akt seiner zweiten Frau Luzie etwa.

Ich war in ziemlich vielen Galerien. Immer, wenn ich auf Reisen war, ob in London, Paris oder New York, besuchte ich die dortigen Museen. Ich mag die Malerei deshalb so gerne, weil sie nicht laut ist. Ich muß mir keine Getute, kein Geblase und kein Gekratze anhören, wie bei der Musik. Ich verstehe Wilhelm Busch sehr gut, wenn er gesagt hat: „Musik wird oft nicht schön empfunden, weil sie mit Geräusch verbunden." Ich war früher ein eifriger Konzert- und Opernbesucher, denn natürlich hatte mich die Darstellung verschiedener Werke interessiert, vor allem in der Interpretation durch Wil-

helm Furtwängler, der ein hervorragender Musiker war. Heute gehe ich nur noch selten in ein Konzert, eigentlich nur wenn ein Stück eines befreundeten Componisten oder eines meiner Schüler aufgeführt wird.
Auf einer meiner Reisen, die ich gar nicht geplant hatte, kam ich auch in das Reichsmuseum in Amsterdam. Es war nach dem Krieg, und ich bewunderte die berühmten Gemälde von Rembrandt. Am besten gefielen mir jedoch zwei Kohlezeichnungen einer Landschaft von Vincent van Gogh. Später habe ich auch ähnliche Bilder von Goya und Breughel gesehen. Diese ganz großen Meister haben mich gelehrt, daß der Geist nicht laut sein muß.
Ich kenne viele Bilder Mondrians, auch aus seinen Anfängen. Er begann als realistischer Maler, als Portraitist und Landschaftsmaler. Allmählich, über seine berühmten Kathedralengemälde, entfernte er sich von der sogenannten Wirklichkeit. „Broadway Boogie Woogie“, 1940 gemalt, ist ein völlig abstraktes Bild, doch von einer farblichen und formalen Phantasie, von einer geistigen, freudigen Helligkeit, daß es einfach nicht zu fassen ist.
Ich führte mit Wotruba viele Gespräche darüber, nicht nur über die Probleme der Ästhetik, sondern auch über das, was den Menschen durch die Kunst am Leben erhält. Wotruba meinte meist, ich sollte nicht darüber nachdenken. Man mache ohnehin immer das, wofür man begabt sei, und es gäbe immer einen Raster, und durch den könne man durchfallen oder nicht.
Ich weiß nicht mehr, wo und wodurch ich Wotruba kennenlernte. Er kam 1946 aus der Schweiz mit Marianne, seiner ersten Frau, nach Wien zurück. Er war ein impulsiver Mann und überaus genial. Zu meinen kostbarsten Kunstgegenständen gehört eine große Bronze-Stele, die in meinem Haus in Rindlberg im Waldviertel steht. Zu dem zweifelhaften Vergnügen, Präsident der Wotruba-Gesellschaft zu werden, kam ich dadurch, daß ich testamentarisch dazu bestimmt worden war. Leider wurde

ich alsbald mit äußerst verdrießlichen Umständen konfrontiert. Luzie hatte sich das Werk Wotrubas gesichert, per Testament. Aber herrliche Bilder von anderen Künstlern, die er besaß, „Krumau" von Egon Schiele, einen herrlichen Klimt, einen phänomenalen Picasso, die fielen an den Sohn des Steuerberaters. Natürlich wurden sie dann weiterverkauft. Ich sprach mich stark dagegen aus. Bei der Testamentseröffnung war auch der Minister anwesend. Ich fragte ihn, ob es denn keine gesetzliche Möglichkeit gäbe, dieses Verschleudern und Verhökern von Bildern zu verhindern. Er meinte, er habe gerade ein Gesetz erlassen, das die Ausfuhr derartiger Kunstwerke verhindern würde. Dann sagte ich, deutlich vernehmbar: „Ich kann mir nicht vorstellen, daß sich ein Mann diese Bilder aneignet, die große Kunst waren, auch wenn sie nicht von Wotruba stammten, ohne ein Schwein zu sein." Als die Sitzung vorbei war, wandte sich der Mann, der neben mir gesessen war an mich und sagte: „Das Schwein, auf das Sie anspielten, bin ich." Ich antwortete: „Schämen Sie sich, das ist doch eine Schande, was Sie da machen." Alle hatten es gehört, aber er ließ sich davon nicht stören. Luzie hatte ihn ebenfalls in das Kuratorium eingesetzt und die Bilder wurden um viele Millionen Schilling verscherbelt.

Max Weiler

Ich kenne Max Weiler schon seit vielen Jahren, und zwar durch den Kunstsenat. Wir waren beide Mitglieder und haben uns dadurch angefreundet. Er ist einer der schweigsamsten Menschen, die ich kenne, aber auch einer der intelligentesten und vor allem ein wunderbarer Maler. Ich liebe ihn sehr. Er hatte in seinem Leben einiges Unglück zu erleiden. Zum Glück jedoch sorgt sich seine zweite Frau Yvonne rührend und unermüdlich um ihn und sein Werk. Als Maler hat er wunderbare und monumentale Werke geschaffen. Vor allem aber berühren mich seine kleinen Aquarelle, die Blumenstilleben zum Beispiel. Er ist für mich ein Zen-Meister der Malerei. Er war zeitlebens ein großer Einsamer und ist seinen Weg unbeirrt und konsequent gegangen. Beim Betrachten seiner Bilder ist immer ein Spannungsbogen da. Es passiert scheinbar nichts, und doch geschieht etwas. Ich kann diese Gedankengänge nachvollziehen, es ist die Bewegung und nicht das Ergebnis. Ich glaube sogar manchmal, besonders in turbulenten Zeiten wie unseren, daß die Bewegung das eigentliche Ereignis ist. Nur die Bewegung, weder Ziel noch Ausgangspunkt.

Manches erinnert mich an die völlig jenseitig gestalteten Bilder des großen englischen Malers William Turner, seine Wasser-Nebel- und Luftbilder. Das sind für mich Ereignisse jenseits von Gut und Böse, nicht sinnlos, aber nicht zweckgebunden, sie sind nicht fixierbar. Es ist wie ein Raum, in dem man atmen kann, sich aber nicht mehr zu orientieren vermag.

Natürlich bin ich kein Fachmann der bildenden Kunst, ich glaube allerdings, durch die Musik ein Sensorium für Linie und Kontrapunkt zu haben. Ich bin durch die Zunahme meiner Jahre bescheidener geworden. Ich erinnere mich an den Moment, als mir der Sinn für die Malerei zum ersten Mal aufging. Es war im Jahr 1937, ich besuchte die Weltausstellung in Paris und betrat bei meinem Rundgang auch den holländischen Pavillon. Da hing das Landschaftsbild eines niederländischen Meisters. Und es war, als ob ein Schleier vor meinen Augen zerrissen worden wäre. Ich habe sofort ein Klavierstück geschrieben, ich mußte es schreiben, es drängte mich dazu. Und von dem Moment an hatte ich Augen, und ich habe sehr viel sehr langsam sehen und erkennen gelernt.

Oskar Kokoschka

Eine Jahrhundertgestalt, der ich mich seit meinen Salzburger Jahren eng verbunden fühlte, war der große Oskar Kokoschka. Er schrieb ein einziges Gedicht in seinem Leben, die „träumenden Knaben“, eine sehr merkwürdige erotische Szene, in wunderbare Sprache gefaßt. Er war damals ein Jüngling von 21 Jahren. Als ich einmal für Blacher ein Stück für Chor schreiben sollte, erinnerte ich mich an diesen wunderbaren Text und wollte ihn dafür verwenden. Es handelt sich um ein sehr langes Gedicht, dessen Umfang für mein Projekt viel zu groß war. Ich traf daher eine Auswahl an Strophen, die ich brauchen konnte. Da ich mit Kokoschka durch Furtwängler befreundet war und mit ihm in Salzburg die „Symphonischen Szenen“ gemacht hatte, schrieb ich ihm. Ich erklärte ihm mein Vorhaben, erbat seine Zustimmung und schickte ihm meine gestrichene Fassung zur Ansicht. Der 85jährige Mann antwortete mir mit einem reizenden Schreiben. Er erklärte sich einverstanden und schenkte mir im übrigen die Rechte an seinem Text. Sein Brief bedeutet mir sehr viel:

24.9.1971
Lieber Freund, Ihr Brief freut mich sehr, nun bin ich gespannt, ob das grüne Licht auch bis zu Ihnen hinauf auf die Ramsau reicht? Ich wäre zu neugierig, wie Sie meine Knabenliebe mitempfinden würden, nachdem so viel Zeit indessen verstrichen und die Welt ebenso wie der Mensch sich heute fast zur Unkenntlichkeit veränderten. Wie Sie da noch die Töne der törichten Liebe eines jungen Burschen, der längst ein fast hundertjähriger alter Stock geworden ist, nachempfinden wollen, der Sie, in der Vollblüte seines Lebens noch, einer anderen, neuen Welt angehören, ist mir unbegreiflich. Aber selber wärme auch ich mich

gleichfalls an den Fragmenten menschlicher Aussagen, wie sie Ausgrabungen griechischer Archäologen zutage fördern, wenn ich an der Gegenwart zu verzweifeln versucht bin.
Ihre junge Frau gefiel mir außerordentlich, bitte sagen Sie es ihr! Vielleicht kommen Sie Beide doch wieder einmal vorbei, auch in meinem Herzen ist noch Verlangen nach Liebe und Leben.
Mit allen herzlichen Grüßen Ihr dankbarer OK

Ich habe den Text, zu dem Kokoschka auch wunderbare Aquarelle schuf, dann vertont, für einen kleinen Chor, Fagott und Klarinette.
Einmal besuchte ich den großen Meister in seinem Schweizer Domizil in Villeneuve. Begleitet wurde ich auf dieser Reise von meiner damaligen Freundin, der schwarzen Sängerin Vera Little. Kokoschka malte damals gerade an einem wunderbaren Aquarell, einen Ast eines großen Kirschbaumes auf einer Wiese darstellend. Dieses Bild wollte ich unbedingt haben. OK war strikt dagegen, schließlich aber gab er meinem beständigen Drängen nach und schenkte es mir. Ein gewisser Groll aber, der mit diesem kostbaren Präsent verbunden war, drückte sich dadurch aus, daß er in die Widmung, die er auf dem Blattrand anbrachte, wohl nicht unabsichtlich einen Fehler in meiner Namensschreibung eingebaut hatte: „Für Gotfried" stand da zu lesen. Vor seinen Augen fügte ich mit Bleistift das fehlende „t" hinzu - und so hängt das Bild noch heute in meiner Wohnung in der Wiener Hofburg.

Ingrid Wancura

Unbedingt erwähnen möchte ich Ingrid Wancura, unsere Freundin und Akupunktur-Ärztin. Sie hat mir in den vergangenen zehn Jahren immer wieder großartig geholfen, und das nicht nur körperlich, sondern auch seelisch. Sie ist eine Ärztin im ganzheitlichen Sinn des Wortes und hat in China die uralten Heilmethoden des Fernen Ostens und die dahintersteckende Philosophie studiert. Als Christine Busta, die wunderbare Lyrikerin, von der ich viele Gedichte zu Liedern componiert habe, schwerkrank darniederlag, kümmerte sie sich aufopfernd auch um diese langjährige, teure Vertraute. Anstatt vieler weiterer Worte möchte ich einen eigenartigen Traum erzählen, der die Qualität unserer Beziehung recht gut beleuchtet. In der Nacht vom 25. zum 26. Jänner 1987 träumte ich, laut Lottes Aufzeichnungen (nachzulesen in ihrer „Kapelle der Gefahren") Folgendes: „Ich sollte ein Ballett componieren oder hatte es bereits componiert. Nun saß ich in einem Theater und sah einer Probe zu. In der Reihe vor mir saßen ein Herr und eine Dame. Zur Dame fühlte ich mich stark hingezogen, war mit ihr verbunden. Da setzte sich eine junge Tänzerin neben mich und begann einen fast peinlichen Flirt, in dessen Verlauf sie ihr rechtes über mein linkes Bein legte. Die Dame vor mir wendete sich erstaunt und verstimmt um. Jetzt fehlt ein Traumstück. Zwei Figuren aus dem Ballett waren besonders wichtig. Sie trugen die chinesischen Namen Xue und Goa. Ich wollte Ingrid Wancura 5.000 Schilling für eine Reise nach China geben. Wir trafen uns. Sie kam in einem weißen Kleid, dessen Oberteil den Schnitt der chinesischen Jacken hatte. Wir hielten uns in der Nähe einer Bank auf, und ich beauftragte einen ihrer Boys mit der Einlösung des Schecks. Er kam zurück und übergab mir eine Reisetasche aus Stoff mit Lederborten. „Das", sagte er, „ist das Mehl für die alte Dame". Ich öffnete den Reißzug einer eingenähten Tasche und entnahm ihr das Couvert mit dem Geld, wollte es aber nicht vor Zeugen übergeben. Wir gingen auf einen Platz mit lauter getrennten Sitzgelegenheiten, die so angeordnet waren, daß auf jeden Balken ein Streifen Erde folgte. Sehr unbequem! Fast überall saßen Leute oder spielten Kinder. Viele Baumgruppen befanden sich auf dem Platz. Endlich fanden wir einen leeren Balken: dort wollte ich Ingrid das Geld übergeben und dabei wachte ich auf."

Als ich Lotte von meinem merkwürdigen Traum erzählte, riet sie mir, Ingrid, die zwei Jahre in China gelebt und studiert hatte, anzurufen und vom Inhalt des Traums zu berichten, was ich auch tat. Im Verlauf unseres Telefongesprächs stellte sich heraus, daß Weiß die Farbe des Todes ist, in China sowie in Japan. Die beiden chinesischen Namen bedeuten Blut und Land. Die Baumgruppen und sonderbaren Sitzgelegenheiten befinden sich, wie mir Ingrid erklärte, auf dem Platz des Himmels in Peking ...Mein Traum hat sie schließlich dazu bewegt, nie mehr nach China zu reisen!

Ingrid Wancura und ihrem Mann, die heute in Bayreuth leben, habe ich als Zeichen der Zuneigung und Dankbarkeit mein Stück für Solovioline „Ollapotrida" gewidmet.

Meine Bücher ...

Lektüre ist ein zentrales Kapitel für mich. Mein Leben wäre unendlich arm gewesen ohne meine Begegnung mit den vielen Büchern und ihren Autoren. Ich lese sehr viel, es gibt keine Nacht, in der ich nicht ein paar Stunden mit Lesen verbringe, außer wenn ich dem Alkohol zu sehr zugesprochen habe. Ich nehme das Lesen aber nicht als Nachttrunk, sonder als Purgatorium. Das ist keine Ablenkung, sondern Befreiung.

Nun habe ich das Talent, daß ich mich sofort, wenn etwas halbwegs manierlich geschrieben ist, zurecht finde und wissen will, wie es weiter geht. Ich nehme an, daß das wohl der Grund ist, warum ich recht erträgliche

Opern und andere Stücke geschrieben habe. Wegen meiner Lesebegeisterung, besser gesagt, wegen meines Lesehungers, habe ich oft genug schlaflose Nächte verbracht, denn wenn ich etwas Gutes zum Lesen habe, ist die Nacht mit Sicherheit kaputt.
Meine Aufnahmefähigkeit hängt stark von dem Ort und der Situation ab, in der ich etwas gelesen habe, an einige wenige Bücher kann ich mich von Mal zu Mal nicht erinnern. Da ich mir angewöhnt habe, immer aufzuschreiben, wann ich etwas gelesen habe, brauche ich, um das Buch abzurufen, einen Schalter für das Datum. Dann kann ich mich mühelos in die Situation von damals zurückversetzen. Wenn ich ein Buch ein zweites Mal lese, dann ist das nicht das gleiche, weil die Situation normalerweise eine ganz andere ist. Bei meinen Musikstücken ergeht es mir im übrigen ähnlich. Ich kann kein einziges meiner Stücke auswendig spielen, das glaubt mir niemand, und warum das so ist, weiß auch ich nicht. Nicht einmal vom „Danton" könnte ich vier Takte richtig vorspielen.

Mein Verhältnis zur Lyrik war von jeher durch die Musik bestimmt, das heißt, ich liebte Gedichte, die sich zum Vertonen eigneten, und ich vertonte eine Menge von ihnen, besonders in meinen jüngeren Jahren, viele vor meinem „Opus 1". Je älter ich werde, desto mehr scheint mir das Componieren von Liedern zu den schweren Dingen zu gehören, wenn nicht zu den schwersten. Die Gedichte, die meinem Herzen am nächsten stehen, sind fast durchwegs kurz. Ich gestehe, daß ich um lange Gedichte einen großen Bogen mache. Darum liegen mir die chinesischen und japanischen Gedichte (in der Übertragung von Hans Bethge) besonders nahe. Zum Beispiel „Das klagende Herz" von Fukayobu (aus dem Japanischen Frühling) Zwischen den wenigen Worten liegt viel. Oder aus der „Chinesischen Flöte" das schöne „Die Einsame“ von Wang-Seng-Yu. Als drittes fällt mir (ebenfalls von Bethge übertragen) ein Gedicht von Hafis ein („Die Tulpen heben ihre Kelche“). Auch dazu habe ich Musik geschrieben. Immer ist es eine Farbe, ein Duft, was mich anzieht, das Ungesagte, das zwischen den Zeilen mitschwingt. Ich liebe Lorca (übertragen von Enrique Beck) und Hölderlin („Mitte des Lebens“) Unmöglich, meine Vorliebe für bestimmte Gedichte näher zu begründen. Es wäre, als wollte man mich fragen, warum ich eine bestimmte Frau liebe. Wegen ihrer Haare vielleicht oder wegen der Linie ihres Halses, wenn sie den Kopf neigt, oder wegen der Art, wie sie ihre Hände in den Schoß legt. Aber das wären alles keine Begründungen, nur Momente, die mir dazu in den Sinn kommen. Um über das Warum meiner Vorlieben wirklich etwas zu sagen, müßte ich selbst ein Dichter sein.

Das Problem bei der Literatur ist, daß es heute kaum mehr Lyrik gibt. Ich liebe die Lyrik und habe für meine Lieder immer wieder nach passenden Texten gesucht. Zum Glück bin ich oft genug fündig geworden, H.C. Artmann, Christine Busta, Lotte Ingrisch. Wenn man jedoch neueste „Dichter“ ansieht, dann erscheint das deutsche Wortmaterial dermaßen devastiert, daß man sich nichts mehr darunter vorstellen kann. Auch bei Ernst Jandl ergeht es mir nicht besser. Immer wenn er mich sieht, macht er einen Bogen um mich. Ich traf ihn jedes Jahr mindestens einmal in Berlin, da auch er mit der dortigen Akademie der schönen Künste verbandelt ist. Das Auseinandernehmen der Sprache auf der Basis ihrer Silben ergibt für mich nichts, ich kann diesem Verfahren nichts abgewinnen. So ergeht es mir im übrigen auch mit der Musik. Die Methode Alois Habas z.B. hat sich ebenfalls als äußerst unfruchtbar erwiesen. Nach einer „Danton“-Aufführung kam er zu mir, er war damals schon hochbetagt und meinte: „Es ist doch eine

Frechheit, so schlechte Musik zu schreiben!“ Ich antwortete darauf: „Ganz recht, Meister. Ich mache es Ihnen nach!“ Er ging ganz bleich weg. Das sind eben Erscheinungen von Menschen, die nicht sehr begabt, aber willensmäßig stark sind. Und über die Spaltung versuchen sie zu einer Synthese zu kommen, aber es gibt keine, und ich glaube nicht, daß das gespaltene Wort synthetisch etwas hergibt.
Von den vielen Autoren, die mir wichtig sind, Hesse zum Beispiel oder Heimito von Doderer, möchte ich nur einen besonders hervorheben, eben deshalb, weil er nicht so bekannt ist: Hartmut Lange. Er schreibt ein wunderbares, süddeutsch gefärbtes Deutsch mit etwas schwäbischem Einschlag. Er ist ein ganz merkwürdiger Mann, sehr bescheiden und still. Ich habe immer das Bedürfnis, über das, was ich eben gelesen habe, zu sprechen. Mit meiner Frau Lotte zum Beispiel oder mit Freunden. Sehr gerne trete ich auch mit dem Autor in Kontakt. Hartmut Lange etwa schrieb ich über einen seiner letzten Bände, daß ich eine der wesentlichen Erzählungen des Buches für falsch halte und einen Satz sogar für ein bißchen taktlos. Er schrieb mir zurück, daß er mir leider recht geben müsse. Im übrigen erklärte er mir, daß er den Schluß ursprünglich ohnedies so vorgehabt hätte, wie er von mir eben skizziert worden war. Leider habe er ihn fälschlicherweise geändert.

Meine Briefe ...

Im Archiv des Musikvereins gibt es rund 30.000 an mich verfaßte Briefe. Da man davon ausgehen kann, daß auch ich fleißig geschrieben habe, muß wohl die gleiche Anzahl aus meiner eigenen Feder stammen. Leider sind diese Briefe zum Großteil unauffindbar. Ich schreibe nämlich nur handschriftlich, nicht mit der Maschine, und habe deshalb nur äußerst selten Durchschläge angefertigt. Darunter befinden sich meine Briefwechsel mit Kokoschka, Zuckmayr und Brecht. Dürrenmatt allerdings hat mir nie geschrieben. Die wären natürlich von beiden Seiten her interessant, weil ich beim Lesen zeitlebens immer kritisch war. Ich lese immer wach, bin aber nicht unbedingt auf Kritik aus. Wenn mir aber etwas nicht klar erscheint, dann will ich das klären, und das ist dann durch einen ersten Brief an den Autor meistens auch geschehen. Solange ich lebe, kann ich über die Hintergründe dieser Korrespondenzen noch Auskunft geben.

Im übrigen habe ich auch einige tausend Bücher, zum Teil Erstausgaben, dem Musikverein schon zu Lebzeiten übergeben. Es wurde dort ein großes Extrazimmer eigens dafür eingerichtet. Das wurde mir durch Albert Moser ermöglicht, als ich ihm einmal sagte, ich hätte kein Zuhause. Das Haus in der Nikolaigasse im ersten Bezirk in der Nähe des Stephansdoms, in dem wir jahrelang gelebt hatten, war nämlich äußerst dünnwandig, und man hörte leider alles. Da ich aber Ohrenbesitzer bin, war es für mich unerträglich, dort zu arbeiten. So stellte mir Moser den Raum zur Verfügung, und ich hätte dort ruhig und ungestört arbeiten können. Ich tat es jedoch nie, denn ich schreibe meistens doch woanders, z.B. in Rindlberg oder neuerdings in Oberdürnbach. Außerdem ist unsere neue Wohnung in einem Trakt der Hofburg zum Glück relativ ruhig, und heller und freundlicher als die vorherige im selben Gebäude.

Beim Briefeschreiben fertige ich normalerweise kein Konzept an. Dann wäre der Brief für mich von vornherein kaputt. Aber natürlich setze ich mich hin und überlege, was ich dem Betreffenden jetzt sagen will. Ob ich auf ein Schreiben antworte oder etwas erfragen oder mitteilen will, entsprechend dieser Intention fallen meine Briefe aus. Ich war mein Leben lang ein passionierter Briefeschreiber. Berühmt bzw. berüchtigt sind auch meine Postkarten. Ich habe jahrelang fast nur Postkarten geschrieben, und in manches Kuvert habe ich bis zu 10 Postkarten eingelegt. Auf diesen Postkarten habe ich mit meinen Freunden Boris Blacher oder Rolf Liebermann eine ganz eigene Form gepflegt, und wir haben uns dabei kein Blatt vor den Mund genommen. Ganz wesentlich waren dabei die gereimten Sprüche. Schade, daß es davon nichts mehr gibt. Ein Beispiel für einen dieser Schüttelreime möchte ich anführen: „Der alte Nazi Westermann ist Boris Blachers bester Mann." Gerhard von Westermann, Intendant der Berliner Philharmoniker, war kein Parteigenosse, dennoch wurde er nach dem Krieg eine Zeitlang mit Berufsverbot behängt. Später wurde er ein sehr geschickter Intendant der Berliner Festwochen, und ich habe mich mit ihm immer gut vertragen.

Auch ein Beispiel der deftigeren Art unserer geschüttelten Verse sei nicht vorenthalten. Darin spielt die Frau eines bedeutenden Musikkritikers eine gewisse Rolle: „Man spricht hier von den schmucken Titten der Frau Professor Stuckenschmidten …"

„Es ist genug …"

„Ich habe immer in der unmittelbaren Nachbarschaft des Todes gelebt"
Der Tod – ein Schatten voller Güte

Der Tod meiner ersten Frau, Lianne von Bismarck, war schrecklich für mich. Nicht so sehr das Faktum, daß sie neben mir im Bett starb, sondern der Tod als solcher. Heute denke ich anders über den Tod. Ich erhoffe ihn, ich nehme ihn an. Kommt er, ist es schön, läßt er mich warten, mag ich das insofern nicht, als es mir mißlich geht.

Ich verdanke diese tiefe Einsicht nicht zuletzt auch meiner Frau, mit der ich unzählige Male am Kamin über das Sterben gesprochen habe und die nicht ohne Grund vor einigen Jahren eine „Schule der Unsterblichkeit" gegründet hat. Vor allem aber verdanke ich dies nicht ihrem unbestreitbar genialen Geist, sondern der Liebe. Tod - Leben - Liebe, das ist das Geheimnis unseres Seins, wie ich am 2. August 1987 in einer Mitteilung an Lotte dankbar festgehalten habe: „Es ist so schön, weil ich zwischen Tod und Leben fühle. Ich weiß mich jetzt in beiden von unendlicher Liebe strahlend umfangen, die ich aus Dir bekomme, sie aber selbst erzeugend. Könnte ich jetzt sterben, ich lebte!"

Ich habe schon früh, eigentlich seit dem Tod meines Freundes Caspar Neher, den Tod als eine absolute Instanz akzeptiert. Nicht als Befehlshaber, sondern als Schatten, und zwar kein böser, sondern ein Schatten voller Güte. Die Frage nach dem Vorgang des Todes ist wieder eine andere. Das ist das Sterben, und das kann durchaus qualvoll und Angst einflößend sein. Doch der Tod ist und bleibt unser einziger Sinn. Er ist das, was für uns feststeht. Ich weiß, was mir bevorsteht, und das ist etwas Wunderbares. Ich will den Tod nicht verherrlichen, aber ich muß ihn als Tatsache zur Kenntnis nehmen. Der Mensch ist ja nur ein kleines Teilchen dessen, was existiert. Es gibt Tiere, Pflanzen, Menschen, und wenn ich sterbe, geschieht etwas, wie ich glaube, das mich in eine andere Funktion bringt. Der Vorgang des Sterbens kann schmerzvoll sein, doch ich glaube, daß das, was ich bin, unverlierbar ist, weil es Teil von etwas Größerem ist. Auch in den großen Erdformationen gibt es sehr viele Erze, die die Masse ausmachen. Ich bin nicht verloren, aber auch nicht mehr ich selbst.
Ich habe vor dem Faktum des Todes nicht nur keine Angst, sondern ich weiß - etwa mit Mozart, man denke an seinen viel gelästerten Brief an seinen Vater, nach dem Tod seiner Mutter -, daß der Tod unser bester Freund ist. Ich bin glücklich, daß es den Tod gibt. Und es ist wohl kein Zufall, daß ich Stücke schreibe, die Ausdruck meiner selbst kurz vor dem Ersticken sind.
Ich bin in Norddeutschland im protestantischen Glauben aufgewachsen. Durch unseren Pfarrer Wilhelm Kieckbusch, den späteren Landesbischof, wurde ich in das eingewiesen, was Religion sein könnte. Er war ein begnadeter Prediger und Redner. Dadurch, daß er den Konfirmantenunterricht leitete, hatte ich mehr Kontakt zu ihm. Ich habe ihn Jahre später wieder getroffen, und er machte den gleichen großartigen Eindruck auf mich wie damals. Wenn Menschen wie Wilhelm Kieckbusch

auch heute noch Leitende in dieser Kirche wären, wäre ich heute noch dabei, so aber bin ich schon seit einigen Jahren ausgetreten. Der evangelische Bischof Sakrausky hatte sich erdreistet, gegen Waldheim zu wettern. Mit diesen Herren will ich nichts zu tun haben.
Dennoch habe ich gute Kontakte zu Vertretern der Kirche und der Ordensgemeinschaft, z.B. zum Abt von Geras, zum Bischof von Kärnten oder dem früheren Abt von Zwettl, meinem Freund Bertrand. Ich kann nicht behaupten, daß ich religiös wäre, sehr wohl, daß ich glaube. Ich fühle, daß eine gewisse Weltsicht z.B. in der Bergpredigt enthalten ist. Dies ist für mich ein wahrhaft großes Dokument und wird Bestand haben, solange die Welt besteht. Aus dieser Überzeugung auch haben Lotte und ich „Jesu Hochzeit" auf der Basis der Bergpredigt geschrieben. Außerdem habe ich auch eine lateinische Messe componiert.
Auch parapsychologische Grenzerfahrungen, die in den letzten Jahren immer häufiger wurden, haben mich dazu gebracht, den Übergang in den Tod nicht zu fürchten. Lotte und ich haben in Rindlberg wunderbare Erlebnisse übersinnlicher Art gehabt. Wahrscheinlich gehört absolute Stille dazu. Ich habe in den Nächten im Waldviertel höchst Merkwürdiges erfahren, Klänge, wirklich nicht von dieser Welt. Und ich habe nie versucht, sie aufzuschreiben, das ist auch gar nicht nötig, denn es ist ein bestimmtes inneres Gefühl.
Erlebnisse mit lebensgefährlichen Situationen und Geschehnisse tödlichster Bedrohung haben mich ein Leben lang begleitet. Es war in den Kriegsjahren, als ich von Bayreuth, nach dem Ende der Festspielsaison, in Begleitung von Ellmendorf und Dr. Falkenberg, einem Regiekollegen, nach Paris fuhr. Unsere Reise führte über Karlsruhe, und die Bombenangriffe der Alliierten fingen gerade an. Die Fahrt mußte unterbrochen werden und wir verbrachten eine Nacht im Hotel am Bahnhof. Mit-

ten in der Nacht wurde Alarm gegeben. Ich war diesbezüglich von Berlin her schon einiges gewöhnt und blieb in meinem Bett liegen, alle anderen waren längst in die Keller geflüchtet. Da gab es einen ungeheuren Krach, und das ganze Zimmer war auf einmal voll mit Qualm. Ich befühlte mich und stellte fest, daß ich nicht zitterte und daß mir auch nichts fehlte. Als ich Nachschau hielt, sah ich das Ausmaß der Katastrophe: Eine Bombe war direkt am Hotel vorbeigegangen und zwei Splitter steckten in meinem Zimmer. Ich war über und über mit Kalk übersät. Seltsamerweise verspürte ich überhaupt keine Angst, obwohl ich in anderen Dingen zuweilen auch durchaus feig sein kann.
Im Jahr davor flogen meine Mutter und ich von London nach Bern, und es gab einen Zwischenstop in Basel, wo meine Mutter zu tun hatte. Wir stiegen im Hotel „Drei Könige" ab, das sehr schön am Rhein gelegen war. Ich sah beim Portier ein Plakat, auf dem eine Aufführung von Ravels Konzert „Mit der linken Hand" angekündigt wurde. Dieses Stück war eben erst uraufgeführt worden und ich bettelte solange, bis wir dort blieben, damit ich dem Konzert beiwohnen konnte. Das Flugzeug flog ohne uns ab, obwohl wir die Tickets bereits bezahlt hatten. Es stürzte ab, und alle Insassen starben. Etwas Ähnliches habe ich auch auf einem Flug von Chicago nach San Francisco erlebt. Da kam ich zu spät zum Abflug, und wieder waren alle abgestürzt.
Für manches habe ich vermutlich keine Sensoren, etwa für die sogenannte bürgerliche Angst. Wenn ich verschiedenen Leuten offen und schonungslos diverse Dinge sage, dann hat das nichts mit Mut zu tun. Ich habe einfach das Sensorium nicht, mir sind die Folgen egal. Ja, ich denke gar nicht an sie. Das hat auch nichts mit Wagemut zu tun, denn wenn ich will, gibt es keine Grenzen, ich sehe sie einfach nicht. Das beweist ja auch die Geschichte mit meinem „Unterseeboot" Latte Bauer im

Krieg. Ich war mir wohl bewußt, wie gefährlich es war, doch ich kann mich nicht von etwas abhalten lassen, von dem ich glaube, daß es auf bestimmte Weise getan werden muß. Das ist der Kontrapunkt des Lebens. Erst nachher, nachdem die Sache durchgezogen worden war, kam ich mir manchmal wie der Reiter übern Bodensee vor. Da war ich dann manchmal völlig starr vor Entsetzen. Aber während ich etwas tue, ist mir das wirklich gleichgültig.
In Wien habe ich ebenfalls etwas sehr Unangenehmes erlebt. Ich saß damals oben im Turm in der Marokkanergasse und schrieb eine Partitur. Als ich aufblickte und aus dem Fenster sah, fiel gerade ein Schornstein auf die Straße nieder. Kaum hatte ich das realisiert, fiel hinter mir eine Vase aus einem Bücherregal und zerbrach. Mir kam gar nicht in den Sinn, daß es ein Erdbeben sein könnte. Daher war ich auch zu keiner Reaktion fähig. Beim zweiten Erdbeben, das ich ebenfalls in Wien erlebt hatte, war gerade mein Sohn Caspar bei mir. Ich laborierte damals an einem gebrochenen Bein. Er hatte im Unterschied zu mir ein Sensorium für die bedrohliche Situation und machte instinktiv das einzig Richtige und stellte sich unter den Türrahmen.
Ich glaube, daß die Möglichkeiten des Lebens und des Sterben sehr nahe beieinanderliegen. Mein Leben ist bewußt durch das, was ich aufnehme, auch im Unterbewußtsein und im Unbewußten. An meinen Verleger Hans-Jürgen Radecke schrieb ich im Jahre 1977: „Je früher wir den Tod als unser Ziel - nicht nur mechanisch, sondern geistig als die Transposition in die höchsten Sphären - erkennen, desto überlegener und ruhevoller läßt sich aus verläßlichem Zentrum das Leben bewußt einrichten und lenken."

Dem habe ich nichts hinzuzufügen.

Aus meinem Musikgärtlein

Ich schrieb in meinem Leben die unterschiedlichsten Stücke, musikdramatische Werke, Orchesterstücke, Lieder. Für mich war das immer reizvoll, und ich weiß nicht, ob ich es je wieder tun werde. Ich kann mich immer nur motivieren, wenn ich etwas vollkommen Neues schreibe. Deshalb habe ich auch die verschiedensten Formen gewählt und über hundert Lieder geschrieben.

Schaffensepochen, stilistische Unterschiede, Unterbrechungen oder Brüche in meinem Schaffen kenne ich nicht. Es gibt natürlich sich verändernde Färbungen. Aber das Wesentliche ist, daß man sich treu bleibt in der Diktion und treu bleibt in der Technik. Es wird leider zu viel Unsinn getrieben mit der Technik und dem persönlichen Idiom. Ich kann das nicht leiden. Für mich ist eine Musiktechnik ein Evangelium. Dazu gehört für mich die Tonalität. Heute gibt es zu viele musikalische Techniken. Mit „der Technik treu bleiben", meine ich: Habe ich einmal eine Technik entwickelt, durch Jahrzehnte hindurch, dann weiß ich ungefähr, was ich zu sagen habe, was ich sagen will und was ich sagen kann. Und die Technik, die ich dazu ausgebildet habe, ist natürlich erstens eine Frage der Begabung, zweitens der Zeit und der Erfahrung. Und daher meine ich, daß man die Technik nicht wechseln kann wie ein Hemd.
Ich bin auch der Meinung, daß es zu wenig Menschen gibt, die sich Einfälle leisten, und bin daher für jeden Einfall, der mir geschieht, dankbar und versuche, jeden zu verarbeiten. Ich meine, daß es der heutigen Compositionsart, aber nicht nur in der Musik, an Einfällen, am gesamten Lockerlassen des Menschen mangelt, daß wir aus Feigheit einfach verdurstet sind. Diese Art von Einfällen sind Injektionen in das Leben aller Menschen.

Wenn Menschen, unter der Berücksichtigung, daß sie alle sehr ähnlich sind, bereit wären, sich selbst zu geben, nicht als ein preziöses Geschenk, sondern das zu geben, was ihnen in Träumen zustößt, dann hätten wir eine etwas bessere Gesellschaft, da man sich durch das Geistige des Traumes näher wäre.
Unter meinen 106 Opus-Nummern sind einige monumentale Werke dabei: sieben Opern, fünf Ballette, vier Symphonien, fünf Quartette, zwei Klavierkonzerte, ein Violinkonzert, über hundert Lieder. Faul war ich wohl nicht.

Meine Lieblingsinstrumente

Ich habe für viele verschiedene Instrumente und Besetzungen geschrieben. Es gibt Instrumente, die ich besonders liebe, es sind mir nicht alle gleich lieb. Es gibt einige, die ich gar nicht mag, zum Beispiel habe ich nie das Saxophon verwendet, denn ich mag den Klang nicht. Ich hätte ein Saxophonquartett schreiben sollen und war dafür in einem Konzert für Saxophon und Orchester. Da wußte ich, das ist nichts für mich.
Mein Lieblingsinstrument ist aber die Klarinette. Mit der habe ich angefangen. Im „Danton" gibt es ein Zwischenspiel, das dreiteilig ist. Der erste Teil ist für Klarinette und Streicher gesetzt, ganz trocken.
Die Klarinette klingt zwar ein wenig ironisierend, aber auch sinnlich. Sie kann von unglaublicher Zartheit sein, das kommt auf die Qualität des Spielers an. Peter Schwiedel zum Beispiel, der erste Klarinettist der Philharmoniker, hat den „Ziegenbock" uraufgeführt, das ist ein Stück von etwa dreizehn Minuten, nur für Klarinette. Da kommt natürlich auch Jazz vor. Ohne die Synkopen des Jazz ginge das nicht. Wenn das durchlaufende Viertel wären, klänge es wie eine Etüde von Clementi.

Wenn ich bei meinen Vorlieben bleibe, dann kommen erst einmal die Holzblasinstrumente, die ich heiß liebe, weil ich sie früh kennengelernt habe. Ich habe auch viel für sie geschrieben. Da kommen überall Jazzelemente vor, nicht so ausgesprochen wie früher, sondern sublimiert. Dann mag ich auch die gedämpfte Trompete gerne, die auch im Jazz verwendet wird. Für die habe ich ein Solostück gemacht, in der „Alpbacher Tanzserenade“. In dem Stück kommt überhaupt allerhand Jazziges vor.

Ich habe auch einiges für kleine Bläserensembles geschrieben: Etwa für ein Quintett: Flöte, Oboe, Klarinette, Fagott, Horn. Dann machte ich mit der Lotte „Vom Dichter und vom Bären“, ein Stück für drei Solisten: Fagott, Klarinette, Horn. Das machte mir großen Spaß, es wurde für die Berliner Philharmoniker geschrieben, ich weiß nicht mehr, aus welchem Anlaß.

Zur Orgel kam ich auf ganz merkwürdige Weise. Als Kind hatte ich in der Ramsau in der Kirche oft die Orgel spielen dürfen. Der Klang der Orgel hat mich immer fasziniert, die Gewalt der Klänge. Viel später schrieb ich dann die „Orgelsonate“. Daniel Schlee, ein sehr guter Organist, bat mich, für ihn ein Stück zu schreiben. Daraus ist diese Sonate geworden. „Die geistliche Sonate“ dann wurde für Orgel, Trompete und Sopran componiert. Den mittleren Satz sang Hilde Güden zur Konfirmation meines Sohnes Caspar in der Marienkirche.

Schließlich kam der Auftrag für das „Konzert für Orgel und Orchester“. Das hatte Dr. Grasberger von der Musiksammlung den Linzern eingeredet, sie waren freundlich genug, es zu beauftragen. Die Aufführung war exzellent, dann war für mich Schluß mit dem Componieren für die Orgel. Sehr wichtig in diesem Konzert ist auch die Percussion, der Einsatz einer Schlagzeuggruppe. Das hängt wieder mit dem Jazz zusammen, mit diesen Jazzimprovisationen des Schlagzeugers. Die sind etwas Wunderbares. Wenn ein Jazzmusiker sein Metier versteht, kann keiner einschlafen.

Mein Orgelwerk wurde im übrigen im Sommer 1995 vom „Forum Orgel Modern“ mit Andrea Peck (Orgel) und unter der Leitung des überaus begabten jungen Dirigenten Christian Arming in Salzburg und Wien zur Aufführung gebracht.

Es wird allgemein als erstaunlich empfunden, und auch andere Leute haben sich darüber gewundert, daß ich so wenig für Klavier geschrieben habe. Und das, obwohl ich selbst Klavier spiele. Ich liebte das Improvisieren und improvisiere immer noch gerne. Vermutlich habe ich für dieses Instrument so wenig componiert, weil meine Klangvorstellung, wenn ich Klavier spiele, eine andere ist. Es kommt etwas dabei heraus, das nicht Klavierspielen ist, sondern Orchesterspielen. Es hat eine andere Wertskala nach Klangfarben. Und das Klavierspielen als solches, ganz besonders das virtuose, ist mir verhaßt wie die Pest. Ich verehre durchaus den Menschen Liszt, der ja auch Lehrer meiner Großmutter war, aber wenn ich mir diese großen Paraphrasen ansehe, sei es vom „Holländer“ oder „Tannhäuser“, ist das einfach ein Graus. Diese Art der Umsetzung, die genial sein mag, ist mir dermaßen fremd und widerlich, denn sie versucht etwas zu reduzieren, das eigentlich nicht reduzierbar ist, weil es ein sehr hohes Niveau hat.

Ich erinnere mich, vor fünfundzwanzig oder dreißig Jahren, da hat es mich nicht befriedigt, wenn ich etwas am Klavier ausprobiert habe. Ich habe ja meistens am Schreibtisch oder im Bett geschrieben - den ganzen „Danton“ etwa im Bett - und habe dann manches ausprobiert, weil ich kein absolutes Gehör habe, wegen der Verschiebungen, der effektiven Höhe.

Es ist so, daß ich selbst vorhandene und bekannte Stükke, wenn ich sie lese, präziser höre oder zu hören glaube, als wenn ich sie real vorgeführt bekomme.

So mußte ich auch feststellen, und das hat mich sehr irritiert, daß ich sehr viel präziser höre als das, was das korrigierende Instrument, eben das Klavier, hergibt. Tatsächlich in Vierteltönen. Das hat mir damals ungeheuer zugesetzt. Heute, mit dem Älterwerden, ist mir das gleichgültig geworden, ich habe mich an eine Konstanz von aufeinander beziehbaren Intervallen gewöhnt. Es ist tatsächlich ein Bezugssystem, das man sich ganz plebejisch als Quinten vorstellen kann. Das Älterwerden hat einen Vorzug: man kann sich auf Kombinationen kompensatorischer Art sehr viel schärfer einlassen, weil man durch diese Klang- und Farbprobleme nicht mehr irritiert ist. Das Orchester ist in jedem Fall, dank der Streicher, über die Quinten bestimmt, und dank der Oboen haben sie es dann in der Hand.

An Klavierwerken gibt es die „Vier Stücke", die noch während des Krieges in Berlin uraufgeführt wurden. Dann kamen die Klavier-Sonaten, ich habe zwei davon geschrieben, die zwar überaus dünn sind, aber auch Jazzelemente enthalten.

Dann kam das „Erste Klavierkonzert", ein Auftrag von Schmidt-Isserstädt, Gerti Herzog spielte bei der Uraufführung in Hamburg den Klavierpart. Danach kamen die „Arietten für Klavier und Orchester". Diesen Ausdruck habe ich geprägt. Dieses Stück erfreute sich bis jetzt keiner großen Anteilnahme, aber das wird schon noch kommen. Das nächste waren die „Vermutungen über Lotti". Fritz Dürrematt bat mich, das Stück zum Tod seiner Frau Lotti zu schreiben, und ich hatte keine Lust, einen Trauermarsch hinzulegen. Ob da Jazz darin ist, darauf möchte ich mich nicht festlegen, es kann aber gut sein. Davor hatte ich das Klavier als szenisches Instrument im „Prozeß" eingebaut, Gielen spielte es bei der Uraufführung in Salzburg. Für die Frau Friedrich Dürrenmatts und auf seinen Wunsch hin componierte ich die

„Mutmaßungen über Lotti“. Damit war meine compositorische Beschäftigung mit dem Klavier beendet, wenn man von den Liedcompositionen für Singstimme und Klavier absieht, die ein Sonderfall sind.
Während mir das Klavier zu „dick“ aufträgt, liebe ich das Cembalo, weil es zarter ist und sein Klang dem von Streichern relativ nahe kommt. Die heutige Aufführungspraxis der Konzerte von Mozart ist ja insgesamt falsch, denn das Tasteninstrument sollte ein Cembalo sein. Der erste, der anfing, davon abzugehen, war bekanntlich Beethoven, mit dem Hammerklavier. Die Eigenart dieses Cembalo ist so beträchtlich fremd und verfremdet, daß es eine große Anziehungskraft auf mich ausübt.
Bei den Liedern mit Klavierbegleitung besteht natürlich die Gefahr, daß die Singstimme durch das Klavier erschlagen wird. Dieses Problem löse ich, indem ich weniger Noten hinschreibe und keine großen Oktaven und Nonenakkorde verwende. Ich mag eine lineare Führung, sowohl des Gesanges als auch des Instrumentes. Ich habe keine Ahnung, ob ich das erreicht habe. Meine großen Liedinterpreten, Christa Ludwig, Hermann Prey, Marjana Lipovsek, Robert Holl, Wener Weber und Dietrich Fischer-Dieskau, meinten ja.
Die Singstimme hat mich immer interessiert, aber da ich über die Singstimme viel zuwenig wußte, war es gut, daß ich als Zwanzigjähriger an die Oper kam. Tietjen bekam eine Empfehlung, ein Herr von Zavilovsky, er war damals Mitte siebzig, war früher ein Bariton in Bayreuth gewesen, hatte mir damals Unterricht gegeben. Ein Kollege von mir, Herbert Ansen, hatte eine prachtvolle Stimme, Tietjen und ich rieten ihm, diese auszubauen und bei Zavilovsky zu studieren. Alle diese Übungen hatte ich begleitet, was für mich eine große Lehre war. Wie kommt es zu einem Ton, der gesungen wird? Das ist gar nicht so selbstverständlich. Das ist vornehmlich eine Frage des Atmens. Wer diese Atemtechnik nicht gelernt

hat, sollte das Liedercomponieren und das Componieren für die menschliche Stimme lieber lassen.

Durch die Tatsache, daß ich die Sänger beim Proben angehört hatte, wußte ich, wann sie welche Schwierigkeiten haben und womit. Die habe ich natürlich berücksichtigt. Nun ist ein großer literarischer Text ohnedies fein gegliedert, auch innerhalb der Sätze. Das kam diesem Prinzip ja sehr entgegen.

Ich liebe die menschliche Stimme, wenn ich auch anmerken muß, daß das, was Verdi zu „Lady Macbeth" geschrieben hat, grauenhaft krächzend klingen müßte – das sind die Pervertierungen. Aber ich muß zuerst wissen, wie etwas schön klingt. Eine Phrasierung, bei der ich nicht das Wort oder die Silben beherzigen müßte, ist mir das Liebste. Franz Schubert ist mir da näher als Hugo Wolf. Das ist eine Frage der Einstellung. Für Wolf war das Wort das Entscheidende, für Schubert der Klang, die Musik. Ich bin eher auf der Seite von Schubert, wobei Wagner dazwischen liegt, ganz besonders dieser kitschige „Abendstern". Das liegt genau auf der Seite, die ich gern habe, die ich aber in der extremen Form doch nicht machen möchte.

Sprechgesang finde ich grauenhaft, aber verständlich, wenn er für politische Aktionen eingesetzt wird. Ein Slogan läßt sich so wesentlich besser bringen. Das ist eine Frage der Einstellung. Ich verwendete Sprechgesang ja selbst, in meiner Oper „Jesu Hochzeit". Magdalena muß da steppen und Sprechgesang machen!

Ich habe keine Lieblingswerke in meinem Schaffen, aber eine Lieblingsgattung. Meine Lieblingsgattung ist und bleibt das Lied, nicht die Oper, ergänzt durch meine späte Liebe zur Kammermusik.

Ich fing ziemlich früh an, Lieder zu componieren, schon als Junge, noch vor dem Studium bei Blacher, ich habe sie allerdings nicht veröffentlicht. Dann, nach dem Studium bei Blacher, schrieb ich meinen ersten Zyklus – ich

mache immer nur Zyklen - der „Hafislieder". Hilde Zadek hat sie im Redoutensaal uraufgeführt. Dann kamen intermittierend immer wieder neue Zyklen dazu, denn ich liebe Gedichte, und ich konzentrierte sie im Lied.
Ein Lied, das ist meine Erfahrung nach über hundert Liedern, ist überaus schwierig zu schreiben, es kommt auf die Konzentration an. Das Lied verlangt nicht weitschweifende Ausführlichkeit, sondern Dichte. In den letzten Jahren vertonte ich Gedichte meiner Frau Lotte und dazwischen von Christine Busta, deren Werk ich sehr schätze, weil sie eine wunderbare Sprache hat. Wir waren befreundet, und sie hat sogar für Lotte und mich Gedichte geschrieben, die ich allerdings nicht als Lieder, sondern für Frauenchöre componiert habe, und zwar für Japan, für Maestro Maeda, wo auch die Uraufführung stattfand. Die anderen Liederzyklen sind sehr verschieden. Ich componierte auch zwei Zyklen für sechs Stimmen und Orchester. Der eine Zyklus basiert auf Brecht und anderen Dichtern, der andere ausschließlich auf H. C. Artmann. Letzterer wurde von Karl Böhm mit Dietrich Fischer-Dieskau im Konzerthaus uraufgeführt. Der Zyklus heißt „Rosa Mystica". Die Aufführung war ausgezeichnet. Es spielten die Philharomiker, es war irgendein Anlaß von Mautner-Markhof, zu dem ich beauftragt war, das zu schreiben.
Das Lied ist nach wie vor Anliegen für mich, es ist nicht eine ausgedehnte große Arbeit, aber ein Akt der Konzentration. Ich kenne natürlich die Liedtradition sehr gut, ob das nun Schubert ist oder Schumann, Brahms oder Hugo Wolf. Alle haben viele Lieder geschrieben, die qualitativ nicht immer gleichwertig sind. Das kann auch nicht sein, in meinem Fall ist es sicher nicht anders. Die Befassung mit Liedern ist für mich zugleich eine Auseinandersetzung mit dem Klavier. Ich bin, wie gesagt, kein großer Freund des Klaviers. Obwohl es das einzige Instrument ist, das ich einigermaßen beherrsche, habe

ich das Gefühl, daß die Singstimmen sich mit dem Klavier, einem ziemlich harten Instrument, nicht gut mischen. Ich versuchte es daher auch mit der Gitarre und mit anderen Instrumenten, etwa der Laute. Diese Lieder, allesamt veröffentlicht, wurden von sehr beachtlichen Sängern aufgeführt, etwa von Peter Schreyer.

Bezüglich des Verhältnisses von Klavier und Singstimme behandle ich beide gleichwertig. Darauf bestehe ich. Reine Begleitung kommt für mich nicht in Frage. Viele Lieder von Schubert etwa bestehen aus der Singstimme, die von einem Klavier begleitet wird. Bei mir wird alles integriert, dennoch ist mir das deklamatorische Element, das Verständnis des Textes, wie bei meinen Opern, sehr wichtig. Ich bat immer Konsonanten, nicht nur Vokale zu singen, denn die Konsonanten machen die Deutlichkeit aus.

Von meinen Liedern führt auch eine direkte Verbindung zu meinem Chorschaffen, vor allem von den Texten her, doch es handelt sich um ganz andere Formen. Ich habe einige Kantaten geschrieben, in denen auch Lieder vorkommen, basierend etwa auf Hölderlin, Sophokles und Brecht, und zwar für den Zyklus „An die Nachgeborenen". Wenn Stimme und Aussprache stimmen, habe ich Gesang wirklich sehr gerne.

Meine Frau Lotte hat viele Liedertexte für mich geschrieben. Ich gab ihr da schon einige Hinweise. Wir haben ja viele Zyklen zusammen gemacht, und mit den Interpreten hatte ich immer Glück. Die Sänger und Sängerinnen haben diese Wärme, die man beim Componieren entwickelt, auch weitergetragen, indem sie mit Anteilnahme sangen. Ein paar Lieder von Lotte tragen Titel wie „Fetischist", „Transvestit" und „Sodomit". Das sind typische Texte von ihr, kuriose, abgründige Themen, und das reizt mich daran. Dabei handelt es sich zwar um keine ausgedehnten Zyklen, aber es sind doch Zyklen, die in sich, mit Humor und Ironie, abgeschlossen sind.

Heinz Zednik hat einige zu meinem 75. Geburtstag, in der Opernmatinee mit Marcel Prawy, gesungen. Ich schätze ihn als einen wunderbaren Musiker und Sänger. Wie er die Partie des Herrn von Lips im „Zerrissenen" gesungen hatte, wäre mir so nie eingefallen. Alexander Pereira war damals Chef des Konzerthauses und setzte, nicht auf mein Betreiben, eine konzertante Aufführung des „Zerrissenen" an. Für den Herrn von Lips, der eigentlich ein Bariton ist, brachte er einen Tenor zum Einsatz, und zwar Zednik. Das war einfach wunderbar.

Meine Liedtexte sind fast durchwegs gereimt. Ich finde den Reim für den Rhythmus wichtig. Ich verstehe Verdi gut, der ebenfalls darauf bestanden hatte, das ging bis zur Anzahl der Silben. Das mache ich zwar nicht so, aber ich bestehe auf Reimen, weil das Lied eine gebundene Form ist, und zwar eine sehr enge. Es ist eine Konzentration der ganzen Musik. Wenn ich mir einige Lieder von Schubert ansehe, überfällt mich ein Schauer, auch heute noch. Das ist von einer Dichte und harmonischen Kühnheit, von der ich wünschte, ich hätte sie. Auch die Auswahl der Texte zu meinen Liedern ist eine eigene Geschichte. Ganz früh, vor dem Studium bei Blacher, waren es Texte von Weinheber, den ich als Dichter auch heute noch sehr schätze. Später, nach dem Studium, waren es die Hafislieder, noch später Texte von Christine Busta, „Inmitten aller Vergänglichkeit" zum Beispiel und „Ohnegleichen".

An der Form der Symphonie interessierte mich, die an sich feststehende Struktur aufzubrechen und zu versuchen, eine neue zu entwickeln. Bei meinen Werken handelt es sich zweifellos um Symphonien, aber nicht in der Nachfolge der „Neunten" Mahlers oder Bruckners. Meine Symphonien sind andere Formen, sie sind vor allem relativ leise. Wenn es laute Stellen gibt, muß es allerdings meist sehr laut sein!

Von den Symphonien habe ich die zweite, die „Wiener Symphonie“ recht gerne. Das ist ein viersätziges Werk. Normalerweise ist die Symphonie ja dreisätzig angelegt. Das habe ich verändert. Ob das mit Erfolg verbunden war oder nicht, wird die Zukunft entscheiden. Daß ich allerdings etwas gemacht habe, das zum Reformieren der Musik zählt, nehme ich für mich in Anspruch.
Die vierte Symphonie ist verschiedenen Menschen gewidmet, das ist programmatisch gemeint, denn es handelt sich dabei um Portraits.
Ursprünglich hatte ich den Auftrag, ein Stück zu Themen von Scarlatti zu schreiben. Ich hatte damit auch schon angefangen. Dann aber kam es zu Problemen mit dem Auftraggeber Imbrogliu, aber ich hatte den Vorschuß, damals eine Menge Geld, nicht zurückgezahlt. Wir hatten über viele Jahre dazu korrespondiert. Dann schrieb ich eine Symphonie, deren vier Sätze Menschen, an denen mir etwas gelegen war, gewidmet waren. Als die Partitur gedruckt worden war, ließ ich sie dem Scarlatti-Orchester in Neapel schicken. Sie fanden es nicht einmal der Mühe wert, darauf zu antworten, was ich ziemlich flegelhaft fand.
Ich habe auch die „Symphonischen Szenen“ gemacht, das ist ein Orchesterstück in drei Sätzen für Boston. Es gibt da auch eine Anleitung, daß man es tanzen kann. Sonst hat das Werk, wie keines meiner Orchesterstücke, nichts mit etwas Außermusikalischem zu tun.
Mein letztes Opus für große Orchester, die „Fraktale“, schrieb ich für und im Auftrag der Philharmoniker. Als ich mit dem Wunsch konfrontiert wurde, sagte ich Prof. Walter Blovsky, dem Generalsekretär der Philharmoniker, ich würde das Stück nicht machen. Nach ein paar doppelten Whiskys überredete er mich jedoch. Es steht auch - in Anlehnung an Beethoven - darüber: „Es muß sein!“
Ich war ein großer Kammermusikverächter und bin erst

spät darauf gekommen, wie schön Kammermusik ist, und daß der Ausdruckreichtum dort noch wesentlich größer ist als in der Orchestermusik.

Später kamen nicht nur die kleineren Formen, sondern auch die kleine Besetzung. Das ist sehr gefährlich, da sind alle vier Wände durchschaubar. Man kann weder lügen noch kaschieren. Die Kammermusik, wie auch die Symphonik, ist eine sehr konzise Form. Man schreibt nicht ungestraft ein Stück, das etwa eine halbe Stunde dauert. Sehr schnell merkt man, ohne es beweisen zu können, wenn das ein absolut leeres Geklingel ist. Es können Einfälle sein, aber wenn die Form nicht stimmt, ist das Stück kaputt.

Alle meine Stücke, zum Beispiel „Kabale“, „Die alte Dame“, „Danton“, handeln von der Grausamkeit. Diese Grausamkeit direkt mitzuerleben, ist schrecklich, und ich habe mich oft gefragt, ob und wie sich dieses Thema auf die Bühne bringen ließe. Nach dem Krieg, als ich Friedrich Dürrenmatt kennengelernt hatte und bei ihm in Neuchâtel war, erzählte ich ihm von meinen Erlebnissen im Krieg und aus der Vorkriegszeit. Er hörte sich das alles an und meinte, er wüßte nicht, was er selbst im Hitler-Deutschland an meiner Stelle getan hätte. Das Schreckliche ist ja die Ambivalenz der menschlichen Psyche und des Denkens. Diese Ambivalenz hat mich wesentlich geprägt, wahrscheinlich deshalb, weil ich selbst ein ambivalentes Wesen bin und oft mit Unrealem zu tun habe. Musik ist ja etwas zutiefst Unreales, sie ist zwar im Klang durchaus real, aber was sie aussagt, läßt sich nicht eindeutig bestimmen. Indem ich Opern und Ballette schrieb und auch Oratorien, habe ich versucht, das etwas genauer zu präzisieren, ob es mir gelungen ist, vermag ich nicht zu beurteilen. Natürlich versuchte ich, schon durch die Auswahl der Texte zu meinen Stücken etwas Klarheit in die Aussage zu bringen. Das war besonders bei jenem Werk der Fall, das ich auf Wunsch

von Dr. Kurt Waldheim für die UNO schrieb, die „Kantate an die Nachgeborenen“.
Waldheim, den ich sehr schätze, ist ein stiller, lauterer Mann. Ich habe bei diesem großen Auftrag lange überlegt, wie ich das machen sollte, und welche Texte geeignet wären. Dirigent und Orchester standen von Anfang an fest, Maestro Giulini und die Wiener Symphoniker, die Stadt Wien hatte sich bereit erklärt, die Reisekosten nach New York zu übernehmen. Ich sprach mit Kirchschläger, der damals Bundespräsident war, und Bundeskanzler Kreisky über ihre Vorstellungen. Es waren durchwegs kluge Ratschläge, aber ich befolgte sie natürlich nicht. Ich sollte alle Rassen, die Gelben, die Schwarzen, die Weißen, berücksichtigen, also chinesische, japanische und andere Texte heranziehen. Ich hatte davon Abstand genommen, weil ich fürchtete, es wäre dann automatisch eine Beleidigung für jene Völker, deren Texte aus Zeit- und Platzgründen nicht genommen werden könnten. Ich suchte mir daher die Texte selbst aus und bekannte mich durchaus zu meinem europäischen Erbe. Das Stück beginnt mit einem Psalm, dann kommt ein Text von Sophokles und darauf folgt ein Gedicht von Friedrich Hölderlin, „An Diotima“. Das Zentrum bildet der Dreiteiler von Bert Brecht, „An die Nachgeborenen“, der dem Stück den Titel gibt.
Ich hatte mich damals gerade mit außereuropäischen Musiktraditionen beschäftigt und eine Zeit lang sogar erwogen, derartige Elemente in der Compositionsarbeit einzubeziehen. So hatte ich unter anderem daran gedacht, jemenitische Weisen zu benutzen, das sind kleinräumigste, bis zu Vierteltönen reichende Vokalismen, die fast ohne große Intervallsprünge auskommen. Auch darauf verzichtete ich schließlich aus ähnlichen Überlegungen.
Als das Stück fertig war, wollten Giulini und ich zu den Proben nach Philadelphia fahren, denn Eugene Orman-

dy, der Dirigent und Chef des dortigen philharmonischen Orchesters, hatte mir als geeigneten Chor der Uraufführung den jungen Chor der Universität von Philadelphia empfohlen. Inzwischen hatte sich herumgesprochen, daß ich bei der Composition des einleitenden Psalms eine Zeile, die mir besonders nationalistisch vorgekommen war, unterdrückt hatte. Nun ergab sich Folgendes: Bevor ich von New York nach Philadelphia fuhr, erhielt ich den Anruf, daß der Oberrabbiner von Philadelphia den jüdischen Mitgliedern des Chors aus diesem Grund eine Mitwirkung verboten hatte.
Viele Menschen, die componieren, sind zu Streichungen gezwungen, und zwar aus den verschiedensten Gründen. Ich hatte mir meinen kleinen Eingriff sehr wohl überlegt. Ich fand diese Reaktion ein ziemlich starkes Stück. In Philadelphia angekommen, bat ich Maestro Giulini, zunächst vor dem Proberaum zu warten, weil ich zunächst mit den jungen Herrschaften des Chores, es waren durchwegs Studenten, selbst sprechen wollte. Ich trat also entschlossen vor sie hin und sagte, daß ich von den Vorbehalten wüßte, daß ich aber Nationalismus in jeder Form ablehne. Ich erklärte plausibel, was mich an der gestrichenen Zeile gestört hatte, und fügte abschließend hinzu, daß im Unterschied zu General Herzog, dem Leiter der israelischen Delegation bei der UNO, ich sehr wohl bei der Gestapo gesessen wäre. Es gab Standing Ovations. Kaum hatte ich ausgesprochen, kam schon ein Anruf von der New York Times: „What did you say? ..."
Die Aufführung mit Dietrich Fischer-Dieskau und Julia Hamari als Solisten fiel zur vollsten Zufriedenheit aus, nur die israelische Delegation boykottierte das Stück und blieb aus Protest der Premiere fern. Diplomatisch ließen sie zwar verlauten, daß sie ohnedies nicht am Konzert teilgenommen hätten, und zwar wegen der Sabbatruhe. Später baute ich den fehlenden Vers nach-

träglich doch noch in das Stück ein, er wird nunmehr rhythmisch gesprochen. Ich bin aber weiterhin der Meinung, daß der Text ohne ihn zuträglicher wäre.
Natürlich sehe ich bei dieser Episode auch einen Zusammenhang mit der viel später einsetzenden Waldheim-Kampagne. Ein nicht zu unterschätzender Grund für den Haß, den er auf sich gezogen hatte, scheint mir darin zu liegen, daß er in seiner Amtszeit als UN-Generalsekretär Araber und Israelis gleich behandelt hatte. Das wurde ihm nie verziehen. Kurt Waldheim, den ich sehr schätze, ist ein Mensch mit einem ausgeprägten Gerechtigkeitssinn und wurde zum Opfer von Rufmördern. Der Anstoß dazu kam mehr von Österreich. Der „Spiegel"-Artikel war eine echte Denunziation. Da stimmte ja überhaupt nichts, und er mußte später auch revidiert werden. Wer aber glaubt schon ein Dementi? Und da war er schon bekleckert von oben bis unten. Fast keiner ist damals für Waldheim eingestanden. Meine Frau Lotte und ich haben uns allerdings sehr in dieser Sache exponiert, und nicht nur bei einer Tasse Tee, sondern öffentlich im Fernsehen und in den Zeitungen. Es ging uns um die Gerechtigkeit und Fairneß, und gegen die Verleumdung und Hinrichtung eines Menschen. Das Engagement hatte mir damals nicht nur Freunde eingehandelt, sondern viele Anfeindungen verschafft. Sogar mein alter Freund Erwin Ringel war damals ja bekanntlich auf der gegnerischen Seite aktiv. Ich würde es aber wieder tun, weil ich Unrecht nicht hinnehmen will.
Relativ spät wandte ich mich der Kammermusik zu. Die Beschränkung auf das Essentielle, sowohl in der Besetzung als auch im musikalischen Bereich, ist für mich eine Frage der Klarheit und Reinheit und hat gewiß mit dem menschlichen Reifen zu tun. Die Konzentration auf das Wesentliche, auf das absolut Unentbehrliche, und der Verzicht auf alles überflüssige werden immer wichtiger. In diesem Sinn war mein Werdegang wahrscheinlich

wirklich untypisch. Ich habe entgegen dem Rat Paul Hindemiths nicht mit den kleinen musikalischen Formen begonnen, sondern gleich mit monumentalen „Brocken“ mit großer Besetzung, mit Orchesterwerken und Opern! Die Beschäftigung mit der Kammermusik ist in letzter Zeit jedoch eine geradezu ausschließliche geworden. Dazu gehören meine Stücke für Soloinstrumente, die „Sonate für Solovioline“, 1977 in Kalifornien uraufgeführt, die „Sonate für Kontrabaß“, geschrieben für Ludwig Streicher, die„Solosonate für Viola“ aus den frühen Achtzigerjahren, „Ollapotrida“, sieben Studien für Solovioline, 1993 in Bayreuth und Oberdürnbach am Mannhartsberg entstanden,. sowie die „Aspekte“, Vier „Portraits für Oboe solo“.
Componieren für eine Stimme ist eine große Herausforderung. Hier ist tatsächlich ein radikaler Reduktionsprozeß vonnöten. Natürlich kann man auch bei der Geige harmonisch denken, es muß aber nicht vierklängig wie beim Klavier sein. Die Composition des Werks war ein langer Vorgang. Ich schrieb das Stück für Christiane Edinger, die es auch zur Uraufführung brachte. Ich lernte diese begabte Geigerin kennen, als sie noch ein Kind war. Und der Grund, warum ich das für sie schreiben wollte, war, daß ich ihren Vater einmal ganz furchtbar beschimpft hatte. Ich war in einer Gesellschaft, und es wurde tüchtig dem Alkohol zugesprochen. Da hatte der Vater Christianes plötzlich irgendetwas gegen Boris Blacher, damals Direktor der Hochschule in Berlin, gesagt. Ich erregte mich maßlos darüber und tadelte diese unmaßgebliche Bemerkung mit sehr scharfen Worten. Daraufhin wurde allen Ernstes nach der Polizei gerufen. Ich aber erklärte, daß ich das Haus gerne von selbst verlassen würde und empfahl mich. Am nächsten Tag rief Herr Edinger bei Blacher an und beschwerte sich über mich. Ich aber wollte Böses mit Gutem vergelten und lud seine Tochter Christiane, sie

war damals 14 Jahre alt, zum Vorspielen ein. Ihr Vortrag war bemerkenswert schön, und ich sagte ihr: „Wissen Sie, ich habe Ihren Papa zu Recht beschimpft, er hat sich damals wirklich daneben benommen. Aber Sie bringe ich zu meinem Freund Nathan Milstein." Dieser hatte damals nur zwei Schüler, und Christiane konnte viel bei ihm in Montreux lernen. Ich hätte viele Stücke nicht componiert, wenn ich nicht den Betreffenden sehr verbunden gewesen wäre.

In meiner späten Liebe zur Kammermusik nimmt auch die Composition von Streichquartetten eine besondere Rolle ein. Streichquartette galten lange Zeit hindurch als eher altmodisch. Das hat sich in letzter Zeit zum Glück geändert. Für diese Besetzung zu schreiben, ist heute wieder beliebt. Schuld daran ist nicht zuletzt die Aufführungspraxis, denn die Realisierung eines solchen Werkes verlangt nicht mehr als vier Stimmen. Zugleich ist es eine Form, die gerade dank dieser Beschränkung dem Componisten ein größtmögliches Maß an Freiheit gibt. Bei einem Orchesterwerk wird eine Aufführung schon viel schwieriger. Auch wenn man ein großes Ballett machen will, stellt sich die Frage, wer für die immensen Kosten aufkommen wird. Im Falle einer Oper sind die technischen und finanziellen Hindernisse heutzutage beinahe unüberwindlich. Ein mittelgroßer Verlag muß erfahrungsgemäß etwa 600.000 Schilling einnehmen, damit die Kosten gedeckt sind. Das bedeutetete etwa 20 große Häuser, an denen das Werk aufgeführt wird. Kaum ein Autor kommt daher an eine derartige Chance heran. Auch diesbezüglich hatte ich immer Glück gehabt.

Neben den Streichquartetten, fünf an der Zahl, ist noch ein Quartett für Flöte, Violine, Viola und Violoncello entstanden. Es stimmt wirklich, daß ich mich zuerst der großen und später erst der kleinen Form zugewendet hatte. Ich bin heute allerdings geneigt, es auch so zu

sehen: Für mich ist die kleine Form die eigentliche große! Von meinen in letzter Zeit entstandenen größeren Compositionen sind zwei für die Uraufführung im Frühjahr 1996 vorgesehen. Das eine sind die „Duette" mit dem Titel „Prinzessin Traurigkeit oder Ein Känguruh im Schnee" (Text von Lotte Ingrisch), die im Musikverein aufgeführt werden. Thomas Angyan, der Generalsekretär der Gesellschaft der Musikfreunde, hatte sich für dieses Werk schon vor einem Jahr eingesetzt und auch ein Konzert angesetzt. Eine der beiden vorgesehenen Solisten, Marjana Lipovsek, zerkrachte sich jedoch mit dem Pianisten Antal Schiff, woran das Vorhaben scheiterte. Jetzt wird es von Robert Holl und seiner Frau gesungen werden. Eine großartige Besetzung.
Für das Konzerthaus ist das „Tier-Requiem", ein Stück für Sprecher (Bariton), Eule (Sopran), gemischten Chor und Kammerensemble vorgesehen, das ich gemeinsam mit meiner Frau Lotte gemacht habe. Lotte und ich lieben Tiere ganz besonders, und wir hatten uns seit längerem vorgenommen, ein Stück für Tiere zu schreiben. Ich rede nicht gerne über ungelegte Eier, viel lieber möchte ich eine Geschichte erzählen, die mir vor einigen Jahren mit einer unserer vielen Katzen passiert ist. Eines Tages bemerkte ich, daß unsere Katze „Mummi" trächtig war. Sie krabbelte ständig in mein Bett, ließ sich nicht verscheuchen und hatte mir das ganze Bettzeug versaut. In einer der folgenden Nächte war es dann soweit. Von Lotte herbeigerufen, kam ich gerade hinzu, wie sie die Nabelschnur abbiß, was zunächst mißlang. Da es sehr spät war, und ich den ganzen Abend componiert hatte, wollte ich mich sofort wieder schlafen legen. Die Katze aber gab keine Ruhe, bis ich meine Türe aufmachte. Dann sprang sie mit einem Satz auf das Bett, mit dem Katzenbaby im Maul, und legte es neben mich auf meinen Kopfpolster. Ich fand das einfach zauberhaft. Der Schlußchor des Tierrequiems lautet übrigens:

Das Paradies auf Erden
Will nur im Herzen werden
Das tanzen kann und singen
Und gleich den Schmetterlingen
Sich vor den Blumen neigen
Und in den Himmel steigen …
Uns trennt vom achten Tag
Bloß ein einzger Flügelschlag.

Seit einiger Zeit, schon während meines mehrmonatigen Krankenhausaufenthaltes, habe ich mich auch mit einem Projekt zu slowakischen Volksliedweisen beschäftigt und mir die Originaltexte und adäquate Übersetzungen schicken lassen. Ich denke aber nicht, daß ich dieses Werk noch fertigstellen werde.

„Es ist genug, oh Herr, laß mich gehen." - Diese Zeile beziehungsweise die dazugehörige Melodie habe ich in zwei meiner letzten Compositionen verwendet, auch im Divertimento für vier Blechbläser „Karl Hartwig Kaltners Malerei".
Es ist meine tiefgreifende Überzeugung, daß ich nach 106 Stücken aufhören darf zu componieren. Ich habe meine Pflicht erfüllt.
Aber wer weiß? Das eine oder andere Lied könnte vielleicht doch noch entstehen …

Von Wolfgang Schneditz ist eine Charakteristik meiner äußeren Erscheinung zur Zeit der „Danton"-Premiere überliefert, die er im Heft „Neue Oper. Gottfried von Einem und seine Oper ‚Dantons Tod'" veröffentlicht hat. Dieser Beschreibung zufolge hinterließ ich zur Mitte der 40er Jahre folgenden Eindruck:

Portrait of the artist as a young/old man

Rückblick und Ausblick

„Eine große, schlanke Gestalt; der Kopf von betonter, fast greifbarer Charakteristik; das Haar dunkel, mit Mühe geordnet, die Stirn hochgewellt und breit. Die heftig vorspringende, geschwungene Nase beherrscht das scharf geschnittene Profil. Was hier Kontur ist, findet in den großen, scharf zupackenden Augen Ergänzung: dort Klarheit, zeichnerische Plastik, hier, in den Augen, Erfüllung durch geistige Vertiefung. Das bestätigt der Wille, der in den schmalen, wie in heftiger Abwehr geschlossenen Lippen sich ausdrückt! Und wie eine neuerliche Betonung der Klarheit wirkt das Kinn, das die Linie des Profils rundet. Der Kreis ist geschlossen."

Inzwischen sind fünfzig Jahre verstrichen, und die Zeit hat an meinem Körper und in meinem Gesicht ihre Spuren hinterlassen. Nein, es war nicht so sehr die Zeit, die diese Verwüstung angerichtet hat, sondern es war das ungeordnete, chaotische, oft genug äußerst ungesunde Leben, das ich geführt habe. Heute muß ich dafür Tribut zahlen: „Hin ist alle meine Kraft, alt und schwach bin ich", lautet der Text eines Kanons, den der greise Joseph Haydn componiert hat. Ich kann ihm wirklich nachfühlen!

Die Aussage, daß ich mein Leben geordnet hätte, wäre eine Vermessenheit. Mein Leben war und ist so unordentlich wie die Zeit, in der ich lebte und lebe. Und das ist keine Entschuldigung, sondern eine Feststellung. Wohl aber bin ich darangegangen, meinen Nachlaß zu ordnen, so gut es eben geht.

Mein Sohn Caspar und meine Frau Lotte haben schon vor Jahren Erbverzicht ausgesprochen. Was wird also mit meiner Hinterlassenschaft einmal geschehen? Dafür habe ich vorgesorgt: Der Großteil meiner schriftlichen Dokumente, die unzähligen Briefe, Partituren und Aufzeichnungen liegen schon jetzt im Archiv des Wiener Musikvereins unter der Obhut meines Freundes Otto Biba. Mit meinem Tod wird auch der Rest an diese Institution übergehen.

Das Land Niederösterreich ist entschlossen, das Haus in Rindlberg im Waldviertel zu übernehmen und zu erhalten. Ich habe dort über 30 Jahre gelebt und gearbeitet, und es ist vollgestopft mit Dingen, die mir äußerst wichtig und teuer sind: Rare Erstausgaben von Klassikern und eine Monumentalplastik meines verewigten Freundes Fritz Wotruba.Und zu guter Letzt habe ich eine Stiftung eingerichtet, die sich vor allem der Pflege meines Werkes widmen wird. Dem Vorstand gehören u. a. Otto Biba und Erhard Busek an. Ich bin froh, daß das alles inzwischen über die Bühne gegangen ist.

Die letzten Monate waren doch recht zermürbend für mich. Ich war längere Zeit hindurch an das Bett gefesselt. Diese Situation wurde von drei Personen, von denen ich es nicht erwartet hätte, ausgenützt, und sie haben versucht, sich in mein Leben hineinzudrängen: erbschleichend und gegen Lotte intrigierend, um mich ihres Schutzes zu berauben. Zum Glück, und nicht zuletzt auch dank meiner Frau Lotte, habe ich die fatale Entwicklung gerade noch rechtzeitig erkannt und stoppen können.

Danken möchte ich für die gute ärztliche Betreuung meinen Ärzten Felix Mlczoch, Wolfgang Schützner, Wolf-Heinrich Lagatz und Reinoud Homan, sowie meinem Freund Baron Ladislaus Kovats für den Beistand in allen Lebenslagen.

Zu guter Letzt aber nicht minder herzlich gilt meine Dankbarkeit meinen Freunden Horst Haschek, dem Präsidenten der Gesellschaft der Musikfreunde und seiner lieben Frau Traudl und der wunderbaren Sängerin Hanny Steffek, deren köstliche Vanillekipferln mir lieb geworden sind.

Mein Lebensbericht, so subjektiv und lückenhaft er ausgefallen sein mag, ist kein exhibitionistisches Unterfangen. Vielmehr sehe ich ihn als ein Dokument der Zeit, eines Lebens in dieser Zeit, oft gegen sie und manchmal ihr auch voraus. Ich hab' wirklich viel erlebt. Einiges steht mir noch bevor. Und ich bin neugierig darauf. Und auf ein Ereignis ganz besonders.

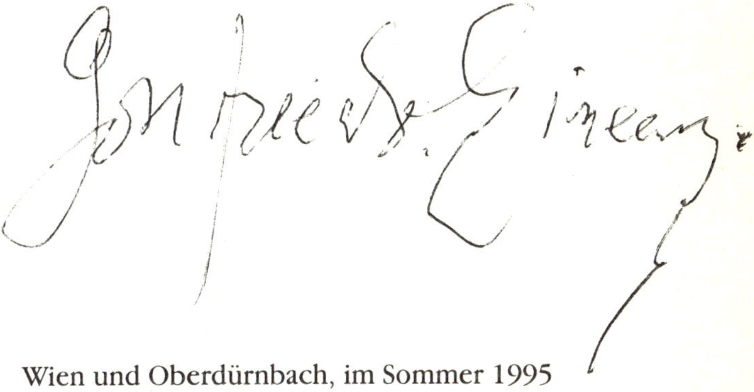

Wien und Oberdürnbach, im Sommer 1995

Bildernachweis:

Das Portraitphoto auf dem Buchumschlag:
Franz Hubmann, Wien
Seite 53 – I. Hrosek, Wien
Seite 55 – Atelier K. Jenckel, Malente
Seite 59 – Foto-Barth, Bayreuth
Seite 61 – Atelier Kegebein, Güstrow
– Atelier Weirich, Eisenach
Seite 62 – Foto H.B. Pflaum -Gebhardt
Seite 145 – Foto Heinrich Mayer, Salzburg
Seite 146 – Presse Photo Hans Hagen
– Foto -Hergeröder, Bielefeld
Seite 147 – Hainer Hill, Karlsruhe
Seite 148 – Lothar Rübelt, Wien
Seite 149 – Press-Photo Hans Hagen, Salzburg
Seite 150 – Photo Service Rebmann, Cleveland
– Press-Photo Charlotte Till - Borchardt
Seite 151 – Henri Vermeulen – Monnaie
Seite 154 – Terry' Photography, Chicago
Seite 155 – Peter Basch
Seite 158 – Photo Pfaundler, Innsbruck
– Foto Siegfried Lauterwasser, Überlingen
Seite 159 – Rudolf Blaha, Wien
– Foto Studio Kainz, Gmünd
Seite 274 – Foto Weber, Wien
Seite 278 – Fotostudio Haslinger, Wien
Seite 279 – Foto Weber, Wien